하나의 위대함 여럿의 아름다움

|수필집|

하나의 위대함 여럿의 아름다움

박 영 순 지음

한국문화사

하나의 위대함 여럿의 아름다움

2008년 2월 15일 초판 1쇄 인쇄
2008년 2월 20일 초판 1쇄 발행

펴낸이 김 진 수
지은이 박 영 순
편 집 진 정 미
펴낸곳 한국문화사

저자와의 협의하에 인지생략

133-823 서울시 성동구 성수1가 2동 656-1683 두앤캔B/D 502호
전화 • 02)464-7708(대표) 3409-4488(편집부) 468-4592~4(영업부)
팩스 • 02)499-0846
등록번호 • 제2-1276호(1991.11.9 등록)
e-mail • hkm77@korea.com
homepage • www.hankookmunhwasa.co.kr

가 격 15,000원

ISBN 978-89-5726-526-0 03810

「이 도서의 국립중앙도서관 출판시도서목록(CIP)은 e-CIP 홈페이지(http://www.nl.go.kr/cip.php)에서 이용하실 수 있습니다.(CIP제어번호: CIP2008000450)」

머리말

자신의 모든 것을 내보인다는 것은 부끄럽고도 두려운 일이다. 그럼에도 이런 용기를 내어 나의 거의 모든 것을 내보이기로 한 것에 대한 내 나름의 궁색한 변명을 해보기로 한다.

첫째는 이리저리 여러 가지의 신문이나 잡지에 냈던 수필이 꽤 여러 편 있었다. 이것을 언젠가는 한 권의 책으로 묶었으면 하는 바람이 있었다. 둘째는 비교적 해외여행을 많이 한 탓에 여행지의 정보나 느낌을 정리해 놓은 글이 몇 개 있었다. 이것을 이번 기회에 하나로 통합하였다. 마지막으로 지난 65년의 삶을 간략하게라도 써서 불과 3,40년 전의 한국의 상황도 전혀 모르는 채 현재만 보고 사는 우리 젊은이들에게 우리 세대 사람들이 어떻게 살았고, 어떻게 오늘에 이르렀는가를 조금이라도 알려주고 싶었다. 이 세 가지 이유로 본 수필집이 나오게 되었다.

그러나 제3부는 개인사다 보니 나로서는 큰 용기가 필요했다. 과연 이런 내용을 다 공개해도 될 것인지, 혹여라도 우리 가족이나 우리 제자들에게 누가 되는 건 아닌지 자꾸만 반문하게 되었다. 그래서 좀 더 간략하게, 좀 더 추상적으로 써볼까도 생각했으나 나의 부끄러움을 무릅쓰고 젊은이들에게, 아니 내 손주들에게 할머니가 살았던 삶을 알려주겠다는 원래의 취지만을 생각하기로 하고 비교적 구체적으로 다 썼다. 우리가 세상에 태어나 죽을 때까지 얼마만한 고통과 인내와 노력이 필요하며, 이 세상이 불과 몇십 년 동안에도 어떻게 발전해 왔는지 비록 한 사람의 개인사를 통해서라도 증언하고 싶었다. 아마 나의 아버지, 나의 할아버지와 할머니가 구체적으로 어떻게 사셨으며, 그 시대 상황은 어땠는지를 기록으로 안 남겨 놓아서 약간 아쉬운 생각이 들었던 나의 경험을 거울로 삼아 나의 손주들에게 읽히고 싶었는지도 모른다. 그리고 지금 대학원에 다니는 내 제자들에게도 한 사람의 교수가 살아온 발자취를 좀 더 쉽게 알게 해주어 그들이 어떤 좌절을 맛볼 때나 막막한 때에 조금이나마 위로받고, 용기를 얻게 해주고 싶었는지도 모른다. 또한 이 땅의 여성 직장인들에게도 여자기 때문에 겪어야하고, 참아 내야하고, 극복해야 하는 것이 무엇인지를 조금은 알려주고 싶었는지도 모르겠다. 아무튼 이러저러한 이유로 이 수필집을 내는 변명을 해 보았지만 원래의 의욕과는 달리 글이 졸렬하고 지리멸렬하기도 하며, 훈장티가 너무 나는 글들 앞에 얼굴이 달아오른다. 차라리 아무도 보지 말아 주었으면 하는 기분이 들기도 하니 이 이율배반을 달리 변명할 길은 보이지 않는다.

그럼에도 이런 글들을 보기 좋은 책으로 출간해 주신 한국문화사에 무한한 감사를 드린다.

2008. 1. 15.

안암동 연구실에서 저자 씀

차례

제1부 생활 수상

제2부 여행 수상

제3부 박영순이 걸어온 길

제 1 부

생활 수상

봄

겨울에는 누구나 봄을 기다린다. 적어도 봄이 올 거란 희망을 가지고 산다. 그런데 이 희망은 언제나 현실로 나타난다. 사실 사람에게 거는 기대나 희망은 대부분 실망으로 끝나지만 자연법칙은 다르다. 어김없이 봄이 오고, 봄이 되면 언제나 새싹이 나고 꽃이 피고 날씨가 따뜻해진다. 물론 해에 따라 봄이 오는 속도나 기온은 다를 수 있지만 봄이 온다는 사실은 변함이 없다. 이 얼마나 신비롭고 감사한 일인가? 우리집 마당에도 봄이 오면 개나리, 진달래, 목련, 연산홍, 자산홍, 라일락이 차례로 피어 제각각 아름다운 자태를 뽐내며 나를 즐겁게 해준다. 얼마나 고맙고 대견하며, 신기한지 모르겠다. 조그만 풀이나 나무 하나도 각자 맡은 바 소임을 다 하고, 자아를 실현하기 위해 혼신의 힘을 기울이는 것 같다. 사실 이런 것들이 제구실을 못하면 얼마나 쓸모없는 것이 되고, 볼품없는 것이 될 것인가? 자기의 모양, 자기의 색깔을 제대로 나타낼 때에 비로소 이것들의 존재 이유가 성립하는 것이다.

우리 사람에게 있어 봄은 언제인가? 이들 꽃들과 같이 자기의 정체성을 최대한 드러내고, 자기의 소임을 다하고, 자기로 하여 남이 즐겁게 될 때가 아닐까? 이러한 봄은 물론 길수록 좋다. 그러나 봄이 오면 다시 여름이 오고, 그다음에는 가을과 겨울이 오듯이 인간에게도 봄, 여름, 가을 겨울이 있을 것이다. 이렇게 계절이 순환하듯이 우리 인간도 순환한다. 할아버지, 아버지, 나, 나의 자식으로 순환되고, 각자의 일생은 다시 사계절로 나누어 볼 수 있을 것이다. 봄부터 여름까지 우리의 인생은 클라이막스를 맞이한다. 그리고는 어느새 가을을 맞고 겨울을 맞는 것이다. 겨울은 인생에 있어서는 노년기와 죽음을 의미한다. 그러나 계절로서의 겨울은 다시 봄을 맞이할 수 있는 희망을 가지는 계절이란 점에서 또한 소중하다. 그런데 봄이 되어도 살아나지 못하고, 꽃도 피우지 못하는 불건강한 꽃나무들이 있듯이 사람도 봄을 제대로 맞이하지 못하는 사람들도 있을 것이다. 내 가족, 내 이웃에 이러한 사람이 없나를 살펴서 도움이 필요한 사람에게는 도움을, 격려가 필요한 사람에게는 격려를 아끼지 말아야할 것 같다.

꽃도 외롭게 홀로 피어있는 것보다는 여러 포기가 다함께 피어나서 어울릴 때 훨씬 더 아름답고 보기에 좋다. 사람들도 더불어 집단을 이루어 상호간에 서로 돕고 서로에게 의지하며 다같이 우뚝 설 때 더 보기 좋다. 부부간에, 형제자매 간에, 친구 간에, 동료 간에, 이웃 간에, 동호인들 간에 다함께 자기들의 모양과 색깔과 능력을 최대한 발휘할 때 더욱 근사하며, 멋있어 보이고 훌륭해 보인다. 즉 혼자 맞이하는 봄보다 여러 사람이 더불어 봄을 맞이할 때 더욱 신명이 나고 인생의 희열을 맛보는 것 같다.

이러한 원리는 노래에서도 나타난다. 독창도 좋지만 어디 합창에 비하랴. 합창을 하거나 들으면 저절로 신명이 나고 가슴에서 북바쳐 오르는 특별한 감동을 느끼지 않는가? 한마디로 표현하기 어려운 흐뭇함, 나 혼자가 아니라 여럿이라는 안도감, 세상의 근심걱정을 잠시나마 잊고 즐거움 속에 파묻혀 있다는 희열감 등으로 우리의 가슴은 뛰고 얼굴은 상기되지 않는가. 난 노래를 거의 못하는 음치에 가까우면서도 합창을 좋아한다. 가끔씩 제자들이라도 모아 합창을 시켜야겠다. 어느 누구의 합창보다도 사랑하는 제자들의 합창이라면 더이상 없이 나를 즐겁게 할 것 같다. 아니 나뿐이 아니고 자기들도 제법 행복해질걸.

올해도 어김없이 봄은 왔다. 모진 태풍과 눈더미를 헤치고, 길고긴 겨울밤도 참아내고 이렇게 눈부신 햇살과 함께 이 땅에 찾아왔다. 개나리와 진달래를 앞세우고 새색시 고운 걸음으로 앳된 미소를 머금고 우리 앞에 다시 찾아왔다. 때로는 꽃샘추위도 따라오고, 심술궂은 비바람도 따라오지만 봄 이상 반가운 손님이 또 있으랴. 예순 다섯 번의 봄을 맞이했건만 올해는 유난히도 봄이 반갑고 고마운 것은 무슨 이치일까. 학교생활을 청산한다는 의미와 봄이 주는 의미가 화합해서인가, 아니면 새로운 시작으로 마음이 설레기 때문인가. 긴 여정을 마치고 따스한 봄기운에 몸과 마음을 내려놓고 새로운 시선으로 봄이 이끄는 대자연의 신비로운 변화를 마음껏 음미해 보고 싶다.

五月의 頌歌

教授 朴榮順

프르름이 充滿한
生命의 계절
오늘의 소중함을 알게하소서

순간에서 動搖되고
순간으로 몸져누워
항시 窓밖을 그리는
가녀린 生命이 아닌
힘과 知慧의 빛으로만
빚어내어
안에서 안으로만 용솟음치는
生命의 噴水이게 하소서.

아
이 싱그런 5月에
언제나 정답고
어디서나 감사하는 겸허로
소리높여 合唱하게 하소서.

경희대 30주년 기념 시화전 출품작, 1979.5.17.

아! 고려대학교

나는 고려대학교와는 거리가 멀었던 사람이다. 학부도 대학원도 다닌 적이 없고, 재단과도 아무런 관련이 없으며, 가족 중에도 고려대학교를 나온 사람이 없고 단지 사촌 오빠 한 분이 고려대학교를 졸업했을 뿐이었다. 그러나 지금 내게 있어서 고려대학교는 영원한 고향이요, 은인이며, 나의 애인이다. 아니 차라리 신앙이라고 해도 좋을 것 같다. 말하자면 "고대사랑병"에 단단히 걸린 것이다. 우선 27년 이상 이 대학에 봉직하게 되었고, 이 기간 동안 고려대의 넉넉한 품속에서 마음껏 사랑을 받고, 의지할 수 있었기 때문이다.

고려대학의 훌륭한 교육 시설, 동료교수들, 제자들, 학교 행정, 입학생들의 우수성과 졸업생들의 사회진출이 활발하기 때문만은 아닌 것 같다. 또한 어디가서나 고대교수라고 하면 알아주기 때문만도 아닐 것이다. 사립학교들 중에서 상대적으로 보수가 많다든가, 졸업생들이 의리와 인정이 있기 때문만도 아니다. 어쩌면 이 모든 것이 복합적으로 작용했기 때문인지도 모르겠다. 그러나 무엇보다도 난 고려대학교 자체를 소중히 여긴다. "敎育救國"의 기치를 들고 1905년 일제 시대에 우리 민족의 힘으로, 우리 민족의 손으로 이 땅에 최초로 세운 대학교육기관이라는 사실은 나로 하여금 고대에 대한 자긍심을 갖기에 충분하고, 거국적으로 키워야 하는 대학이라는 걸 소리 높여 외치고 싶다. 말하자면 고려대학교는 우리 민족의 자존심이요, 희망이었고, 현재도 미래도 그러해야 한다고 힘주어 말하고 싶다.

미국 대륙을 발견한 콜럼버스, 그리고 그 뒤를 이어 미국에 들어온 필그림단이 미국에 정착한 지 불과 30년 만에 세운 미국 최초의, 그리고 세계 최고의 대학인 '하버드대학교'와 그 근본 설립 정신과 일맥상통하는 바가 있다고 여겨진다. 1905년 나라가 망해가고 있었고, 현대식 고등교육 시설이 없고, 먹을 것도 넉넉지 않았던 그 암울한 시대에 이용익 선생이 '나라를 구하는 길은 곧 교육이다'하면서 고대의 전신인 보성전문학교를 세우신 것은 아무리 생각해도 선각자적인 안목과 판단이 아닐 수 없다. 그 뒤 김성수 선생이 학교를 인수하여 학교의 재정을 돕기 위하여 '경성방직회사'라는 기업과, 국민의 눈과 귀와 입이 되어줄 언론기관으로서 동아일보를 설립한 그 탁월한 식견에는 저절로 고개가 숙여진다. 이러한 식견은 이미 100년, 1000년 앞을 내다보는 사람만이 생각해낼 수 있는 일이며, 일본에게 보란 듯이 일어선 차원 높은 우리 민족의 말없는 항거이기도 했던 것이다. 우리 후손들은 선조들의 이 정신을 계승하고, 시대에 맞게 발전시킬 의무가 있다.

따라서, 고려대학교를 아끼고 자랑스러워하는 것은 비단 고대가족뿐이어서는 안 된다. 한국인이라면 고대의 존재를 대학 그 이상의 상징적인 의미로도 생각할 필요가 있다. 그리고 그 설립정신을 존중하는 마음으로 고대를 아껴야 한다. 그렇다면 고대에 근무하는 내가 고대를 좋아하고 아끼고 사랑하는 것은 너무나 당연하고도 자연스러운 일이다. 거기에 더하여 훌륭한 교수진과 우수한 학생들이 있고, 시설이나 학내 분위기가 더 이상 없이 좋으니 난 매일같이 고대에 감사하고, 고대의 무궁한 발전을 빌며, 나 자신 행복한 삶을 영위하고 있는 것이다. 고대여, 길이길이 이 땅과 인류 평화의 등불이 되어 다오

仁 · 慈悲 · 사랑

유교, 불교, 기독교 교리의 要諦가 각각 '仁', '慈悲', 그리고 '사랑'임은 널리 알려진 사실이다. 그리고 대부분의 사람들은 유교의 '仁', 불교의 '慈悲', 그리고 기독교의 '사랑'이 본질적으로 아주 비슷한 것이라고 생각한다. 왜냐하면 이 세 가지 모두가 다 자기의 이익을 버리고 남을 위하라는 가르침이기 때문이다. 그러나 이 세 가지는 근본적으로 공통점과 차이점을 가지고 있다. 일반인들이야 별 상관이 없지만 적어도 천주교 신자들은 마땅히 이 차이점을 알아야 하지 않을까 한다.

우선 孔子가 말하는 '仁'은 전 세계 인류의 평화와 행복을 위한 最高善이다. 그리고 이 '仁'을 달성하기 위한 根本은 '孝弟'이다. 孝弟란 부모에게 효도하고 형제들과 우애하는 것이다. 즉 肉親에 대한 사랑을 근본으로 삼는다는 뜻이다. 그러나 여기에서 끝나지 않고 육친에 대한 사랑을 바탕으로 하여 이웃, 친지, 더 나아가 모든 인간에게로 사랑을 확산시켜 나가는 것이다. 요컨대 仁은 결국 인류에 대한 사랑이요, 유교의 이상은 인간이 학문과 덕행을 통하여 仁을 알고 仁을 실천함으로써 가장 고매한 인격체로 만드는 인도주의를 실현하는 것이다.

그러면 불교의 '자비'란 무엇인가? 불교에서는 最高至善의 인간을 보살

또는 佛陀라고 하고 모든 사람이 불타가 되는 것을 이상으로 삼는다. 불타가 되기 위해서는 여섯 가지의 德目을 실천하여야 하는데 이것을 六度 또는 六波羅蜜多라 한다. 六度는 布施, 持戒, 忍辱, 精進, 禪是, 智慧인데 布施는 他를 이익 되게 하고, 持戒는 他를 조금도 損惱되지 않게 하고 忍辱은 他의 報怨心을 일으키지 않게 하고, 精進은 他의 善心을 일으키게 하고 惡心을 제거하는 것이며, 이런 것들을 통하여 禪에 머물게 하며 根本智를 얻게 하는 것을 말한다. 이 여섯 가지의 덕목은 모두가 利他 즉 남을 이롭게 하는 것이며 이것은 '慈悲'란 말로 代身할 수도 있는 것이다. 한마디로 佛道는 중생들로 하여금 각자가 개인적인 삶에 머무르지 않고 사회 전체적 역사적 삶임을 인식하여 私的인 모든 욕망과 번뇌에서 벗어나 소위 '해탈'의 경지에 이르고자 하는 救道的 사상이요 정신수양정신이다. 이와 같이 불교는 인간 위의 어떤 神을 인정하거나 믿는 것이 아니고 어디까지나 인간의 정신을 한 차원 높이는 데 그 목표와 이상을 두는 하나의 가르침이다.

그러면 기독교(신 · 구교)에서 말하는 '사랑'이란 무엇인가? 기독교에서의 사랑은 하느님이 몸소 보여 주셨고, 우리에게도 요구하신 최고의 덕목임을 우리가 잘 아는 바다. 즉 사랑이란 남을 위하여 자기를 희생함으로써만이 실천할 수 있는 것이므로 그 본질에 있어 유교의 仁이나 불교의 慈悲와 크게 다를 바 없다. 그러나 앞에서도 이야기한 바와 같이 유교나 불교는 어디까지나 인간 자체에 최고의 가치를 두고, 인간을 敎化하여 정신적으로 한 차원 끌어올리는 데 이상을 둔 인격수양교육이라 할 만하다. 그러나 결코 인간 위의 어떤 神을 인정하거나 믿고 받드는 것은 아니다.

반면 하느님을 신으로 인정하고 믿으며 공경하는 기독교는 어디까지나 인간을 하느님의 피조물로 보고 창조주인 하느님의 말씀대로 살고, 결국은 하느님 나라로 가는 것이 목표다. 그리고 기독교에서 말하는 '사랑'은 하느님이 우리 인간에게 주신 계명 중에서 가장 근본이 되는 것이고 독생자 예수님을 인간의 모습으로 세상에 내보내시어 십자가에 못 박혀 죽게 하셔서 우리의 죄를 사하여 주심으로써 사랑이 무엇이며 사랑을 왜, 어떻게 해야 하는가를 분명히 보여주신 것이다. 유교와 불교에서의 덕목과는 달리 기독교에서의 십계명은 크게 두 가지 유형으로 나눌 수 있으니 첫째는 神인 하느님을 믿고 공경하는 것이요, 둘째는 인간에 대한 사랑을 실천하는 것이다.

그리고 이것을 모두 잘 지키고 죽으면 하느님 곁으로 간다는 것이니 우리 가톨릭 교형 자매들은 단순히 우리의 인격 수양을 위해서나 이 세상에서 복을 받기 위해 하느님을 믿는 것이 아니고 우리의 창조주이신 하느님 아버지를 너무나 당연하고 자연스럽게 믿고 따르는 것임을 분명히 알아야겠다. 그리고 하느님께서 우리에게 요구하신 핵심적인 덕목이 곧 '사랑'임도 깨달아 가까이는 내 부모 자식 형제, 그리고 모든 이웃, 나아가 모든 인류를 사랑하는 크리스천이 되어야겠다.

로마서 9장 16절에 이런 말씀이 있다. "하느님의 선택을 받고 안 받고는 인간의 의지나 노력에 달려있는 것이 아니라 오직 하느님의 자비에 달려있는 것입니다."

이와 같이 우리는 이미 그 분의 뜻에 의해 선택된 자들이다. 이것은 이미 주어진 숙명이요, 기정사실이다. 이것을 부인하거나 피하려는 어리석음은 하느님의 노여움을 살 뿐이다. 順命하는 길만이 우리가 택할 수 있는 길이다. 갈라이다서 5장 14절에서 '네 이웃을 네 몸같이 사랑하여라'고 하신 말씀을 명심하고, 이 말씀을 지키는 것만이 우리가 해야 할 의무요, 삶의 보람임을 잊지 말아야겠다.

서울대 교구 가톨릭여성 연합회, 1988.4.31.

아름다운 삶

오늘 몇 개의 신문에 어느 할머니가 익명으로 고려대 병원에 400억을 기부했다는 기사가 났다. 고대로서는 횡재를 한 셈이지만 이 기부자의 말로는 자기 어머니가 남기신 유산이며, 어머니가 재산을 사회에 환원하라고 하셨고, 자기는 자기의 어머니의 유지를 받들 뿐이라고 하면서 자기이름을 밝히고 싶지 않다고 하였다는 것이다. 우선 돌아가신 어머님도 훌륭하시지만, 그 따님 또한 훌륭하기 그지없다. 웬만한 사람 같으면, 죽을 때까지 그 재산을 움켜쥐고 탐욕스럽게, 거드름을 피면서 나도 부자입네 하며 한번 살아보거나 빌딩 주인이라도 되어 금력이라도 한번 가져봄 즉도 하건만 어머니 뜻대로 그렇게 행한다는 것이 여간한 용기와 효성으로는 되기 어려운 일일 것 같다. 진정 이런 삶이 아름다운 삶이며, 이런 사람들이 있어 세상은 그래도 살만해진다.

매일같이 나쁜 뉴스만 들어야 하는 현대인들은 어쩌면 하루도 마음껏 행복하지 못하는지도 모른다. 이 지구의 어디에서라도 정치, 사회, 경제, 모든 분야에서 너무도 나쁜 뉴스를 접해야 하는 우리는 정말 좋은 뉴스에 목말라 있다. 좋은 뉴스가 있는 날 만이라도 나쁜 뉴스는 좀 전하지 않으면 좋겠다.

국민의 알 권리를 주장하는 사람들이 많지만 나는 모르고 싶은 권리를 주장하고 싶은 사람이다. 몰라도 좋을 것, 알수록 스트레스 받는 사건, 사고 소식이 뭐가 좋다고 알고 싶어 하는가. 더구나 국가의 기밀일 수 있는 뉴스는 자제하는 지혜도 필요하다. 왜냐하면 한국 언론에 한번 나오면 전 세계에서 알게 되기 때문이다. 끔찍한 만행을 저지른 죄인들의 얼굴은 맨날 덮어씌워서 시청자들이 볼 수도 없게 하는 것은 완전히 사이비 언론의 횡포다. 어찌하여 가해자들의 인권은 그리 중요하고 수많은 피해자들의 인권은 무시되는가? 연쇄살인범, 어린이 유괴범, 가정파괴범, 살인강도, 마약밀거래자 등과 같은 가해자를 보호해서 어쩌자는 것인가?

우리나라는 이상한 것이 한두 가지가 아니다. 공권력을 행사하다 죽거나 다친 군인이나 경찰은 외면하고, 공권력을 무력화하고 공권력에 도전하다가 죽거나 다친 사람은 열사가 되니 공권력의 권위는 땅에 떨어지고, 무법천지가 되어가고 있다. 불법 노점상, 불법 파업, 불법 폐기물 폐기, 불법 퇴폐 영업 등 수많은 불법들이 이 나라의 법과 질서를 교란해도 언론은 정당한 고발이나 보도를 하지 않는다. 제발 언론이 바로 서면 좋겠다. 용서 못할 파렴치범들은 언론에서 절대 관대하게 다루면 안 된다. 그러면 제2, 제3의 유사한 범죄인들이 나오게 하는 결과를 초래할 수도 있다는 생각을 해야 한다.

내가 어릴 적에는 TV도, 라디오도 없어 온 세상이 어떻게 돌아가는지도 모르고 살았다. 정말 그때가 그립다. 아이들은 마음껏 마당에서 뛰어 놀았고, 적당히 노동에 가담도 하였고, 부모에게 순종하며, 친구들과 만나 깔깔거리며 즐거운 날들을 보냈다. 지금으로 보면 소위 웰빙 음식인 자연식품만을 먹으며, 여름에는 시냇가에 가서 미역을 감고, 참외 수박은 시원한 샘물에 담가놓았다가 먹었다. 전기가 없으니 가전제품이라곤 아예 없이도 살만한 세상이었다. 그렇게 가난했어도 도둑 걱정 없었고, 대문이고 방문이고 모두 열어놓고 살았고 유괴범도, 성범죄도 없었다. 자녀를 버리거나 부모를 버리는 일은 더욱 없었다. 이혼이란 단어도 거의 들어본 기억이 안 난다.

아름다운 삶을 사시는 그 익명의 할머니 소식을 접하고 그렇게 할 수 있는 것이 부럽기도 하면서, 갑자기 가난했으나 행복했던 어린 시절이 문득 그리워지기도 한다. 그때의 할머니들이야말로 비록 사회에 환원할 재산은 없어도 세상을 아름답게 사는 착한 심성과 인내와 희생이라는 덕목을 사회에 남기셨던 것이다. 어디 그뿐이랴? '자식 교육'으로 대변되는 어머니들의 진취성은 결국 우리나라를 일으켜 세운 힘이 아니었던가? '아름다운 삶'이란 정신적으로나 경제적으로 사회에 뭔가를 남기고 죽는 삶이 아닐까. 아니 특별히 좋은 걸 남기지 못 해도 사는 동안 남에게 고통주지 않고, 주위의 사람들에게 즐겁고 따뜻한 추억만 남겨주고 떠나도 아름다운 삶이 아닐까?

나의 아버지

나의 아버지 一堂 朴 潤자 夏자 어른은 1912년생으로 이 세상에서 내가 제일 존경하는 분이다. 중고등학교 때도 존경하는 인물의 이름을 써내라고 하면 나는 주저 없이 나의 아버지 존함을 쓰곤 했다. 우리 아버지는 돈도 권력도 별로 가져 보신 적이 없어 현실적으로는 자식들에게 큰 도움을 주시진 못하셨다. 그러나 우리 삼남매는 우리 아버지가 이 세상에서 가장 훌륭하신 분이라고 믿고 있다. 인격적으로 너무나 훌륭하시기 때문이다. 우선 나의 아버지는 너무나 겸손하시고 일생동안 나쁜 일이라고는 해 보신 일이 없고, 내 잘 되기 위하여 남을 해친 적은 절대로 없는 분이시다. 아버지에게는 모든 사람이 동지요 동기다. 이 세상 모든 사람들이 잘 되기만을 비시는 분이셨다.

일제 시대 때 고향 친구들과 일제에 항거하는 모임을 주선하셨다가 일경과 친일파 한국경찰에게 발각되어 쫓기는 몸이 되셨다. 그렇게 되니 할아버지 할머니의 걱정이 여간 아니셨다. 부모에게 있어 이 세상 어느 자식인들 소중하지 않을랴만 아버지는 특히 더 하셨던 데는 이유가 있었다. 그 옛날 남들은 보통 7, 8명, 많으면 10명도 넘는 자식을 두던 시절에 할아버지 할머니께는 일점 혈육이 없어 내내 근심하시다가 옷이 헤어져 "무릎에 피가 나시도록" 불공을 드려 삼월 삼짇날 얻은 외아들인데다가 어릴 때부터 남다른 데가 있어 할아버지 할머니의 기쁨과 기대를 한 몸에 받으신 너무도 소중하고 사랑스러운 금지옥엽이었기 때문이었다.

따라서 독립운동보다도 아들이 훨씬 소중하셨던 조부모님들은 아들이 경찰에 쫓기는 몸이 되자 사색이 되어 당장 그만 두라고 꾸중을 하셨다. 그때만 해도 할아버지는 고향에서 내로라하는 양반이고 학식도 높으셨고 동네에서 제일 부자셨기 때문에 남부러울 것이 없는 터였는데, 엄청난 위기가 닥쳐온 것이었다. 아버지와는 달리 할아버지는 평소에 엄하시고 또 남에게는 거만한 분이셨다. 웬만한 사람은 아예 상종도 안 해 주시는 성품이신데도 귀한 아드님의 신변이 위태롭게 되자 집안의 일군을 시켜 선물을 잔뜩 싣고 직접 경찰서에 찾아가셔서 당신 아들이 철이 없어 잠시 실수를 했으니 한 번만 용서해주면 내가 책임지고 절대로 그런 일이 없도록 하겠다고 간청을 하셨다고 한다.

경찰서에서도 할아버지가 어떤 분인 줄 알고 있었으므로 그럼 어른신만 믿겠다고 하고 돌려 보내셨다. 그리고는 그날 저녁 아들을 앉혀놓고 휘발유병과 성냥을 옆에 놓고 담판을 하셨다. 다시 독립운동 같은 일에 손을 뗄 거냐 오늘밤 너와 내가 함께 불에 타서 죽을 거냐 하시는 것이었다. 원래 이름난 효자였던 아버지가 그런 상황에서 항복하지 않을 수 없었을 것이다. 그러나 그 이튿날 동지들을 만나니 아버지는 다시 갈등하기 시작하셨다. 이러지도 저러지도 못하시게 된 것이다. 그러던 차에 일본 경찰과 친일파 경찰이 아버지를 괴롭히기 시작하였다. 아버지 가시는 곳마다 따라 나타나 감시하는 것이었다.

드디어 아버지는 결심을 하셨다. 만주로 가자. 거기 가서 동지들을 규합해보자 하고. 할아버지 할머니가 주무시는 틈을 타서 꼭두새벽에 집을 나서 낯설고 물설은 만주행 기차에 오르셨다. 그때 어머니에게는 간단히 말씀을 하시고 나중에 연락하겠다고 하고 부모와 처자식 (언니)을 두고 처음에 안차하신 곳이 중국 길림성 덕혜현이라는 곳이었다. 거기서 중국 경찰

시험에 합격하셔서 경찰간부가 되셨고, 덕혜현 조선 거류민단장이 되어 낮에는 중국 경찰로 활동하시고 밤에는 뜻 맞는 중국동지들과 대일본 항거에 참여하셨다. 그 뒤 당시 만주국의 수도였던 신경특별시 (지금의 장춘시)로 근무지가 바뀌게 되어 신경시내 한 경찰서의 서장이 되셨고 한편으로는 신경 특별시 조선 거류민단장을 맡으셔서 교포들을 보호하셨다. 아버지의 안부를 듣게 된 할아버지 할머니께서는 당신 며느리인 나의 어머니가 두 살 된 언니를 데리고 아버지를 찾아 가게 하셨다. 그리하여 어머니는 신경에 도착하여 오랜만에 아버지와 해후하고 함께 사시면서 오빠와 나를 낳으셨다. 그러던 중 내가 네 살 때 광복이 되었다. 교포들은 너도 나도 귀국을 서둘렀다. 당시 거류민 단장이셨던 아버지는 남보다 먼저 귀국길에 오를 수가 없었다. 다른 사람들부터 귀국하도록 도와줘야 했기 때문이다.

그때만 해도 교통수단이라고 기차밖에 없었으며, 기차도 매일 있는 것이 아니어서 그 많은 사람들을 보내는 데 몇 달이 걸렸다. 그러는 사이 장개석 정부가 들어섰다. 아버지는 다시 장개석 정부에서 시행하는 행정고시에 합격하셔서 내무부 고급공무원이 되셨다. 그런데 한편 고향에 계신 조부모님들은 이제 광복이 되어 만주로 일본으로 갔던 사람들이 대부분 귀국하고 시간도 1년이 훨씬 넘었는데도 아들네 가족이 돌아오지 않자 초조해지기 시작하셨다. 틀림없이 뭔가 잘못되었다고 생각하기 시작하셨다. 그리하여 친척들에게 만주에 가서 아버지를 찾아오라고 호령하셨다. 당시만 해도 온 집안을 할아버지가 모두 부양하고 계셨고, 공부도 가장 많이 하셨고, 할머니도 명문대가에서 오시고 하여 할아버지의 위세가 대단하셨다고 한다. 그리하여 친척아저씨들이 목숨을 걸고 아버지를 찾아 나섰다고 한다.

결국 아버지는 광복된 지 1년 반 가까이 되어서야 귀국하시게 되었는데, 그땐 이미 애석하게도 노심초사 아드님 걱정만 하시던 할머니가 돌아가시고 성품이 급하신 할아버지께서 아들 가족도 잃었다고 생각하신 나머지 비관하셔서 그 많은 재산을 반 이상 없애며, 술로 세월을 보내고 계셨다고 한다. 아버지가 귀국하셔서 마당에서 할아버지께 절을 올리고 나서 할머니가 돌아가신걸 아시고는 몇 시간이고 마당에 엎드려 일어나시질 못했다고 한다. 그 뒤 아버지는 고향에서 대한반공청년단을 조직하여 사회의 질서를 바로잡고, 공산당을 소탕하는 데 앞장 서셨다.

그런데 1950년 6·25가 터지자 각 기관장들은 어디론가 모두 피난 가버리고 행정공백이 생겼을 뿐 아니라 고향 피난민들을 안전하게 대피시키고, 배급도 타서 가지고 오고, 노약자들, 어린이들, 임산부들, 장애자들 등 누군가 돌보지 않으면 안 될 사람들이 너무 많으니 다시 아버지께서 십자가를 지시기로 하셨다. 자치회장(전시 임시군수)을 맡으셔서 군민들을 영천으로, 청도로 안전하게 피난갈 수 있도록 도우시고 중앙정부로부터 배급을 타서 노약자들, 어린이들, 임산부들에게 나누어 주셨다고 한다. 청년 몇 사람을 데리고 수십 리길을 하루에도 한두 번씩 배급을 타오는 것은 목숨을 건 일이었다. 오며, 가는 사이 지척에서 폭격을 만나는가 하면 인민군들을 만나면 온갖 수모를 당해야 했다. 이렇게 하기를 몇 달이 되어 휴전이 되자 또다시 고향사람들부터 먼저 귀향시키고 맨 나중에 고향에 돌아와 보니 반공청년단 집이라고 하여 인민군들이 차지하여 모든 양식을 다 꺼내 먹고 집안의 모든 물건들은 모조리 압수해 갔다. 그중에서도 아버지가 가장 아까와 하신 것은 선대로부터 내려온 책들과 조상들의 명지 (과거시험 답안지, 급제자의 답안지는 다시 돌려주었음)였다. 그때 아버지가 아끼시던 많은 책들을 잃었고 명지를 비롯하여 왕에게서 받은 교지, 조상들의 문집 등등 가보들을 잃으시고 너무나 슬퍼하면서 우시던 기억이 아직도 생생하다. 그게 내 나이 아홉 살이었다. 천만다행으로 銘紙(試紙, 試券이라고도 함) 몇 장은 만일의 경우에 대비해 친척 집에 맡겨 놓았는데 그것만 몇 장 남아 있다. 이중 한 장은 내가 얻었다. 미국에서 박사학위를 받고 돌아왔더니 상으로 명지 한 장을 주셨는데 현재 우리집 가보 1호다.

아버지는 누구에게나 인자하시지만 특히 내겐 더 각별하셨다. 우선 내가 막내인데다 너무 어린 나이에 어머니를 잃었고, 어릴 때 자주 병치레를 하고, 툭하면 밥을 못 먹고 하는 병약한 아이였기 때문이다. 내가 아파서 밥을 못 먹겠다고 하면 아무도 안 보는 방에서 업어주시기도 하고 (당시의 아버지로서는 할아버지 앞에서 우리를 안아보시지도 못하던 전형적인 양반이셨으므로 딸을 등에 업으신다는 것은 상상도 못할 일이었다), 무릎에 앉혀 놓고 밥을 먹여주시기도 하셨다. 난 그게 좋아서 조금 아플 때도 많이 아픈 척 하면서 밥을 안 먹겠다고 하기도 했던 것 같다. 고등학교 때는 책가방이 무거워 도시락을 안가지고 다니다가 아버지한테 들켰는데, 그때부터는 점심때만 되면 뜨끈뜨끈한 빵이나 만두를 사다 주시곤 하여 친구들의 부러움을 사기도 했다.

그 뒤 아버지는 1953년 초대 경북도의회 의원에 당선하셨는데, 엄마 말에 의하면 이 4년 동안 아버지는 할아버지가 남겨주신 상당한 재산을 없앴다고 한다. 왜냐하면 그때는 도의원이라고 해도 쥐꼬리만 한 회의비 지급이 고작이었는데, 지방에서 대구까지 다니시며, 교통비, 숙박비, 생활비, 경조사비, 불우이웃돕기 등 지출이 너무 심했고 집안에 찾아오는 손님 대접만 해도 보통 일이 아니었기 때문이다. 거기다가 우리 삼남매 학교 시켜야 하고 할아버지와 새로 들어오신 할머니, 그리고 그 밑에 난 이복동생 등 5남매를 모두 부양해야 하셨으니 살림이 줄 수밖에 없었을 것이다. 그리고 이 무렵 기억나는 것은 우리 가족은 모르고 있었지만 아버지가 나환자들을 지원하는 일도 하셨는데, 나환자들이 조금 차도가 있으면 우리집에 인사하러 오거나, 아버지가 구해 놓으신 약을 받으러 가끔씩 왔다. 그러면 아버지는 어머니를 채근하여 식사를 하고 돌아가게 하셨는데, 어머니는 이점에 대한 불만을 내게 많이 토로하셨던 것 같다. 그래서 나는 앉아서 많은 나환자들을 보게 되었다. 그 뒤 도교육위원으로 계시면서 예천여고 건립추진위원장을 맡아 당시 여고가 없던 예천에 여고를 설립하도 데도 크게 기여하셨다.

그 이후 1960년 3 · 15 선거에 국회의원에 무소속으로 출마하셨고, 누구나 다 아버지가 되실 거라고 했으나 그 악명 높은 부정선거로 억울하게 선거에서 낙선하시고는 조용히 집에서 독서하며 과수원을 경영하셨다. 물론 농협, 축협 일에 관여하시기도 하셨고 우리 삼남매 고등학교 졸업 때까지 육성회장은 맡아 놓고 하시고 고향의 로터리클럽회장, 文友會長 등 봉사직, 명예직은 빠짐없이 다하셨다. 아버님의 효심과 애국심은 늘 나를 감동시켰다. 할머니는 일찍 돌아 가셨지만 할아버지는 팔순까지 사셨는데, 아침, 저녁으로 할아버지 발을 씻어드리는 등 극진한 효자셨다. 아무리 억울한 야단을 맞으셔도 무조건 잘못했다 하시며, 꾸지람 하시느라 힘드셨을 거라며 할아버지께 인삼을 달여 드리는 등 범인으로서는 상상할 수 없는 효자셨다. 그리고 할아버지가 돌아가신 후에는 보름장을 하셨고, 그 뒤 3년간 하루도 안 거르고 집에서 아침저녁으로 제사상을 차려놓고 절을 올리셨다.

아버지는 애국심도 남다르셨다. 당신 자신에게는 그토록 근검절약하시면서도 어려운 사람에게는 늘 후하셨다. 하루는 집의 일꾼이 산에 가서 낙엽을 긁어모아 왔는데, 흐르지 않게 맨 밑바닥에 깔기 위하여 소나무 줄기를 두세 개 꺾어 온 것을 보시고 야단치시는 모습을 목격하게 되었다. 바닥에 깔린 낙엽을 긁어모아 오는 것은 상관이 없지만 왜 산의 나무를 꺾었느냐는 것이다. 국민 한 사람 한사람이 이런 식으로 나뭇가지를 꺾어 오면 산이 어떻게 되겠느냐며, 야단을 치시는 것이었다.

이후 아버지가 예순이 넘으시고는 경주 박씨 왕릉 참봉을 맡으셔서 매월 두 번씩 수백리길인 경주를 다니시며 향사를 모시고 능을 돌보셨으며, 영남일대의 서원이란 서원은 거의 다 원장(향사 때는 초헌관이 됨)을 지내셨는데, 특별히 도산서원, 병산 사원, 소수서원 원장을 모두 지내신 것을 자랑스러워 하셨다. 아버님은 5살 때부터 9살 때까지 영남일대 서원원장을 두루 지내셨으며, 문하생을 수백 명 두신 외조부님(南 宗자 洙자 이른)문하에서 한문 공부를 하셨다는데 예천, 안동, 영주, 상주, 경주 일대에서 손꼽는 선비로 인정받아 도산서원 원장으로 까지 추대되셨을 때 기뻐하시던 모습은 지금도 눈에 선하다.

노후에는 틈틈이 漢詩도 지으시고 서예도 하셨다. 1992년에는 그간 써신 작품들을 모아 팔순 기념으로 우리 자식들이 서예집도 발간해 드렸다. 또한 당신 자손들을 위해 고향에 아담한 정자를 남겨 주셨다. 과수원을 팔아 정자를 지으신 것이다. 이것은 남다른 아버지의 깊은 뜻이 있어서였을 것이다. 정자 이름을 아버지의 호를 따서 "一堂齋"라 하시고 준공식 기념으로 연 詩會에는 영남 일대의 내로라하는 선비들이 모두 모시두루마기에 갓 쓰고 참석하셔서 100편의 漢詩를 지어 축하해 주셨다. 이런 광경은 우리 세대에서 볼 수 있는 마지막 풍경으로 생각하여 이 작품들을 묶어 "일당재 시집"으로 출간하기도 하였다.

1998년 여든 여덟 米壽에 생을 마치시니 조상들에게는 효손이요, 아내에겐 따뜻하고 존경스런 남편이요, 자손들에겐 인자하신 아버지, 할아버지요, 일가친척에게는 너무나 고마운 문중 대표요, 이웃에게는 친근하면서도 스승과 같은 어른이요, 예천에서는 군민을 대표하는 노인회장이요, 나라에는 모범적인 시민이셨던 우리 아버지! 슬하에 삼남매와 11명의 손주 손녀들이 각자 자기 위치에서 자기 앞가림을 하고 열심히들 살고 있사오니 이제 아무 걱정 마시고 편안한 마음으로 하늘나라에서 영면하소서.

제자들 이야기

내가 이 세상에서 받은 축복이 정말 많지만 그 중에서도 특히 제자 복이 제일 많다. 정말 하나같이 우수하고, 성실함은 물론이요, 착하기까지 하니 그저 고맙고 자랑스러울 뿐이다. 내 제자들 중엔 입지전적 인물이 하나 둘이 아니다. 제자들의 얘기를 소설로 써도 대하소설이 될 것 같다. 대학 갈 돈이 없어 3년간이나 기관사로 일하다 고대에 들어와 박사가 되고 훌륭한 교수가 된 제자도 있고, 택시기사를 하는 아버지 밑에서도 우수하고 반듯하게 자라서 박사를 하고 가정을 꾸며 아들딸 낳고 학계에서도 학덕이 높아 칭송이 자자한 제자도 있고, 장애인인 극빈집안에서 유명학원 강사로 돈도 많이 벌고, 음악으로 사회봉사를 하는 친구도 있고, 가난하여 물로 배를 채우며 살면서도 유명한 시인이 된 친구도 있고, 너무나 어려운 환경에서 지방의 이름 없는 대학을 나오고도 고대에서 박사를 하고 훌륭한 학자가 된 제자도 있고, 학교 때는 연극만 하여 학부 때 나한테 자주 야단맞던 친구가 지금은 강남에 빌딩을 가진 유능한 학원원장이 된 제자도 있고, 온가족의 생계뿐만 아니라 병석에 계시는 아버지를 몇 년간 병구완하며 병원비를 다 대면서도 4년 간 All A+만 받은 친구도 있다.

판자촌 단칸방에 여러 식구가 함께 사는 환경에서도 고대에 들어와 졸업은 물론, 결국 박사까지 하여 유수한 국립대학의 교수가 된 제자도 있다. 더 좋은 지역에서 교사를 할 수도 있는데, 자청해서 서울에서도 가장 여건이 안 좋은 학교에 지망하여 그들에게 꿈을 심어주는 교사도 있고, 또한 세 개의 신문에 동시에 신춘문예에 당선된 제자도 있고, 지방대학을 나오고 집안의 도움 전혀 없이 고대 대학원에 들어와 혼자서 박사까지 한 제자도 있다. 4년 내내 데모만 하던 친구가 지금은 매우 신망이 높은 교사가 되어 있기도 하고, 너무도 어려운 환경을 이겨내고 공부하여 중견 언론인이 된 제자들도 있다. CEO가 된 제자들도 있고, 해외에서 한국어교육을 하는 제자도 있다.

여제자들의 경우도 결혼, 출산, 경제적 어려움을 다 이겨내고 친정과 시댁에 훌륭한 자식 노릇하면서도 훌륭하게 교직을 수행하면서도 자기 분야에 우뚝한 교수들도 있고, 뿐만 아니라 내 제자들은 인격 면에서도 나무랄 데 없이 훌륭하다. 착하고, 성실하며, 책임감이 있고, 궂은일에는 항상 앞장선다. 나한테는 너무도 자랑스런 딸들이다. 또한 자기 제자들한테도 더 없이 훌륭한 스승들이 되어있으니 동료들로부터도 칭송이 자자하다. 이런 친구들은 각자의 위치에서 고대의 이름을 빛내고, 국어교육과의 이름을 떨치고 나에게도 더없는 영광을 안겨주니 고맙고 대견하기 이를 데 없다.

자식 자랑하면 팔불출이지만 제자 자랑하면 팔불출이라는 소린 못 들었으므로 정말 마음 놓고 자랑하고 싶다. 아니 설사 팔불출 소릴 듣더라도 제자 자랑은 하고 싶다. 이들에게 나는 소위 스승이지만 실제로는 이들에게서 내가 배우는 것이 더 많고 이들에게서 받는 위안이 훨씬 더 크다. 이들은 대부분 공부만 잘하고 착하기만 한 게 아니라 놀 때는 너무도 신나게, 예쁘게 잘 논다. 노래도 잘 하고 춤도 잘 춘다. 이리 보아도 예쁘고 저리 보아도 예쁘기만 하다. 그리고 이런 제자들을 내 제자로 둔 나의 삶은 그래서 보람 있고 축복된 노후를 맞이하게 된 것 같다. 정말 나의 건강만 허락한다면 내 제자들의 자녀들과 제자에게도 좋은 할머니가 되어주고 싶다.

얼마 전 어느 대학에 특강을 나갔는데, 8, 9명의 예쁜 대학생들이 쪼르르 달려오더니 '저희가 선생님 손녀들이에요.'하며 와서 팔짱을 끼고 사진을 찍는데 그건 정말 감동이었다. 한 명 한 명 다 안아주고 싶을 정도로 너무도 귀엽고 청순해서 정말 나의 심장이 막 뛰는 것을 느꼈고 눈가엔 이슬이 맺혔다. 아, 그래도 내가 헛되이 살지는 않았구나. 제자의 제자들이 나의 팬이 되어 있다니... 정말 나의 제자 자랑은 밤을 새워도 다 못 할 것 같다.

나의 건망증 때문에 어처구니없는 고생을 시킨 일, 아프거나 말거나 공부를 닦달한 일, 아직 먹고살기도 어려운데 대학원을 가라고 종용한 일, 데모하느라 시험 안 보면 가차 없이 F를 줬던 일, 심지어 좋아하는 사람을 떼놓은 일, 너무 깊숙이 이들의 인생에 끼어들어 그들에게 온갖 간섭을 다 한 일, 내가 다 알지 못하고 기억하지 못하는 수많은 잘못과 실수들이 있었겠지만 그들은 날 원망하지 않고 오히려 항상 나를 감싸주고 항상 나를 즐겁게 해준다.

스승의 날은 있되 '제자의 날'은 없는 것이 안타깝다. 어린이날, 어버이날은 다 있는데, 왜 제자의 날은 없는지 모르겠다. 물론 제자의 날이라 하면 전 국민이 모두 해당되겠지만 그래도 제자의 날이 있으면 특별히 고마웠던 제자, 특별히 기억에 남는 제자, 특별히 미안한 제자, 특별히 자랑스러운 제자들을 생각도 해보고, 연락이 되면 만나서 맛있는 것도 사주고, 평소에 못했던 말도 해주면 좋지 않을까 하는 생각을 해보는 것이다.

나의 제자들이 나를 사랑하는 질량이 내가 그들에게 준 것보다 훨씬 더 크니 난 한없이 고마우면서도 내가 잘 못해준 것에 대하여 미안한 생각이 든다. 그리고 나의 제자들은 小義보다는 大義를 먼저 생각하고, 나의 이익보다는 공동체나 나라의 이익을 먼저 생각하는 훌륭한 시민들이다. 현실적으로 제자들에게 우리 자식처럼 물질적으로 정신적으로 모두 정성을 다 쏟아 부었다고 할 수는 없지만 이들이 잘 되기를 바라는 마음은 부모의 마음과 다르지 않다. 정말이지 다음 세대는 이들이 꿈꾸는 사회가 되었으면 좋겠다. 이들이 건강하고, 각자 바라는 대로 모든 일이 성취되고, 아직

미혼의 제자들은 좋은 배우자를 만나 아들 딸 낳아 오순도순 살고, 그 자녀들도 모두 원하는 대학에 들어가고 사랑하는 배우자를 만나 행복하게 사는 것이 나의 소망이다. 그리고 자기의 능력과 노력대로 각자의 분야에서 성공하여 국가와 민족에 기여하는 사람들이 되기를 빌어본다. 그리고 무엇보다도 매일 매일을 즐겁고 행복하게 살게 되기를 진정으로 빌며, 항상 삶에서 보람을 느끼게 되기를 바라며 그들에게 항상 주님의 은총이 함께 하기를 기도드린다.

소나무

나는 동물보다는 식물을 더 좋아한다. 어릴 때 우리집에서는 거의 모든 가축을 키웠다. 소, 돼지, 개, 닭, 심지어 고양이까지 기른 적도 있다. 따라서 동물과 친숙하게 지낸 셈인데도 지금 우리집에는 애견동물이 없다. 그러나 식물은 어떤 것이나 다 좋다. 나무는 나무대로, 꽃은 꽃대로, 잔디는 잔디대로 다 좋다. 그런데 한 십여 년 전부터는 부쩍 소나무를 좋아하게 되었다. 특별한 이유가 있는 건 아니나 언제나 푸른 모습이 좋고, 소나무만이 풍기는 기품이 있어서 좋다. 소나무의 松자는 나무 옆의 公자가 으뜸이란 뜻으로 나무 중에서 으뜸이라는 뜻이다. 공자가 길을 가다가 비를 만났는데, 마침 큰 나무가 있어 비를 피하고 나서 이 나무를 '松'으로 붙였다는 전설도 있어서 나무 木에 공자의 公자를 붙인 게 아닌가 여겨지기도 한다.

한국에서도 소나무는 매우 귀히 여겨 속리산에는 정2품 소나무가 있는가 하면, 경북 예천에는 토지를 소유한 소나무도 있어 해마다 재산세를 내기도 한다. 예천군 감천면 천향리 석평 마을에 있는 소나무 석송령이 그것이다. 석송령은 자신의 이름으로 토지를 각각 5087m²나 갖고 있는 천연기념물이다. 높이 10m, 둘레 4.2m의 석송령은 토지 외에도 현금 1,600만원의 재산을 소유하게 된 배경은 일제 때로 거슬러 올라간다. 1927년 후손 없이 임종을 맞은 이 마을 이수목 노인이 수령 500세가 넘은 소나무를 석송령(영험한 소나무)으로 이름 짓고 번성을 위해 자신의 대지소유권을 모두 나무 앞으로 이전하면서 전국에서 처음으로 토지를 가진 나무가 됐다. 석송령은 1927년 8월에, 예천군 토지관리대장에 등재되어 종합토지세와 교육세도 내고 있고, 장학재단도 갖고 있는데, 아무튼 한국에서 나무가 세금을 내는 천연기념물인 소나무가 내 고향 예천에 있다.

또한, 예천 용궁면 금남리의 황목근 역시 나이가 500년 정도 된 것으로 추정되는 팽나무로 높이 12.7m, 둘레 5.65m이다. '황목근'이란 이름은 1939년 마을 공동재산의 토지를 팽나무 앞으로 등기 이전하면서 팽나무가 5월에 황색꽃을 피운다 하여 황(黃)이란 성과 목근(木根)이라는 이름을 붙였다고 전한다. 현재 황목근은 아주 넓은 땅을 소유하고 세금을 내고 있으며, 현금 600만원을 가진 천연기념물이다. 금원마을을 지켜주는 수호목으로 신성시되고 있으며 매년 정월 대보름에 제사를 지내고 있다.

소나무 중에서는 역시 재래송이 그중 으뜸이다. 우리 선조들은 이러한 소나무로 많은 가구를 만들었으나 지금은 재래송으로 만든 가구는 드물고 거의 관상용으로만 소나무가 사용된다. 큰 건물이나 신축아파트 같은 데도 소나무로 조경하는 것을 많이 볼 수 있다. 우리 동네에도 80년대만 해도 향나무나 주목 같은 수종으로 조경을 많이 했었으나 최근에는 소나무로 하는 집이 두드러지게 많아졌다. 사실 국산 재래송은 목재로는 별로 사용되지 않는다. 우선 소나무가 자라서 재목이 되는 데 20년 이상 걸리는데다, 줄기가 별로 굵지도 않고 곧지도 않아 가구 같은 것을 만들기에 적절하지 않기 때문이다. 또한 가격도 보통나무의 몇 십 배나 비싸므로 목재회사는 주로 수입하여 사용한다. 오히려 더 싸고 좋은 목재를 동남아 등에서 사올 수 있기 때문이다. 따라서 한국의 소나무는 거의 관상용으로만 사용되는 실정이다. 덕분에 어딜 가나 멋있는 소나무를 많이 볼 수 있어 좋다.

우리집 마당에도 여러 종류의 소나무가 있다. 수령 60년 정도 되는 재래송 한 그루를 비롯하여 재래송이 다섯 그루 있고, 40년쯤 된 백송이 한 그루 있고, 개량 소나무가 두어 그루 있고, 잎이 아주 짧은 단엽송이 한 그루 있으며, 금송 네그루가 있다. 금송을 갖게 된 데는 사연이 있다. 98년에 맏손녀가 미국에서 태어나자 금방 볼 수 없는 아쉬움을 달래고자 내가 기념식수를 하자고 제안하여 양재동 꽃시장엘 가서 묘목을 고르게 되었는데, 마침 잎이 크고 두꺼운 소나무 묘목이 눈에 띄었다. 그래서 주인보고 이 소나무가 무슨 소나무냐고 물었더니 금송이라고 가르쳐 주었다. 그런데 값을 물으니 8만원이라고 하였다. 이 길이 30cm 정도의 조그만 묘목이 왜 이렇게 비싸냐고 했더니 워낙 귀한 소나무라 그렇다는 것이었다. 그래서 첫 번째 손주 탄생 기념으로 금송을 사서 심게 되었다.

그 이후 두 아들한테서 세 명의 손주가 더 태어났는데, 한 명씩 태어날 때마다 공평하게 금송을 사서 심었더니 네 그루가 되었다. 연수에 따라 소나무 크기가 차이가 나므로 어느 소나무가 누구의 소나무인지 외울 필요도 없다. 키가 큰 차례대로 주인이 자연스럽게 가려지기 때문이다. 맨 먼저 심은 큰 손녀의 소나무는 어느덧 높이가 3m쯤 되는 큰 나무가 되어있다. 멀리 떨어져 자주 만나지 못하는 손주들 대신 쑥쑥 자라는 금송들을 보며 그리움을 달래곤 한다.

소나무는 사철 푸르지만 실제로는 해마다 잎갈이를 한다. 단지 다른 나무들처럼 한꺼번에 잎이 다 누렇게 되어 떨어지지 않고, 맨 아래쪽에 있는 잎들이 누렇게 되면서 떨어질 때쯤엔 이미 위에 그만큼 이상의 파란 잎들이 새로 나 있기 때문에 결과적으로 사철 푸른 것이다. 그리고 꽃도 피고 열매도 맺는다. 오늘도 우리집 마당의 소나무들을 보며 멀리 나가있어 만나지 못하는 자식들과 손주들에 대한 그리움을 달래고 있어 소나무는 나에게 있어 나무 이상의 의미가 있다.

고향 친구들

요즘 대도시 아이들은 어떤 면에서 측은하다. 우리 세대에 시골에서 자란 사람들이나 가질 수 있는 고향 친구들이 없을 것이기 때문이다. 나는 5살 때부터 고등학교 졸업할 때까지 경북 예천이라는 조그만 시골에 살았다. 따라서 초등학교 친구들이 그대로 중학교 친구이고, 고등학교 친구이다. 모두 12년을 함께 다닌 친구가 여러 명 있다. 50여년의 연륜을 쌓은 친구들이고 서로의 가족 상황까지 모조리 알고 있는 터여서 형제와 다를 바 없다. 그 중에서도 4총사로 불리는 우리 4명의 친구는 정말 친형제보다도 더한 우정을 쌓아 왔다. 서로가 바쁘기 때문에 자주 만나지도 못하고, 현실적으로 서로 엄청난 도움을 준 것도 아니지만 마음은 언제나 변함없다. 우리들 사이에는 오해나 변명이나, 미안하다, 고맙다 와 같은 단어는 거의 필요가 없다.

아마 돈을 빌린다고 해도 설명이 필요 없을 것이며, 언제 주겠다는 약속도 필요하지 않을 것 같다. 언제든지 밤중에라도 찾아가도 밥을 얻어먹고 잠을 잘 수도 있을 것이다. 누구든지 먼저 만나자고 제의하면 우리는 무조건 모인다. 어느 한사람이 사정이 생기면 무조건 무기 연기다. 만나면 왜 그렇게 웃을 일도 많은지! 이 친구들한테는 체면도 예의도, 아무것도 필요 없다. 나같이 평생을 직장과 가정 사이에서만 쳇바퀴 돌아야 하는 사람에게 있어 이 친구들은 존재 자체가 위안이고, 만남 자체가 휴식이다.

나에게 이런 친구들이 있다는 건 여간 행운이 아니다. 고등학교만 졸업한 친구, 대학 중퇴한 친구, 대학 졸업하고 교사를 지낸 친구도 있지만 우리는 언제나 10대의 친구로 돌아간다. 원래는 우리 네 명 중 제일 예쁜 전옥자라는 친구만 고등학교 때부터 성당엘 다녔는데 우리보고 단 한 번도 성당에 나오라는 소릴 하지 않았다. 그런데 내가 두 번째로 가톨릭 신자가 됐고, 10년 뒤쯤 또 다른 친구가 가톨릭 신자가 되었으며, 마지막으로 한 친구마저 신자가 되었다. 정말 이런 인연이 또 있을까 싶다.

그래도 만나서는 종교에 관해서는 별로 얘기하지도 않는다. 종교가 달랐을 때나 지금과 같이 똑같이 되었을 때나 달라진 것이 없다. 천주교 신자들이 나누는 화제가 하나 더 늘었을 뿐이고, 밥 먹을 때 다 같은 기도를 할 뿐이다. 그냥 만나면 좋고, 좋은 소식 들으면 좋고, 슬픈 소식 들으면 함께 슬퍼하고 그러면 되는 것이다. 물론 싸워본 적도, 의견을 달리 해본 적도, 함께 여행을 다녀본 적도, 같은 취미 활동을 하는 것도 아니다. 각자의 생업에 종사하면서 형편이 되는대로 몇 달에 한 번 만나는데, 때로는 몇 년씩 못 만날 때도 있었다. 그래도 늘 그대로다. 단지 이들 중 이내미라는 친구는 내가 중간 역할을 하여 나의 올케가 되었고, 이 올케는 평생 나의 든든한 친정이 되어 주고 있다.

평소에도 이런 좋은 친구들이지만 1992년에 내가 교통사고로 오른팔이 골절되는 사고를 당했는데, 그냥 기브스를 하면 되는 정도가 아니라 옆구리의 뼈를 떼다가 붙여야 하는 수술까지 받아야 했다. 따라서 입원하고 3주일 동안은 거의 완전히 누구의 도움 없이는 아무 것도 할 수가 없는 상황이 되었다. 그때 이 친구들의 진가가 유감없이 발휘되었다. 올케는 물론이고 경북여중 교사를 지낸 장신자라는 친구는 하루도 빠짐없이 찾아와서 밥을 먹여주는 일부터 기도를 바치는 일까지 완벽하게 돌보아 주었다. 침대에 뉘어놓은 채 머리 감겨주고 손톱 발톱까지 다 깎아 주었다. 매일같이 새로운 반찬이랑 맛있는 걸 가지고 와서 먹여놓고는 온갖 재미있는 이야기, 우스운 이야기를 교대로 들려주는 바람에 '뼈를 깎은 아픔'도, 몸을 움직일 수 없는 답답함도, 밀린 일들에 대한 초조함도, 슬픔도, 노여움도 모두 잊고, 감사하고 행복한 마음으로 지내고 견딜 수가 있었다.

부모도, 자식도, 형제도 하기 어려울 특급 간병을 받고나서 생각해 보니 이런 친구들을 3명씩이나 가진 나는 이 세상에서 가장 축복받은 사람이라는 걸 더욱 절실히 느끼게 되었다. 장여사는 지금도 나에겐 너무도 든든한 후원자다. 내가 10년 전쯤 여러 가지로 건강도 매우 안 좋고 머리가 너무 복잡하여 하소연을 한 적이 있다. 아직 누구한테도 나의 속내를 내놓지 못하던 어느 날 장여사에게 전화를 걸어 '나 학교를 그만 두고 싶다'고 하소연을 하였는데, 이 말을 듣자마자 천부당만부당함을 얘기하며 자기가 매일 같이 나를 위해 기도할 테니 제발 그만 둔다는 말은 하지 말라며 간곡히 말렸다. 물론 나도 실제로 그만두겠다는 생각을 한 건 아니었지만 이 친구의 우정 어린 충고에 힘입어 다시 마음을 다잡고 새로운 용기를 냈던 기억이 난다.

이와 같이 아무리 어려운 일이 있어도 이 친구한테 전화만 하고 나면 만사해결이다. 매일 같이 나를 위해 수십 번의 묵주기도를 하고 있으니 아무 걱정 말란다. 정말 이 친구의 기도 덕분에 내가 여기까지 온 것 같다. 이밖에도 여러 명의 예천 친구들이 더 있다. 언제나 만나면 좋고, 반가운 이름들... 내 사랑하는 친구들이여! 그대들이 있어 내가 얼마나 행복한지! 부디 그대들에게 언제나 하느님의 축복이 가득하기를...

인터넷에서 얻는 정보의 즐거움

가끔씩 인터넷 신문이나 포털사이트를 보다보면 눈에 띄는 정보가 있다. 나 혼자서 책상에 앉아서는 도저히 얻지 못할 정보가 많다. 때론 노벨상 수상자들의 강연 내용에서, 미국 대통령 후보들의 토론 내용이나, 취임사, 성공한 CEO들의 온갖 지혜, 너무도 어려운 역경을 이기고 살아남은 사람들이 남을 위해 봉사하는 얘기, 연예인들의 뒷이야기까지 나에게 유익하고 즐거운 내용들이 가득 들어있다. 이들이 올려주는 즐거운 정보나 삶의 현장을 접하고는 때론 숙연해지도 하고 때론 많은 위안을 얻기도 한다. 이런 많은 정보 가운데 특별히 나에게 유용한 것은 사진 자료이다.

아직 한 번도 가보지 못한 곳의 뛰어난 풍광이나, 사람들의 다양한 재능을 보여주는 사진이나, 역사적인 사건의 희귀한 자료 등 수없이 많다. 며칠 전 독자들이 올린 사진들을 본 적이 있는데, 참으로 아름답고 매혹적인 들꽃들의 사진은 나를 감동시키기에 충분했다. 어디서나 쉽게 볼 수 없는, 신비스러울 정도로 아름답고 매혹적인 이 들꽃들을 보면서 많은 위안을 받는다. 살아있으므로 이런 꽃들을 볼 수 있구나. 정말이지 이 들꽃들은 사람들로부터는 아무 것도 받은 것이 없으면서도 이토록 큰 기쁨과 위안을 준다고 생각하니 소중하다 못해 황송하기까지 하다. 이 아름다운 자태를 드러내게 하기 위하여 그 모진 비바람도 이겨내고, 그 차갑고 무거운 눈더미도 이겨내고 때로는 사람들이 무자비하게 밟고 지나가는 것도 다 이겨내고 오늘 이토록 눈부시게 아름다운 황홀경을 보여주다니...

사람들에겐 많은 걸 베풀어도 때론 배신도 당하고, 때론 시기와 질투도 받으며, 때론 잔인한 경쟁도 해야 하지만 이 연약한 꽃들은 사람들로부터 무엇 하나 바라지도, 요구하지도 않고 아무 것도 받은 것 없이 이 기막힌 감동을 선사하고 있구나. 생명의 신비로움이여! 이 어찌 신의 뜻이 아니며, 이 어찌 신의 작품이 아니랄 수 있는가? 이 기막힌 섭리 앞에서 난 오히려 초라하기만 하구나. 학문이네, 교육이네, 문화네, 세계화네 하며 부산하게 움직였던 지난날들이 모두 이 기막히게 아름다운 꽃 한 송이에 갑자기 아무것도 아니라는 생각마저 들게 한다. 물론 우리집 마당에도 들꽃이 피지만 뽑아내기가 바쁘니 정말 미안한 생각이 든다.

이렇듯 인터넷에서 얻는 정보나 자료는 이제 현대인에게 있어 없어서 안 되는 필수적인 것이 되었다. 잘 모르는 곳의 지도도 찾아주고, 맛있는 음식점도 알려주고, 한국의 역사적 사건이나 세계사적인 사건도 모두 알려주며, 원하는 시인의 시도 모두 다운 받을 수 있다. 호롱불로 공부했던 우리 시대 사람들은 인터넷 시대에 이르러 그저 매일같이 감탄하고, 감탄할 뿐이다. 인간의 위대한 역사가 어디 한두 가지랴만 인터넷의 발명은 그 중 으뜸이 아닌가 한다.

나의 은사 안승욱 선생님!

초등학교부터 대학원, 외국 유학에 이르는 긴 수학 기간 동안 난 참으로 많은 선생님들의 은혜를 입었다. 그런데도 불구하고 뚜렷이 기억에 남는 은사님은 몇 분 안 계시니 민망한 일이다. 안승욱 선생님은 항상 기억되고, 내가 특별한 은덕을 입은 몇 안 되는 은사님 중의 한 분이시다.

이야기는 지금으로부터 45년 전, 내가 예천여고 2학년 때로 거슬러 올라간다. 당시 우리는 전교생이라야 90명밖에 되지 않는 미니학교였는데, 운동장은 어찌나 큰지 아침 운동장 조례만 끝나면 잡초가 무성한 운동장의 풀을 뽑아야 했다. 전체 90명의 학생들이 둥그렇게 둘러앉아 땡볕에서 풀을 뽑는데, 왜 그렇게 큰 운동장이 원망스럽던지... 뿐만 아니었다. 오전 수업만 끝나면 학교 뒤 냇가에서 모래, 자갈, 돌을 책보재기로 날라야 했다. 한 번씩 가져오면 팔뚝에 선생님 도장을 받는데, 팔이 노상으로 꽉 차야만 그날의 일이 끝나곤 했다. 학교 건물을 짓는 데 힘을 보태기 위해서였다. 1950년대의 시골은 아직 어린 형편이었다.

사실 내가 고등학교에 들어가기 2년 전까지만 해도 예천에는 아직 여고가 없어서 개인적으로 나는 경북여고에 간다는 꿈을 키우고 있었는데, 당시 예천 중학교와 예천여중의 육성회장 (당시는 사친회장)이며 경북 도교육위원이던 친정아버님께서 예천에도 여자고등학교가 있어야 한다고 하시며, 도교육청에 청원을 하여 인가를 받고, 「예천여고 건립추진위원회」를 만들어 위원장으로서 학교 건립에 노력하셨으니 나는 도회지로 나가 공부하려던 꿈이 깨어지고 예천여고에 3회로 입학한 것이었다. 나는 워낙 신체적으로 왜소하고, 병약하여 대심동 집에서 백전동 학교까지 거의 십리를 책가방과 도시락을 싸가지고 다니는 것도 너무 힘에 겨울 정도였는데, 학교라고 가면 거의 매일 힘든 일들을 해야 했으니 철없는 나는 학교에도 가기 싫을 때가 많았다. 학교에 간다는 것은 오로지 친구들을 만나기 위한 방편에 불과하였다.

더구나 농사가 많던 우리집은 일거리가 너무 많으니까 난 툭하면 결석을 해야 했다. 벼심을 때, 김맬 때, 타작할 때는 물론, 장날이면 거의 결석을 했으니까. 이렇게 엉터리로 고등학교를 다니고 있었는데 (아마도 지금 같으면 벌써 퇴학을 당했을 것이다) 나에게 특별한 관심과 용기를 주시는 분이 계셨다. 안승욱 선생님이셨다. 당시 학생 주임이셨던 안선생님은 우리에게는 엄격하고, 무서운 존재셨지만 이상하게도 내게는 따뜻하셨고, 격려를 아끼지 않으셨다 (어쩌면 공적으로는 엄격하시면서도 사적으로는 모든 학생들을 따뜻이 보살펴 주시지 않았나 한다). 세계사를 가르치셨던 선생님은 적당한 채찍과 칭찬, 그리고 감동적인 격려로 나로 하여금 공부를 멀리 할 수 없도록 만드셨던 같다. 사실 난 공부를 무척 좋아했기 때문에 누구한테서 공부하라는 말을 들어 본적은 없다. 그러나 고등학교 때는 하도 결석을 많이 하니까 새로 오셔서 나를 아직 잘 모르는 선생님들은 많은 오해를 하셨을 것도 같다. 안선생님도 어쩌면 이런 맥락에서 나를 격려하셨는지도 모르겠다.

그 후 나는 대학에도 가고, 대학원, 미국유학을 할 수 있는 행운을 얻었는데, 이것은 곧 고난의 역사가 시작되는 것이기도 하였다, 그러나 어려운 고비마다 선생님 생각만 하면 힘과 용기가 났다. 선생님께서는 당신 제자들 하나하나를 친자식처럼 걱정해 주시고, 예천여고의 발전을 누구보다도 바라시는 분이다. 사실, 선생님의 예천여고 제자들은 어디에서 무엇을 하든, 하나같이 진취적이고 성실하게 세상을 살아간다. 나는 이러한 친구, 선후배들이 너무나 자랑스럽고 소중하며, 우리를 참되게 살도록 가르쳐주시고, 진정한 제자 사랑을 실천하신 선생님들의 제자라는 게 너무도 자랑스럽다.

안선생님께서는 그 뒤 여러 학교에서 교편을 잡으셨고, 교장, 교육장 등 관리직도 오래 수행하셨지만 우리에겐 언제나 엄격하시면서도 자애로우신 "우리의 선생님"일 뿐이다. 요즘같이 삭막하고 메마른 세상에 타고나신 높은 인격과 스승으로서의 제자 사랑에, 천주교인으로서의 하느님 사랑까지 실천하시며 모범적으로 세상을 사시는 선생님을 나의 스승으로 모실 수 있었다는 것은 나로서는 여간 행운이 아니다. 이러저러한 핑계로 난 제자 노릇도 제대로 못하고 있지만 선생님은 언제나 나의 마음을 아시고, 용서해 주실 것만 같다.

그러나 이제 나도 어느덧 60대 중반이 되었다. 더 후회하지 않도록 제자 노릇도 하고, 은혜 입은 분들께 보답하는 삶도 살아야겠다. 매일 매일의 일상사에 쫓기고, 대부분의 시간을 타의에 의해 써야 하는 생활이지만 어떻게든 내 시간을 좀 확보하여 스승도 찾아뵙고, 옛날 고향 친구도 만나고, 가족들한테도 빚을 좀 갚아야겠다.

아! 예천 여고! 코스모스와 잡초만 무성하던 그 조그만 학교가 이젠 한 학년이 6학급이나 되고, 졸업생이 이미 수천 명이 된 유서 깊은 학교가 되었으니 정말 감회가 새롭다. 그리고 시설이나 교육내용, 모교 선생님들의 열성은 어느 명문학교에도 부럽지 않는 학교가 되었으니 그저 감사할 뿐이고, 안선생님 같은 초창기 은사님들의 땀과 열정이 모두 거름이 되었을 것을 생각하며 그때의 선생님들을 그리워하게 된다.

모교의 발전과 스승님들의 만수무강을 빌면서 나도 노후에는 고향에 돌아가 은혜 입은 어른들께 인사라도 여쭙고, 후배들에게는 호롱불도 마음대로 켜놓고 공부하지 못했던 나의 어린 시절과 미국 유학 시절에는 수제비로 배를 채웠던 이야기라도 들려줘야겠다.

안선생님! 부디 앞으로도 저희들을 채찍질하여 주시고, 어려움에 처했을 땐 위로와 격려도 해 주셔서, 저희들 모두가 사람답게 살다 죽을 수 있도록 인도하여 주십시오. 선생님 은혜 정말 감사합니다. 부디 부디 만수무강하옵소서.

하나의 위대함과 여럿의 아름다움

이 세상에 단 하나뿐이 아닌 것은 없다. 사람은 물론이요 동식물도, 심지어 모래알 하나도 똑같은 것은 없기 때문이다. 기계에서 찍어내는 제품도 완벽하게 동일한 것은 없다. 그러므로 이세상의 모든 사물은 하나밖에 없으므로 모두 존귀하다. 특히 그 중에서도 사람은 높은 IQ와 언어가 있어 계속 세상을 바꾸어 나간다. 사람들 중에서도 아이디어나 재능이 뛰어난 사람들은 참으로 엄청난 일을 해낸다. 과학자, 예술가, 운동선수, 정치인, 학자, 유능한 CEO 등 정말 한 사람이 해내는 일은 상상을 불허할 정도의 위력을 발휘한다. 그런데 얼마 전 등산을 하다가 오랜만에 싸리꽃을 보게 되었다. 어릴 적 시골에서는 흔히 보던 꽃이었으나 그땐 아무런 감흥도 없었으나 이번에는 달랐다.

싸리나무는 다른 나무들과는 달리 가운데 큰 줄기가 없이 수없이 많은 잔가지들로 이루어져 있고, 키도 별로 크지 않고 시간이 지나면서 계속 작은 옆가지들을 만들어내는 독특한 나무다. 그리고 그 작은 가지들은 잎을 피우고 하얀꽃을 피우는데, 가지가 많을수록 꽃이 많이 피며, 꽃도 한 송이 한 송이는 너무도 볼품없고, 초라한 작은 꽃잎을 가지고 있다. 따라서 한줄기나 꽃봉오리 하나만 보아서는 사람들의 관심을 끌 수 없다. 그러나 이런 초라한 싸리꽃이지만 많이 어울려 있으면 눈부신 아름다움을 뿜어낸다. 오래된 나무일수록 잔가지가 많고 수많은 잔가지들이 꽃을 피워 한 무리를 이루고 화려한 꽃동산이 되는 것이다. 사실 라일락이나 벚꽃도 수많은 꽃봉오리들이 무리를 이룸으로써 아름다운 꽃이 되는 경우다. 한편 장미, 백합, 무궁화 꽃은 한 송이, 한 송이가 참으로 아름답고 탐스럽다. 그러나 이런 꽃들도 역시 한 송이만 있을 때보다는 여러 송이가 어울려 있을 때 훨씬 더 아름답다.

사람이 사는 이치도 결국 이런 것이 아닐까 하는 생각이 든다. 한사람, 한 사람은 비록 평범하더라도 어울려 한 무리를 이루어 큰 아름다움을 만들어낼 수 있는 것 같다. 가족도 좋고, 이웃도 좋고, 친구도 좋고, 스터디그룹도 좋고, 동호인 모임도 좋다. 함께 작품을 만들거나, 공부를 하거나, 봉사활동을 하거나, 취미생활을 하더라도 여럿이서 함께 하면 화합과 양보, 협동심을 통해 큰 아름다움을 만들어 낼 수 있는 것이다. 노래나 무용도 역시 독창보다는 합창이, 독무보다는 군무가 이루어내는 아름다움에 우리는 더 큰 감동을 받는다. 또한 혼자서는 엄두도 못 낼 일도 여럿이서 함께 하면 거뜬히 해내는 경우도 많이 있다.

물론 한 사람의 능력은 무궁무진하다. 한사람의 아이디어나 노력이 세상을 바꿀 수도 있고, 역사를 바꿀 수도 있다. 세계 도처엔 각 분야의 영웅들이 있다. 이러한 영웅들의 활약은 위대하다고 하기에 충분하다. 뛰어난 과학자, 발명가, 예술가, 정치가, 기업인, 스포츠 선수... 이런 영웅들로 하여 우리는 계속 희망과 삶의 희열을 느끼며 살게 되기도 한다.

그러나 따지고 보면 이들이 진정한 영웅이 되게 하기 위해서는 수없이 많은 이름 없는 사람들의 도움과 희생과 협력으로 이루어졌다고도 할 수 있다. 그렇다고 해서 물론 그 영웅들의 가치가 평가절하 되어서는 안 된다. 그 개인, 개인의 위대함은 마땅히 칭송되어야 하고, 높이 평가받아야 한다. 단지 평범한 여럿이가 만들어내는 아름다움에도 눈을 돌려 음미할 필요가 있고, 박수를 보내야 한다는 진리를 싸리꽃을 통해 깨닫게 되더라는 것이다.

65년도 길더라

앙드레 말로의 소설 중에 「인간의 조건」이 있다. 이 소설에서 지조르 박사가 '인간이 되는 데는 10개월이 아니라 60년이 걸린다'고 말하는 장면이 있는데, 읽은 지 40여년이 지난 오늘에도 잊혀지지가 않는다. 정말 진리인 것 같다. 나만 보아도 65세가 되었으나 아직도 배워야 할 것이 많고 나의 인격도 죽을 때까지 완성되지 않을 것 같기 때문이다. 정말 살아갈수록 어렵고 모르는 것이 너무 많다. 현대는 워낙 의학이 발달하여 70세는 보통이고, 80세 이상을 사는 노인들이 많다. 그러나 난 정말이지 장수하고 싶은 생각은 없다. 물론 내 목숨을 내 의지대로 못 하므로 얼마나 살 지 장담할 수는 없으나 마음 같아선 70세 이상을 넘기고 싶진 않다.

그 이유는 나도 모르겠으나 하여간 지난 65년도 매우 길었다는 느낌이 든다. 물론 지금은 건망증이 심하여 내가 30대에 뭘 했더라, 40대엔 뭘 했더라 생각하면 기억나지 않는 것들이 너무 많아 20년쯤은 잃어버린 세월같이 여겨지기도 하지만, 그래도 65년을 살고 나니 많은 날들을 살았다는 느낌이 훨씬 더 크다. 정말로 누가 나보고 20년을 더 줄 테니 살라고 한다면 사양하고 싶다. 충분히 오래 많이 살았다는 느낌밖에 없기 때문이다. 인생 65년은 결코 짧은 세월이 아니다. 유능한 정치가라면 국가의 역사를 몇 번은 바꾸었을 시간이고, 훌륭한 CEO라면 돈도 엄청나게 벌어 국민총생산을 몇 배는 늘렸을 시간이고, 시인이라면 수천편의 시를 썼을 시간이다. 옷을 만들었대도 수천 벌은 지었을 것이다. 그러나 나는 불행하게도 정치가도, CEO도, 시인도, 재봉사도 아니니 이런 성취를 한 게 없다. 그러나 한 시민으로서 2남 1녀를 낳아 길렀고, 꽤 많은 소득세를 낸 것으로 면피는 할 수 있을지 모르겠다.

나는 어릴 때부터 약골이라 부모님은 내가 이만큼 살 것이라고는 아예 기대도 안 하셨었고, 나 자신도 60살까지 사는 것이 목표였으니 이미 초과 달성한 셈이다. 난 늘 건강에 자신이 없으면서도, 나름대로 열심히 살았으므로 별로 후회할 것도 없다. 자식으로서, 형제로서, 아내로서, 며느리로서, 그리고 엄마로서 물론 전업 주부인 엄마들보다는 못 했겠지만 내 딴엔 최선을 다했다고 하는 편이 맞을 것 같다. 심지어 올케노릇까지 필요 이상으로 하다가 오히려 낭패를 당하기까지 했으니 무엇을 더 후회하랴.

그러나 문제는 결과인데, 결과적으로는 성공했다고 하기 어렵다. 꼭 집어서 무얼 잘못했는지는 모르겠으나 하여간 지금의 나의 모습은 내가 3,40년 전에 생각했던 모습과는 뭔가 많이 달라져 있는 것이다. 조금은 허탈하기도 하고, 조금은 아쉽기도 하다. 그러나 내가 기대하지 않았던 것을 많이 가지게 된 것도 있다. 교수로서는 많은 행운이 따라왔으나 그 행운을 좀더 생산적으로 활용하지 못한 면도 있는 것 같다. 무엇보다도 명강의를 결코 하지 못했던 것 같다. 특별히 태만하거나 불성실했다고는 생각되지 않지만 우선 재미있게 수업을 못 한 건 맞는 것 같다. 아무리 좋은 내용이라도 재미있게, 흥미롭게 수업을 할 수 있어야 하는데, 이점에서는 점수가 매우 낮을 것 같다. 그러면 연구 면에는 어떠한가? 평균 정도는 했을지 모르겠지만 만족스럽진 않다. 우선 인용이 많이 되는 논문을 쓰지 못 한 것 같다. 저서는 평균보다는 많이 쓴 것 같은데, 소논문은 질이나 양에서 평균 정도밖에 못 한 것 같다. 다음은 봉사인데, 봉사는 시민으로서의 봉사는 거의 못 했고, 교수로서의 봉사는 어느 정도는 한 것 같다. 교수의 봉사활동이란 주로 학회활동이나 논문지도, 논문 심사, 교과서 심사 등을 말하게 되는데, 이 부분에선 평균보다 조금은 더 하지 않았나 싶다. 학회 임원을 맡아 봉사한 학회도 여러 개 있고, 국제대회를 주최한 것도 여러 번 있어 국어학자 치고는 비교적 국제화되었다고 할만하다. 물론 매우 만족스러울 정도는 아니지만 주어진 여건 보다는 조금 앞서서 한 것도 더러 있다.

그러나 가장 아쉬운 부분은 친교를 폭넓게 많이 하지 못 한 점이다. 교수들과 점심을 함께 먹으러 다니지 못 한 것이 제일 아쉽다. 아이들 셋 키우며 교수하느라 절대 시간이 부족하니까 점심시간을 아끼기 위해 도시락을 싸서 다니는 습관이 생겨 같은 사범대 안에서도 점심을 함께 먹으러 다니며 친하게 된 교수가 거의 없다. 또한 고등학교, 대학교 친구들과도 자주 모임에 못 나가니까 아무래도 자주 안부를 교환하는 친구가 많지 않다. 친척들과도 마찬가지이다. 일이 있을 때만 만나니까 일반적인 안부 전화 같은 건 거의 않고 지내는 셈이다. 그러고 보니 사적인 나의 삶은 별로 없이 살아 온 것 같다. 그러나 가정과 직장의 책임진 일만 다 하더라도 시간이 부족하니 책임 안 진 일은 할 수가 없었던 것 같다. 취미생활 같은 건 아예 꿈도 꾸지 못했다.

이제 정년퇴임하고는 주어진 시간 동안 이렇게 부족했던 부분을 조금이라도 만회하는 삶을 살아야겠다. 단 일 년이라도 시민으로서, 이웃으로서, 친구로서, 친지로서 사적인 교류와 봉사를 하며 살고 싶다. 또한 자연인으로서, 자연을 다시 음미하며, 뮤지컬도, 미술전도 꽃전시회도, 강릉단오제도, 보령 머드 축제도, 영화제도 마음껏 보러 다닐 걸 생각하니 벌써부터 마음이 들뜬다. 이렇게 1년만 산들 어떠하며, 2년만 산들 어떠하리? 주중과 주말의 구별도 없이, 아침과 저녁의 구별도 없이, 외출복 평상복 구별도 없이 그렇게 자유인으로 살아보고 싶다.

65년의 오케스트라를 끝내고 앵콜을 받은 기분이 이런 걸까? 대하드라마를 끝내고 배우와 스태프들이 홀가분한 마음으로 그간의 이야기들을 풀어내는 게 이런 기분일까? 하여튼 결코 짧지 않았던 65년이라는 세월 앞에 내 나름대로의 감회에 젖어 보는 것도 나쁘지 않은 것 같다. 호롱불에서 디지털 시대까지 숨가쁘게 달려왔던 우리 시대의 이야기를 이제 손주들한테 들려줄거나. 50년씩 내 친구가 되어준 친구들과 옛날 얘기나 해볼거나. 아 참 40년을 함께 살아준 나의 주인에게 고마움 표시로 길고긴 편지나 써볼거나. 아니면 같은 부모 밑에 태어나 65년을 함께 이 세파를 달려온 우리 삼남매의 이야기보따리나 풀어볼거나, 우리 예쁜 손주들과 제자들의 자녀들을 함께 모아 재롱잔치나 해 볼거나.

뜻이 있는 곳에 길이 있더라

우리가 일생을 살아가는 동안 단 한 번도 어떠한 어려움도 겪지 않는 사람은 없을 것이다. 잘 사는 사람은 잘 사는 대로, 잘 못 사는 사람은 못 사는 대로, 크고 작은 어려움을 겪으며 산다. 그런데 큰 어려움이 닥쳤을 때 우리는 보통 좌절하기 쉽다. 도저히 극복하지 못할 것만 같고, 나 혼자만 이런 어려움을 겪는 것 같고, 이젠 정말 절망이라고 느끼기 쉽다. 그러나 '뜻이 있는 곳에 길이 있다', '하늘은 스스로 돕는 자를 돕는다.'는 말을 확고한 신념으로 가지고 있으면 분명히 길이 보인다. 그리고 그 길을 향해 매진할 때 반드시 원하는 바를 얻을 수 있다.

나는 고등학교 졸업 후에 대학을 못가고 가사를 돕고 있었으나 결국 대학을 갔고, 부모님께 약속한대로 등록금 한 번만 지원받고 대학을 마쳤다. 대학을 졸업하고는, 운 좋게도 그렇게 직장이라고는 없던 시절에 한양대부속여고 교사가 되어 나의 사회생활이 시작되었다. 그러나 1년 후에 난 다시 대학원에 진학하게 된다. 그래서 다시 대학원 진학을 결심하게 된다. 그런데 그때 숙대 대학원은 전공과목 외에 2개의 외국어시험에 합격해야했다. 영어는 기본적으로 해야 하지만 제2외국어가 문제였다. 고등학교에 독일어교사가 없어 국어선생님한테서 문법만 조금 배우는 둥 마는 둥 했고, 다구나 난 앞에서도 말했듯이 결석을 너무 많이 했기 때문에 사실상 제2외국어는 완전 까막눈이었다.

할 수 없이 겨울방학을 이용해 독일어책 두 권을 혼자서 겨우 떼고 시험을 봤다. 5,60명이 함께 시험을 보았으나 전교 6명만 합격하였다. 그러나 막상 대학원에 진학하고 보니 강의를 해주는 교수님이라고는 거의 없었다. 그저 책 소개를 해주든가, 기말 리포트 주제를 준다든가 하는 것이 전부였다. 그리하여 교사생활을 하면서도 석사과정을 쉽게 마쳤다. 그 뒤 다시 유학하게 된다. 결혼하고 말할 수 없이 경제적으로 어려웠지만 난 나중엔 결국 부자가 될 거라는 믿음이 있었다. 알뜰하게 살고, 벌 수 있는 만큼 벌고 노력했더니 결국 집도 가지게 되고 이렇게 용돈이 궁하지 않게 살고 있으니 부자가 아니겠는가.

유학과 관련해서도 이루 말할 수 없는 우여곡절과 어려움이 있었지만 포기하지 않고 꾸준히 노력하여 결국 미국에서도 명문대에 속하는 일리노이 대학에서 언어학 박사학위를 받게 되었다. 그 뒤 경희대학에서 고려대학으로 옮겨 와 여러 학회의 회장직을 수행하면서 여러 번 국제대회를 개최했는데, 그런 것도 순탄하게 이루어진 것은 하나도 없다. 일단 뜻을 세우고, 치밀한 계획을 세우고, 지원해 줄 수 있는 기관을 찾아가 설득하여 언제나 내가 초청하고 싶은 학자는 거의 다 초청하여 귀중한 발표를 듣고, 논문을 받아 내고, 책으로 묶어 냈다. 중간에 뜻하지 않은 어려움이 닥쳐도 포기하지 않고 밀고 나가니까 결국 내가 원하는 대로 좋은 결과를 얻었다.

고려대학교에 올 때도 누구 하나 이끌어주는 사람 없었지만 3년간 시어머님 병구완하면서도 논문을 쓴 게 있어 고대 역사상 처음으로 고대 사대에서 제일 먼저 공채를 했는데 지원하여 임용되었다. 들리는 소문으로는 당시에 몇 십 명이 지원을 했었다고 한다. 나는 고대와 아무런 연고가 없는 사람인데, 오로지 공정한 심사를 한 덕에 고대교수가 되었다. 아마도 내가 나온 일리노이대가 얼마나 좋은 대학인지를 아는 심사위원이 있지 않았을까 막연하게 추측해본다.

단지 그 길에 대한 확신이 없으니까 소신 있게 밀고나가지 않으므로 뜻을 이루지 못한다고 본다. 이후 U.C 버클리와 하버드대 객원교수로 가는 것도 처음부터 내가 거기를 원했고, 거기를 갈 수 있도록 노력했기 때문에 이루어진 것이다. 가만 앉아 있는데, 거기서 오라고 초청해줄 리는 없지 않은가. 내가 한국어세계화재단에 있을 때도 비슷한 경험을 많이 하였다. 일단 뜻을 세우고 노력하면 웬만한 건 다 이루어졌다.

이와 같이 뜻이 있는 곳에 길이 있더라는 평범한 진리를 얘기한다는 것이 너무 장황하게 되었다. 나는 지금도 진정으로 원하는 바가 있고, 그것을 향해 노력을 하면 대부분 이루어진다고 믿고 있다. 그러나 물론 노력해도 안 되는 일도 많이 있다. 노력해서 안 되는 일은 빨리 포기해야 한다. 나의 노력과 의지로 될 수 있는 일은 노력하면 되지만 나의 노력과 의지로 될 수없는 일은 빨리 포기하는 것이 좋다는 것이 나의 소신이다. 따라서 나는 포기할 것은 빨리 하는 편이다. 하늘이 하는 일, 상대방의 마음에 달린 일, 원천적으로 불가능한 일은 꿈도 꾸지 않고 포기도 빨리 해버린다. 상대방의 마음을 바꾸는 것 보다 내 마음을 바꾸는 것이 훨씬 쉽기 때문이다. 그러나 나의 의지와 노력으로 가능한 일이라면 밀어붙인다. 종종 추진력 있다는 말을 듣는 것도 이러한 나의 성격 때문이 아닌가 한다.

할머니라는 이름, 더 이상 자랑스러울 수 없다

나는 어떤 사회적 호칭보다도 '할머니'라는 호칭으로 불리는 게 좋다. 왜냐하면 '할머니'라는 이름을 얻기까지 너무나 긴 세월이 필요했고, 너무나 복잡다단한 과정을 거쳐야 했기 때문이다. 우선 남자는 할머니가 될 수 없다. 또한 여자라고 해도 우선 결혼을 해야 하고 아기를 낳아야 하며, 건강하게 길러서 결혼을 시켜야 하고, 그 자식이 다시 아이를 낳아야 비로소 할머니가 되기 때문이다. 할머니가 되기까지 40년 이상의 긴 시간 동안 인고의 세월을 보내야 한다. 이기적인 남편도 이해해야 하고, 술 먹고 늦은 귀가도 외롭게 기다려야 하며, 시댁 가족도 내 가족으로 받아들여 며느리로, 올케로, 형수나 제수로도 주어진 역할을 다 해내야 하고, 경제적으로 아무리 어려워도 온몸으로 극복해야 하며, 아이가 뱃속에 있는 동안에도 입덧 등 남자들은 도저히 알 수 없는 고통도 이겨내야 함은 물론, 또한 태어날 때의 그 엄청난 산고도 이겨내야 하며, 자라서 결혼하기까지 30년 동안 남모르게 흘려야했던 눈물을 남자들이 얼마나 알 것이며, 아기를 낳아 길러보지 않은 사람이 어찌 알 것인가?

그렇게 힘겹게 키운 자식이 결혼하여 다시 아이를 낳기까지 그 조마조마한 가슴을 그 누가 알 것인가? 특히 이 땅의 할머니들은 한국의 경제성장을 이룬 주역 중의 주역이다. 남의 딸로, 며느리로, 아내로, 어머니로, 그리고 할머니가 되기까지 호롱불에서 인터넷 시대에 오기까지 60년 이상 험난한 여정을 겪어오며 바친 희생을 이제는 보상받아야 한다. 가난하던 시절 먹을 게 없으면 일은 제일 많이 하면서도 제일 많이 굶으며, 혼자서 온가족의 옷을 짓고 빨면서도 자기의 옷이 제일 적고 제일 많이 헐지 않았던가?

나의 연구실이 있는 건물에는 오늘도 등굽은 할머니가 청소를 하고 계신다. 연세가 얼마냐고 여쭈어 봤더니 72세란다. 왜 이 할머니는 등이 너무 굽어 머리가 거의 무릎까지 닿을 정도로 꾸부리고 다니면서도 이 험한 청소를 해야 하는가? 이렇게 하루 종일 매일같이 이른 아침부터 오셔서 하루 종일을 청소를 하신다. 반짝반짝 윤기나는 복도는 이 할머니의 눈물겨운 희생으로 이루어지는 것이다. 이렇게 일하시면 얼마를 받느냐니까 계속 60만원씩 받다가 올해에 올라서 80만원이 되었다고 천진하게 웃으신다. 차마 가족들의 사정은 물어보지도 못 했다. 그런데 어쩌면 이런 할머니조차도 부러워하는 더 어려운 할머니도 계실 거란 생각에 목이 메인다.

정말이지 내가 돈이 있다면 「할머니 재단」을 만들고 싶다. 홀로 된 65세 이상의 할머니들에게 마음껏 놀고, 쉬고 맛있는 음식도 잡수시고, 같은 할머니들끼리 모여 옛날이야기도 하고, 남자들 흉도 보고 젊은이들 흉도 보고 정치가 흉도 보고, 사회의 나쁜 사람들 욕도 하고 재미있는 놀이도 할 수 있는 공간을 만들어 모시고 싶다. 이분들이 살아오신 이야기를 모은 책도 펴내드리고, 이 분들의 삶의 지혜를 모은 책도 내드리고, 이분들의 삶을 응축한 영화도 만들어 보여드리고 싶다. 할머니들의 재주도 겨루게 하고, 취미대로 동아리를 만들어 마음껏 취미활동도 하게 해드리고, 종교 활동도 하시게 하고, 더 어렵거나 더 몸이 불편한 할머니들에게 봉사를 하시게 해도 좋을 것이다. 정기검진도 해드리고, 치료도 해드리고, 유언도 남기시게 하고, 이 땅의 젊은이들에게 하시고 싶은 말씀도 다 하시라고 하여 정리하여 세상에 알려주고 싶다.

이 땅의 할머니들이 진정 한국을 위해 헌신해 오신 것에 경의를 표하고 감사하는 큰 잔치도 베풀어드리고 싶다. 무엇보다도 우리 건물의 청소하는 할머니처럼 일흔 넘은 등급은 할머니가 너무 힘든 일은 안하셔도 되게 해드리고 싶다. 내가 그런 재단을 만들면 돈 많은 사람들이 기부를 하여, 아니 많지 않더라도 십시일반으로 기금을 마련하여 어려운 할머니들이 조금은 더 편안하고 즐겁게 살다 돌아가시도록 해드리고 싶다. '할머니'라는 이름보다 더 이상 자랑스러운 이름이 어디 있단 말인가. 물론 나도 할머니가 된 것이 너무도 자랑스럽다. 아직은 애송이 할머니지만... 물론 교수로 정년하는 것도 영광스럽지만 할머니가 된 것이 더욱 자랑스럽다.

나의 애송시

나는 시를 좋아한다. 고등학교와 대학교 때까지는 닥치는 대로 소설을 읽어댔다. 소설은 재미있기 때문에 한번 손에 잡으면 절대로 손을 놓지 않고 맨 뒷장이 끝나야만 손에서 놓는 습관이 있다. 단숨에 읽어야 직성이 풀리기 때문이다. 아무리 긴 대하소설이라도 하루에 다 읽어치워 버린다. 이런 식으로 하도 급히 읽으니까 사실 읽고 나면 줄거리 정도만 기억하게 된다. 그러나 대학원에 입학한 이후부터는 전공 서적 읽을 시간도 부족하므로 소설은 거의 안 읽게 되었다. 대신 시를 읽기 시작하였다. 우선 짧으니까 시간적인 부담이 없고, 소설과 달리 자질구레한 모든 이야기가 쓰여 있지 않고, 많은 내공을 쌓아 응축된 표현이기 때문에 무언가 심오하고 함축적인 것이 좋기 때문이다. 내가 좋아하는 시는 김소월의 진달래, 서정주의 '국화 옆에서'와 '동천', 정현종의 '모든 순간이 꽃봉오리인 것을', 안도현의 '연탄' 같은 시들이다. 쉽고, 친숙하며, 마음이 따뜻해지는 이런 시가 좋다.

특히 정현종의 아래 시는 언제 누가 읽어도 쉽게 이해되고 애송할 수 있는 좋은 시다.

모든 순간이 꽃봉오리인 것을

정 현 종

나는 가끔 후회한다
그때 그 일이 노다지였을 지도 모르는데
그때 그 사람이
그때 그물건이
노다지 였을지도 모르는데
더 열심히 파고들고
더 열심히 귀 기울이고
더 열심히 사랑할 걸

반 벙어리처럼
귀머거리처럼
보내지는 않았는가
우두커니처럼
노다지였을지도 모르는데…….
더 열심히 그 순간을
사랑할 것을…….

모든 순간이 다아
꽃봉오리인 것을,
내 열심에 따라 피어날
꽃봉오리인 것을!

나는 이런 시가 좋다. 이런 시는 남녀노소 좋아할 수 있고, 공감할 수 있고, 외울 수 있어서 좋다. 교과서에 실어도 좋고, 외국어로 번역하기도 좋다. 이런 시가 많이 나왔으면 좋겠다. 정말 이 시는 우리에게 다시 한 번 자신의 삶을 돌아보게 해준다. 하루하루, 우리가 만나는 한사람, 한 사람, 그리고 우리가 행하는 한 가지, 한 가지 일을 모두 소중하게 생각하고 살았는가를 돌아보게 한다. 정말 우리가 이렇게 모든 것을 꽃봉오리로 생각하고 살 수만 있다면 우린 많은 사람들을 기쁘게 할 수 있고, 자기 자신도 즐거울 수 있고 보람도 느끼게 되지 않을까? 이런 사람들은 필시 나쁜 생각, 나쁜 말, 나쁜 행동도 하지 않고 착하게 그리고 따뜻하게 살게 될 것이다. 너와 내가 모두 이렇게 살 수만 있다면 이 땅에, 이 지구상에 전쟁은 사라질 것이고 범죄도 사라질 그야말로 유토피아가 될 것 같다.

다음은 서정주의 '동천'이다.

冬天

서 정 주

내마음속 우리 님의 고운 눈썹을
즈믄의 꿈으로 맑게 씻어서
하늘에다 옮기어 심어놨더니
동지섣달 나는 매서운 새가
그걸 알고 시늉하며 비끼어가네

위의 시는 겨울 하늘에 떠있는 달을 보고 쓴 시로, 시를 어떻게 써야 하는지를 보여주는 수준 높은 시이다. 우선 착상은 초생달을 내님의 눈썹으로 묘사한 것은 평범한 것 같지만 즈믄날(1천일)동안 꿈으로 맑게 씻어서 누가 해칠까 두려워 가장 안전한 '하늘'에 심어놓았다고 표현한 것이나, 하늘을 날라 그것을 해칠 수 있을만한 '매서운 새'조차도 나의 마음을 인다고 시늉하며 비끼어간다는 표현은 참으로 독창적이고 탁월하다고 해야 할 것 같다. 군더더기 하나 없이 이도록 완벽하게 하나의 문장으로 이루어진 이런 시야말로 시의 번뜩이는 아이디어와 언어의 함축미와 누구도 흉내 내지 못할 자신만의 언어로 조형성과 음악성을 획득한 보기 드문 수작이다. 물론 이런 점에서는 황진이의 시조도 이와 못지않다. 아니 시대를 몇 백 년이나 앞당겨 남녀가 유별하고, 반상제도가 뿌리 깊게 자리 잡은 그 시대에 한 기녀의 신분으로 이런 시를 썼다는 것은 감탄을 금할 수 없다.

황 진 이

동짓달 기나긴 밤을 한 허리 베어내어
춘풍이불 속에 서리 서리 넣었다가
임오시는 밤이어든 굽이굽이 펴리라

우선 동짓달 기나긴 밤을 '한허리 베어내다'는 물체가 아닌 밤의 허리를 베어낸다는 기발한 아이디어가 돋보인다. 또한 이 베어두었던 밤을 이불 속에 접어서 넣어 두었다가 밤이 짧은 봄날 님이 오시는 밤에 펴겠다는 아이디어와 표현 기교는 여성만의 뛰어난 언어감각과 황진이만의 기개와 빼어난 시적 감수성을 느끼게 한다. 이렇게 절실한 사랑의 마음이란 몇 마디의 언어로도 충분히 나타낼 수가 있는 것이다. 소설이라면 수많은 문장과 문단으로 나타낼 것을 단 한 문장으로 충분하고도 감동적으로 나타내고 있는 것이다. 이렇게 외울 수 있는 시, 누구나 알기 쉬운 시, 누구에게나 따뜻한 마음을 갖게 하는 시가 많이 나왔으면 좋겠다.

빵 세 개

「빵 세 개, 사과 다섯 알」 이것은 북한의 초등학교 4학년 국어교과서에 나오는 어떤 글의 제목이다. 호기심을 갖기에 충분한 제목이 아닌가? 그런데 이게 웬일이란 말인가? 흥미와 호기심을 갖고 이 글을 읽은 나는 너무도 기가 막혀 파랗게 질리지 않을 수 없었다.

내용인즉 먹을 게 없어서 깡통을 차고 쓰레기통을 뒤지며 사는 성삼이라는 남조선 어린이가 배에서 일을 해주면 빵 세 개, 사과 다섯 알을 준다는 말을 듣고 부두로 달려가 보니 아이들이 빵과 사과를 얻어먹고 피를 토하는데, 그것은 '미국놈'들이 세균실험을 하기 위해 아이들을 꾀어서 죽이더라는 것이다. 성삼이가 놀라 도망치려 하자 그 '미제승냥이놈'들이 성삼이를 잡아 바다에 쳐 넣더라는 이야기다.

같은 책의 「마음속에 피는 꽃」이라는 또 다른 글을 보면 '친애하는 지도자 김정일 선생님'이 어느 시골학교의 한 교실에 들어왔는데 꽃병이 놓인 책상을 보고 '이 교실에도 수령님께서 들리셨구만. 이 자리는 그 때 수령님께서 앉으셨던 자리입니까?'하면서 '학습을 잘하고 소년단 조직생활에 자각적으로 참가하는 학생들만이 이런 자리에 앉을 수 있는 영예를 지닌다.'고 하면서 돌아갔는데 그 다음 겨울에 가보니 현관 정면에 아버지 원수의 입상화를 걸어놓고 1년 내내 꽃이 피어 있는 것을 보고 '이 꽃도 아름답지만 소년단원의 마음속에 피는 꽃은 더욱 아름답습니다.'라고 말했고 이 말을 들은 학생들은 더욱 「친애하는 지도자 선생님」을 우러르며 마음속에 피어나는 꽃을 굳은 결심으로 다진다는 이야기다.

현재도 이러한 유형의 국어 교과서를 가지고 공부하는 북한의 어린이들을 생각하니 참으로 암담함을 느낀다. 북한의 교육과정을 보면 원수님 어린 시절, 김일성 원수님 혁명역사, 김일성 원수님 혁명 활동, 공산주의 도덕, 공산당 정책 등의 과목이 유치원부터 고등학교까지 들어가 있고, 국어나 영어와 같은 순수과목도 그 내용을 보면 김일성 우상화, 주체사상 확립, 반미 · 반일주의, 남한에 대한 허위 선전 등으로 일관해 있음을 발견하게 된다.

뿐만 아니라 1980년에 들어와서는 모든 대학생들에게 김일성 저작집 1만 페이지를 읽을 것을 법으로 정해, 김일성 우상화 작업을 본격적으로 하고 있다. 어쩌다가 우리 민족이 이렇게까지 되었는지 생각할수록 분통이 터지고 한숨이 절로 나온다. 더구나 요즈음의 동독의 멋진 변화를 보면서 평양에도 과연 봄이 올 것인지를 자꾸만 생각하게 된다. 그리고 우리의 한반도도 우리 생전에 과연 통일될 수 있을까를 생각하게 된다. 완전한 통일까지는 안 되더라도 서로가 자유롭게 왕래할 수 있게 까지만 되어도 얼마나 좋을까?

한국민의 대부분은 기독교와 불교, 천주교 신자들인데 이들이 좀더 열심히 기도한다면 북한이 변화할 수 있을까? 국어학을 전공한 나로서는 주로 북한의 국어교과서, 신문, 잡지, 사전 등을 중심으로 북한을 이해하게 되는데, 활자화된 한글 문헌만으로 본 북한은 아직은 희망이 없다. 그러나 이러한 인쇄물과는 상관없이 북한 동포들의 마음속에 옳은 일과 가치 있는 일, 참된 길과 인간다운 길이 환하게 비쳐서 적어도 우리 후세들에게는 참으로 정의롭고, 평화스럽고, 민주화된 통일 조국을 물려주어야겠다는 굳은 의지와 실천력이 솟아나 주기를 간절히 기대해 본다.

또한 남한에서도 정치가에서부터 일반 서민에 이르기까지 사리사욕, 부정부패, 폭력과 파괴, 태만과, 기만 등등 온갖 부정적인 사고와 행동에서 벗어나 질서와 정의, 그리고 사랑이 넘치는 사회를 만들겠다는 자기쇄신이 있어야 할 것 같다. 그리하여 우리 모두 좀더 열린 마음과 따뜻한 가슴으로 우리 민족의 하나됨을 위하여 옷깃을 여미고 자세를 가다듬었으면 한다. 우선 나 자신부터 엄숙한 자기성찰의 시간을 가져야겠다.

한국일보 미주판, 1989.11.25.

희망과 믿음

매일 매일의 나의 생활은 잘못과 실수로 점철되어 온 셈이다. 필요한 물건이나 서류를 잘 간수하지 못해 그것을 찾느라고 시간과 정열을 뺏기는 일에서부터, 기억해야 할 일을 깜빡 잊어버려 실수하거나 낭패를 당하는 일, 사람들과의 대화에서 내가 해야 할 말을 제대로 못하거나 말을 실수하는 일, 집안을 깨끗이 정리하지 못하는 일, 음식을 태우거나 잘못 요리하는 일, 남편과 자식들에게 제대로의 주부노릇을 못해주는 일 등등 그저 잘못 투성이다.

어디 그뿐이랴?

대학교수로서도 잘못의 정도는 비슷하다. 15년간이나 강의를 해왔건만 참으로 만족스럽게 생각되는 강의는 불과 몇 번도 못해 본 것 같고, 나의 학문 연구나 학생 지도에도 언제나 문제점이 드러난다. 또한 내가 쓴 글도 나중에 읽어보면 아쉬움과 부끄러움을 맛볼 때가 많다.

사정이 이러하니 '오늘은 아침부터 밤까지 참으로 성공적인 하루를 보냈다'라고 만족스럽게 생각할 수 있는 날은 거의 없다. 그러므로 반드시 남이 나를 비판하거나 충고해서가 아니라 나에 대한 나 자신의 비판이 항상 나를 괴롭게 만든다.

그러나 난 결코 좌절하지는 않는다. 왜냐하면 나의 그 수많은 실수와 실패도 나에게서 희망을 앗아가진 못하기 때문이다. 다시 말하면 나도 노력하면 더 잘할 수 있다는 희망과, 세상은 내가 염려하는 것보다는 나에 대해 더 관대하다는 믿음이 있기 때문이다. 물론 그 믿음은 나의 모든 잘못들은 나의 무능, 나의 부주의, 나의 무질서와 게으름 등등으로 인한 결과이지 결코 나의 이익을 위해 남을 해치려는 '고의적인 잘못'은 아니라는 것을 남도 알아주고 덮어 주리라는 기대감을 전제로 한 것이겠지만.

어쨌든 희망과 믿음, 이것은 나를 지켜주는 힘의 원천이요, 나를 바른 길로 인도해주는 인생의 길잡이다. 나에게 희망과 믿음이 있는데 고민할 일이 무엇이며, 좌절할 이유가 어디에 있으며, 더구나 남을 원망할 일이 어디에 있으랴? 20여 년 전 참으로 가난했던 신혼 초에도 '나는 잘 살 수 있고, 결국 잘 살게 될 거라'는 희망과 믿음이 있었던 기억이 나고, 처음 미국에 유학 왔을 때 공부와 생활이 어려워 쩔쩔 맬 때도 '하느님은 나를 도와주실 거'라는 희망과 믿음을 가졌던 기억이 새롭다.

요즘 고국의 신문을 보노라면 정치, 사회, 문화, 교육 등 각 방면에 있어서 걱정스럽고 안타까운 일이 한 두 가지가 아니다. 정치가들에게는 진정으로 민족과 국가를 위해 봉사한다는 생각이 결여되어 있는 것 같고, 온갖 사회악을 저지르는 사람은 미래에 대한 비전이나 희망이 전혀 없이 극단적인 파괴행위도 서슴치 않는 것 같다.

어떻게 하면 이런 사람들에게 나의 '희망과 믿음론'을 전할 수 있을까? 사실 생각이란 운전대와 같아서 방향을 틀기만 하면 얼마든지 다른 생각을 할 수 있는 게 아닐까? 희망과 믿음은 사람을 여유 있게 만들어주고, 또 모든 것에 감사할 줄 아는 마음을 길러준다. 생각해보라! 장래에 대한 희망도 믿음도 없는 사람이 어찌 성실하고 열심히 일할 것이며 절약과 저축 같은 것을 생활화할 수 있을 것이며, 누구에겐들 감사한 마음을 가질 수 있겠는가? 희망과 믿음은 과거나 현재보다는 미래를 위해 산다는 것을 의미한다. 미래지향적인 삶을 사는 사람은 현재를 희생하게 마련이다. 내일을 위해 살므로 오늘은 불편하고 고통스럽다. 그러나 우리는 이와 같이 '땀 흘린 어제'를 통하여 엄청나게 발전한 국가들과 국민들을 보게 된다.

자유와 평화와 풍요로움이 넘치는 통일된 조국, 그 속에서 나날이 발전하는 행복한 국민! 이것은 현대를 사는 한국민족의 한결같은 이상이다. 그러나 이 이상은 결코 허황된 꿈도 아니요, 남이 실현시켜줄 성질의 일도 아니다. 우리 민족 한 사람, 한 사람이 미래지향적인 삶을 살고, 민족의 공동선(共同善)을 위해 지혜와 힘을 모을 때 현실로 다가올 수 있다는 희망과 믿음을 가진 이상이다.

한국일보 미주판, 1989.12.16.

한줄기의 빛

이 세상 어느 사람, 어느 상황에서든 한줄기 빛은 있다. 온통 돌아보아도 암흑만 있는 것 같은 경우에도 정신을 차려 가만히 생각해 보면 거기에 반드시 창문 사이로 들어오는 한 줄기 빛이 있다. 이 빛은 볼 수 있고, 느낄 수 있는 사람에게만 비친다. 대학에 떨어져도 다시 도전할 수 있다는 희망이 있고, 자식이 없는 사람은 자식 때문에 고생하고 마음 상하고 희생할 필요 없으니 축복이요, 교통사고를 당해도 죽는 사람은 고통 겪지 않고 좋은 세상 갔을 것이라는 희망의 빛이 있고, 다친 사람은 죽지 않고 생명을 건졌으니 이 또한 축복이며, 살기가 불편해도 어딘가 따뜻한 손길이 있기 마련이다. 사랑하는 사람과 헤어지더라도, 우리는 새로운 사랑을 찾아 나설 수 있고, 직장에서 승진이 되지 않더라도 남보다 오래 직장생활 할 수 있어서 좋을 수도 있다.

가난한 사람들이 모여 사는 동네는 돈이 없어도 이웃 간에 따뜻한 정이 있고, 언제나 서로 서로 힘이 되어준다. 돈이 많은 사람은 즐겁게 쓸 수 있어서 좋고, 남한테 베풀 수 있어서 좋다. 우리가 터널을 지날 때 저 멀리 서 보이는 흰 줄기 빛을 보았을 때의 그 안도감과 기쁨은 직접 운전해 본 사람만이 알 것이다. 땀을 흘려 등산을 하지 않은 사람은 山頂에서 내려다

볼 때의 그 희열을 도저히 맛볼 수 없다. 이건 돈으로도, 남이 대신 해 줄 수 있는 것도 아니다. 스스로 행하는 자만이 누릴 수 있는 특권이다.

대학에서는 좀처럼 찾아보기 힘든 명예퇴직 교수가 올해 고대에서만 4명이나 나왔다고 한다. 왜 이렇게 남의 일 같지가 않은지 모르겠다. 명분은 고대에 너무 오래(30년) 있었고, 학부 1, 2학년 때 가르쳤던 제자들이 자꾸만 교수로 들어오는 것을 보니 당신이 떠나야 할 것 같았다고도 하고, 후진을 위해 이제는 자리를 비켜주어야 할 것 같아서 사표를 냈단다.

참으로 존경스럽기도 하고 부럽기도 하다. 난 이렇게 명예퇴직을 하려 해도 아직 자격이 안 된다. 적어도 2005년은 되어야 가능할 것 같다. 그러니 꼼짝없이 앞으로 5년은 교수생활을 하지 않으면 안 된다. 사실 교수직이 싫어서가 아니다. 아마 나만큼 교수직을 천직으로 여기고, 진정으로 좋아하는 사람도 많지 않을 것이다. 그러나 어학 분야의 장래를 위해서는 젊고, 패기있는 젊은 교수가 들어와야 한다는 것이 나의 소신이다. 과를 위하고 학생을 위한다면 빨리 세대교체든, 충원이든 되어야 한다는 것이다. 제발 어학에 젊은 교수가 1명만 더 들어온다면 소원이 없을 것 같다. 차라리 내가 현재보다 다섯 살쯤 많다면 얼마나 좋을까?

적어도 교수라면 모든 문제를 학교와 학생에게 도움이 되느냐 안 되느냐가 판단의 기준이 되어야 할 텐데 교수 중에는 자기 위주로 자기의 기분, 자기의 이해관계에 따라 결정하고 주장하는 교수들이 있다. 참으로 안타까운 일이다. 정말 교수로서 부끄럽지 않게 퇴직하려면 적어도 원칙은 지켜야 하지 않을까 한다. 모든 일은 객관적으로 공명정대하게, 어떤 원칙에 입각하여 처리되는 것을 보고 싶다.

세상이 다 썩어도 신성한 대학 사회에서만은 정의가 실현되고, 상식과 도덕이 통하며, 모든 일처리가 투명하게 이루어지는 것을 보고 싶다. 이것이 곧 대학의 위상을 높이는 것이고, 국민들로부터 신뢰받고, 의지하는 기관이 되는 길일 것이다. 몇 몇 대학들의 부정입학이나, 교수 채용비리는 정말 부끄럽고 창피한 일이다. 대학은 새로운 지식의 발굴과 창조의 1차적인 임무 외에도 사회의 소금으로, 도덕 붕괴의 최후의 보루로 남아 주어야 한다.

대학에 몸담고 있는 사람으로 이상적인 대학상을 보고 싶은 것이 절실한 소망이다. 그리하여 12년간 각고의 인내와 노력 끝에 들어온 학생들에게도 실망을 주지 않고, 사회에서 기대하는 모든 것을 충족시킬 수 있는 대학이 되기만을 진정으로 빌어본다. 실제로 대부분의 교수들은 양심을 가지고, 학문에 대한 열정을 가지고, 국가민족에 대한 뜨거운 사랑으로 무장되어 있다. 그리하여 국가가 위기에 놓여있을 때 교수들의 양심과 식견과 리더십이 발휘되어 국민에게 한줄기 빛을 비춘다. 그러므로 사회적으로 대학교수를 소중히 여기는 분위기도 만들어졌으면 좋겠다. 국가를 한 단계 높이는 집단은 그래도 1차적으로는 교수들이고, 일류 기업들이다. 물론 정치가가 정말 유능하고 애국심이 강하고, 미래를 보는 예지가 있다면 더 큰 영향력을 발휘할 수도 있다. 그러나 이러한 정치가를 찾기가 어려우니 교수들에게 기대할 수밖에 없다. 그러므로, 교수들은 언제나 국민에게 한 줄기 빛이 되어야 한다.

내가 만난 시인들

나는 꽤 시를 좋아하는 편이다. 이미 초등학교 때부터 시를 좋아하는 기질이 나타났다. 그건 동시를 보면 무조건 외워버리고 동시 비슷한 것도 수없이 썼던 나의 비밀스런 습관을 돌이켜보아도 증명이 된다. 그 뒤 중고등학교를 거쳐 대학에 이르는 동안에도 시를 좋아하는 습관은 버리지 못 하여, 숱한 백일장에 나가 우수상도 받고 가작상도 받고, 떨어져도 창피하지 않고 그냥 참가한 자체가 즐거웠던 기억이 난다. 대학에 들어가서 처음 만난 시인은 양명문 시인이었다. '명태'로 대표되는 양명문 선생님은 너무나 멋있는 신사였다. 음성도 내가 동경하는 시인의 음성 그대로라고 생각되었고, 그의 첫 강의의 내용도 너무 좋았다. 강의의 요지는 '인생을 긍정적으로 보고, 문학에서도 긍정적인 면을 묘사하라'는 내용이었다. 이 시인의 첫 강의는 비교적 '모범생'이었던 나에게 더욱 모범적인 삶을 살게 하는 데 영향을 미치지 않았나 한다.

그 뒤 내가 만난 시인은 '공초선생'으로 불리는 오상순 시인이었다. 사실 만났다고 기록에 올리기도 민망한 만남이었다. 1961년 내가 만난 그 분은 이미 머리가 희고 벗어진 60대 후반의 노시인었는데, 명동의 '청자' 다방에 가면 그 분을 뵐 수 있다는 정보를 얻고 친구들과 함께 그 다방에 가서 당시에 제일 비쌌던 쌍화차를 사드리고 이런저런 말씀을 들었던 기억이 난다. 그 분은 가정도 없고, 거의 스님 같은 생활을 하시며, 낮에는 주로 그 다방에 찾아오는 젊은 시인들이나 학생들을 만나 환담하는 것으로 소일하시며, 밤에는 절에 가서 주무신다고 하였다. 오시인은 거기서 만난 젊은 이들의 즉석작품을 받으셨다. 즉 '청동산맥'이라는 두꺼운 노트를 갖고 다니시며, 우리들의 어설픈 시를 모두 거기에 쓰도록 하셨다. 당시에 그 '청동산맥'이 이미 몇 권이라 하였는데, 지금쯤 그 자료가 나온다면 매우 흥미있는 자료가 될지도 모르겠다. 어쩌면 거기에 실렸던 사람들 중에 현재 원로시인들도 분명히 있을 것이기 때문이다.

난 두 번째 그분을 뵈었을 때는 꼭 사인을 받아오리라고 작정을 하고 갔다. 아예 새 노트를 한 권 사가지고 가서 무슨 말씀이라도 좋으니 한줄 써달라고 졸랐다. 그런데 그분은 '空'이라는 글자 하나만 써주시고는 날짜와 사인을 해주셨다. 다른 사람들이 계속 찾아오는 바람에 나는 그 뜻도 제대로 여쭈어 보지 못한 채로 세 번째, 네 번째 찾아갔을 때는 결국 뵙지 못했다. 나중에 들려오는 이야기로는 결국 쓸쓸하게 돌아가셨다는 얘기를 듣고 슬퍼했던 기억만 난다.

세 번째 만난 시인은 김남조 시인이었다. 김남조 선생님은 당시 우리들의 우상이었다. 출중한 외모에 갈고 다듬어진 말씀하며, 그 특유의 낮은 톤이면서도 매력적인 음성하며, 선하면서도 그윽한 눈빛하며, 언제나 긴 한복 스타일의 독특한 의상, 위로 걷어 올린 헤어스타일에 이르기까지 '우아함' 그 자체였다. 물론 강의는 언제나 차분한 시를 읊는 듯한 가라앉은 분위기였지만 누구 하나 불평하는 사람은 없었다. 지나놓고 보면 무엇을 배웠는지 하나도 기억나지 않은 그런 수업이었지만 그 멋있는 모습과 나긋나긋한 음성에 홀리다 보면 어느새 시간이 다 되었다. 이후 내가 대학원에 다닐 때는 시를 왕성하게 쓰던 때여서 1년에 한 두 권의 시집을 얻었었다.

네 번째 만난 시인은 정한모선생님이었다. 당시 동덕여대 교수를 거쳐 서울대학교 교수셨던 정한모 선생님은 비루스 시에 대한 '학문적 안목'을 키워주셨던 것 같다. 강의가 매우 체계적이고, 논리적이며, 학구적이었던 것 같다. 그때서야 비로소 나는 뭔가 답답하던 가슴에 시원한 바람을 느꼈던 기억이 난다. 아마 대학원에 가서 시를 전공하겠다고 한 때 마음먹었던 계기가 되지 않았나 싶다.

나의 대학 동기인 신달자 시인은 이미 학부 때 상당히 성숙한 시를 숙대학보에 싣는 등 시적 재능을 보여주었다. 아직 어리고, 세상 물정 모르는 우리가 쓰는 시와는 이미 차원을 달리 하는 시를 쓰곤 했던 것이다. 물론 신달자 시인은 학부 다닐 때부터 어느 정도는 친했고, 그 뒤에도 종종 만났다. 신달자 시인은 같은 동급생 중에서도 삶의 깊이가 우리와는 달랐으며, 틀림없이 유명한 시인이 될 거라고 우리가 믿었던 대로 유명한 시인이 되어 있다. 이 친구는 수필도 잘 쓰고 소설로도 히트 쳤다. 특히 말을 너무나 잘 하는 교수여서 일반시민강좌 같은 데서도 특강을 많이 하여 유명인사가 되어 있다. 아마 우리 숙대 국문과 클래스메이트 중 신달자 시인이 대중적 지명도가 가장 높지 않을까 한다.

그리고 나는 학부를 졸업하기 전에 또 한사람의 시인을 만나게 되는데, 그가 신경림 시인이다. 내가 대학 4학년 때 한일회담을 반대하는 소위 6·3 데모가 전국을 강타하여 일찌감치 휴교령이 내려지면서 6월초에 이미 방학에 들어가게 되었다. 그때 난 가정교사를 하고 있었기 때문에 시골도 못 가고 있던 중 우연히 신문에서 편집 기자를 모집하는 광고를 보게 되었다. 지금은 폐간되고 없지만 당시는 초중고 교장선생님들이 모두 구독하던 "교육평론"이라는 잡지사였다. 그런데 내가 신문광고를 보게 된 것이 오후 4시로서 원서 접수 마감 1시간 전이었다. 청파동에 있던 나는 광화문의 그 잡지사에 갈 시간이 매우 빠듯한 시간이었다. 할 수 없이 이력서 용지만 사들고 버스를 타고 그 잡지사에 도착한 것이 5분전 5시였다. 땀을 뻘뻘 흘리며 헐레벌떡 들어온 나를 사장님이 측은한 눈으로 보는 것이었다. 나는 간단히 자초지종을 애기하고, 지금 여기서 이력서를 써내면 안 되겠느냐고 물었다.

하늘은 스스로 돕는 자를 돕는다고 했던가. 역시 내 기대대로 사장님은 그렇게 하라고 허락해 주셨다. 감사하다고 몇 번씩이나 목례를 하고는 몇 분 만에 이력서를 써냈다. 내 이력서를 그 자리에서 본 사장님은 책상 서랍을 열더니 무슨 종이를 꺼냈다. 그러더니 이거 읽어 볼 수 있겠어요? 하며 내민 것은 한자 시험 종이였다. 몇 년을 썼는지 이미 많이 닳아 낡은 그 시험지는 모두 100문제로 된 한자 단어였다. 그런데 그 단어들은 '상쇄(相殺)' 등과 같이 단어에 따라 달리 발음되는 특별한 단어들을 모은 거였다. 그런데 그 문제들을 하나도 빼놓지 않고 물었고, 난 단 한 개도 틀리지 않고 대답을 하였다. 그랬더니 "미스 박, 내일 10시에 나와서 필기시험 보세요."라고 했다. 난생 처음으로 취직시험을 치고 있는 것이었다.

그 이튿날 내가 다시 그 잡지사에 갔을 때는 10명 정도가 필기시험을 보게 되었다. 기사문 작성, 상식 등의 문제였다. 그리고 이틀 뒤에 전화를 하라고 했다. 그리하여 결국 세 명이 뽑혔는데, 그 중의 한 명이 신경림 시인이었던 것이다. 나보다 몇 살 위인 신 시인은 이미 결혼도 하였고, 휘문출판사에 있다가 이리로 스카우트된 것이었다. 그 날 저녁 환영회를 하는 자리에서 사장님은 "내가 이 잡지를 시작한 지 20년이 되었고, 그 20년 동안 똑같은 한자 시험을 보아 왔는데, 100점을 받은 사람은 미스 박이 처음이었다. 사실 신경림 군과 미스 정은 각각 휘문출판사와 여원에서 이미 능력을 인정받은 사람들로서 원래 이 두 사람만 뽑을 예정이었는데, 미스 박이 100점 받는 바람에 할 수 없이 한 명을 더 쓰게 되었다."는 것이었다.

"그런데 왜 학교를 그만 두고 취직을 하느냐?"고 물었다. 할 수 없이 나는 "죄송하다"고 하고 "실은 학교가 일찍 방학하는 바람에 석 달만 경험 삼아 하려고 했다."라고 하니 어이없어 하면서 그러면 하는 날까지 하다가 졸업하고 다시 오라고 했다. 그리하여 난 난생 처음 기자라는 이름으로 교육현장을 취재하여 글로 쓰면서 매우 신나는 방학을 보내게 되었고, 개학을 한 후로도 자주 회사에 들리기도 하고 가끔씩 취재도 하고 신경림 시인의 옆자리에서 함께 교정도 보고, 사장님이 안 계실 땐 이런 저런 얘기도 하였다, 기자래야 불과 다섯 명이었던 터라 매우 가족적인 분위기였다.

신경림 시인은 당시 매우 궁핍한 환경을 자주 얘기하면서 야간에는 학원에 나가 영어 강의도 한다고 했다. 문학 얘기는 별로 하지 않았지만 잘못된 세상에 대한 비판과 비관을 많이 했던 것으로 기억난다. 물론 졸업하자마자 난 고등학교 교사가 되어 다시 그 잡지사 일은 못했지만, 그 뒤 몇 년 동안은 잡지사 행사 때나 망년회 같은 때는 초청을 받곤 하였다. 그리고 이렇게 알게 된 사장님이 20년 뒤에 나에게 그리도 큰 도움을 주게 될지는 이때는 상상도 못 했다.

1년 뒤 난 대학원에 입학하게 되었는데, 당시는 어학, 문학 구별해서 학생을 뽑지도 않았고, 강의도 따로 하지 않았다. 모두 다 같이 어학과 문학을 공부하면서 논문을 쓸 때 비로소 어학과 문학이 갈라지는 형국이었다. 사실 학생도 국문과에는 나 혼자였다. 3년 선배 한 분이 있었으니 4년 만에 내가 처음으로 대학원에 입학한 것이었다. 당시에 내가 대학원에 입한한 것도 시를 공부할 목적이었으나 특별한 동기로 어학으로 바꾸게 된다.

숙대를 졸업하고 한양여고에 있을 때 또 한 사람의 시인을 만나게 되는데, 그 분은 당시 나와 동료였고 매우 친하게 지냈던 박정희 시인이다. 그 뒤 그는 한양여대에서 교수를 하면서 시작 활동을 한 것으로 안다.

한양여고에서 5년간 교편생활을 하고 나는 1969년 말에 미국유학길에 오르게 되었다. 미국의 유수한 대학의 하나인 일리노이대학 언어학과에서 박사학위를 받고 귀국하자마자 난 운 좋게도 경희대학교 문리대 국어국문과 교수가 되었다. 그때 우리 학과에는 소설에 황순원 교수가 계셨고, 시에 조병화 교수가 계셨다. 황교수님은 아예 학교엔 연구실도 안 가지고 계시면서, 꼭 시간강사처럼 강의 있을 때만 나오시고, 교수휴게실에 1,20분 계시면서 면담 오는 학생들을 만나시고는 곧장 퇴근을 하셔서 실제로 많은 얘기를 나누어 보지 못한 것이 지금도 아쉬운 대목이다.

반면 조병화 선생님은 매일 학교에 나오실 뿐만 아니라 아예 연구실에서 사시다시피 하셨다. 페미니스트인 그는 우리 여교수 몇 명을 매우 총애하셨다. 화학과, 영문과 여교수와 나를 가끔 불러주셨다. 그는 조영식 총장의 특별 배려로 교실 하나를 연구실로 쓰고 계셨는데, 그 이유는 틈틈이 그림을 그리셨기 때문이다. 그래서 조병화 선생님 연구실에 가면 미술작품이며, 미술도구로 방이 꽉 차 있었다. 그리고 한창 시를 많이 쓰시던 시절이라 거의 매년 시 한 권씩을 주셨다. 조병화 시인의 시는 매우 평이해서 누구나 이해할 수 있다. 그의 시는 매우 일상적인 언어로, 매우 단조롭고 평이한 율격으로 이루어져 있어서 나는 속으로 '이런 시는 나도 쓰겠다.'라는 생각이 들곤 했었다. 그는 당시로서는 늘 파격적인 옷차림이었다. 절대로 넥타이를 매지 않았다. 따라서 흰 와이셔츠도 입지 않았다. 항상 색깔 있는 티에, 색깔 있는 스웨터 차림이었다. 아마도 그림 그리기 좋은 복장이 아니었나 싶다. 그는 어머님을 매우 그리워하며, 아내에 대한 원망과 미움을 드러내곤 하였다. 잘 모르겠지만 의사였던 아내를 두었지만 용돈을 거의 얻지 못한다고 푸념을 하면서 우리가 당신의 그림이나 서예, 혹은 시화를 사주기를 노골적으로 요구하기도 하여 두세 번 사 드린 적도 있다. 이 시절 나는 숙대에도 강의를 나갔는데, 이때 허영자 시인, 추은희 시인, 유안진 시인들을 가끔씩 만났다.

3년 뒤 나는 고려대학교에 국어교육과 교수로 자리를 옮기게 되면서 만난 시인이 오탁번 시인이다. 오탁번 시인은 고대에서는 전설적인 인물이었다. 대학 재학 중에 3년 연속, 그것도 시, 동화, 소설 분야에서 각각 신춘문예에 당선한 분이고, 시도 매우 해학적이어서 중고등학생, 아니 대학생들도 그 의미를 이해하기 어렵다고 생각되는 시를 쓰고 소설도 쓴다. 50대 후반에는 당신의 모교인 초등학교의 분교를 사서 문학관을 만들어 「시안」이라는 수준높은 시 잡지도 내고 다양한 문학 활동을 하고 있다.

고대에 온 이후 알게 된 다른 시인은 영문과의 김종길 시인과 국문과 최동호 시인이다. 김종길 선생님은 고향이 안동이어서 서로가 동향인의 친구감 같은 것을 가지고 있었고, 많은 문인들로부터 격조 높은 시인으로 칭송되었다. 최동호 시인은 내가 경희대학교를 떠나 고대에 온 직후 경희대학에 교수로 부임하여 7년쯤인가 있다가 고대에 오신 분으로 함께 경희대에 있었다는 연고(?)때문인지 몰라도 서로가 매우 친근하게 되었다. 그 뒤 홍일식 총장을 지지하는 데에도 뜻을 같이 하였지만 자주 만나거나 식사 한 번 함께 하지 못하지만 늘 가깝게 생각되는 분이다. 최시인은 시를 쓰기도 할뿐 아니라 평론도 하고, 시잡지사도 운영하며, 많은 제자들을 문인으로도 학자로도 키워내는 유능한 시인이다.

그 다음 만난 시인은 서정주 시인이다. 사실 딱 한 번 가까이에서 뵌 분이지만 나의 시적 배고픔을 채워주시는 분이다. 당시 우리 국교과에서는 매년 유명한 교수를 초청해서 특강을 듣는 학술활동을 했는데, 내가 학과장으로 있을 때 마침 서정주 시인을 초청하게 된 것이었다. 그런데 그토록 아름다운 시를 쓰는 시인치고는 매우 충격적일만큼 탁한 음성의 소유자라는 데 놀랐던 기억이 난다. 내가 알았던 대부분의 시인들은 음성조차도 매우 수려한 데 비해 서정주 시인은 매우 뜻밖이었다.

요즈음 시의 면면을 보면 전시대의 시와 다른 점을 발견하게 된다. 전시대의 시는 형식적으로 보면 율격을 지키려는 흔적이 보이고 내용적으로 보면 사상이나 사물의 개념화였다면 요즈음의 시는 율격 파괴라는 형식적 특징과 내용적으로는 시에 스토리를 넣는 듯하다. 즉 시의 음악성 대신에 서사적 기능을 넣는 것 같다. 그래서 외우기도 어렵고, 외울 맛도 안 나는 시가 주종을 이루는 것으로 보인다. 한때는 너무도 시를 좋아했고, 전공까지 하려고 했던 적까지 있었지만 이젠 시에 대해 매우 무식하게 된 나로서는 시인이나 평론가가 보면 웃을 이런 이야기도 마음대로 쓸 수 있어서 좋다.

그 뒤 나는 최근에 두 사람의 시인을 더 알게 되었다. 시와 소설을 동시에 쓰는 부산대학교의 김정자 시인과 성대에서 시조로 박사를 한 김민정 시인이 그들이다. 이들은 영혼이 맑고 아름다운 사람들인데 정말 사람과 작품이 동일시되는 매우 따뜻하고 아름다운 시들을 써서 나를 행복하게 해준다. 난 지금도 틈이 나면 시를 읽는다. 시는 간결하고 군더더기가 없어 좋다. 소설처럼 장황하지 않아서 좋다. 함축미와 간결미, 번득이는 통찰력과, 정곡을 찌르는 그 적확함이 좋다. 골치 아픈 갈등 구조가 없어서 좋다. 나에게 있어 시는 언제나 큰 위안이다.

대인과 소인

공자께서 말씀하시기를 대인은 자기의 부족함이나 허물을 인정하고, 고치려 노력하는 사람이고 소인은 그렇지 않은 사람이라고 하셨다. 이것은 곧 사람이란 대인이든, 소인이든 부족함이 있고, 허물이 있다는 것을 전제로 하는 것일 것이다. 불교에서는 '利他'냐 '利己'냐를 대인, 소인의 주요 기준으로 삼는다. 그러나 우리 凡人의 입장에서 볼 때 대인, 소인이 그렇게 뚜렷이 구별되지 않을 때도 많은 것 같다. 단지 우리는 항상 '상대적'인 개념과, '정도성'의 개념에 기대어 상대적으로 '大人的인' 사람에게 대체로 대인이라고 하고 '대인'과 대칭되는 사람 즉 '小人的인' 사람을 대체로 '소인'이라 부른다. 그런데 이 두 부류에 확실하게 드는 사람은 일부분에 속할 것이고, 대부분의 사람은 '대인도 아니고 소인도 아닌 보통사람'일 것이다.

그러나 <대인, 대인에 가까운 사람, 거의 중간적인 사람, 소인에 가까운 사람, 소인>의 다섯 가지 부류 정도는 구별할 수도 있을 것 같다. 그렇다면 우리는 대략 어느 정도의 부류에 속하는지를 각자 곰곰이 생각해 보는 것도 우리 자신을 가꾸는 데 도움이 되지 않을까 한다. 그리고 만일 교육이 어떤 기능을 한다면 피교육자로 하여금 大人的인 사고를 하고 大人化되는 것이 왜 가치 있는 일인가를 깨닫게 하는 것일지도 모른다. 그러므로 교육을 많이 받은 사람은 상대적으로 대인에 가까운 생각을 많이 하고, 행동할 것으로 기대할 수도 있을 것이다.

하지만 불행하게도 이것은 하나의 신화나 환상일 뿐이라는 느낌이 들 때가 많다. 이것은 나의 주관적인 느낌만이 아니고, 객관적인 통계를 통해서도 드러난다. 경실련이 지난 1년 동안 국회의원들의 국회 출석률을 조사해 보았더니 평균 결석률이 30~40%나 된다는 것이고, 80% 이상의 결석률을 보인 국회의원도 적지 않다는 통계가 그것이다. 국민을 대표해서 법안을 만들고, 법안을 심의하고, 국가 예산을 심의하며, 국정감사를 하라고 위임받은 국회의원이 이렇게 국회에 출석하지 않는다는 것은 직무유기임에 틀림없고, 도덕불감증 환자로 취급되어 마땅하지 않을까 한다. 온 나라가 IMF 이후로 어려움을 겪고 있을 때도 당리당략 때문에 국회도 열지 않거나 잠시 열어도 정회나 폐회만 일삼아 시급한 민생 현안도 제때에 처리해주지 않으면서 자기들의 세비 올릴 때만 여야가 합심하거나, 개인이나 당에 이득이 될 때에만 참석하여 투표권을 행사하는 경우가 비일비재하다.

초등학교부터 대학까지 분명히 좋은 이야기만 듣고, '대인'이 되어야 한다는 취지의 교육을 받았을 것인데, 자신과 당, 그리고 지역구의 이익만을 좇는 정치가들의 '소인됨'을 누구에게 탓해야 할 것인가? 지도자다운 지도자, 어른다운 어른, 정치가다운 정치가, 스승다운 스승을 찾기가 너무도 어려운 이 현실을 언제 어떻게 바로 잡을 수 있단 말인가? 생각해보면 우리 교육자도 난감하다. 아무리 열심히 교육한다고 하는데도 사회의 악은 커지기만 하고, 사회의 정의를 실천하는 사람은 갈수록 적어지니 말이다. 자신감을 잃고, 허탈해지고, 자신이 꿈꿨던 교육의 이상은 점점 멀어져만 가는 느낌이다.

이 땅의 교육자들이여! 아무리 그렇다고 해도, 만일 우리마저 무너지고, 포기하고, 소인화되어 간다면 정말 우리나라는 미래도, 꿈도, 희망도 없는 3류 국가로 떨어질 것이 아니겠는가? 반대로 우리가 다시 마음과 몸을 추슬러 사랑과 덕으로 우리 제자들을 가르친다면 그래도 지금과 같이 조금씩이라도 선진 국가로 계속 발전해 나아가지 않겠는가? 선진국가란 반드시 군사적으로나 경제적으로 국력이 강해진다는 뜻만을 가진 것은 아닐 것이다. 문화 수준, 국민들의 도덕심, 利他心, '仁'의 실천력 등의 잣대로 선진국이냐 후진국이냐를 가늠할 수도 있다고 본다. 아니 어쩌면 이러한 덕목이 훨씬 중요할 수도 있다.

돌이켜 보면 우리의 할아버지, 할머니들이 손주들에게 들려주신 '덕담'이나, 우리의 그 많은 스승들이 우리를 위해 땀 흘려주신 그 노력들이 결국 우리로 하여금 그래도 너무 빗나가지 않고, 너무 건방지지 않고, 너무 이기적이지 않게 사는 데 뭔가 하나의 채찍으로 작용하지 않았을까하는 생각도 든다. 그러므로 우리도 조상들과 스승들에게서 받았던 '사랑과 교육의 은혜'를 우리 후손들에게 되돌려줘야 하지 않을까? 비록 뿌리는 만큼 다 거두지는 못한다 해도 단 얼마큼의 씨앗은 파란 잎이 돋고, 줄기가 굵어지며, 꽃과 열매도 맺지 않겠는가? 단 몇 분의 일이라도 '대인'에 가까운 제자가 나와준다면 보람을 느낄 수도 있지 않을까? 아무리 교육자의 권위가 땅에 떨어지고, 공교육이 무너졌다고들 하지만 그래도 잘 찾아보면 구석구석에 참으로 묵묵히 교육자의 소임을 다 하는 훌륭한 스승들이 계실 것이고, '대인' 만들기에 구슬땀을 흘리시는 우리의 '선생님들'이 많이 계실 것이다.

어디 교육자뿐이겠는가? 미화원 중에도, 농부 중에도, 기능공 중에도, 말단 공무원 중에도 그리고 말단 회사원 중에도 분명히 '대인다운' 사람들이 있을지니 절망은 금물이다. 사이비 성직자도 많다고는 하나 그래도 잘 찾아보면 우리의 메마르고 거친 마음을 쓰다듬어주고, 순화시켜주실 신부님, 목사님, 스님들이 계실 것이고, 우리의 싸늘한 가슴을 훈훈하게 데워줄 예술가들의 맑고 순수하며, 열정적인 예술혼이 있을 것이다. 또한 장차 우리나라를 이끌어줄 대인다운 정치가가 어디선가 마음과 몸을 닦고 있을지도 모른다. 우리는 이들 '대인다운 사람'들을 찾아나서야 한다. 그리고 그들에게서 대인의 길로 들어가는 인생을 다시 배워야 한다.

고대 교육신보

오락에 대하여

오락은 여가 시간을 즐겁고 보람 있게 보내기 위한 건설적인 활동이다. 오락물이라 함은 이와 같은 활동을 도와주기 위해 만들어진 프로그램이나 작품을 말한다. 오락물은 우리에게 즐거움을 주고 일상에서 벗어나 일에 지친 심신을 정상적인 상태로 회복시켜 준다. 그런데 이러한 오락물이야말로 실로 다양하다. 영어로는 recreational work나 recreational program을 말하는데, 학생들이 공부하는 것과 생업을 제외한 거의 모든 활동은 오락이라 할 수도 있다.

여러 학자들의 연구에 의하면 남녀노소 구별 없이 사람은 레크리에이션에 관한 다음과 같은 기본적인 욕구가 있다고 한다.

- 새로운 경험에의 욕구
- 창조적 표현에의 욕구
- 사회적 관계의 만족에 관한 욕구
- 신체활동에의 욕구

이러한 욕구를 충족시키기 위하여 개인의 자유와 만족도가 높은 것을 오락으로 삼는 것이 이상적이다. 오락은 그 활동에 있어서 자유와 즐거움이 강조되며 전적으로 개인의 기호나 환경, 태도에 따라서 각자 선택하는 종류가 다르다. 그러나 사회적 상식에 합치되는 건전성이 요구된다.

오락의 내용으로는 스포츠와 관련된 것, 예술과 관련된 것, 교양과 관련된 것, 지적인 활동과 관련된 것, 휴양과 관련된 것, 쾌락과 관련된 것, 봉사적인 것 등이 있다. 다시 독서, 영화감상, 스포츠 관전, 음악 감상 등과 같은 수동적인 오락과 캠핑, 스포츠, 합창, 연극 활동, 창작 활동, 그림, 서예 등과 같은 능동적 오락으로 나눌 수도 있다.

요컨대 건전한 오락은 우리가 살아가는 데 꼭 필요한 것이다. 타의에 의해, 생존을 위해, 명예와 돈을 위해 주어진 시간에 일을 하는 것은 더욱 필수적인 일이고 의무적인 일이지만, 여가 시간에 자발적으로, 자신이 좋아하는 일을 하는 것은 심신의 건강상 필요한 일이되, 의무적인 일은 아니다. 이렇게 자기가 하고 싶어 하는 일은 아무리 힘들어도 즐거울 수가 있다. 자기가 싫어하는 등산이나 암벽 타기, 수영 등을 타의에 의해, 먹고살기 위해 한다고 상상해 보라. 얼마나 고되고 서럽게 느껴지겠는가. 그러나 취미나 오락으로, 자기가 좋아해서 스스로 한다면 얼마나 멋있고 건강에도 좋은 일이겠는가.

이와 같이 오락은 우리의 삶에 윤활유 역할을 하는 활동이다. 가만히 누워서 쉬고 있다면 우리는 그를 보고 오락을 한다고 하지는 않는다. 오락은 일종의 활동이다, 단지 그 활동이 활동이되, 생업이나 타의에 의해서 하는 일이 아닌, 자기 자신의 여가를 즐기기 위한 활동이다. 그러나 오락을 일보다도 더 많이 한다면 문제가 생긴다. 한 때는 청소년들이 TV를 너무 많이 봐서 문제라고 했는데 요즈음엔 인터넷에 너무 빠져서 학업이나 일상생활에 막대한 지장을 초래하는 경우가 많다고 한다. 인터넷은 정보의 바다이므로 유익한 정보를 얻는 데는 인터넷 보다 더 이상 좋은 것이 없고, 새로운 소프트웨어를 개발하는 데는 좋지만 오락의 도구로만 사용하면 건강도 잃고 사회의 낙오자가 되기 쉽다. 그러므로 우리는 항상 나와 사회의 발전을 위해 공부하고 일하되, 여가시간을 적절히 활용할 줄 아는 멋과 지혜를 가져야 한다.

그런데 반드시 자기 자신만을 위해서가 아니고 남을 돕는 일을 하는 것에서도 기쁨과 보람을 느낄 수 있다면 봉사 활동 역시 훌륭한 오락이 될 수 있다. 직장인이 주말이면 장애자나, 노약자, 불우아동들을 돕거나, 자연보호 활동을 하는 것도 차원 높은 오락의 하나다. 오락을 취미로 승화시켜 그 분야의 대가(大家)가 되는 경우도 있다. 심지어 처음에는 오락으로 하다가 나중에는 직업이 되는 경우도 있다. 이렇게 되면 남보다 더욱 즐겁게 직장생활을 할 수도 있고, 일의 성취도가 높아지는 경우가 되기도 한다.

그러나 중요한 것은 세상에는 불건전한 오락도 있다는 것이다. 불건전한 오락은 사람의 정서를 피폐시켜서 심하면 폐인이 되기도 하고, 가족들에게 깊은 상처를 주기도 하므로 우리는 언제나 건전한 오락, 남에게도 도움이 되는 오락을 하는 습관을 길러야 할 것 같다. 그러나 어느 것이 더 좋고 나쁘다를 평가할 수는 없으며 개인의 적성과 인생관, 취미와 가치관에 따라 오락의 내용이 달라지며, 사회적으로는 모든 사람들의 오락을 도와주기 위한 다양한 프로그램과 모임 및 오락물이 있다. 따라서 오락물은 대중매체를 통하여 소개되기도 하고, 대중매체가 오락물을 만들기도 한다. TV 쇼, 드라마, 음악회, TV 영화, 연극 또는 뮤지컬, 코미디, 다큐멘터리, 신문의 만화, 칼럼, 광고, 문학작품과 대부분의 대중잡지는 오락물에 속하며, 최근에는 인터넷을 통한 게임, 채팅 등 다양한 오락물도 등장하였다.

봉사활동은 혼자가 개인적으로 할 수도 있지만 뜻을 같이 하는 사람들끼리 단체로 할 수도 있다. 한국에도 봉사단체들이 많이 있다. 환경단체, 정치, 경제 감시단체, 불우 이웃 돕기 단체, 장애자들을 돕기 위한 단체, 무료법률 및 지원단체, 자선의료 단체, 국가적 행사 자원봉사단체, 응원단 등 민간 봉사단체들이 많이 있는데, 이러한 비정부 봉사단체들을 NGO라고 하며, 국제적으로 이러한 NGO의 활동이 점점 활발해지고 있는 것은 바람직한 일이다. 그러나 우리나라 대부분의 NGO단체들은 정부로부터 예산을 받아 활동을 한다는 게 조금 아쉽다. 진정한 봉사는 자신의 주머니를 털어, 자신의 시간과 노력을 들여서 할 때 진정한 보람을 느낄 것 같기 때문이다.

한발 한발 산을 오르는 마음으로

새해를 맞이하여 맨 먼저 등산을 생각해본다. 등산은 누구나 할 수 있지만 누구나 하는 것은 아니다. '등산'이라고 하는 조그만 일 한 가지도 실제로 이루어지기 위해서는 몇 가지의 조건이 갖추어져야 하기 때문이다. 우선 산을 오르겠다는 마음 또는 목표설정이 있어야 한다. 둘째, '등산'이라는 실제의 행동으로 옮기는 실천력과 추진력이 있어야 한다. 셋째, 정상(頂上)에 오를 때까지 수없이 많은 고비를 넘기고 최후의 목표지점에 도달하기 위해선 엄청난 땀을 흘려야 하고, 넷째, 아무리 다리가 아프고 숨이 차도 중도에 포기하지 않고 끝까지 참고 견디는 의지와 인내력이 있어야 한다. 이와 같은 목표와 추진력, 땀과 인내력 중 어느 한 가지만 없어도 산의 정복은 이루어지지 않는다.

그런데 위의 소건들이 충족되어 산정에 도달함으로써 맛볼 수 있는 그 기막힌 희열과 보람은 실로 등산을 몸소 한 사람만이 누릴 수 있는 특권이요, 행운이다. 이러한 등산의 원리는 모든 일에 적용되지 않을까 한다. 즉 농사나 사업, 학문이나 정치, 운동경기나 예술 활동에 이르기까지 어느 것 하나 등산에 비유될 수 없는 게 없다. 왜냐하면 어떤 일 한 가지도 위의 조건들 없이 이루어질 수 없을 것이기 때문이다. 크고 어려운 일일수록 더욱 이런 것들이 요구된다고 본다. 이 조건들만 충족되면 이루어지지 않는 일이 없을 것이다.

그러면 새해에 우리는 어떤 목표를 세우고, 그것을 위해 땀을 흘릴 것인가? 선거니 뭐니 하여 나라 전체가 들떠 있다. 이 선거가 우리에게 희망과 국가적 비전을 제시하는 것이 아니고, 단지 국력을 소모하고 국민을 분열만 하는 낭비적인 행사가 되고 만다면 차라리 없기만도 못한 일이 될 것이다. 따라서 우리는 이번 선거에 대하여 확고한 목표 설정을 하지 않으면 안 된다. 그리고 그 목표는 아마도 다음과 같은 것을 포함해야 할 것이다.

우선 사회적으로는 민주화를 뿌리내리게 하는 정치, 경제적으로는 선진국으로 진입하기 위한 정치, 문화적으로는 우리 것을 찾아 갈고 닦으며 우리의 2세들에게 계승하고 국제화를 하도록 뒷받침하는 정치가 되는데 기여할 수 있는 인물을 뽑는 선거가 되게 하는 것이다.

서세동점(西勢東漸) 시대가 가고, 21세기는 바야흐로 동세서점(東勢西漸) 시대가 온다고들 한다. 그리고 동세를 대표하는 중국과 일본은 지금 군사전쟁, 경제전쟁을 거쳐 차세대(次世代)의 전쟁인 '문화전쟁'이라고 하는, 차원 높은 전쟁을 이미 시작하였다고도 한다. 문자(文字)전쟁이 그렇고 차(茶)전쟁이 그렇다는 것이다.

문자전쟁이란 국제 언어로서의 영어 외에 동양의 공통문자로서의 한자(漢字)를 배우기 쉽고 쓰기 쉽게 하기 위하여 그 동안 중국과 일본에서 독자적으로 간자화(簡字化) 노력을 계속해 왔는데 서로 자기네 간체자(簡體字)를 공통문자로 보급되게 하기 위하여 눈에 보이지 않는 피나는 경쟁을 하고 있다는 것이다. 차전쟁이라는 것은 서양의 커피세(勢)를 꺾을 수 있는 차로 홍차 종류인 중국차와 녹차 종류인 일본차를 세계의 차로 부각시키기 위한 치열한 경쟁을 하고 있다는 것이다. 그런데 관계학자들에 의하면 일반적으로 중국 고유의 문자로 알려진 한자 5만자를 완성하는 데 한국의 우리 조상들이 직·간접적으로 참여를 했다는 것이고, 일본의 녹차라는 것도 원래 한국에서 건너간 것이라고 하니 많은 회한과 생각을 갖게 한다.

결론적으로 지금까지 중국과 일본세(勢)에 눌려 제대로 기를 못 펴온 우리 민족이지만 의식구조의 혁신을 통하여 민족적 자각을 할 때라고 생각한다. 우리 모두가 등산을 하는 마음과 자세로 산다면 21세기의 태평양시대에는 국제관계에서 아직껏 아무런 전과(前科)가 없는 우리 한국과 한민족이 세계의 주역이 될 수도 있을 것이다. 우리의 능력, 우리의 문화, 우리의 아픈 역사와 그것을 딛고 일어난 자신감, 그리고 남다른 교육열을 하나로 묶어 새 시대에 대비한 국가적 목표를 세우고 땀을 흘린다면 정녕 우리 민족의 염원은 무엇이든 이루어질 것이기 때문이다.

서울은행 「은맥」, 1992. 1월호.

내가 존경하는 사람은

세상에는 내가 존경할 수 있는 사람이 도처에 있는 것 같다. 공부를 많이 하지 않았어도, 돈도 별로 없고 명예와 권력이 없어도 자기가 가지고 태어난 능력을 최대로 발휘하는 사람, 장애자나 10대 가장들의 어려움을 나누고 그들을 위해 온갖 수고도 아끼지 않고 넉넉하지도 않은 살림에서도 이들과 나눔의 생활을 하는 사람들, 외국에 나가 조국의 이름을 빛내고, 국력 신장에 공헌하는 사람들, 사회의 어둡고 힘든 일을 묵묵히 해나가는 환경미화원이나 국방의 수호신으로서 젊음과 정열을 국가의 안보를 위해 바치는 장병들, 가진 자의 횡포를 감시하고 사회의 어두운 곳을 밝히는 자원봉사자들... 사회의 질서와 안녕을 위해 밤낮을 가리지 않고 일하는 경찰과 119 대원들, 소방관들, 열악한 환경 속에서도 우리의 귀여운 2세들을 돌보시는 초중등학교 선생님들...

어디 그뿐이랴? 말없이 장애자들을 돕거나, 무의탁 노인들을 돌보거나 청소년 가장들을 도와주는 자원 봉사자들, 자연환경을 보존하기 위해 수고하는 자연보호운동가들, 억울한 일을 당해도 돈이 없어 법의 혜택을 받지 못하는 사람들에게 무료 법률상담을 해주는 고마운 법조인들... 이루 헤아릴 수 없이 많은 분야에서 사회와 소외계층을 위해 좋은 일을 찾아 하는 시민 단체들 모두 모두 그저 고맙고 존경스러울 뿐이다.

이런 모든 분들께 진정으로 감사하고 경의를 표하고 싶다. 그러고 보면 난 사회에 많은 빚을 진 것 같다. 조국의 혜택을 많이 받았고, 부모형제, 남편, 자식, 동료, 제자, 친구들에게도 많은 빚을 졌다. 또한 하느님으로부터 많은 축복을 받은 셈이다. 그러니 나의 삶은 온통 빚덩이요, 이 세상에 없어도 좋은 사람으로 살아 온 것 같다. 유일하게 자위할 수 있는 것이 있다면 나 자신의 이익을 위하여 어떤 개인이나 단체에게 고의적으로 해를 끼치지는 않았다는 점이라고나 할까? 그러나 이것만으로는 충분하지 않다. 뭔가 남에게 보탬이 되고 필요한 사람이 되어야 한다.

이제 새로운 밀레니엄을 맞이하여 옷깃을 여미고, 겸손한 마음으로 분발해야겠다. 나 자신보다는 남을 먼저 생각하고, 나의 편리나 이익보다는 남의 편리나 이익을 먼저 생각하며, 사회의 어둡고 잘못된 곳을 찾아 봉사하는 삶을 살아야겠다. 인터넷 시대에 우리에게 주어진 과제는 세계화, 정보화로 대표되는 21세기에 맞는 사고와 활동이다. 그러나 이와 못지않게 중요한 것은 자기의 일과 관련된 일 외에도 인간성을 되찾고, 참으로 사람답게 사는 길을 찾는 일이 아닐까? 누구에게나 유익한 정보를 나눈다든가, 헤어진 가족 친지, 스승, 친구를 찾는 일, 좋은 책 소개, 외로운 사람들에게 편지 보내기, 소외된 이웃에게 따뜻한 손길을 보내는 일 등등 할 일은 얼마든지 있지 않을까 한다. 이런 일들을 찾아내고 실천하는 사람들이야말로 내가 존경하는 사람이다. '共同善'을 위해 노력하는 사람은 모두 나의 존경하는 대상이다.

사랑의 무게

우리 사람에게 있어 가장 소중하고 필요한 것이 무엇이냐 하면 대부분 '사랑'이라고 대답할 것이다. 그러면 도대체 사랑이란 무엇인가? 사랑이란 한마디로 대답할 수 없는 그 무엇인지도 모른다. 그러나 확실한 것은 사랑하지 않는 사람은 살 의욕을 가지기 어렵다는 것이다. 사랑의 대상은 자기 자신에서부터 가족, 연인, 친구, 이웃, 더 나아가 동물, 식물, 무생물까지도 모두 가능한데, 하여간 사람이 살아갈 의욕을 갖게 되고 올바르게 살기 위해서는 사랑하는 그 무엇인가가 있어야 한다는 말이다. 그 다음은 희망이 있어야 한다. 희망이 없는 사람은 열심히 노력하고, 성실하고 바르게 살 힘도 용기도 없을 것 같다. 그러므로 우리에게 사랑하는 사람이 있고 목표와 희망이 있는 한, 아무리 삶이 고달프고 힘들어도 참고 견딜 수 있는 힘이 생기는 법이다.

나의 경우 위의 두 가지 외에 "책임감"이라는 것이 하나 더 있다. 한 사람의 아내로서, 세 자녀의 엄마로서 아직도 책임진 일이 많다는 걸 안다. 이 책임을 다 하기 전에는 죽을 수가 없는 것이다. 또한 내 사랑하는 제자들을 위해서도 내가 해 주어야 하는 일들이 많다. 그들이 학위를 받고 직장을 가지기까지는 내 책임을 면할 수 없는 것이다. 물론 이들 제자들에게 그저 공식적인 책임감만 가지고 있다는 얘기는 아니다. 무엇보다도 이들에 대한 나의 사랑이 아직은 나를 살아 있게 하는 한 원인이 된다는 말이다.

남편과 자식, 부모, 형제, 친척, 친구, 동료, 친지들 역시 나의 삶의 당위성을 일깨워 주는 사람들이다. 이들은 모두 나와 사랑을 주고받는 사람들이며, 서로의 존재를 필요로 하고, 소중히 여기는 사람들이기 때문이다. 그런데 우리가 사랑할 대상은 이보다 훨씬 많다. 무엇보다도 나라와 우리 민족을 사랑해야 한다. 사랑이란 반드시 감정적인 문제만은 아니라는 생각이다. 감정으로 안 되면 이성으로라도 사랑해야한다. 누군가 '사랑은 노력'이라 했던가? 나와 내 주위, 더 나아가 인류를 사랑하는 마음을 가지도록 노력해 보는 것도 나를 바르게 관리하는 한 방법이 되지 않을까? 어떻든 많은 사람들과 사랑을 나누며 사는 것이 우리들 인생이다, 또한 자연도 우리가 사랑해야 할 대상이다. 실제로 자연을 사랑하지 않을 사람이 없을 법 한데도 자연을 마구 훼손하는 사람들이 적지 않다는 것은 우리를 슬프게 한다.

뿐만 아니라 자주 매스컴을 통해 나타나는 사랑결핍증으로 인한 범죄행위를 보면 안타깝기 그지없다. 그러나 천주교 신자로서 다시 생각해 보면 '나'는 하느님의 뜻에 따라 태어났고, 나의 삶, 나의 죽음이 모두 온전히 그 분의 것이다. 내가 몇 살까지 살고 싶다고 해서 살 수 있는 것도 아니고 죽고 싶다고 죽을 수 있는 것도 아니다. 그러나 인간은 하느님의 피조물이지만 많은 자율권을 가졌고, 또한 하느님의 자녀로서의 권리와 의무도 있는 것이다. 그러므로 우리가 진정으로 원하는 일이 있을 때 하느님께 간곡히 기도드리면 대체로 다 들어 주신다. 그러고 보면 우리가 인간으로 태어났다는 것이 얼마나 감사한 일이고 감격스러운 일이랴.

인간의 사랑이 아무리 크고 깊다고 해도 어찌 하느님의 사랑과 비교할 수 있겠는가?

말하자면 사랑의 무게가 다르다는 것이다. 독생자를 이 땅에 보내셔서 온갖 고초를 다 겪고, 비참한 죽음을 맞이하시도록 까지 하시며 인간들의 죄를 사하여 주셨고, 그러면서도 '구하는 것을 모두 주신다' 하시니 이 보다 큰 사랑이 있겠는가? 그런데도 불구하고 인간들은 감사할 줄도 모르고 하느님 존재조차 자주 망각하면서 자신이 잘 난 줄 착각하면서 살 때가 많지 않는가? 눈앞의 이익이나, 말초적 쾌감만을 추구하면서 살아가고 있는 모습을 보시면서 하느님은 과연 우리를 어떻게 생각하시며, 얼마나 노여워하실 것인가? 너무나 빠르게 변화하는 현대 사회에서는 자칫 인간과 인간 사이에 사랑이 있는 게 아니라 기계와 과학만 있는 삭막한 환경에서 살게 되기 쉽다. 조금만 부주의하면 불 위에 올려놓은 찌개를 태우듯이 사람과 사람 사이도 어느새 화학작용이 일어날 수 있다.

사랑의 무게를 충분히 무겁게 하여 강한 바람에도 날아가지 않고 웬만한 열에서도 타지 않게 해야겠다. 사랑이란 상대를 좋아하고 그 상대를 봄으로써 내가 즐거워지는 정서적인 상태와 그 상대를 위해 나를 희생하고, 정을 주는 理性的인 사랑이 있을 것이다. 물론 이 두 가지를 다 겸한 사랑이 완전하고 무게 있는 사랑일지도 모른다. 그런데 사람의 경우 상대방이 나로 하여 기뻐하고 즐거워하는 것을 보면 나 자신도 즐거워질 수 있지만, 가령 자연에 대한 사랑은 내가 아무리 사랑하고 좋아하여도 가시적인 반응은 볼 수 없다. 그러나 다시 생각해 보면 자연의 경우 자연이 먼저 우리에게 모든 것을 베푼다고 할 수 있다. 맑은 공기도 주고, 아름다운 경치도 주고 사람에게 필요한 물도 주고 먹을 것도 주고 자원도 준다. 어디 그뿐이랴? 우리가 자연 속에서 받는 위안이나 그 넉넉함이나, 여유로움도 빼놓을 수 없을 것이다. 맑은 시냇가, 우거진 숲, 이름 모를 들꽃, 모두 다르게 생긴 돌 하나하나 모두가 우리에겐 즐거움 그 자체요, 위안이 아니겠는가? 자연은 말하자면 온몸으로 사람에게 사랑을 준다. 그러면서도 공치사를 하지 않는다. 따라서 사람이 자연을 사랑하는 것은 너무도 당연한 일이고, 자연의 사랑에 대한 반응이라고 보아야 한다. 그런데 자연을 오염시키고 훼손하는 것은 자연에 대해서도 도리가 아니요, 다른 사람들에게도 죄를 짓는 일이다.

세상의 대부분의 문제들은 사랑으로 해결 가능하다. 이기심을 버리고,

내 나라와 내 민족을 사랑하기만 한다면 이 세상은 살만한 공간으로 바뀔 것이다. 얼핏 생각해 보면 이기심을 버리면 많은 것을 잃는 것이라고 생각할지도 모르지만 사실은 그렇지도 않다. 왜냐하면 궁극적으로 사람은 다른 사람이 즐거워하는 것을 보는 것이 곧 나의 즐거움이 되기도 하고 또한 사람은 본질적으로 남에게 뭔가를 베풀 때 결국 진정한 의미의 행복을 느낄 수 있기 때문이다. 정치가도 기업가도 노동자도 예외가 될 수 없을 것이다. 교육을 받은 사람이나 교육을 못 받은 사람이나, 가진 자나 못 가진 자나 다 마찬가지일 것이다. 모름지기 사람이든, 자연이든, 일이든 후회 없이 사랑하며 사랑의 무게를 높이며 사는 것이 곧 바르고 보람 있는 삶이 아닐까.

피조물로서의 나

하느님은 모든 자연만물을 말로써 만드셨다. 하늘이 있으라 하니 하늘이 생겼다. 땅이 있으라 하니 땅이 생겼다. 그러나 사람은 하느님이 직접 손수 흙을 빚어 만드셨고, 당신의 혼을 불어넣으셨다. 그러나 하느님은 인간을 완성품으로 만드신 것이 아니고 미완성된 채로 땅으로 내려 보내시면서 각자가 자신을 예술작품으로 완성해가지고 다시 내 앞으로 나타나라 하셨다. 그러므로 인생은 예술작품의 제작과정이다. 나 자신을 어떤 예술품으로 만드느냐는 우리 각자에게 주어진 몫이다. 최후의 평가는 하느님께서 하신다. 우리 모두는 피조물이므로 왜 이렇게 만들었느냐, 왜 달리 만들지 않았느냐와 같은 불평은 성립되지 않는다. 그저 주어진 몫대로 바르게, 열심히 살 수밖에 없다. 태만하거나, 비뚤거나 남을 해치면 벌을 받을 뿐이다. 그러나 하느님이 기대하신 이상으로 생각하고 행동하면 분명히 칭찬을 하시고 상을 주실 것이다.

우리가 뜻하지 않게 맛보는 어떤 기쁨이나 소득은 모두 이러한 하느님의 상일지도 모른다. 하느님 앞에서는 나이도, 학벌도, 직위도 모두 다 같은 어린아이일 뿐이다. 따지고 보면 이런 하느님이 계신다는 게 얼마나 큰 축복인가? 내 힘으로 안 되면 모두 하느님께 맡기면 되고, 갖고 싶은 것, 하고 싶은 것이 있으면 하느님께 조르면 되고, 어떤 슬픈 일을 당해도 하느님의 뜻이려니, 더 잘 되게 해주시느라고 이러려니 하면 만고에 걱정될 게 없다. 이 얼마나 마음 든든하고, 고마운 일인가? 물론 부처님을 믿는 사람도 비슷한 마음을 가지고 살 것이다. 그러므로 사람은 신 앞에 겸손하기만 하면 마음의 평화를 얻고, 행복을 느낄 수 있다.

피조물로서의 나는 나의 존재에 대한 좀더 진지하고 냉철한 성찰이 필요하다. 조그만 일이라도 이루면 내가 유능해서, 내가 노력을 했으므로 이루어졌다는 생각을 버리고, 이 모든 것이 하느님이 이루어주신 거라는 확고한 믿음을 가져야 한다. 오늘이라도 하느님이 날 데려가시거나, 사고가 나거나, 병이 들게 하시면 내가 무슨 일을 할 수 있단 말인가? 아무리 나 자신의 의지와 능력과 노력을 동원하려고 해도 아무 소용이 없을 것이 아닌가? 그러므로 하느님 출석부에 이름만 올려놓고 수도 없이 결석하고, 하느님 말씀을 어기고, 하느님을 잊어버리고 산 날을 깊이 속죄해야 한다. 엄청난 축복을 받고 있으면서도 감사할 줄 몰랐던 나를 부끄러워해야 한다. 하느님은 너그러우시고, 따뜻하시지만 때로는 매우 엄격하시고, 매우 단호하시기도 하시다는 걸 잊어서는 안 되겠다. 사랑받는 하느님의 자녀가 되는 날 결국 이 세상에서의 우리의 삶도 그만큼 풍요롭고 평화스러우며, 신명나는 것이 될 것이다. 하느님으로부터 사랑 받는 자녀가 되기 위해서는 그분의 계명을 지키는 것이요, 계명을 지키는 것은 따지고 보면 가장 바람직한 인간의 삶의 길이 될 것이다.

스승의 날

매년 5월 15일을 스승의 날로 정하여 교육자들의 평소의 노고를 치하하고 있다. 물론 교직자로서 반가운 일이다. 그러나 나같이 스승 노릇도 제대로 못하는 사람에겐 민망한 날이 될 때가 많다. 멀리서 축전을 보내주는 제자부터, 최근에는 꽃 배달을 시키는 제자, 선물을 들고 찾아오는 제자... 특히 내 지도학생들은 한 해도 거르지 않고 모여서 식사를 하고, 푸짐한 선물을 준다. 현재 내 연구실에 있는 많은 것들이 이들 제자한테서 받은 것이다.

냉장고, 전화기, 스카프, 스웨터, 브로치, 컴퓨터, 레이저프린트, 심지어 정수기, 책꽂이까지... 그러니 내가 스승의 날이 오는 것을 두려워하고, 민망해하는 소이가 여기에 있다. 누구나 그렇겠지만 나도 역시 받는 것보다는 주는 게 훨씬 자연스럽고 맘이 편한 사람이어서 제자들이 사오는 것은 너무나 부담스럽다. 그래도 이 친구들은 내 마음을 너무 모르고 무조건 사다 놓으니 속상하다. 학생 신분으로 (물론 이미 교수가 되거나 연구소 등에서 일하는 제자도 여러 명 있지만) 한 푼이라도 쓰는 게 너무 안쓰럽고, 마음이 불편하다. 기쁘고 고마워해야 할 일이지만 민망하며, 때로는 내 마음을 몰라주는 제자들이 원망스럽기까지 하다. 그저 내 마음 편하게 해 주면 될 것을 왜 이리도 불편하게 해 주는가 하고 말이다. 졸업하고 어엿한 교수가 되어 주스 한 병이라도 사온다면 그 정도는 반갑게 받아 함께 주스를 마시며 지난날을 회고해 보며 서산으로 넘어가는 황혼을 함께 본다면 좋을 것 같다. 그러다가 의기투합하여 저녁도 먹고, 토론을 한다든가, 공동연구를 한다든가 스터디 계획을 한다든가 해도 좋을 것 같다. 아니면 세상사는 얘기라도 허심탄회하게 하면서 서로의 지혜를 구해도 좋을 성 싶다. 그런데 그저 스승의 날을 꼭 선물 주는 날로 생각하고 시간과 돈을 투자하여 선물을 준비해 오는 것은 정말 사양하고 싶다. 우리 제자들이 진정으로 내가 원하는 바를 알아주면 좋겠다. 차라리 그냥 오면 내가 자장면이라도 시켜서 함께 먹으며 추억을 되새기면 좋지 않을까?

스승의 날이 되면 민망한 게 한 가지 더 있다. 내가 찾아가는 스승이 없다는 것이다. 내가 뵙고 싶고, 내가 존경하는 스승들은 이미 이 세상에 계시지 않는다는 사실이다. 초등학교 때의 김지환 선생님, 중학교 때의 이호진 선생님, 고등학교 때의 권석윤 선생님과 그리고 대학교 때의 이을환 선생님... 따라서 스승의 날이 되어서 진정으로 기쁘고 뜻있는 날이 되기엔 아직 내가 참된 스승의 반열에도 있지 않고, 그렇다고 모범적인 제자 노릇도 못하니 내 개인적인 차원에서 보면 스승의 날을 없애고 차라리 교육 주간을 만들어 우리 국민 모두가 스승의 입장에서 생각해 보고, 제자의 입장에서 생각해 보기도 하여 바람직한 師弟像을 구현하면 좋을 것 같다. 사실 이 세상의 누구도 온전히 스승의 입장과 제자의 입장에서 자유롭지는 못 할 것이기 때문이다. 왜냐하면 우린 결국 남의 자식이고 부모이며, 남보다 윗사람이면서 아랫사람이기 때문이다.

어떤 분야에서든 우리에게 스승이 되어 준 사람들은 많이 있을 것이다. 우리는 그런 세상의 스승들에게 감사하고, 그들의 인격과 안목과 애국심과, 이웃사랑 등 좋은 점을 배우고 되새기는 날로 삼으면 좋겠다. 그러한 스승은 학교에서도 만나고, 길거리에서도 만나고, 책 속에서도 만날 수 있다. 비단 한국 안에서뿐만 아니라 한국 밖에서도 스승을 만날 수 있다. 우리가 일생을 사는 동안 어떤 스승을 만나느냐는 우리의 가치관과 인격을 도야하는 데 크게 영향을 받는다. 65세가 된 지금도 난 참 스승에 목말라 있다.

나의 인생에 가장 영향을 미친 스승 한 분을 이야기하라면 나는 우선 초등학교 5, 6학년 때의 담임선생님이셨던 김지환 선생님을 꼽을 수밖에 없다. 이 선생님 덕에 난 '수학 박사' 별명도 얻게 되었고, 비록 체격이 작고 나이가 어려도 하나도 주눅 들지 않고 지낼 수 있었기 때문이다. 현재 나의 머리에 가장 뚜렷이 기억되고, 내가 살아가는 데 있어서 자주 자주 떠올리는 분이다. 나는 5학년 때 처음으로 반 친구들의 시험 답안지를 서너 명의 다른 친구들과 함께 채점을 하게 되었는데, 채점 분량이 너무 적은 것이 아쉬웠다. 이렇게 재미있는 것을 나 혼자 다 했으면 얼마나 좋을까 싶었다. 그때 나는 어렴풋하게나마 나도 나중에 교사가 되었으면 좋겠다는 생각을 했다. 그러면 나 혼자서 많은 시험지를 채점할 수 있겠지... 김지환 선생님은 키가 크고 풍채가 좋으셨으며, 특히 음악을 사랑하셔서 늘 종례 때면 반드시 우리에게 노래를 가르쳐 주시거나, 노래를 불러야만 집에 보내주셨다. 그 후로 나는 음악을 매우 좋아하게 되었다. 지금은 기관지가 매우 나빠져서 노래는 아예 부를 수도 없게 되었고, 젊은 시절에는 세상사에 쫓겨 음악을 즐기지는 못했지만, 지금도 콘서트나 뮤지컬, 발레 공연 같은 것을 볼 기회가 닿으면 보러 다닌다. 그리고 매년 찾아오는 스승의 날이 되면 이미 유명을 달리 하신 50년 전의 그 선생님을 그리워한다.

영웅 만들기

속담은 진리와 교훈, 그리고 그 시대 민중들의 삶의 모습과 지혜가 담긴 관용어이다. 그래서 대체로 우리가 삶의 원리를 발견했을 때 종종 속담으로 대신하기도 하므로 대부분의 속담은 민중들의 공감을 불러일으킨다. 그러나 속담 중에는 버려야 할 사회적 정서를 해학적으로 나타내기도 하는데, 그러한 것 중 하나가 바로 "사촌이 땅을 사면 배아프다."라는 속담이라고 생각한다. 만일 이것이 우리가 반드시 버려야 할 정서가 아니고, 정말 우리의 진솔한 민족성 중의 하나라면 우리 사회의 발전은 기대하기 어렵다고 본다. 사촌이 땅을 사면 함께 기뻐하고 축하해야지 어째서 배가 아프단 말인가? 우리의 가족은 물론, 우리의 친지, 이웃, 더 나아가 우리나라가 잘 되는 것이 모두 내가 잘 되는 것이 아니란 말인가?

21세기의 치열한 국제 경쟁에서 우리 모두가 힘과 마음을 모으는 일보다 더 절실하게 필요한 덕목은 없을 것이다. 왜냐하면 정치가도, 기업가도, 노동자도 모두 '나'가 아닌 '우리'가 잘되기 위해 양보하고, 협조하고 지혜를 모은다면 못 할 일이 없을 것이기 때문이다. 즉 우리 모두가 이기심, 지역 이기심을 버리고 우리나라 전체의 이익을 위해 사는 자세와 태도를 견지한다면 우리나라의 장래는 그만큼 밝아질 것이기 때문이다.

만일 21세기에 우리의 2세들에게 교육해야 할 윤리가 있다면 바로 이러한 공동체적 의식과 애국심이 아닐까 한다. 그리고 진정한 애국심은 각계각층의 영웅을 키우는 것도 포함한다. 즉 어떤 분야에서든 두각을 나타내는 사람이 있다면 어떻게든 흠집을 내어, 아래로 끌어내리는 풍토를 지양하고, 모두들 더욱 격려하고, 밀어주어 그 분야의 세계적인 인재가 되도록 힘과 마음을 모으는 것이 진정으로 나라를 위하는 방법이 된다는 말이다. 이렇게 수많은 영웅, 또는 세계적인 인재가 많아야만 우리의 2세들이 우리 민족과 우리나라에 대한 자부심을 가지게 되고, 자기도 그런 영웅이 되어 나라를 빛낼 수 있다는 자신감과 사명감을 가질 수 있게 될 것이며, 이렇게 되었을 때 우리나라는 어느새 선진국이 되어 있을 것이다.

우리 남한은 민주주의 체제를 존중하고, '대한민국'이라는 국가에 충성하며, 국가를 빛내는 사람을 우리의 영웅으로 대접해주는 풍토를 아직까지 만들지 못했다. 세계의 어떤 나라를 가 보아도 우리만큼 국민적 영웅이 없는 나라는 없다. 왜 그들의 영웅이라고 사소한 흠도 없고, 잘못된 점도 없겠는가? 그러나 그들은 큰 공헌이나, 재능을 인정해주기 위해 모든 다른 허물은 덮어주기 때문에 영웅화 할 수 있는 것이다. 세계적으로 알려진 음악가도, 화가도, 운동선수도, 학자도 기업가도 우리나라와 같은 풍토에선 결국 상처투성이의 한 보통사람이 되기 쉽다. 이 얼마나 안타까운 일인가?

그런데 언론의 힘은 거의 무한하다고 할 수 있다. 그러므로 언론은 세상을 보는 특별한 안목과 국가의 비전과, 역사인식이 뚜렷해야 하고 국민을 계도하며, 국가발전에 기여한다는 특별한 사명감이 있어야 하는데, 그렇지 못한 경우가 많다. 그러나 요즈음 MBC의 "성공시대"나 KBS의 "이것이 인생이다" 같은 프로그램은 매우 긍정적인 평가를 받을만하다. 다른 TV나, 신문에서도 이런 유형의 프로그램을 많이 개발하면 좋을 것 같다. 재능이나, 노력이나, 인격이나, 사상, 더 나아가 일상생활에서까지도 타의 모범이 되는 사람은 누구나 영웅이 될 수 있고, 이들 영웅들을 많이 배출할수록 우리나라의 장래는 그만큼 밝아질 것이다.

사회에 영향을 미칠만한 개인이나 단체나 기관은 올바른 역사관을 가지고, 국가의 이익을 모든 것에 우선하는 도의적 책임감이 투철해야 한다고 본다. 이렇게 되면 자연적으로 영웅을 키우는 일에도 결정적인 역할을 할 수 있을 것이다. 각급 학교에서도 학생이든, 교육자든, 행정직원이든, 숨어 있는 인재, 숨어 있는 선행, 남다른 아이디어를 가진 숨어있는 영웅을 찾아내어 소개하고, 격려하는 일이 진정한 의미의 교육도 될 수 있지 않을까? 학업성적이 뒤떨어지는 학생일수록 그만이 가진 특별한 재능이나 창의력을 찾아 칭찬하고 격려해 준다면 그 학생이 장차 어떤 위대한 영웅이 될지도 모르는 일이 아닌가.

우리의 모든 청소년들이 각각의 분야에서 영웅으로 대접받는다면 그들 각자는 무한한 힘을 발휘하고, 자기의 적성을 극대화 할 것이다. '고통은 나눌수록 작아지고 기쁨은 나눌수록 커진다.'는 속담이 단순한 속담이 아니고 우리의 믿음과 실천적 덕목이 될 때 그야말로 우리나라는 살만한 나라, 앞서가는 나라가 될 것이다.

고려대 교육대학원 신문 칼럼

창의적인 사고와 교육의 힘

사람은 각자 타고난 얼굴이 다르듯이 성격과 재능도 모두 다르다. 그러나 사람이 아닌 것과 사람을 비교해 보면 우리는 모두 같은 "사람"이기 때문에 보편성, 공통성을 훨씬 더 많이 가졌다고 할 수 있다. 그 공통성 중에서 가장 큰 것은 "언어"를 가졌다는 것이고, 두 번째로, 사람은 진취적인 생각을 하고, 실천할 수 있는 능력이 있다는 것이다. 지구상에 사람과 동물이 함께 살기 시작했다고 해도 그동안 사람이 이룩해 놓은 과학기술과 문화의 발달은 다른 동물로서는 상상도 못 할 일일 것이다. 이러한 인류 문명의 발달의 첫 번째 근원은 인간이 갖게 된 '언어의 힘'이다. 언어가 없는 인간을 생각해보라. 다른 동물과 다를 바 없지 않을까?

언어는 선천적으로 배운다. 즉 제1언어, 또는 모어는 생후 만 24개월 전후에 말을 하기 시작하는데, 어린이들이 말을 배워가는 과정을 잘 관찰해 보면, 어른들의 말을 그대로 모방하는 것이 아니라 "창의적"으로 배운다는 것을 발견하게 된다. 그리하여 독특한 '어린이언어'를 만들어내는 것이다. 그 후 나이 들고, 학교에 다니면서 조금씩 어린이 언어에서 벗어나 어른이 하는 말과 같은 언어를 사용하게 된다. 이와 같이 인간이 가진 여러 가지 능력 중에 '상상력'과 '창의력'은 인류 문화 발달의 가장 큰 원동력이 되는 것이다. 그런데 이러한 상상력과 창의력은 누구나 타고나긴 하지만 그 정도는 사람마다 다르다. 인간의 그 많은 능력이 다 그렇듯이 상상력과 창의력도 노력 여하에 따라 그 발전 속도나 강도가 달라질 수 있다는 것을 상기할 필요가 있다.

만일 "교육"이 진정으로 어떤 기능을 수행할 수 있다면 학습자들의 상상력과 창의력을 자극하고, 더 활성화시키는 일이 아닐까 한다. 개인이나 사회가 좀더 발전하고자 하는 의욕이 있을 때 생산적인 사고가 일어나게 되고, 이때 잠재적으로만 존재해 있던 창의력이 비로소 발현되는 것이다. 그리고 이러한 창의력이 생겼을 때 그냥 지나치지 말고 그것을 현실화하기 위해 꾸준한 노력을 할 때 비로소 새로운 역사를 만들어낼 수 있지 않을까 한다.

이것은 열세 살 때부터 많은 가족의 가장이 되어 갖은 고생을 다 하면서도 끊임없이 공부하여 드디어 한국의 빌게이츠가 된 KAIST 박대연 교수의 이야기나, 빈농의 아들로 태어나 초등학교만 마치고 단신으로 서울을 올라와 상상을 초월하는 고생과 노력을 하여 우리나라 최고의 기업가가 되고 한국의 경제 발전에 견인차 역할을 했던 고 정주영씨의 삶에서, 그리고 중학교 때부터 낮에는 일하고 밤에는 공부를 하여 나중에는 결국 하버드 대학 교수가 되고, 유태인으로서는 처음으로 미국 국무장관을 지낸 헨리 키신저, 하버드 대학을 스스로 중퇴하고 마이크로소프트회사를 차려 세계적 부자가 됨은 물론, 세상을 바꾸어 놓은 빌 게이츠의 삶은 우리를 감동시키기에 충분하다. 이들의 진취적인 사고와 행동이 얼마나 큰 힘을 발휘할 수 있는지를 여실히 보여준다고 하겠다.

같은 장애인이라도 자기의 장애를 어떻게 받아들이고 어떻게 사느냐에 따라 인생이 완전히 달라지게 된다. 루게릭병으로 자신의 몸을 스스로 움직이지 못하면서도 세계적 우주물리학자가 된 스티븐 호킹 박사, 사지마비의 장애인이면서도 진취적인 생각과 피나는 노력으로 존 홉킨스 대학의 의사가 된 한국의 이승복 박사 이야기는 우리를 감동시키다 못해 숙연해지게까지 한다.

창의력에 관한 한 피카소, 안토니 가우디, 백남준 같은 이름을 빼놓을 수 없다. 이들의 창의력은 인류에게 자긍심을 갖게 해준다.

그러므로 정말 교육이 할 수 있고, 해야 하는 일이 있다면 젊은 사람들로 하여금 진취적인 사고를 하여, 창의력을 계발하고, 자기의 꿈을 향해 불굴의 투지로 노력할 수 있는 동기를 만들어주는 일이 아닐까 한다. 그리고 이러한 창의력을 통해 큰 성취를 하였다고 해도 자기 개인의 안위와 명예와 富만을 추구한다면 그 가치는 반감될 것이다. 즉 개인의 성취가 곧 사회의 발전으로 이어질 때에 비로소 우리는 그 사람을 존경하게 되고, 그 성취를 높이 평가하게 된다. 이렇게 존경할 수 있는 사람이 많은 사회일수록 그 사회는 발전할 것이고 정말 살고 싶은 세상이 될 것이다.

고려대 교육신문에 실렸던 글

한글과 디지털

한글과 디지털은 전혀 다른 세계인 것 같지만 알고 보면 천생연분이라 해도 부족함이 없을 듯하다. 왜냐하면 한글의 문자 체계는 매우 간단명료한 창제 원리로 구성되어있고, 알파벳 수도 적으며, 모든 생각과 감정을 나타내기에 완벽한 문자이고, 이 문자는 디지털기술과 만나 상호 시너지 효과를 가져오게 되었기 때문이다. 한글은 단 10개의 모음과 14개의 자음을 조합하고, 가획하여 모든 글자를 만들 수 있을 뿐만 아니라, 하나의 음절이 하나의 글자를 구성하고 있어서 발음과 글자가 완전 일치하므로 하나의 음소가 그대로 하나의 글자를 이루는 언어보다 유리하다. 왜냐하면 이러한 음절 글자는 영어와 같은 음소 글자에 비해 읽기도 쉽고 정확하게 발음할 수 있기 때문이다. 더욱 중요한 것은 한글은 기계화에도 더 없이 좋은 과학적인 문자체계라는 것이다. 휴대전화로 문자를 보낼 수 있는 것도 한글이 이러한 과학적인 창제 원리 덕분이다.

디지털은 영상, 음성, 데이터 등의 정보를 디지털 신호(정보를 0과 1로 표현)의 형태로 변환하여 이를 전송하는 기술이다. 디지털 신호는 압축 기법을 이용하여 대용량의 정보를 손쉽게 전달할 수 있어, 여러 개의 일반 프로그램 또는 1개의 고화질 프로그램도 전송할 수 있다. 또한 전송과정에서 발생하는 잡음 및 왜곡의 영향을 거의 받지 받으며, 자료가 손상되더라도 이를 완벽하게 복원할 수 있는 장점이 있다.

디지털의 이러한 장점을 살려 조상들이 남긴 한글 자료를 디지털화해 놓는다면 기존의 종이책이 가질 수 있는 소실, 훼손의 위험으로부터 완전히 벗어날 수 있다. 이에 한국어세계화재단에서는 디지털 한글 박물관을 구축하고 운영하고 있는데, 이것은 조상들이 남긴 훌륭한 한글자료를 영구히 완벽하게 자손들에게 물려줄 수 있다는 착안에서 시작한 사업이다. 2001년부터 2006년까지 6년에 걸쳐 엄청난 양의 한글자료를 후손들에게 원전의 훼손 없이 영구히 물려줄 수 있도록 디지털화하고 해제 및 설명을 붙여 분야별로 사이버상에서 박물관을 구축하였다. 박물관은 역사관, 교육관, 조형예술관, 학술정보관, 생활관, 미래관 등 여섯 개의 방으로 꾸며져 있고, 지난 2006년 10월에는 한글 보물전 특별 전시도 한 바 있다. 한글은 과학이고, 예술이며, 정보이고, 아이디어이며, 뛰어난 디자인이다. 한글의 이 모든 것을 사이버 박물관에서 보여주고 있는 것이다. 이 모든 일이 디지털기술을 바탕으로 사이버 상에서 이루어진 것이다.

한국에 하나밖에 없는 이 디지털 한글 박물관은 21세기에 알맞은 역사적 사업으로 평가된다. 종이로 된 지금까지의 문헌은 그동안 많은 전쟁들을 거치며 수없이 소실되고, 시간이 지남에 따라 많이 훼손되었으나 전국에 흩어진 희귀본을 찾아 사진을 찍어 사이버 상에서 원문을 보여주고, 현대어로 번역도 하고, 필요한 해제와 설명을 붙여 자손만대에 길이 전할 수 있게 되어, 해외에서 한국학을 하거나 옛 한글 자료를 필요로 하는 사람들도 세계 어디에서나 사이버 상에서 모든 옛 한글 자료를 쉽게 볼 수 있게 되었기 때문이다.

한국이 이룩한 첨단 과학기술인 디지털 기술은 방송을 비롯한 모든 분야에서 요긴하게 사용되었지만, 이와 같이 우리 한글을 현 상태로 영원히 자손들에게 물려주는 데 사용된 것은 그야말로 한글과 디지털의 결합으로 이루어진 것이어서 디지털 기술의 소중함을 더욱 절실히 느끼게 된다.

이와 같이 한글과 디지털 기술은 상생하고 있다. 전 세계 흩어져있는 700만 한국동포들도 사이버 상으로는 내국인과 얼마든지 대화하고 교류할 수 있으며, 거래도 할 수 있다. 한국은 IT 산업이 세계 제1위로서 21세기 첨단 산업을 주도하고 있다. 우선 언어적인 면에서 보면 옛날에는 음성은 시간적 공간적 제약이 있었으나 지금은 저장, 가공, 신속한 전달이 모두 가능하므로 시간과 공간의 제약을 뛰어 넘었으며, 심지어 인터넷 기술과 접목하여 원거리에서 화상전화도 가능하게 되었다. 앞으로도 로버트, 의료장비, 음성 리모컨, 지문인식기계 등의 발명 내지 발전도 IT산업의 인프라를 통하여 국력 신장과 국위 선양에 크게 기여를 할 것으로 보인다.

이와 같은 산업의 발달로 국가경쟁력과 위상이 높아지면서 한국어를 학습하고자 하는 세계인이 계속 증가하고 있다. 한국어 강좌를 개설한 대학이 1,20년 전만 해도 2~300개 정도였으나 지금은 약 65개국 750개의 대학에서 한국학과를 두거나 한국어 강좌를 개설하고 있고, 제2외국어로서 한국어를 채택한 세계 중고등학교도 몇 백 개에 이른다. 한국어 사설학원도 전 세계에 부지기수로 생겨나고 있다. 이러한 한국어와 한국문화의 해외 수출은 국력신장에 힘입은 바도 있지만, 역으로 IT 산업의 발달에 힘입은 측면도 분명히 있다고 보아야 할 것이다. 즉 한국의 우수한 전기 전자제품이나 드라마, 영화 등을 좋아하게 되면서 한국어를 배우고자 하는 의욕이 생기기도 하였기 때문이다. 특히 디지털 기술의 축적으로 한국어 교육에 필요한 교재, 사전 등 자료를 신속, 정확하게 온라인상에서 다운받을 수 있고, 교사 연수 프로그램도 동영상으로 얼마든지 사이버 공간에서 다운받을 수 있으며, 사이버 상에서 교수들의 강의를 들을 수도 있어서 외국에서의 한국어 교수학습에 많은 도움을 주고 있는 것도 한국어의 해외보급에 매우 긍정적인 역할을 하고 있는 것으로 보인다.

한국은 문화적으로도 최대의 전성기를 맞이하였다. 소위 한류가 드라마, 가요, 영화, 애니메이션, 인터넷게임 등에서 아시아를 넘어 전 세계로 확산 중에 있으며, 반도체, 조선, 자동차, 전기 전자, 휴대전화 등의 약진도 두드러진다. 이들 한류 상품 중에서도 특히 인터넷게임 분야가 세계 제1위를 차지하고 있는데, 이것은 바로 디지털의 힘이다. 디지털의 앞선 기술과 한글의 상호 결합은 앞으로도 드라마, 애니메이션, 영화, 게임 등 부가가치가 높은 문화 상품의 해외 수출 증대로 이어져 국가 경쟁력이 제고되고 한국의 문화영토 확장이 계속될 것으로 전망된다. 비록 국가의 규모면에서는 소국이지만, 경제발전과 함께 한국어문화면에서는 이제 강대한 국가로 우뚝 설 호기를 맞고 있는 것이다.

이와 같이 한글은 '디지털'이라는 기술을 통해 더욱 빛이 나고 한국의 디지털 기술의 발달은 '한글'이라는 위대한 문자 체계를 가진 한국 사람들에 의해 더욱 촉진되지 않았나 한다. 그러므로 한글과 디지털은 상호 협력적인 관계로서, 궁합이 잘 맞는 부부와 같다는 생각을 해본다.

삼성SDI 사보. 2006.10.

자식의 의미

나에게는 2남1녀의 자식이 있다. 모두들 나보고 복이 많다고 한다. 유능한 남편과, 훌륭한 자식들, 좋은 직장 더 이상 바랄게 뭐냐고 한다. 옳은 말이다. 모두가 나에게는 과분한 축복이다. 만일 우리 집안에 조금의 문제라도 있다면 전적으로 주부인 나에게 책임이 있는 것이다.

그런데 도대체 자식은 부모에게 어떤 존재인가? 언제까지나 사랑하고 돌보아주고, 힘과 돈이 모자랄 때 보태주고, 그러다가 조금이라도 잘못되면 혼자서 하염없이 눈물을 흘려야 하는 존재인가? 그러나 자식이 부모에게 주는 기쁨과 안도감과 보람을 안겨 준다는 점에서 보면 분명 자식은 소중한 존재임에 틀림없다. 그리고 자식이 잘 되면 그보다 기쁠 수가 없고 못되면 그보다 슬플 수가 없다.

자식이 잘 되면 부모도 내집받고, 자식이 잘못되면 부모는 모든 면에서 불행해진다. 그러니 부모 입장에서는 어떻게든 자식을 성공시키고 싶고, 잘되기를 바라기 때문에 모든 희생을 감수하고 힘이 되어 주려고 한다. 그런데 문제는 여기에 있는 것 같다. 어느 정도라도 부모가 능력이 있으면 자식들은 부모에게 의지하고, 계속 도움을 받을 걸로 믿고 정신적으로 자립을 못하게 되는 경우가 많다. 그러나 반대로 부모가 아무런 생활 능력이 없으면 오히려 자립심도 일찍 생기고, 자기가 빨리 성공하여 부모에게 효도하고 싶어 하고, 어느 정도 머리가 우수하고 의지가 강하면 성취를 더욱 빨리 그리고 크게 하는 것 같다.

그러므로 가정이 화목하고 가진 것만 조금 적은 집안 자식들이 성공률이 높아 보인다. 그런 경우는 노후에 부모들도 자식 덕에 행복하고 유복하게 살 수 있게 될 확률이 높다. 반대로 부모들이 자수성가해서 상당히 성공했더라도 자식들이 불성실하고 성취의욕이 떨어지고, 부모에게 너무 의타적이어서 늦게까지 자식의 뒤를 돌보아주어야 하는 부모들은 오히려 노후가 힘들어지는 경우를 주위에서 많이 볼 수 있다. 어떻게 보면 하느님이 공평해 보이기도 하지만 평생 너무나 열심히 살고 자식들을 뒷바라지해 온 부모 입장에서 보면 하느님은 불공평하시기도 한 것 같다.

호주에서는 자식이 만 18세가 되면 남녀 구별 없이 무조건 밖에 내보낸다고 한다. 그러면 그 속에서 대통령도 나오고 기술자도 나오고 낙오자도 나온다는 것이다. 사회의 낙오자가 되어도 걱정할 게 없다. 워낙 사회복지제도가 잘 되어 있으므로 그런대로 살 수가 있기 때문이다. 또 그렇게 되니 보통의 직장인들은 일을 열심히 하는 사람이나 노는 사람이나 수입에 큰 차이가 없으니 악착같이 일할 의욕을 잃게 된다. 그러므로 국가적인 차원에서 사회복지제도가 너무 잘 되어 있는 것도 반드시 좋은 것만은 아니라는 것이다.

사람이란 항상 불완전하기 때문에 어떤 제도나 어떤 법이든지 허점이 있게 마련이고 능력이나 성격이나 인생관에 있어서 개인차도 크기 때문에 사회든 가정에서는 낙오자가 나오기 마련인 것 같다. 자식이란 결국 부모들의 자화상이요, 부모들의 영원한 짐인 동시에 힘인 것이다.

손녀

우리 집안에 20여 년 만에 애기가 탄생하였다. 평소에 손주를 본 친구들이 너무나 부러웠는데 나도 어느새 할머니가 되었다. 자기가 낳은 자식이 성장하여 결혼을 하고 다시 애기가 태어났다는 게 너무나 자연스럽고 일반적인 일인데도 나에게는 마치 특별한 일인 것 같고 하느님의 특별한 축복을 받은 것 같은 기분이다. 아직 16개월밖에 안 된 손녀라 이 아이가 장차 어떤 사람이 되어줄 건지 도저히 가늠할 수 없지만, 아이가 순하고 건강하며, 항상 밝은 표정을 짓고, 부지런히 세상을 익히고 어른들을 흉내 내려고 하는 것이 그저 귀엽고 신기하고 사랑스러울 뿐이다.

요즈음에는 걸음도 너무나 잘 걷고, 아빠, 엄마, 마마, 빠이빠이는 발음한다. 말귀를 알아들으니 재주도 날로 늘어만 간다. "예쁜이" 하고 불러주면 양쪽 검지 손가락으로 양볼을 눌리는가 하면, "최승연" 하고 불으면 '예'를 하고, 몇 살 하면 손가락 두 개를 펴 보이고, 악수라고 하면 손을 내민다. 우리가 춤을 추면 따라 추고, 운동을 해도 따라 하고 박수를 쳐도 따라 치는 모양이 한마디로 '귀여움' 그 자체다. 나는 원래 재미라고 없는 사람이라 아이들 기분에 맞게 잘 놀아 주지도 못하지만 고모는 아이에게 맞게 역동적으로 놀아주니 우리집에 다니러 오면 고모만 졸졸 따라다닌다. '피는 못 속인다고 했던가?' 역시 고모한테도 낯을 안 가리고 잘 따라주니 그저 기특할 뿐이다.

우리 손녀 승연아!

이 세상의 할아버지 할머니에게 그리고 아빠, 엄마에게 손주나 자식이 예쁘지 않은 사람이야 어디 있을까만 우리는 이 세상에서 네가 제일 귀엽고 예쁜 것 같구나. 부디 지금처럼 자라다오. 항상 남에게 기쁨을 주고 희망을 주는 훌륭한 사람이 되어 다오. 너희들이 사는 세상은 이 할미가 살았던 시대와는 모든 면으로 다를 것이다. 남녀의 차별도 없고, 신분의 귀천도 없고 오로지 실력과 인격만으로 사람을 평가하고 인정하며, 적절한 일거리를 주는 세상일 것이다. 그리고 기계 문명이 지금보다 훨씬 더 발달하여 생활의 대부분이 기계화되어 한편으론 매우 편리해지겠지만 또 한편으로는 인간관계가 훨씬 삭막하고, 기계의 의존도가 높아져서 기계에게 사람의 일자리도 빼앗기게 될 것이다.

손녀야, 그렇다고 해서 인간의 마음, 인간의 감정, 인간의 원초적 본능 등을 어찌 기계가 대신해 주겠느냐? 아무리 과학문명이 발달하였다고 해도 인간생활을 지배하는 것은 그래도 인간의 마음일 수밖에 없다는 사실을 잊어선 안 된다. 과학이 아무리 발달하더라도 어찌 진짜 사람을 만들 것이며, 사랑하는 마음, 행복한 마음을 만들 수 있겠느냐? 사람을 진정으로 아끼고 사랑하는 마음을 가져주기 바란다. 그리고 나보다 더 어려운 사람을 위해 봉사할 수 있는 넉넉한 사람이 되어 다오. 자기 자신만을 위하는 마음은 삶의 가치와 보람을 느끼기 어려울 것이다.

사랑하는 손녀야, 지금처럼 천진무구한 웃음을 웃는 그 귀여운 모습을 언제까지나 지녀다오. 지금처럼 많은 사람들에게 웃음을 선사하는 사람이 되어다오.

1999.12.5.

감동이 있는 풍경

KBS에서 방영하는 "이것이 인생이다"라는 휴먼 다큐멘터리를 보는 때가 있다. 어떤 소설이나 드라마보다도 더 드라마틱하게 인생을 살았고, 참으로 남달리 어려운 역경을 이기고 남달리 아름답게 산 사람들의 얘기이다. 이 세상에는 저렇게 운명적으로 어렵게, 힘든 삶을 살면서도 놀라울 만큼의 넉넉한 가슴으로 따뜻하면서도 굳세게 살아온 사람들이 있다니... 난 정말 너무 평탄하게 그리고 너무나 평범하게 살았다는 생각이 든다. 물론 나도 나대로는 어려울 때도 많았고, 고생도 했다고 말할 수 있겠지만, 이 다큐멘터리에 나오는 사람들에 비하면 나의 삶은 상대적으로 받은 것이 많고, 가진 것도 많으며, 참으로 그저 그렇고 그런 평범한 삶 그 이상도 이하도 아니라는 생각이 드는 것이다.

그리고 정말로 역동적이고 치열한 삶을 살았다고 하기엔 너무 안이하게 살았다는 것을 인정하지 않을 수 없다. 내 한 몸을 던져 불의에 항거해 본 적도 없고, 참으로 고통 받는 장애인이나 독거노인, 십대 가장들을 위해 실질적인 도움을 준 일도 없으며, 정신대 위안부나, 성의 노예가 된 많은 여성들의 아픔과 갱생을 위해 노력해 본 일도 없다. 난 그저 공부하는 직업을 가졌으니 가르치고 공부만 하면 내 할 일은 다 한다는 생각이었다. 그러므로 나 자신 누구에게 감동을 준 일도 없고, 감동을 받은 일도 많지 않다. 따라서 정말 진한 감동이 있는 이야기를 듣거나 보면 참으로 가슴이 뜨거워지고 정신이 번쩍 난다. 그리고 갑자기 세상이 다정해지고, 행복해지기도 한다. '그래, 이런 이들이 있어 세상은 살만한 거야'라고 혼자 결론도 내보고 혼자 즐거워도 해보고 반성도 해 보는 것이다.

가장 낮은 곳에, 아무 것도 가진 거라고 없는 사람들이 오히려 위대한 삶을 산 사람이 많이 있다는 것도 알게 된다. 이들은 오히려 권력의 자리에, 가진 것이 너무도 많은 사람들이 부정과 비리와 이기심으로 나라를 어지럽히는 사이 이렇게, 참으로 눈물겨운 인간의 의지와 인류애, 동족애를 발휘하고 있었던 것이다.

우리 시어머님이 생전에 들려주신 이야기가 생각난다. 어머님이 추운 건넌방에서 몇 시간 베를 짜고 돌아오면 시할머님께서 며느님의 찬 손을 가슴에 품어 녹여주셨다는 것이다. 비슷한 애기들은 많이 있다. 감동은 자연 속에서도 얼마든지 느낄 수 있다. 긴 겨울이 지나고 새싹이 돋는 이른 봄날의 감동, 죽었던 나무에서 잎이 돋고, 꽃을 피우고 열매를 맺는 과정, 수십 만년 동안에 만들어졌을 해변의 모래, 어김없이 해가 뜨고 지는 광경, 도저히 사람의 힘으로 만들어졌다고 믿기 어려운 피라미드의 웅장함, 맑은 가을 하늘의 구름 한 점 없는 눈부신 푸르름, 저 하늘을 나는 비행기, 조그만 체구로 하늘 높이 나는 새의 날개 짓 어느 것 하나 감동스럽지 않은 것이 없다.

어디 그뿐이랴? 닭이 계란을 품어 알을 낳는 모습, 거기서 병아리가 태어나는 이치, 열 달 간의 엄마 뱃속에서 손발, 가슴, 머리 모든 걸 갖추어 태어나는 애기의 모습, 3kg의 두 뼘이 될까 말까한 아기가 자라고 자라, 어른이 되고 다시 결혼하여 또 조그만 애기를 낳는 섭리는 우리를 감동시키기에 충분하지 않는가? 따지고 보면 우리의 삶 자체가 모두 감동의 연속인 것을... 그럼에도 우리는 그 감동을 보지 못하고 느끼지 못하고 늘 안 가진 것만 열망하며, 만족을 모르고 사는 아둔한 바보들인지도 모른다.

미래 지향적인 삶을 위하여

얼마 전 신문에서 우리나라 사람의 쌀 손실량이 엄청나다는 기사를 읽었다. 즉 탈곡, 도정, 수송, 보관 등의 과정에서 400만 섬, 식당이나 집에서 식사 후 버려지는 양이 200만 섬, 도합 600만 섬이나 된다는 것이다. 이 숫자는 작년도 우리나라의 쌀 총 생산량의 17%이며 쌀 수입량의 38%에 해당한다고 한다. 원래 농업국가인 우리나라에서 무려 1500만 섬이라는 쌀을 외국에서 도입한다는 사실도 충격적인데, 여기에 이토록 엄청난 낭비까지 한다니 도대체 나라의 장래가 어떻게 될 것인가?

낭비하는 것으로 말하면 어디 쌀뿐이랴? 전기, 기름에서부터 수돗물, 의복, 신발, 어린이들의 학용품에 이르기까지 낭비하지 않는 것이 있는가? 이러한 에너지와 물자의 낭비 풍조는 결과적으로 빈부의 격차를 넓히고 빈부간의 위화감을 소성할 뿐만 아니라 나라의 경세를 악화시키는 직접적인 원인이 되기도 한다.

70년대의 급격한 경제성장은 개인이나 사회로 하여금 소화불량증에 걸리게 하였다. 그래서 지금은 소화제를 먹고 치료하는 기간이라고나 할까? 한번 생활수준을 높여 놓으면 다시 끌어내리는 게 여간 어렵지 않다. 또 낭비하는 습관이 한번 생겨버리면 절약하기란 참으로 어렵게 된다. 예를 들어 자가용을 타다가 일반버스를 타는 것이나, 칼라 TV를 보다가 흑백 TV를 보는 것이나, 가스나 기름을 때다가 연탄을 때는 것이나, 불과 얼마 전까지도 하던 일이지만 새삼스럽게 어려움을 느낀다. 이런 것을 귀이망천(貴而忘賤)이라 하던가?

또 우리나라가 외국으로부터 도입해 오는 원유는 하루 60만 배럴, 금액으로 환산하면 연간 70억불에 달한다고 한다. 이 수치는 수출로 번 외화의 약 3분의 1에 해당하는 것이며 국제수지를 어렵게 하는 가장 큰 요인이라고 말한다. 기름 한 방울 나지 않으며 다른 지하자원도 별로 없는 우리나라에서는 국민 한 사람, 한 사람이 근검절약하는 것보다 더 큰 애국은 없을 것이다. 자기의 사회적 수준이나 시대에 맞는 문화생활을 하는 가운데서도 절약할 것은 절약하고 낭비하지 않는 것이야말로 참된 생활의 지혜가 아닐까 한다.

5, 6년 전의 일이다. 우리 가족은 미국 유학에서 갓 돌아와서 수중에 돈 한 푼 없었다. 그런데 마침 남편의 직장 덕분에 조그만 아파트지만 소위 관사에 살게 되었다. 불과 18평의 아파트에 노부모님을 비롯한 일곱 명의 가족이 살려니 유학시절에 쓰다가 가지고 온 전기제품들을 펴놓고 쓸 공간이 없었다. 그래서 생각 끝에 그 전기제품을 모두 팔기로 합의하였다. 마침 사려는 사람이 있어 전기다리미 하나 남겨놓지 않고 몽땅 팔아서 시골 임야를 샀다.

그 이듬해부터 우리는 매해 2, 3만 주씩의 나무를 심었다. 낙엽송도 심고 오동나무도 심었다. 그리고 여름방학이 되면 온 가족이 내려가 일꾼들과 함께 칡을 끊고, 풀을 베고, 비료를 주었더니 나무들은 무럭무럭 자라났다. 자기가 심은 나무가 자라는 모습을 보는 즐거움은 직접 경험해 보지 않은 사람은 실감이 안 날 것이다. 나는 나무를 심는 것은 우선 자신이 즐겁고, 자식들에게 남겨줄 좋은 정신적, 물질적 유산이 되며 또한 가장 큰 애국이라고 믿고 있다.

우리나라에서 쓰는 대부분의 원목도 모두 외국에서 수입해 온다지 않는

가. 그런 것을 생각하면 한 가지 일로 여러 가지의 좋은 결과를 갖게 하니 누구나 해봄직한 일인 것 같다. 해발 5,600m의 가파른 산을 오르느라 비지땀을 흘리며 산에서만이 맛볼 수 있는 뿌듯한 희열을 느끼며 한편으로 사회 구석구석에서 잘못 쓰이고 있는 돈에 대해 생각해 보기도 하였다. 그 잘못 쓰이고 있는 돈을 어떤 방법으로든 계산해 낼 수 있다면 아마도 어마어마한 액수가 될 것이다. 이러한 돈을 건전하고, 생산적인 일에 쓸 수 있도록 유도하는 방법은 없을까?

확실히 우리 가족은 첩첩산중 누구도 돌보지 않는 높고 험한 산에 10여 만주의 나무를 돌보는 일로 굳게 결속되어 있고, 이러한 결속된 힘은 고되고 어려운 일도 두려워하지 않게 되었고, 낭비 없이 검소한 생활을 하는 습관이 생겼으며 쓰고 남은 돈은 시골에 가서 나무를 심거나 가꾸는 일에 써야한다는 확고한 생활방침이 서 있다.

자녀에 대한 교육적인 효과도 나타나는데 예를 들면 중 2와 초등학교 6학년인 아들놈들이 어느새 자기 또래 친구들의 사치성과 낭비풍조를 비판하게 되었고, 제법 애국정신을 강조하기도 하며 나라의 장래를 걱정하는가 하면 자기 나름대로의 포부를 밝히기도 한다. 요즈음 한창 국민의식개혁운동이 일어나고 있지만 핵심은 바로 우리 모두가 일시적인, 말초신경의 즐거움을 추구하는 풍토에서 좀 더 건전하고 미래지향적이고 생명이 긴, 진정한 의미의 즐거움을 추구하는 풍토로 바뀌어지는 것이 아닌가 한다.

아인슈타인도 「30대까지는 무엇을 가질까를 염려하되 40대부터는 무엇을 남길까를 염려하라」고 하지 않았던가. 무엇을 가지는 문제보다 남기는 문제를 생각하게 되면 낭비를 줄일 것이며 또 이왕이면 좋은 것을 남기려고 노력할 것이다. 이와 같이 우리 모두가 정신적으로나 물질적으로나 좋은 것을 많이 남기기 위해 노력하는 마음의 자세가 갖추어질 때 이 사회는 결국 맑고 밝게 될 것이고 부강한 나라가 될 것이다.

마지막으로 지혜로운 삶은 남에게 자비를 베푸는 삶일 것이다. 인간이 가지는 여러 가지 욕망을 하나하나 이룰 때 우리는 즐거워지고 살 의욕을 느낄 것이다. 그런데 이러한 욕망을 이룬 뒤의 궁극적인 욕망은 남에게 자비를 베풀고 싶어 하는 욕망이 아닐까 한다. 남에게 도움을 받는 것보다 도움을 줄 수 있을 때 진정으로 우리는 생활의 즐거움이나 보람을 느끼게 된다.

우리의 주위에는 우리의 도움을 필요로 하는 사람들이 많이 있다. 이들을 위해 내가 할 수 있는 일이 무엇인가를 생각해 보자. 고통은 나눌수록 작아지고 즐거움은 나눌수록 커지는 법이다. 낭비 없는 생활, 건전하고 생산적인 미래지향적인 생활, 그리고 남의 고통을 나눌 줄 아는 사람은 곧 지혜로운 생활의 주인공이 될 것이다.

「에너지 절약」, 1979.5.7.

나의 주부상

지난 40년 가까이 배우거나 가르치는 학교생활만을 해온 나는 가끔 순수한 가정주부의 위치가 그리워질 때가 있다. 전업 주부님들이 이 이야기를 들으면 무어라 할지 모르지만 이것은 나의 솔직한 고백이다. 그렇다고 해서 결코 지금의 내 생활이 불만스럽다거나 후회스럽다는 뜻은 전혀 아니다. 오히려 나는 죽어서 다시 태어나도 이 길을 걷겠다고 공언할 만큼 지금의 내 직업이나 전공 분야에 전적으로 만족하는 사람이다. 그렇다면 왜 격에 맞지도 않은 주부론을 들고 나오는가?

아마도 그것은 첫째로 가정을 돌보고 싶어 하는 여성 특유의 본능 때문이요, 둘째는 가정주부로만 일관해 온 친구들의 심리적 갈등을 알고 있기 때문이며, 셋째는 공부라고 한답시고 남편과 아이들에게 제대로 주부 노릇을 못한 죄의식이 있기 때문인지도 모르겠다.

어쨌든 나는 가끔씩 성숙한 주부의 위치를 그리워하면서 그때마다 나의 주부상을 그려본다. 한마디로 내가 생각하는 나의 주부상은 아무래도 독서하는 주부상이다. 만일 내가 주부라면 난 열심히 가정일을 하면서도 하루에 서너 시간 정도는 책을 읽을 것이다.

여가 시간에 신문이나 TV를 보거나, 허물없는 친구들과 어울려 담소를 하거나, 화초를 기르거나, 운동을 하거나, 모두 즐거운 일일 것이다. 그러나 나의 경우 독서의 즐거움은 그 모든 것을 능가할 것 같다. 책은 시간과 공간을 초월해서 인간의 꿈과 아픔, 나약함과 위대함, 삶의 지혜와 용기, 그리고 인간생명의 유한함과 영원함을 배우고 느낄 수 있게 해줄 것이기 때문이다.

때로는 아침이슬 같이 영롱한 시집을, 때로는 인간의 희로애락, 삶과 죽음이 교차하는 소설을 읽으며, 또 때로는 철학자들이 쓰는 인생론을 읽을 것이다. 읽을 책이 어디 그 뿐이랴? 역사책과 의학서도 읽고, 심리학과 경제학 서적도 읽을 것이며, 생활백과도 읽을 것이다. 그러나 이 모든 것에 앞서서 신의 섭리를 알 수 있는 성경책을 읽을 것이다.

나의 독서는 나에게서 끝나지 않게 할 것이다. 즉 그날 읽은 내용 가운데 특히 인상 깊었거나 감동적인 장면, 새로 알게 된 지식이나 정보에 대해서 저녁 밥상에서나 대화 시간에 가족들에게 이야기해 줄 것이다. 항상 시간에 쫓겨 책을 못 읽는 나의 남편과 자식들에게 내가 읽은 책의 내용을 조금이라도 이야기 해 준다는 것은 조그만 일 같지만 나로서는 어떤 가슴 뿌듯한 보람을 맛볼 수 있는 일이 될 것이다. 생각만 해도 정말 멋지고 교양 있는 주부이다.

우리 주변에는 좋은 책이 많이 있다. 책에 재미를 들이면 책을 두고 어떻게 죽을까 하는 생각까지 들 때가 있다. 특히 내가 읽은 책 가운데 언제 어디서나 나를 붙잡아주는 책은 역시 성경책이다. 나에게 있어 삶의 의미를 깨닫게 해주고 인내와 순종과 사랑과 높은 이상을 갖게 해주는 책. 수천 페이지의 신·구약 성경 속에는 주옥같은 말씀이 너무도 많지만 내가 세상을 살아가면서 자주 떠올리는 몇 구절이 있다.

"고통은 인내를 낳고, 인내는 시련을 이겨내는 끈기를 낳고, 끈기는 희망을 낳는다.", "남에게 해야 할 의무를 다 하십시오. 그러나 아무리 해도 다 할 수 없는 의무가 한 가지 있습니다. 그것은 사랑의 의무입니다."라는 말씀은 내 삶의 지침이 되었고 목표가 되었다. 내가 사랑해야 할 의무가 있고,

아무리 사랑해도 모자랄 내 부모, 남편, 형제, 자식, 제자, 친구, 동료, 이웃, 더 나가 내 민족, 내 나라….

물론 사랑이란 책을 통해 배우는 이론이 아니다. 그러나 이성이 감성을 지배해야 한다면 책은 우리의 냉철한 이성을 갖게 해 주는 안내자가 될 수 있을 것이다. 실제로 천주교에서는 "사랑"을 "결심"이라고 가르치기도 한다. 모성애와 같은 본능적인 사랑을 제외하고는 사랑을 하겠다는 결심과 지속적인 노력으로 참된 사랑을 이룩할 수 있다고 가르친다. 그렇다. 사랑은 결심이고 노력이다. 독서를 하고, 사랑을 실천하는 주부! 내가 도달해야 할 나의 이상이다.

동방리뷰, 1988년 2월호

문화교육

한국 국민은 매우 정치적이라는 얘기들을 한다. 이것은 아마도 한국 사람은 세 사람만 모여도 정치 얘기에 꽃을 피우고, 정치가 나라의 거의 모든 것을 결정하기 때문일 것이다. 언젠가 모 정치학자가 「정치결정론」을 발표한 바도 있거니와 정말 우리처럼 정치에 관심이 많고, 정치에 의존하는 바가 큰 민족이나 국가도 드물 것 같다. 그런데 정치가와 국민이 한마음, 한뜻이 되어 국가를 바르게 운영해 간다면 몰라도 그렇지 않고 만일 정치가가 국민에게 불신과 원망의 대상이 된다면 정치는 그 부피나 무게가 최대한으로 축소되어야 할 것이다. 또한 국민도 정치로부터의 해방이랄까, 아무튼 정치는 국민의 관심이나 흥미에서 좀 멀어지는 게 어떨까 한다.

만일 사회 분위기가 탈정치화 한다면 지금처럼 수단방법을 가리지 않고 정치가가 되겠다는 사람도 틀림없이 줄 것이고, 타락선거도 거의 사라질 것이기 때문이다. 힘도 없고 인기도 없는 정치를 위해 누가 그 엄청난 돈과 정열을 바치겠는가? 진정으로 국가와 민족에 봉사하겠다는 사람만이 정치에 뜻을 두게 될 것이다. 이렇게 되어야만 정치가 제 자리를 찾게 되고, 정치가와 국민이 한마음을 가지게 될 것이다.

그런데 이처럼 국민이 탈정치화하는 방법은 무엇일까? 아마도 「문화교육」이 그 중 한 가지가 되지 않을까 한다. 그리고 문화교육은 아무래도 언론에 의한 대중 교육과 학교 교육을 통해서 이루어지지 않을까 한다. 우선 언론의 경우 신문과 TV뉴스의 순서를 지금의 정치, 경제, 사회, 문화에서 반대로 문화, 경제, 사회, 정치의 순으로 보도한다. 물론 진짜 큰 뉴스(국내외를 막론하고)는 제일 먼저 보도하더라도 평소에는 신문의 1면이나 TV의 9시 뉴스에서 처음 얼마동안은 문화에 관한 뉴스만 보도한다. 가령 그날의 학술뉴스, 교육과 관련된 뉴스, 예술분야와 체육 분야의 뉴스, 그리고 출판이나 매스컴과 통신에 관련된 뉴스가 발표된다. 뉴스뿐만 아니라 국민들이 알아야 할 경제지식이나 협조사항도 이때에 알린다.

그 다음은 사회뉴스 차례이다. 사회의 구석구석에서 일어나는 갖가지 뉴스와 아름다운 덕담이 동시에 소개된다. 대체로 사건 중심의 사회뉴스는 자주 국민들을 불안과 공포에 떨게 하므로, 평화롭고 아름다운 얘기를 최대한 많이 소개함으로써 사회 범죄의 예방과 치료에 힘쓰는 한편, 삶의 의욕과 용기와 희망을 북돋우어 주고, 어려운 처지에 있는 사람들에 대한 관심을 불러일으키고, 고통을 함께 나누는 풍토도 이루어지게 될 것이다.

마지막으로 정치적인 뉴스가 보도된다. 정치뉴스는 국가나 민족의 이익보다는 개인이나 계파, 또는 당의 이익을 먼저 생각하는 여야정치인들의 한심한 언행이 소개되는 경우가 많아서 국민을 우울하게 하거나 분노하게 하지만 이미 보도된 다른 많은 뉴스에 희석되어 그 충격이나 비중이 줄어들게 될 것이다. 이런 것이 한 달, 두 달, 그리고 일 년 이 년 지속되면 결국 정치의 위상이나 인기가 떨어지게 될 것이다. 이런 의미에서 대학신문으로서는 유일하게 제 1면이 학술논문으로 채워지는 고대신문의 편집방법이 돋보인다.

그 다음은 각 급 학교, 특히 대학의 커리큘럼 속에 「문화」에 관한 강좌를 설치하는 일이다. 문화 일반과 한국문화를 모두 논의할 수 있는 「문화론」 같은 강좌를 통하여 우리의 정서를 순화하고, 의식구조나 생각의 방향을 비정치적으로 이끌어주는 일이 절실히 요구된다. 근본적으로 인간만이 가진 이 '문화'에 대하여 깊이 이해하고 생각하는 기회를 갖는다는 것은 참으로 필요하다고 본다. 인간에게 있어 가장 소중하고 가치 있는 '아름다움'에 대하여 진지하게 생각해 보는 것이다. 내적인 아름다움과 외적인 아름다움 모두를 말이다. 그리고 한국의 아름다운 전통을 계승하고, 우리의 전통문화를 발굴 · 보존하며, 더욱 발전시켜 국제화하는 일 등은 모두 우리 세대에 주어진 사명임을 깨닫게 해주는 '문화교육'이 하루속히 이루어져야겠다.

교육춘추, 1983.3.25.

"아까이대이"와 "와보랑께박물관"

'사투리'는 '방언'의 고유어이다. 그러나 어감은 좀 다르다. '방언'이라고 할 때는 가치중립적으로 어느 지역의 언어라는 의미가 있지만 '사투리'라고 하면 표준어와 다른 비규범적 언어라는 어감을 갖게 된다. 순수언어학적으로만 보면 서울언어도 일종의 방언이다. 즉 '서울 지역의 언어'라는 의미가 되기 때문이다. 그러나 규범적으로 보면 "현재 서울을 중심으로 교양 있는 사람들이 사용하는 언어"가 표준어로 규정되어있기 때문에 규범적으로 보면 서울지역 언어는 표준어고 다른 지역의 언어로서 서울의 표준어와 다른 것은 모두 방언이 된다. 따라서 충청도 방언, 전라도 방언, 경상도 방언, 제주도 방언이 뚜렷이 구별된다. 심지어 같은 남한에 살아도 북한 출신들의 억양은 그대로 남아 있으나 강원도와 경기도는 뚜렷한 특징을 보이지 않는다.

언어의 특징은 발음, 문법(형태론과 통사론), 어휘, 의미구조에 모두 나타나는데, 우선 두드러진 것이 발음이기 때문에 방언 연구자들은 주로 방언의 음운구조를 많이 연구해 왔다. 그다음은 어미의 모음이 다른 것도 많이 연구되었다. 방언 연구는 지역 간 차이나는 언어를 이해하는 데도 도움이 되지만 국어의 발달사를 연구하는 데도 많은 도움이 된다. 그런데 방언 연구에서 발음보다도 어휘나 문장의 쓰임이나 의미 차이가 훨씬 재미있고, 또 연구할 내용도 많은데, 이 분야에 대한 연구는 부진하다. 방언사용은 권장할 일도 아니지만, 그렇다고 완전히 배척할 일도 아니라고 본다. 교육적인 차원에서나 공적인 차원에서는 당연히 표준어를 써야한다. 의사소통을 위해서도 그렇고, 하나의 공동체적 일체감을 위해서도 그렇다. 그러므로 학교 교육에서나 일반 공적인 문건이나 말에서는 반드시 표준어를 사용해야 한다.

하지만 비공식적인 사적 모임에서는 오히려 같은 고향의 사투리를 씀으로써 친근감도 느끼고, 소속감도 느끼게 된다. 또한 사투리 중에는 언어학적으로 보더라도 매우 재미있고 또 살려 써서, 부족한 표준어의 어휘를 늘일 수 있는 것들도 있다. 예를 들어 경북 북부 지역에서 쓰는 "아까이대이"라는 말은 아이가 어른한테, 어른이 어른한테, 어른이 어린이한테 두루두루 쓸 수 있는 재미있는 말 중 하나이다. 표준어의 '아깝다', '안쓰럽다', '네가 병나지 않을까 염려된다', '나는 너의 노고를 높이 평가하고 감사하게 생각하며, 너를 사랑한다'의 의미를 모두 합친 함축적인 단어다. 따라서 이 말의 뜻을 정확하게 아는 사람들의 사이에서 이 말을 한 마디 들으면 어떤 힘든 일을 하거나 매우 큰 고민에 빠져 있을 때 매우 큰 위안이 되고 격려도 된다.

또한 제주도에는 '아니 짇은 굴묵에 네나랴'라는 속담이 있다 이 말은 짐작하는 바와 같이 '아니 뗀 굴뚝에 연기 나랴'의 의미다. 적어도 제주도 사람들이 모인 비공식자리라면 위와 같은 제주도 방언을 쓰면 훨씬 친근하고, 향수를 느낄 것이다. 그런가 하면 충북 옥천에서는 '아, 너무 힘들어' 하는 뜻을 '어~ 겁나게 대근하'라고 한다. 타지방 사람이 들으면 의미를 몰라 어리둥절하거나, 이질감을 느끼겠지만 같은 옥천 사람이라면 반갑고, 또 뭐라고 위로를 하거나 도와주고 싶은 마음이 생길 것이다. 뿐만 아니라 상대방이 충북 옥천 고향 사람인 것을 단번에 알게 되고 정서적으로도 통하게 될 것이며, 금방 말벗이 될 수 있을 것이다.

전라남도 강진군 병영면 도룡리 596-1번지에는 '와보랑께박물관'이라는 박물관이 있다. 매우 재치 있는 발상이라는 생각이 드는 이름이다. 왜냐하면 이 박물관 이름은 같은 지역 사람들에게는 친밀감과 정체성과 자부심을 갖게 해줄 것이요, 타지방 사람에게는 전라도 사투리 한 마디라도 가르쳐 주는 효과와 함께 호기심을 불러일으킬 것으로 예상되기 때문이다. 인터넷에서 이 박물관을 소개하는 사이트를 들어가 보면 이렇게 안내하고 있다.

> 와보랑께 박물관은 복원중인 병영성과 함께 개인의 볼거리를 준비 중인 박물관으로서 민속품, 생활용품 등 2,500여점과 전라도 사투리를 전시하고 있으며, 이 고장의 작은 문화공간으로서 언제나 누구나 아무 부담없이-무료로 구경하시고 쉬어 가실 수 있습니다. 이곳은 어느 누구의 지원이나 간섭도 받지 않습니다. 보고, 쉬고, 즐기고, 먹고, 야영과 민박도 가능합니다. 박물관 주위 도보로 2km 정도를 제당터-고분묘군-고인돌군-해암서당-처녀굴 산책코스도 있지요. 재밌당께요.

이와 같이 사투리는 공적으로는 쓰지 말아야 할 말이지만 비공식적으로는 적절하게 사용함으로써 매우 효과적일 수도 있다. 마치 외국에 가서 생소한 음식과 빵만 먹고, 영어만 하다가 한국 식당 간판을 보게 되면 반가워서 들어가게 되고, 들어가서 하얀 쌀밥에 된장찌개와 김치를 한국말로 주문해서 먹으며, 그곳에서 한국말을 하고, 한국이야기를 함께 할 때의 그 편안하고 푸근한 느낌이라 할까, 그런 것을 특별한 경우에 자기 고향의 사투리를 들으며 느껴볼 수도 있지 않을까 한다.

고려대 교육신보, 2000.3.2.

게놈 프로젝트

인간의 세포 지도인 게놈이 일차적으로 완성되었다고 하여 세상이 떠들썩하다. 인체의 비밀을 획기적으로 풀어줄 이 유전자 지도는 인간의 질병을 미리 예방하고, 맞춤형 약을 만들고, 인간의 생명을 획기적으로 연장시켜준다고 하여 설레기도 하고 감동스럽기도 하고, 두렵기도 하다. 정말 모든 사람이 120년 이상씩을 산다면 과연 이 세상의 행태는 어떻게 될까? 만일 개인 개인에게 수명의 연장에 선택권이 있다면 세상은 어떻게 될까? 과연 100년 이상을 살아 무슨 영화를 볼 것이며, 사회를 위해 무슨 기여를 할 수 있을까?

아직 건강한 신체와 정신을 가졌을 때, 내가 이 세상에 남긴 빚은 없는지 책임과 의무를 다 하지 못한 것은 없는지, 남에게 피해나 상처를 주고 떠나는 것은 아닌지 점검해 보고 반성해보고, 큰 빚 없이 세상을 떠날 수만 있다면 난 70세를 목표로 하고 싶다. 그러니까 이제 남은 10년 동안 후회 없이, 추하지 않게, 과욕을 버리고 내가 처리해야 할 일들을 깨끗이 정리하고 만나보고 싶은 사람 다 만나보고, 주님께 죄를 고하고 이 세상을 떠날 수 있다면 더 이상 바랄 것이 없을 것 같다.

우리의 후세들은 게놈 연구를 더욱 발전시켜서 신체적으로 고통 없는 삶을 살고, 생명도 원하는 대로 연장하고, 아들, 딸도 마음대로 낳고, 로버트가 해주는 밥을 먹고 살게 되더라도, 그걸 보기 위해 더 살고 싶은 생각은 결코 없다. 그저 나는 인위적이 아닌 자연과 하늘이 준 기간만큼만 곱게 살다 소리 없이 이 세상을 떠나고 싶다. 나의 이 생각은 이미 오래전부터 꿈꿔 온 터라 자식들이나 제자들이 여러 번씩 하고, 핀잔을 들은 일이긴 하지만 전혀 변함없는 나의 소망이다.

그러므로 이제 시간이 없다. 공부도 대강 마무리 짓고, 집안일도 슬슬 정리하고, 그동안 내가 써놓은 부끄러운 글들도 정리해서 세상에 내어놓아야 한다. 세상에는 참으로 뛰어난 사람도 많고 성실한 사람도 많은 동시에, 소인배도 많고, 이기적인 사람도 많으며, 각각 분야별로 영웅도 많다. 내가 살아온 삶이 아주 조금이라도 사회에 도움이 되었다면 그것으로 충분하다.

내가 이런 생각을 한다고 해서 게놈 프로젝트가 쓸모없다고 하는 뜻은 결코 아니다. 생명과학의 획기적인 결과라 할 수 있는 게놈 지도는 인류에게 기여하는 바가 무궁무진할 것이기 때문이다. 이 프로젝트가 완성된다면 인간은 모든 질병으로부터 훨씬 더 신속하게 벗어날 수 있으며, 설사 크게 다쳤다고 해도 신속하게 복원이 가능해지며, 선천성 질환은 원천적으로 봉쇄될지도 모른다. 남자아이, 여자 아이 원하는 대로 낳을 수 있고, 노화작용도 훨씬 늦출 수 있고, 수명은 당연히 길어져 인간 삶의 패턴이 근본적으로 바뀔지도 모른다.

정말 생각해보면 인간의 위대함 앞에 우리 스스로가 놀라지 않을 수 없다. 난치병 환자나, 어린이환자, 선천성 장애자, 후천적 장애자, 이 모든 이들에게 게놈 프로젝트는 큰 희망일 수 있다. 특히, 아직 이 세상을 제대로 살아 보지 못하고 선천적으로 후천적으로 어려운 질환에 시달리고 있거나 장애자가 된 어린이들에게 이 게놈 프로젝트의 혜택이 돌아가길 간절히 빌어본다.

진취적인 생각이 우리의 희망이다

사회는 모든 면에서 나날이 변화하고 있다. 불과 몇 년 전만 해도 상상하지 못했던 일들이 너무나 쉽게 일어나고 있다. 학기말에 하는 교수평가제나, 일반기업이나 공무원 사회에서의 여성의 진출이 그러하다. 주부들의 인터넷 열기니, 여성들의 사관학교 입학이니, 거의 모든 청소년들이 휴대전화를 가지고 다니는 풍경이나, 한국의 자동차 보유가 천오백만대를 넘었다든지, 도무지 믿을 수 없는 일들이 너무나 쉽게 현실로 나타나고 있다. 더구나 이번에 한국이 월드컵 4강 안에 드는 이변도 생겼으니, 우리나라의 발전이 경이롭기만 하다. 1960년대부터 시작된 한국의 눈부신 경제 발전은 외국의 경제학 교과서에서 핵심을 이루고 있을 정도로 모범적인 사례이다.

그 뒤 88올림픽을 성공적으로 치러냈고, 월드컵도, APEC정상회담도, 엑스포도 모두 훌륭하게 마쳤으며, 앞으로도 세계 육상대회, 세 번째로 아시안게임도 유치하였다. 그 밖에도 국제영화제, 비엔날레, 도자기 엑스포, 세계 꽃 박람회, 각 분야별 국제 학술대회 등 수없이 많은 국제행사를 성공적으로 개최해오고 있다. 이 모두가 진취적인 생각에서 비롯된 것이다. 우리가 노력하지 않고 가만히 있으면 어느 누구가 우리에게 이런 기회를 갖다 줄 것인가?

세계적 기업도 기업인들의 진취적인 사고에 힘입어 이루어진 것일 것이다. 또한 대학이나 자치단체들의 노력도 눈물겹다. 무한경쟁시대에 살아남기 위해 개인이나 단체나 모두 국제적인 마인드로, 진취적인 생각으로 한 발 앞선 노력을 하는 사람만이 살아남는 것이다. 또한 이러한 개인이나 단체나 기업이 많을수록 나라는 번영하는 것이다. 문제는 정치권이다. 누군가가 한국의 정치는 삼류라고 했던가? 정말 한국의 모든 문제는 정치권에서 발생한다고 해도 과언이 아니다. 그들이 얼마나 큰 영향력을 발휘하는지 그래서 그들이 정치를 잘못할 때 나라와 국민이 얼마나 힘들어지고, 피해를 입는지 알고 있는지 모르겠다. 사심 없이 사욕 없이 진취적 사고와 애국심만으로 정치를 했던들 우린 이미 10년 전에 선진국에 도달하였을 것이다. 그러나 따지고 보면 그런 정치인들을 뽑은 것은 우리 국민이니 우리들 각자가 반성하는 수밖에 없고 다음 선거에서는 정말 제대로 된 사람들을 정치가로 뽑아야 할 것이다.

적어도 10년, 더 나아가 100년을 내다보며 국가를 경영하고, 기업을 경영하고, 학교를 경영하는 안목과 식견 그리고 강력한 애국심으로 무장한 사람이 각 분야의 리더가 되어야 한다. 정말이지 각계각층에 능력과 비전을 갖춘 지도자들이 많이 나오고, 국민 한사람, 한 사람도 모두 진취적이고 반듯한 생각을 하는 그런 세상에서 살아보고 싶다. 1년도 좋고 한 달도 좋다. 단 한해라도 파업이니 농성이니, 사고니 하는 소리 없이 모든 국민이 웃는 행복한 날이 단 하루라도 있었으면 좋겠다.

나는 1961년에 서울에 온 이후 단 하루도 이와 같은 일이 일어나지 않는 날을 경험하지 못 했다. 내 고향 예천에서 살 때는 대문도 열어놓고 살았고, 손님은 언제나 예고 없이 찾아와서 자연스럽게 함께 밥 먹고 잠잤고, 어느 한 집에 경사가 나면 온 동네가 잔치를 했으며, 가뭄이 들어 동네 한복판에 있는 우물에 물이 떨어지면 온 동네 여자들이 우리집의 샘물을 길어 갔다.

봄이 되면 집집마다 누에를 쳐서 부수입을 올렸고, 소나 돼지를 길러 수

입을 올렸다. 농사를 짓는 데에도 곳곳에 조상들의 지혜가 숨어있었다. 6·25 이후 극도로 가난했던 시절, 풀죽으로 끼니를 해결하면서도 자식들을 교육시켰다. 60년대에 와서는 '우리도 잘 살 수 있다'는 희망을 불어넣어준 정치지도자가 있었다. 조용하던 동네에 새벽 5시 반이 되면 어김없이 집집마다 갓 설치한 앰프에서 '일하러 가세' 노래가 힘차게 울려나오면 어른 아이 할 것 없이 일어나 동네 청소도 하고, 국민체조도 하고 들로 나가 일을 했다. 두어 시간쯤 일을 하고 나서야 꽁보리밥이나 좁쌀죽이라도 아침을 먹을 수 있었다. 근면, 절약, 저축 이런 현판이 동네에 수도 없이 걸렸다. 소위 '새마을 운동'이라 하여 동네별로 힘을 합해 길을 닦고, 다리를 놓고, 농기구를 개량하고, 비뚤어진 논밭의 둑을 곧게 만들었다.

은행을 이용할 줄 몰랐던 백성이 한 푼 두 푼 생기는 대로 은행에 가서 저금하는 법도 배웠다. 수출이 무엇인지도 몰랐던 회사들도 수출만이 살길이라며 물건을 만들어 외국에 파는 법도 배우게 되었다. 수출 1억불 목표를 달성하고 나서 국민적인 환호를 자아내기도 하였다. 어느새, 수출 10억불, 100억불을 달성해 나갔다. 이제 한국은 더 이상 밥 굶는 가난한 나라가 아니었다. 동네마다 전기가 들어오고 전화도 들어오고, TV도 볼 수 있고, 고속도로라는 것도 생기고 아파트라는 것도 생기고, 한국의 비행기회사도 생기고, 제철회사도, 비료회사도 생기고 냉장고도 생기고 수세식 화장실도 생기는 등 영화 속에서나 봄직한 환상적인 일들이 불과 1,20년 사이에 일어난 것이었다. 소위 '한강의 기적'이라 불리는 일들이 연신 일어나면서 국민적 자신감도 생겼고, 자부심도 생겼다.

한 정치가의 진취적인 생각과 추진력, 거기에 선천적으로 성실하고, 명석한 국민, 뜨거운 교육열 모든 것이 하나로 합해져 이룩한 기적이었던 것이다. 전 세계의 경제학 서적에는 가장 짧은 시간에 경제적 번영과 민주화를 동시에 이룬 국가적 모델로 한국이 크게 소개되고 있다.

그러던 한국이 지난 1,20년 동안은 가장 답답한 나라로 전락해가고 있는 형국이다. 우리같이 전쟁의 처참함도 겪었고, 호롱불 시대에서 인터넷시대까지 쉼 없이 달려온 세대의 입장에서 보면 지금의 한국의 자화상이 그저 안타까울 뿐이다. 정치계의 분발과 각성을 촉구하고 싶고, 국민들의 현명한 판단으로 제대로 된 정치인을 뽑게 되길 간절히 빌어 본다. 그리하여 제2의 한강의 기적을 만들어내는 걸 보고 죽고 싶다.

고려대 교육신문, 1997.1.

건망증

사람은 누구나 한두 번의 건망증으로 인한 에피소드를 갖고 있을 것이다. 그러나 나처럼 심한 사람도 흔치 않을 것 같다. 누구는 전화기를 냉장고에서 찾았다느니, 비행기를 타러 공항에 나갔는데 여권이 없었다느니, 속치마 바람으로 외출을 했다느니, 정말 웃지 않고는 못 배길 건망증 스토리를 듣긴 많이 들었다. 그런데 난 어릴 때부터도 건망증 지수가 높았던 모양이다. 지금 초등학교 때 무얼 잊어버려 무슨 곤욕을 치렀는지 역시 건망증 덕에 기억나지 않으나 6학년 때 국가학력 고사를 앞두고 나의 담임선생님이 '나는 할망스럽다'를 생각하면서 시험을 보라는 충고를 해주신 것을 보면 아마도 나의 건망증으로 인한 많은 문제점이 이미 초등학교에서도 드러났던 것 같다. 이후 몇 십 년간 나의 건망증으로 인한 에피소드가 무궁무진하겠지만, 나의 건망증으로 나 자신이 겪었던 고통은 당연한 거지만, 나의 건망증으로 내 사랑하는 제자들을 고생시킨 에피소드 중 아직 기억나는 것이 한 가지가 있다.

정확한 연도와 날짜는 기억 안 나지만 부산외대 김응모 선생님의 회갑연이 예술의 전당에서 있었던 날이다. 그날도 몹시 바쁜 날이었지만 꼭 가야 할 것 같아서 조금 늦게 도착하여 겨우 주인공과 여러 선생님들을 만나고 다시 중요한 회의가 있어 빨리 나와야 하는 상황이었다. 그래서 내 제자 원진숙 교수와 정주리 교수에게 여차여차해서 좀 빨리 가야겠다고 했더니 시계를 보며, "선생님, 이 시간에는 길이 막혀 시간에 가기가 어려우실 것 같으니 차는 두고 지하철을 타고 가세요. 그러면 차를 제 학교에 갖다 놓을게요." 하며 열쇠를 달란다. "그럼 그렇게 해줘요." 하며 자동차 번호와 대략적인 주차 위치를 얘기하고는 정신없이 빠져 나와서 허겁지겁 회의에 조금 늦게 들어갔다. 회의가 끝난 후 원교수에게 전화했더니 전화를 안 받았다. 결국 밤중이 되어서야 통화가 되었는데 너무도 뜻밖의 얘기를 해주는 것이었다.

이 친구들이 내가 일러준 자동차 번호 달린 차를 찾기 위해 그 넓은 예술의 전당 주차장 1, 2층을 몇 바퀴 돌아도 없더라는 것이다. 그러는 동안 다른 남자 제자들까지 합세하여 다같이 또 몇 시간을 찾아도 못 찾았다는 것이다. 그 바람에 이 친구들은 발이 부르텄고, 결국 몸살까지 났었다. 내가 그들에게 일러준 내 자동차 번호는 내차가 아닌 남편 자동차 번호였던 것이다. 그 민망하고 미안한 마음을 어찌 필설로 다 하랴. 정말 몇 달은 죄인 같은 심정으로 살아야 했다. 아마 이 친구들도 그때 일을 생각하면 아직도 치가 떨릴 것 같다.

나 혼자서 겪는 건망증 중에서도 몇 가지는 잊혀지지 않는 것이 있다. 한 번은 외출을 하려고 안경을 찾는데, 안경이 없었다. 아래 위층을 다 돌아보아도 안경은 보이지 않았다. 나는 40대 중반쯤부터 안경을 썼는데, 시력보다도 난시 때문에 안경을 안 쓰면 두통이 와서 꼭 써야만 했다. 두 시간을 찾아도 못 찾았다. 등에서는 땀이 줄줄 흐르고 숨은 가빠왔다. 할 수 없이 남편보고 당신 내 안경 못 보았냐니까 자기도 못 보았다며 함께 30분쯤을 찾은 뒤에 이마에 난 땀을 닦으려고 손을 얼굴에 대는 순간 무언가 집히는 것이 있었다. 바로 안경이었다. 안경을 눈에 쓴 채 그토록 찾았던 것이다. 정말 어이가 없었고, '내가 치매가 아닌가' 하는 생각이 들었다.

또 한 번은 주말에 지갑이 없어졌다. 분명히 밖에서 잃은 것 같지는 않고 집에 있어야 할 것 같은데 아무리 찾아도 지갑은 없었다. 가끔씩 동네 슈퍼에 갈 때는 핸드백을 들지 않고 지갑만 가지고 가는 일이 있는데, 그날 역시 핸드백은 집에 있는데 지갑만 없는 것이었다. 분명히 슈퍼에서 썼고, 차를 타고 집에 올 때도 있었던 것 같은데 감쪽같이 없어진 것이었다. 1, 2층 집안을 샅샅이 찾았으나 지갑은 보이지 않았다. 할 수 없이 우선 카드사에 카드 분실신고만 하고, 학교 신분증은 다시 만들고, 운전면허증은 어디에서 다시 발급받아야 하나 하며 허탈한 기분으로 이마에 흐르는 땀을 닦으며, 잠시 TV를 보며 쉬고 있었다. 그러다가 저녁밥 지을 시간이 되어 재료를 꺼내기 위해 냉장고문을 열고 야채 등을 꺼내는 순간 야채와 함께 냉장고에 갇혀있던 지갑이 모습을 드러냈다. 아차! 그랬구나. 시장 본 것을 냉장고에 넣으며, 지갑도 함께 넣은 것이었다. 정말 실소를 금하지 않을 수 없었다.

여행을 가서 내가 아끼는 옷을 두고 오는 일은 다반사고, 장갑, 손수건, 우산은 해를 넘긴 것이 없다. 심지어 한 번은 수업을 잊어버리고 안 한 적도 있고, 중요한 회의를 잊어버린 적도 수없이 많다. 중요한 서류를 잃어버리는가 하면, 학생들 출석부를 잃어버린 적도 있다. 나의 이 건망증을 한탄하면 남편은 '내가 남편인 것만 안 잊어버리면 돼'라고 위로를 한다.

그러나 건망증이 때로는 고마울 때도 있다. 매우 속상하거나 고통스러웠던 일을 잊을 수 있다는 건 인간에게 있어 큰 축복이다. 나쁜 기억을 하나도 잊지 않고 산다면 우리의 삶이 얼마나 더 불행하겠는가. 나쁜 기억은 적당히 잊어주고, 기억이 희미해져서 우리는 또 다시 새로운 원기를 얻어 살아가게 되기도 하기 때문이다. 건망증이여! 부디 옥석을 가려 잊을 것은 꼭 잊게 해주고 필요한 것은 꼭 기억할 수 있게 해다오.

개운목과 난초

나는 식물을 좋아하면서도 잘 기르지 못한다. 주로 물을 불규칙하게 주거나 너무 자주 많이 줘서 식물을 죽이게 되는 경우가 많다. 식물마다 성질이 달라서 햇빛과 바람과 수분을 필요로 하는 양이 다르다. 특히 집에서 기르는 화초는 직사광선을 받으면 죽는 것도 있고, 물을 너무 자주 주어도 죽는 것이 있는가 하면 자주 주지 않으면 죽는 것도 있다. 開運木 또는 開運竹이라고도 하는데, 물론 대나무과에 속하는 식물이 있다. 처음엔 이름의 뜻이 좋아 몇 년 전에 한 다발을 사서 기르는데 정말 너무도 잘 커주고 있다. 개운목도 여러 종류가 있다. 대궁이 처음부터 아주 가는 것부터 지름 2cm는 됨직한 굵은 것도 있다.

이 개운목은 특히 물을 좋아한다. 그러므로 아예 물에 담가 기르는 사람도 있나. 이 개운목은 나에게 특별한 의미가 있다. 식물을 여러 가지를 사다가 키워 보았으나 이상하게도 일마 못 가서 죽곤 하였다. 이렇게 화초 기르는 데 실패를 거듭한 나는 동물도 한 마리 못 키우고 있는데 식물조차 못 키우다니... 나도 참 한심하다고 생각하며, 그래, 사람이나 기르자 하며, 자식들, 제자들 등 사람 기르는 데만 열을 올리던 나에게 식물 기르는 자신감을 심어준 것이 바로 이 개운목이기 때문이다 지금 우리집에 있는 개운목은 우리집에 온지 10년 가까이 되어 키가 2m가 넘고 여러 대궁을 묶어 놓은 거라 잎도 무성하다. 키는 더 컸으나 천정에 닿게 되어 좀 잘라낸 것이다. 이 개운목은 생각날 때 물을 주어도 아무 불평 없이 잘 커준다. 얼마나 고마운지 모르겠다. 그리고 開運 즉 운을 열어주는 것 같아 이 개운목의 상태를 자주 보게 된다. 정말 이 개운목이 우리집에 무슨 행운을 갖다 주는 식물처럼 여겨지게 되니 나도 어지간히 어리석은 것 같다. 사람이 만물의 영장이라지만, 이런 보잘 것 없는 식물 하나에 우리 집안의 안녕을 결부시키는 한없이 약하고 어리석은 동물이기도 한 것 같다.

그러고 보니 오 헨리의 '마지막 잎새'가 생각난다. 창밖의 담쟁이 잎이 다 떨어지면 자신도 죽을 거라 믿고 있는 폐렴 환자 존스를 살리기 위해 세찬 바람과 비를 맞으며 벽돌 담벼락에 담쟁이 잎새 하나를 만들어 매달아 놓고 죽은 베어먼 노인의 정성이 갑자기 나를 숙연케 만든다. 현대의 과학문명에서 보듯이 무궁무진한 잠재능력을 가진 우리 인간은 만물의 영장이면서도 이렇듯 가냘프기 그지없는 약한 면도 있는 것이다. 나는 오늘도 집에 있는 개운목과 학교 연구실에 있는 개운목에 물을 주면서 내 자손들과 내 제자들이 이 개운목처럼 탈없이 잘 자라주기를 빌어보는 어리석은 할머니 교수다.

그리고 이 개운목으로 얻은 자신감으로 지금은 여러 가지 식물을 키우고 있다. 특히 가장 어렵다는 난초를 여러 가지 키우고 있다. 난은 개운목과는 달리 물을 자주 주면 죽는다. 햇빛도 직사광선은 금물이고, 반드시 바람도 가끔씩 쏘여주어야 하고, 온도도 적당해야 한다. 옛 선비들은 난향을 매우 귀히 여기셨는데, 내가 직접 난을 키워 보기 전에는 잘 몰랐다. 그러나 꽤 여러 화분에 난을 키우다 보니 우리의 조상 선비들이 왜 그토록 난향을 소중히 여겼는지 조금은 알게 되었다.

우선은 난꽃을 피우기가 매우 어렵다는 것이다. 여간 공들이지 않고는 난꽃을 피울 수가 없다. 둘째는 난향이 어느 다른 꽃향기보다 매우 은은하다는 것이다. 코끝을 바짝 가까이 대지 않으면 난꽃의 그윽한 향기를 맡을 수가 없다. 그러므로 매우 가까이에서 마음을 집중하여 맡아야 향을 맡을 수 있다. 매우 섬세한 노력과 정성이 있을 때, 그것도 운이 좋아야 몇 년에 며칠 정도 난향을 즐길 수가 있으니 어찌 소중하지 않으랴. 난꽃은 유난히 예쁘지도, 화려하지도 않고 매우 은은한 유백색에 꽃잎이 작아 장미와 같은 화려한 꽃에 비하면 볼품이 없고, 눈에 잘 띄지도 않는다. 그러나 난초만이 가진 고고한 기품과 은은한 향기는 우리 조상들이 가졌던 삶의 태도와도 일맥상통해 보인다.

나는 감히 옛날 선비들처럼 난을 제대로 가꾸고 즐기는 경지까지 도달했다고 하긴 어렵지만 그래도 난향을 제대로 맡아보았다는 것에 큰 위안을 삼는다. 그리고 정년하면 본격적으로 蘭 공부를 해볼까 하는 생각도 든다. 물론 정년하면 하고 싶은 것이 많이 있으므로 어느 정도 난에 시간을 투입할 수 있을지는 알 수 없으나 적어도 지금보다는 난 기르는 것에 좀 더 많은 시간을 할애하고 싶다. 그리고 개운복이 난에게 운을 불어넣어 주기를 기대해 본다.

진정한 프로란

피터 드러커의 「프로패셔너리즘의 조건」에 보면 진정한 프로가 가져야 할 조건으로 다음 세 가지를 들고 있다.

1. 자기의 강점을 파악하라.
2. 시간을 관리하는 방법을 알라.
3. 중요한 일에 집중하라.

좋은 말이고 동의하는 말이다. 그러나 나는 평소에 '책임감과 사명감'이라는 말을 자주 생각하는 편이다. 자기가 맡은 일에 대하여 책임감은 최소한의 조건이다. 그리고 한 발짝만 더 나간다면 자기가 하는 일에 대한 사명감을 가지라고 하고 싶다. 사명감을 갖기 위해서는 그 일의 중요성을 인식해야 하고, 그 일은 내가 가장 잘 할 수 있다는 자신감도 있어야 하며, 그 일은 공동선(共同善)이라는 확신도 있어야 한다. 자기 자신이 부자가 되기 위해 노력한다든가 자기가 어떤 시험에 합격하거나 승진하기 위해 열심히 공부하는 것에 사명감을 가진다고 하지는 않는다. 적어도 한 집단, 민족, 국가를 위해 좋은 일일 때 그 일에 대한 사명감을 가지고 일한다고 말할 수 있다. 예를 들면 교사는 나라의 동량을 기른다는 자부심과 함께 교육에 대한 사명감을 가져야 한다. 국가대표선수는 금메달을 따서 자신의 이름을 높이고 상금을 타는 것에도 관심을 갖게 마련이지만, 국가의 위신을 세우고, 국민에게 기쁨을 준다는 사명감을 가질 때 더욱 훌륭한 선수가 될 수 있을 것이다. 또한 이렇게 되었을 때 자신이 운동선수가 된 것에 더 큰 보람을 느낄 것이다. 이러한 선수들은 진정한 프로라 할 것이다.

배우나 탤런트도 마찬가지이다. 자기가 출연한 작품이 인기가 있고, 시청률이나 관객 동원에 성공하여 명예도 얻고, 돈도 벌기를 원할 것이다. 지극히 자연스러운 일이다. 그러나 만일 그 탤런트나 배우가 이 작품이 국내에서도 인기 있고 외국에도 수출하여 성공한다면 외화를 벌어서 좋고, 한국의 이미지를 높여서 좋고, 후속작품들에도 좋은 영향을 미쳐서 좋다고 생각한다면 자신의 연기에 사명감을 불어넣을 수 있고, 결과가 좋으면 더욱 보람을 느낄 것이다. 따라서 연예인도 진정한 프로의식을 가진 사람만이 결국은 생명도 길고, 좋은 배역도 맡을 수 있을 것이다.

이와 같이 진정한 프로란 자기 자신만을 위한 전문가가 되는 게 아니고, 적어도 共同善을 위해 사명감을 가지고 최선을 다 하는 사람이라고 생각한다. 이런 의미에서 교사나 교수도 진정한 프로가 될 때 우리의 교육은 좀더 나아지지 않을까.

11월에 피는 장미

11월 중순쯤 되는 어느 날 나는 수업을 마치고 연구실로 오다가 교정의 꽃밭에 핀 빨간 장미를 보게 되었다. 깜짝 놀랐다. 아니 11월에 장미가 피다니? 어떻게 이런 일이? 정말 지구온난화 때문인가? 나는 이 예기치 않았던 광경 앞에서 갑자기 많은 상념들이 떠오르기 시작했다. 정말 이 지구가 온난화되어 생태계의 질서가 파괴되는 것인가? 아니면 우연히 초겨울날씨가 따뜻하다 보니 장미가 초여름인줄 착각하고 핀 것인가? 아님, 모든 만물이 항상 그 모습 그대로가 아니고 언제나 이렇게 변할 수도 있다는 것을 보여주는 것인가? 맨 마지막 의문에 나의 호기심이 발동하게 되었다.

우리가 보통 어떤 사물에 대하여 고정관념을 가지게 되는데, 때론 이러한 고정관념이 위험하거나, 사물의 본질에서 오도되기도 한다. 만고불변의 법칙이라고 배우고 알고 있던 기존의 지식들이 얼마나 쓸모없고, 허망한 진리라는 걸 알게 된 것이 얼마나 많은가? 조선시대의 우리 조상들은 불과 몇 백 년도 안 돼 호주제가 폐지되고, 자식이 어머니의 성을 가질 수도 있고, 아버지와 어머니성을 합쳐서도 가질 수 있다는 것은 천지가 개벽해도 일어날 수 없는 일이라고 여겼을 것이다. 더구나 트랜스젠더라든가 성형수술이라든가 이런 일이 일어날 수도 있다는 것 역시 상상하지 못 했을 것이며, 비행기는 물론이고, 사람이 인공위성을 타고 달나라에 가고, 국제 화상 전화도 하고, 인터넷으로 세상이 소통하고, 자기부상열차가 다닐 수 있다는 것을 어찌 꿈이나 꿨겠는가?

내가 1969년 미국 가기 전에는 손빨래가 힘들어 기계가 세탁을 해줬으면 얼마나 좋겠냐고 상상만 했었는데, 미국을 가니 기계가 정말로 세탁을 해주고, 다 말려주는 것을 보고 얼마나 놀라고 감동했던가? 냉장고와 에어컨은 또 얼마나 나를 놀라게 했던가? 사람들이 이처럼 과학문명을 발달시켜 지구의 모든 생활을 바꿔 놓으니까 장미도 나 보란 듯이 6월에도 피고 11월에도 핀 것인가?

그러면 동물까지 나서서 정체성을 바꿔버린다면 어떻게 될까? 돼지와 소도 날아다니고, 개도 날개를 달고 비둘기와 경쟁하게 된다면 이 지구에는 어떤 일이 일어날까? 어느 날 호랑이가 고양이가 되어 우리집 마당에 들어오고, 참새가 예쁜 백합으로 바뀌면 어떻게 되나? 그러면 사람은 이 지구가 무서워져서 모두 달나라로 이주를 하면 이 지구는 누가 지배를 하게 될까? 앙코르와트에서 보는 것처럼 식물이 건물을 뒤덮어 버리고, 식물이 동물도 집어 삼키게 되는 건 아닌가?

갑자기 상상의 날개를 다니 너무도 재미있고 무섭고 흥미 있는 광경들이 막 떠오른다. 11월에 핀 예쁜 장미를 보며 이미 마음은 봄을 기다리는 설렘으로 가득하다. 아직 겨울의 입구에도 들어오지 못했는데 벌써 봄을 기다리다니... 그러나 분명 11월에 장미가 피듯이 이 기이한 일들이 앞으로도 종종 일어날 것 같은 예감이 든다.

그러니 그것은 사람의 힘으로 어찌해 볼 수도 없는 자연의 힘이니 이 지구를 마음껏 바꿔온 인간이지만 결국 자연의 힘 앞에선 너무도 무력하다는 걸 인정하지 않을 수 없을 것 같다. 현대같이 과학문명이 극도로 발달한 시대에도 지진이니, 해일이니, 홍수니, 가뭄이니, 태풍이니 하는 그 엄청난 자연의 힘 앞에 인간은 무기력하기만 하지 않은가. 장미 꽃 한 송이도 사람의 힘으로는 피게 할 수 없으니 자연 앞에도, 신 앞에도 우리는 겸손해지지 않을 수 없는 것이다. 11월 중순에 핀 장미꽃이 나를 갑자기 생각의 혼돈 속으로 몰아넣었다가 다시 차분하게 되면서 겸손하게 만드는 것 같다. 세상의 이치를 다시 한 번 생각해 보며 옷깃을 여며 본다.

제 2 부
여행 수상

여행의 즐거움

항상 시간에 쫓기고 일에 쫓기면서도 기회만 주어지면 난 지체 없이 여행을 떠난다. 여행은 투자한 시간과 돈보다 더 많은 것을 얻게 해주기 때문이다.

우선 여행을 통하여 평소에는 느끼지 못했던, 내가 받고 있는 축복에 대해 감사한 마음을 얻을 수 있다. 기후가 단조로운 나라에 가 보면 사계절이 뚜렷한 한국의 기후를 감사할 수 있게 되고, 몇 달씩이나 비가 내리지 않아 산과 들이 황폐한 나라에 가보면 물 한 모금, 풀 한 포기의 소중함을 배우게 된다. 또한 항상 비가 내리거나 안개가 끼어있고, 일조시간이 짧은 나라에 가보면 찬란한 한줄기 햇빛의 고마움을 절실히 느끼게 된다.

그리고 모든 것이 통제되어 있는 사회주의 국가에 가보면 내가 자유국가에 산다는 게 얼마나 다행인가를 생각하게 된다. 뿐만 아니라 양로원이나 고아원, 그리고 수많은 독신자들을 보면서 부모 · 형제 · 남편과 자식들을 모두 가진 나의 위치가 얼마나 행복한가를 깨닫게 된다. 어디 그뿐이랴? 헐벗고 굶주린 사람, 글 한 줄도 못 읽는 문맹, 온갖 유형의 장애자, 병마와 싸우는 환자, 생명의 위험을 안고 일하는 노무자들을 보면서 나의 건강, 나의 지식, 나의 직업에 대해 감사하지 않을 수 없게 된다. 내가 가진 모든 것이 소중하게 여겨지고, 이 모든 것을 주신 하느님께 진정으로 감사하는 마음이 생긴다.

또한 여행을 통하여 자연의 아름다움과 신비, 그리고 인간의 위대함을 볼 수 있다. 세계적인 관광지는 언제나 나에게 깊은 감동을 준다. 때로는 감동의 정도가 지나쳐서 나 자신이 너무나 초라하게 느껴지기도 한다. 상상을 초월하는 절경이나, 인간이 만든 위대한 작품들을 보면서 자신이 너무나 무능하고 무용한 인간이라는 느낌을 갖게 되기 때문이다. 그러나 이런 기분은 잠시 동안 가질 때는 분발심을 갖게 하는 자극제가 되지만 오랫동안 가질 때는 삶의 의욕을 잃어버리기 쉽다.

그러므로 순수 관광만을 목적으로 하는 여행보다는 적당히 일과 관련된 여행이 좋다. 나의 경우 학술회의에 참가하거나, 같은 분야 사람들을 만나고, 자료 수집을 하고, 그러고 나서 인근 지역의 관광명소를 구경하는 정도가 가장 이상적인 여행이 된다. 여행을 통하여 새로운 사람들을 만나 알게 되는 것도 참으로 즐거운 일이다. 내가 만난 대부분의 사람들은 언제나 나에게 신선한 교훈을 주기 때문이다.

나의 삶에 무언가 위안을 주고 보탬을 주는 건전하고 성실하며 사회에 봉사하는 사람들을 만날 수 있다는 것은 얼마나 큰 축복인가? 한국어를 지키고 전수하는 일을 최고의 가치로 생각하는 동지들을 만나 공동관심사를 얘기하는 것도 더없이 좋고, 전혀 다른 분야의 사람들에게서 내가 몰랐던 새로운 지식을 얻는 것도 좋다. 세계각지에서 만난 그 순박하고, 부지런하고, 유능한 벗들! 권력과 금력에 관심을 두지 않으니 어찌 평화스럽고 참되게 살지 않을 것이며, 사람에게 있어 진정 무엇이 중요하고, 무엇이 가치 있는 일이라는 걸 알고 있으니 어찌 바르게 살고 바르게 행동하지 않겠는가? 참으로 자랑스럽고 믿음직스러운 나의 벗들이며 인생의 스승들이다.

난 아직도 더 많은 벗을 갖고 싶다. 위대한 정신을 가진 사람이라면 언제, 어디에고 달려가 만나고 싶다. 그리하여 그 영혼의 순수함과 아름다움 그리고 그 위대함을 배우고 싶다. 언젠가 또 새롭게 만나게 될 아름다운 자연과, 뜻을 같이 하는 미지의 동지들과, 인간의 위대함을 보여주는 예술품과 나에게 교훈을 줄 수많은 인물들과 갖가지 세상 풍경들을 머릿속에 그려보면서 미래의 여행이 가져다 줄 즐거움을 기대해 본다.

한국일보 미주판, 1989.10.28.

한라산 등반기

1986년 5월 어느 날의 일이었다. 학부 3학년을 인솔하여 제주도 수학여행을 함께 간 일이 있었다. 그러나 나는 다른 일이 있어 학생들과 조교는 먼저 떠나보내고, Y라는 대학원생 한 명과 나는 몇 시간 뒤에 비행기로 갔다. 그런데 현지에 도착해 보니 학생들은 이미 한라산을 가고 없었다. 그래서 간단히 점심을 먹고 다른 남자조교와 함께 우리도 한라산으로 향했다. 한참 올라가다 보니 우리 학생들이 이미 내려오고 있었다. 그래서 먼저 내려가서 다른데 구경하고 있으라고 하고 우리는 계속 올라갔다.

그런데 내려오는 사람마다 지금 올라가면 너무 늦으니 포기하라고들 하는 게 아닌가? 아니 아직도 오후 2, 3시밖에 안됐는데 무슨 소린가 하면서 의기양양하게 올라갔다. 그런데 막상 한라산 꼭대기 바로 산정 아래 있는 산장에 도착해서 보니 백록담을 바로 올라가는 길은 폐쇄하고, 우회해서 올라가도록 해놓은 것이었다. 그래도 거기서 물러설 수는 없었다. 셋이서 부지런히 올라가다 보니 어느새 내려오는 사람은 끊기고 그 넓고 드높은 한라산을 우리 셋이서 온통 다 차지하고 온산에 흐드러지게 피어있는 철쭉을 보며 재미있는 이야기도 하면서 계속 올라갔다. 그런데 처음에 한두 시간 돌면 되겠지 하고 용감하게 올라갔던 우리가 시행착오를 하고 있다는 것을 차차로 깨닫게 되었다.

한라산의 철쭉

가도 가도 한라산 정상은 멀어져만 가고 있기 때문이었다. 정말 이렇게 멀리 돌아가도록 길이 나있을 거라고는 생각하지 못했다. 어느새 시간은 오후 네 시를 가리키고 있었다. 같이 가던 제자들이 포기하자고 졸라댄 것도 무리가 아니었다. 그러나 나로서는 도저히 포기할 수가 없었다. 서울에서 여기까지 와서 백록담을 안보고 간다는 건 말이 안 되는 것 같기도 하고, 몇 시간을 이미 올라온 것이 억울하기도 하며, 또 우리 제자들에게도 무언가를 보여주어야 한다는 어쭙잖은 직업의식이 발동했던 것 같다. 그리하여 포기하자는 제자들의 말도 일축하고 계속 올라갔다.

그때였다. Y가 이제 더 이상 못가겠다고 주저앉는 게 아닌가? 난처했다. 잠시 생각에 잠겼던 나는 한 번 더 강한 직업의식내지는 사명감 같은 것이 발동하면서 어떤 일이 있어도 끝까지 올라갔다 와야 한다는 생각이 들었다. 그래서 Y보고 "그럼 너는 여기서 쉬고 있어. J와 나는 빨리 올라갔다 내려올 테니까" 하고는 걸음을 재촉하였다. J는 아무 말도 못하고 나를 따라올 수밖에 없었다. 그런데 가도 가도 정상이 보이지 않자 이번에는 J가 "선생님, 이젠 할 수 없으니 그만 내려가시지요." 하면서 포기하자고 자꾸만 졸라댔다. 그럴수록 내걸음은 더 빨라졌다. 나중에 그 친구 얘기 왈 "그때부터 선생님은 아주 뛰어 올라가시던데요."라고 할 정도였던 모양이다.

거기서 한 술 더 떠서 나는 J에게 한마디 하는 것도 잊지 않았다. "J야!, 이것이 바로 학문하는 길과 같은 것이란다. 포기하고 싶을 때가 수없이 있어도 참고 미련하게 올라가야만 하는... 그리고 나면 언젠가는 정상이 나오기 마련이고 그때의 그 희열은 정상에 올라 보지 않은 사람은 도저히 맛볼 수없는 거지!"

어느새 세월이 흘러 대학 교수가 되어있는 그도 이때의 일을 기억할는지 모르겠다. 어떻든 나는 어디서 그런 힘이 나왔는지는 나도 모를 일이었다. 원래 허리가 시원찮아 맨 처음 산에 올라가기 시작할 때는 학생들에게 많이 뒤처졌고, "너희들은 먼저 올라가. 나는 도중에 그만 쉴지도 모르니까"라고 했던 나였는데...

어느새 해가 기울기 시작할 무렵 드디어 산정이 눈앞에 들어왔다. 막 힘이 생기기 시작했다. 그런데 아뿔싸! 정상까지는 직각형 계단이 아닌가? 보아하니 천계단도 넘어 보였다. 나는 호흡이 짧고 허리가 좋지 않아 유난히도 계단에 약했기 때문에 속으로 당황하지 않을 수 없었다. 그러나 그렇다고 여기서 그만둘 수는 없지 않는가? 고지가 바로 저긴데... J 보고 먼저 올라가라 하고 난 내 페이스를 조절하였다. 딱 50계단이 나의 한계였다. 그래서 방침을 정했다. '내가 50계단도 못 올라가고서야 어찌 교수를 할 수 있으며, 남의 아내와 3남매의 엄마 노릇을 할 수 있을 것인가? 50계단만 생각하자.' 하고 죽을힘을 다해 50계단을 세고 나서는 1-2분씩 쉬고 또 다시 50계단... 이렇게 하여 결국 산정에 올랐다.

눈 아래 펼쳐지는 백록담의 정경! J와 감격의 포옹을 하는 둥 마는 둥 서둘러 내려와야 했다. 그때부터 도중에 남겨둔 Y가 생각났다. 갑자기 걱정이 되기 시작하였다. 그러면서도 철쭉으로 수놓은 한라산 전체를 우리 셋이서 독차지했다는 감격도 걸음을 옮겨 놓을 때마다 물밀듯 밀려오고, 남이 다 안 된다는 시간에 올라와서 기어코 산정을 정복했다는 뿌듯한 희열도 있었지만 Y걱정이 앞섰다. 그래서 또 다시 뛰다시피 하여 내려왔더니 Y가 눈에 보이지 않았다. 분명히 앉아 있어야 할 자리에 Y가 없는 게 아닌가?

그때서야 정신이 버쩍 들었다. 이거 누구한테 납치라도 된 게 아닌가? 아파서 병원에 간 건 아닌가? J와 나는 교대로 Y의 이름을 부르며 걸음을 재촉하였다. 드디어 산장이 멀리 눈에 들어왔고 이어서 Y가 눈에 들어왔다. 힘껏 그를 불렀다. 그도 "선생님"하며 힘차게 화답하며 나에게로 달려오고 있었다. 우리는 얼싸안고 마음껏 울었다. "선생님, 저는 일생동안 이렇게 철저하게 외로워 보긴 처음이었어요. 세상에서 혼자 버려진 느낌이었으니까요. 날은 저물었는데 짐승들만 왔다 갔다 하니 무서워 죽을 뻔 했어요." 하며 애기처럼 울고 있었다. "그래, 미안해, 나도 그렇게 멀 줄은 몰랐지 뭐야? 그러니까 이제부터 대열에서 낙오되면 안 되겠지?" 마음은 몹시도 아프고 안쓰러웠지만 나는 철저하게 인정머리 없는 딱딱한 훈장티를 내고 있었다.

이렇게 하여 우리 셋이서 화기애애하게 내려오는 것도 잠시, 어느새 날은 어두워 한치 앞이 안보이게 되었다. 어쩌면 국립공원이라는데 외등 하나도 없는지 정말 적막강산이었다. 수없이 넘어지며 굴러 떨어지며 거의 뒹굴다시피 하면서 Y와 손을 잡았다 놓았다 하며 정신없이 내려왔더니 드디어 버스 타는 데까지 내려왔다. 그러나 버스가 끊긴지도 오래고 자동차라고는 없었다.

그런데 하느님은 역시 무심하시지 않으셨다. 정류장 식당에 물건을 실어다주고 막 떠나려는 봉고차 한 대가 있지 않는가? 너무 반가워서 제자들보고 좀 태워달라고 봉고기사한테 부탁하라고 했더니 "선생님, 5천 원씩 내라는데요." 하는 게 아닌가? 순간적으로 나는 또 훈장이 되고 말았다. "그래? 알았어, 내가 만나보지." 하고는 젊은 기사를 보고 "세상에 이런 상황에서 빈차로 내려가느니 당연히 태워다 주어야지 가난한 학생들보고 돈을 내라니요? 이 세상 어느 나라를 가도 이런 때 외국인이라고 해도 돈을 요구하는 사람은 없을 거요."라고 호통을 쳤다. 그랬더니 미안하게 됐다면서 타란다. 그래서 정말 천우신조로 큰길까지 내려올 수가 있었다. 내릴 때 제자들은 그냥 내리게 하고 나만 조금 사례를 했더니 내려와서 90도 절을 하고 갔다.

이렇게 하여 10시가 넘어서야 겨우 학생들이 기다리는 여관으로 올 수 있었다. 지금 생각해보면 너무나 위험한 일을 내 사랑하는 제자들에게 강요한 셈이었다. 정말 하느님의 도움으로 무사했기 때문에 너무 즐겁고 잊을 수 없는 추억이 되었지, 자칫하면 큰일 날 뻔 했다. 그 일이 있은 이후 Y는 정신적으로 훨씬 강인해졌고, 신체적으로도 더 튼튼해진 것 같았다. 그리하여 애기를 뱃속에 가지고도 훌륭한 박사학위 논문을 써낼 정도의 강인한 정신력과 체력을 갖게 되었고 지금은 어엿한 교수로 국어교육학 분야에서 우뚝 서 있으니 나의 감회는 이루 말할 수 없다. 또한 J 역시 탁월한 국어학자가 되어 있으니 하느님께 감사하고 또 감사드린다.

백두산 천지

1989년 9월 21일 나는 샌프란시스코에서 홍콩행 비행기를 탔다. 홍콩에서 다시 비행기를 갈아타고 중국 대련에 내렸다. 여기서 마중 나온 교수를 만나 다시 심양까지 가서, 거기서 기차로 다시 장춘으로 갔다가 장춘에서 다시 비행기를 타고 연변에 내렸다. 이때는 미국 샌프란시스코를 떠나온 지 8일째가 되는 9월 29일 낮이었다. 당시 한국 이중언어학회 회장이었던 나는 원래 그해 여름에 중국에서 중국 조선어학회와 공동으로 국제대회를 개최하기로 합의를 본 바 있었으나, 그해 6월에 천안문 사태도 있었고, 양측의 이견도 있고 하여 다음해로 연기해 놓고 있는 터였다. 당시만 해도 아직 중국과 우리나라는 수교도 안 되어 있었고, 또 최윤갑 교수 같은 원로 교수 집에도 전화가 없었으며, 연변대학에 팩스가 한 대 있었으나 통신이 잘 안되어서 구체적인 사항에 대한 협의가 너무 어려웠기 때문에 버클리 교환교수로 와 있는 동안 내가 직접 중국을 다녀오는 것이 안전할 것 같아 중국행을 결심한 것이었는데 막상 와보니 연변의 교통이 이토록 안 좋을 줄은 미처 몰랐던 것이다

몹시 지치긴 했으나 일정상 그날 저녁부터 이튿날 저녁까지 중국조선어학회 회장인 연변대학의 최윤갑 교수, 최희수 교수, 조선족 어문소조 안운

주임, 최길원 교수, 주성근 교과서 출판사 사장, 민족교육연구소의 강영덕 주임 등과 마라톤 회의를 하고 국제대회의 일정, 방법, 주제, 경비 등에 관한 모든 안건에 합의를 보았다. 말하자면 역사적인 순간이었다. 즉 사상 처음으로 한국의 학회와 중국의 학회가 공동으로 중국에서 국제학술대회를 연변대학에서 개최하기로 합의를 함으로써 한중학술교류의 첫 장을 여는 셈이었기 때문이다. 그리고 1990년 7월에 125명이 참가하는 국제대회가 열렸고, 두 권의 논문집이 나왔었다. 이 논문집은 우리나라에서 발간된 최초의 한중 공동학술 논문집이었고, 더구나 중국에서의 한국어연구와 한국어학의 현주소를 파악하며 한중 한국어학자들의 학술교류의 물꼬를 튼 첫 작업이었다.

그건 그렇고 어떻든 협의가 끝난 다음 나는 내일은 백두산엘 가고 싶으니 좀 도와달라고 했다. 그랬더니 불가능하단다. 왜냐하면 백두산 천지는 지상의 기온과는 너무 다르고, 또 백두산 아래도 이미 9월이면 눈이 올 때가 많으므로 9월 1일부터 입산 금지이기 때문이란다. 그러나 쉽게 물러설 내가 아니었다. "나는 두 가지 목적을 가지고 그 멀리 미국에서 여기까지 왔다. 하나는 물론 국제대회를 성사시키는 것이고, 두 번째는 백두산을 보러 왔다. 백두산에 갔다가 신선이 되어도 좋다. 난 어떤 일이 있어도 가야겠다." 하면서 떼를 썼다. 중국 측 교수들이 기가 막혔을 것은 불문가지이다. 어떻든 나의 이 억지를 어쩔 수 없었던지 그 이튿날 아침 8시까지 차를 대기시킬 테니 준비하고 있으란다. 난 몹시 피곤해 있었을 텐데도 설레는 마음에 잠이 잘 오지 않았다.

아침에 일찍 일어나 서둘러 아침을 먹고(아침이라야 흰죽과 아무것도 안 넣은 맛없는 빵과 한두 가지 반찬이 다였지만) 호텔 정문에 나갔더니 봉고가 한대 기다리고 있었다. 그러면서 다른 선생님들은 모두 바빠서 못 따라가고 안 주임만 동행을 하겠단다. 젊은 기사가 "제가 잘 모시겠습니다." 하면서 열심히 운전하였다. 그런데 연변에서 가깝다고만 알고 있던 나는 당황하지 않을 수 없었다. 백두산 입구 호텔까지만 해도 비포장도로를 8시간이나 달려야 되는 곳에 있는 게 아닌가. 노면이 너무 울퉁불퉁해서 봉고가 껑충껑충 뛰는데, 정말 허리가 끊어질 것만 같았다. 그렇다고 되돌아가자고 할 수도 없었다. 그런데 더욱 난처한 일이 일어났다. 검문소에 걸린 것이다. 입산금지 기간이기 때문에 더 이상 들어가면 안 된다는 것이었다. 그렇다고 포기할 수도 없었다. 또 한 번 떼를 썼다. "나는 백두산을 보기위해 미국에서 무려 8일 걸려 여기까지 왔다. 그러니 먼눈으로라도 백두산을 한 번 보고 가야겠다. 가다가 날씨가 너무 나쁘면 즉시 돌아올 테니 갈 수 있는데 까지만 가게 해 달라."라고 열심히 얘기하는 것을 안 주임이 감정까지 그대로 넣어 통역을 했다.

그랬더니 그러면 조금 있으면 소장이 올 테니 그때까지만 기다리란다. 한 30분쯤 지났을까 드디어 훤칠하게 잘 생긴 30대쯤 되어 보이는 제복 입은 신사가 나타났다. 그런데 이름표를 보니 박씨였다. 틀림없이 조선족일거라는 생각이 들어 혹시 조선족 아니냐니까 그렇단다. 그리고는 본관이 어디냐고 하니 밀양이란다. 이제 됐다 싶었다. 그래서 나의 신분과 연변에 오게 된 동기며, 백두산을 꼭 보고 싶다는 얘길 하면서 나도 밀양 박씨라고 했더니 "종씨군요" 하면서 허가서를 써주었다. 몇 번이나 고맙다는 말을 하고 기사보고 서둘러 달라고 했다. 해가 뉘엿뉘엿 넘어갈 무렵, 겨우 장백산 호텔에 도착했는데, 그때는 이미 눈이 제법 와서 쌓여 있었다. 나중에 안 일이지만 연변에서 내가 하도 떼를 쓰니까 검문소까지만 갈 예정이었단다. 어차피 검문소에서 막을 테니 거기까지만 갔다 오라고 했다고 하며, 안 주임이 양복에 구두를 신고 온 이유도 설명이 되었다. 그런데 그만 내가 검문소 사람들도 설득해서 허가서를 받아내니 안주임과 기사는 몹시 당황했다고 한다.

어떻든 나는 장백산 호텔에서 자면서 계속 기도를 했다. 제발 내일은 백두산을 보게 해달라고.

그런데 아침에 일어나보니 햇볕이 쨍쨍 내리 쬐고 있는 게 아닌가? 역시 하느님은 언제나 내 편이시다. 산 쪽으로 달려가면서 차창 너머로 들어오는 경치는 그야말로 절경이었다. 마침 계절이 바뀌는 때라 파랑, 노랑, 갈색, 빨강 등이 형형색색 햇빛을 받으며 눈 속에서 얼굴을 내미는데 정말 이런 게 바로 선경이 아닌가 싶었다. 그런데 입구에서부터도 두 시간 가까이 더 달리고 나서야 기사가 차를 세우며 "이제부터는 걸어가야 된다."고 하며 "저기 보이는 산이 백두산이다."고 했다. 아! 정말 눈앞에 펼쳐지는 하얗게 눈 덮인 백두산! 인적 하나 없이 온통 눈으로 뒤덮인 백두산을 우리 일행 세 사람이 온통 다 차지하고 볼 수 있다는 그 감격은 정말 형언할 수가 없었다.

강열한 햇볕에 녹고 있는 눈을 밟으며, 개선장군이 된 기분으로 신나게 올라가고 있었다. 그런데 그때였다. 눈이 쌓인 길 위에서 무슨 연기가 모락모락 피어오르는 게 아닌가? 바로 백두산의 유명한 온천물이었다. 잠시 손을 대보니 뜨거웠다. 바로 계란을 삶아 먹는다는 그 온천이구나. 원하면 온천에서 목욕도 할 수 있다지만 그럴 시간도 마음도 내키지 않아 그냥 산을 향해 올라가는 데 언뜻 고개를 들어보니 안주임이 엉금엉금 기어서 올라가는 게 아닌가? 구두를 신고 온 탓에 미끄러워 제대로 서서 걸음을 걸을 수 없던 모양이었다. 그때의 민망함을 어찌 말로 다 표현하리?

그런데 다음 또 나를 당황하게 하는 것은 천지로 올라가는 길이 없다는 것이었다. 그냥 돌무더기를 기어 올라가야 하는 것이었다. 세상에 백두산 천지를 올라가는 길이 닦여져 있지 않다니? 그런 데를 평소에 사람들이 그냥 다니도록 내버려두다니? 한국이나 미국에서는 상상도 못할 일이었다. 눈은 와서 미끄러운데 몇 십 미터도 넘어 보이는 높이의 돌무더기를 재주껏 기어 올라가야 하는 것이었다. 그러나 그렇다고 여기서 포기할 수도 없지 않은가? 연신 "하느님, 주님, 살려주십시오."가 절로 나왔다. 그래도 젊은 기사는 잘도 올라갔다. 나는 기사 뒤를 따라 죽을힘을 들여 넘어지고 미끄러지면서 다 따라 올라가서 보니 안 주임은 아직 중턱을 기어 올라오고 있었다. 구두를 신었으니 오죽했겠는가? 일단 돌무더기를 다 올라가고 보니 폭포가 눈에 들어왔다. 말로만 듣고 사진으로만 보던 그 백두산 천지

폭포였다. 폭포가 그렇게 크고 물이 맑을 줄은 몰랐다. 그 경황 중에도 한두 장 사진을 찍고 다시 올라갔다.

그런데 이번에는 아슬아슬한 장면이 또 나타났다. 엄청나게 큰 바위 밑을 지나가는데, 언뜻 쳐다보니 바위 끝마다 몇 미터씩 될법한 고드름이 주렁주렁 달려있는 게 아닌가? 만일 한 개라도 떨어져 내 머리에 맞는다면 그대로 즉사할 것 같은 형국이었다. 순간적으로 내가 정말 여기서 '신선'이 되는 게 아닌가 싶었다. 미끄럽고 위험한 오솔길을 얼마나 걸었을까? 땅만 보고 걷다가 문득 고개를 들어 앞을 보니 아! 꿈에도 그리던 백두산 천지가 아닌가? 세상에 천지가 이렇게 크고 아름다울 줄이야! 물도 그토록 맑은 물은 난생 처음 보는 것이었다. '오! 하느님 정말 감사합니다. 감사합니다. 이 은혜를 어떻게 갚아야 하죠?' 천지의 신비롭도록 맑은 물을 두 손으로 수도 없이 퍼먹었다. 날씨도 구름 한 점 없이 맑고 너무나 따뜻해서 입고 간 외투를 벗어야 했다. 사방을 둘러보니 천지를 동그랗게 싸고 있는 바위와 나무들이 하얗게 눈에 덮여있고 천지는 더없이 곱고 맑은 파란 빛이 어우러져 그야말로 환상적인 신비경을 연출하고 있었다.

아, 내가 이 순간을 위해 50년을 살았구나! 어쩌면 아무도 보지 못했을 이 눈 덮인 백두산과 천지의 태고의 아름다움을 보게 될 줄이야? 너무도 쾌청한 날씨에 온천지가 하얀 눈으로 뒤덮여 더 이상 없이 깨끗하고 아름다운데 호수같이 넓고 깊어 파랗디 파란 맑은 천지가 끝도 없이 펼쳐지고 있으니 마치 구름을 타고 낙원에 올라온 느낌이랄까? 적어도 그 순간엔 이젠 죽어도 아무 여한이 없을 성 싶었다.

그러면서 문득 그리운 사람들의 얼굴이 스쳐 지나갔다. 남편이랑 같이 왔었으면 얼마나 좋았을까? 부모님들께도, 아이들에게도, 제자들에게도 이런걸 보여주면 얼마나 좋아했을까? 그 다음은 형제, 친구, 동료 할 것 없이 줄줄이 그리운 얼굴들이 떠오르며 나 혼자만 이런 걸 본 것이 너무나 아깝고 미안하다는 생각이 절실히 드는 것이었다. 같이 온 안 주임과 기사도 역시 입가에 웃음을 지으면서 자기들은 평생 이 곳에 살았지만 이런 천지 모습은 처음이라며 황홀하다고 했다. 올 때까지의 고생도 어느덧 다 잊어버리고 정말 천당에라도 와 본 기분으로 몇 장 기념 촬영을 하고 곧바로 내려 왔다. 물론 내려올 때의 어려움도 엄청났지만 천지의 비경을 보고 난 후라 그저 기분이 날아갈듯 하였다. 그 이듬해, 또 그 이듬해에도 국제회의 관계로 연변엘 갔고 백두산엘 갔지만 한 번은 날씨가 너무 나빠 천지를 아예 보지도 못했고, 그 다음 번엔 전혀 다른 길로 지프차로 거의 산정까지 올라가서 천지를 산 위에서 아래로 내려다보는 것이어서 처음에 바로 보고 손도 담글 수 있었던 천지와는 전혀 비교가 되지 않았다. 지금 생각해도 40대 때의 그 용기와 억지가 가상하고 자랑스럽다.

봄날의 천지 풍경

부에노스아이레스

1998년 6월 어느 날 김포에서 출발한지 만 하루 만에 아르헨티나의 수도 부에노스아이레스 공항에 도착하였다. 공항에 내려 리무진을 타고 시내로 들어오는데 시야에 들어오는 탁 트인 평원을 가로지르는 전 세계에서 제일 넓다는 도로가 나타났다. 부에노스아이레스는 세계적인 항구로 '맑은 공기'의 의미를 가지고 있다고 한다. 1818년 스페인으로부터 독립한 아르헨티나는 우리나라 국토의 12배인 274m2로서 세계 제8위이고, 인구는 3천만 명이며 국어는 스페인어이다. 아르헨티나는 라틴어로 '은'이란 뜻이다. 아르헨티나는 남미에서 브라질 다음의 제2의 국가이며 탱고 춤과 목축으로 유명하다. 총 인구의 97% 이상이 스페인계, 이태리 계를 비롯한 백인이며, 종교는 가톨릭이고 교육과 문화 수준이 높다. 이 나라의 수도이며, 정치, 경제, 사회, 문화의 중심지이며, 국제적인 항구 도시인 부에노스아이레스는 16세기에 스페인의 항해사들이 발견하여 이 항구를 "St. Maria de la Buen Aire"라고 명명한 데서 이 도시의 이름이 생겼다고 한다. 그래서인지 이 도시의 사람들은 자신들을 '항구의 사람들'로 자처하고 있다고 한다.

'남미의 파리'로 불리는 이 도시는 전체적인 인상이 흡사 유럽 어느 나라에 온 것 같은 착각을 일으킬 만큼 유럽적인 분위기가 물씬 풍긴다. 원주민은 인디오지만 숫자는 몇 만 명밖에 안 되므로 길에서 만나보기 어렵다. 도시 한가운데 자리 잡은 '5월의 광장'에서는 대통령 관저, 국회 의사당, 자유의 탑이 한 눈에 들어온다. 나폴레옹의 스페인 본국 정복 등이 동기가 되어 1810년 5월 200여 년간의 스페인 지배에서 벗어나 독립을 선언하고, 임시정부를 수립한 달을 기념하기 위해 건립된 것이 5월의 광장이며 자유의 탑이다.

이 나라는 광활한 국토를 가진 나라답게 푸른 숲의 공원이 많고 여러 사람이 모이는 공공용지는 어디를 가나 널찍하다. 그리고 울창한 숲으로 이루어진 공원이 많다. 서울과 같이 복잡하기만 하고 쾌적한 공원이라고는 거의 없는 곳에 살던 사람에게는 군데군데 나타나는 도시의 공원이 제일 부럽다. 그러나 가정집이나 호텔방은 유럽이나 일본처럼 조그만 경우가 많다. 해방 이후 정치적인 굴곡이 많았으며, 이념적으로는 중립국을 표방하였으나 지금은 미국의 영향을 많이 받고 있다. 1982년 포클랜드의 영유권 문제로 영국과 전쟁을 벌였다가 패배함으로써 정치적, 경제적 타격을 많이 받았다. 그래서인가 아직도 영국에 대한 감정의 골이 깊어 보였다. 영어가 거의 통하지 않는 것도 이유가 있는 것 같았다.

젊은이들이 축구하는 모습은 길거리 어디서도 볼 수 있고 월드컵에 대한 관심은 대단하다. 탱고 또한 밤낮없이 여러 사람이 모이는 곳이나 고급 식당에서는 거의 언제나 볼 수 있다. 남녀 두 사람이 정열적이고 관능적으로 추는 이 춤은 남미에서도 유독 아르헨티나에서만 꾸준히 열광적인 인기를 누리고 있다고 한다.

부에노스아이레스는 물가가 굉장히 비싸다. 환율을 미국 달러와 같게 해 놓았기 때문에 어디에서나 아르헨티나의 달러와 미국달러를 거의 1:1로 사용할 수 있다. 조그만 가게에서도 미국 달러를 받는다. 여행객에겐 편리하지만 코카콜라 한 캔도 1불 30~40센트, 한국 돈으로 1500원 이상이 되는 셈이니, 목이 말라도 참을 수밖에 없었다.

부에노스아이레스 여행을 회상하면 잊혀지지 않은 에피소드가 있다. 나는 남편과 함께 간단한 점심을 먹기 위해 우리가 묵었던 호텔 주위를 둘러보았는데 마침 피자 그림이 있는 집이 하나 보였다. 별로 다른 대안도 없어 피자집을 들어갔는데, 영어는 전혀 통하지 않았다. 그러나 다시 나올 수도 없어 '메뉴'라고 했더니 메뉴판을 들고 왔는데 완전히 스페인어로만 되어 있어 도저히 알 수가 없었다. 할 수 없이 뭔지는 모르겠지만 비슷비슷하지 않겠느냐며, 일단 제일 이름이 긴 것을 시켜 보기로 하였다. 미국에서는 보통 재료가 많이 들어가는 것이 대체로 비싸고 맛있기 때문에 비슷하려니 하고 시킨 것이었는데 한 5분 쯤 지난 뒤에 나온 피자는 기상천외의 것이었다.

좌우지간 치즈가 얼마나 들었는지, 다른 야채나 과일 그리고 햄이나 소고기가 얼마나 들었는지 하는 식의 우리가 보통 상상할 수 있는 피자가 아니었던 것이다. 색깔부터가 거무스름하게 이상하게 생겼고, 나오는데 냄새도 고소한 맛이라고는 전혀 없어 약간 당황했지만, 맛을 보고 나서는 거의 까무러질 뻔하였다. 짜디짠 멸치젓갈이 든 피자였던 것이다. 우리 부부는 워낙 지난 날 어렵던 시절을 산 사람들이어서 웬만하면 돈 준건 다 먹을 수 있는데, 도저히 목에 넘어가지도 않고, 다시 입에 댈 수도 없었다. 어쩌면 그런 피자가 이 세상에 존재한다는 게 믿어지지가 않고, 그걸 먹는 사람도 있다는 게 정말 믿기지 않을 정도였다. 돈은 그래도 10불 이상을 지불하고 그냥 나왔다. 여행의 쓴 맛을 처음으로 호되게 맛보는 순간이었다. 덕분에 다이어트 한 번 하고 저녁엔 학회가 주최하는 만찬에 참석하였다.

난 체질적으로 그렇게 인색한 사람이 못 된다. 그러나 일단 외국만 나가면 손이 떨려 돈을 안 쓴다. 특히 잘 사는 나라에 가면 거의 본능적으로 돈을 못 쓴다. 물론 주머니가 얇아서이기도 하지만 달러를 쓰는 게 너무나 아까운 생각이 들기 때문이다. 지금까지 30개국 이상의 나라를 방문했지만 변변한 기념품 하나 없는 것도 나의 이런 나쁜 습관 탓이다. 그래서 모은 것이 그림엽서이다. 가장 싸고, 그 나라의 풍광이나 문화를 아주 일부분이라도 볼 수 있고, 나중에라도 기억에 남게 하기 위하여 한두 장씩 모은 것이 수천 장에 이른다. 대학 학창시절부터 모은 그림엽서가 40년을 지나는 동안 수천 장이 되었는데 지금은 거의 쓸모가 없다. 지금은 해외여행이 너무나 일반화되었고, 또 모든 영상기계나 컴퓨터가 발달하여 세계의 어디든 무엇이든 사진이나 화면으로 볼 수 있으니 누가 그림엽서를 거들떠나 볼 것인가? 1996년 이후에는 종을 모으기 시작하여 지금은 100여개는 모았다.

그러나 난 앞으로도 기회가 있으면 몇 십 센트짜리 그림엽서로 나의 여행의 발자취를 남길 것이다. 그리하여 우리 손주들에게 할머니가 살아온 시대를 얘기해 줄 작정이다. 호롱불로 공부하던 이야기며, 추운 겨울밤에 손을 호호 불면서 양말을 손수 짜서 신던 이야기며, 각국의 여행을 통하여 배우고 느낀 이야기들을 들려줄 생각이다.

탱고의 군무

아우슈비츠(Auschwitz)

2000년 7월 25일 ICKL(International Conference on Korean Language)에 참석했던 우리 일행은 폴란드 남부 공업도시지만 제2차 세계대전 중의 강제수용소 소재지로서 더욱 알려진 아우슈비츠 도시를 방문하였다. 제2차 세계대전 당시 폴란드를 점령한 독일군은 비밀리에 이곳 교외에 거대한 강제수용소를 건설하여 처음에는 국군포로는 물론, 유럽 각 지역에서 연행한 유태인과 일반인 25만 정도를 대량 수용하였다. 그러나 점점 수용인원이 불어났다. 피수용자는 강제노동과 영양실조, 전염병 등으로 사망하거나 「욕실-청결-건강」이라는 거짓 푯말이 붙은 가스실로 연행되어 학살되고, 불태우고 총으로 쏘아서 죽인 사람이 5년 동안 400만 이상이 희생된 곳이다. 이들의 대부분은 유태인이었다고 한다. 최근에는 400만 명은 아니고 100만 명이라는 설도 있다.

지금은 이때의 참상을 잊지 말자는 뜻에서 현장을 그대로 보존하고 있는데 가스실, 불로 태워 죽이던 곳, 총을 쏴 죽이던 곳이 그대로 보존되어 있었다. 차마 눈뜨고는 볼 수 없는 광경이었다. 각 방마다 희생된 사람들의 신발이 태산같이 쌓여있고, 가방, 살림살이, 심지어 여자들의 머리를 잘라서 털로 쓰기 위해 부드럽게 만든 머리카락이 또 다른 전시실에 가득 쌓여 있었다, 어린이들의 조그만 신발들은 보는 이로 하여금 참으로 참담한 마음을 불러일으키기에 충분하였다. 벽에는 아직도 '이 세상에서 유태인은 전멸해야 한다.'는 팻말이 그대로 남아 있다. 이 극악무도한 끔찍한 만행 앞에서 말문이 막힌다.

샤워실이라고 들여보냈던 가스실 내부

가스실 옆의 소각장

무참히 살해된 사람들의 신발

독가스 통들

정치지도자 한사람의 무자비한 성격, 잘못된 판단과 만용은 이토록 끔직한 결과를 낳을 수 있다는 것에 전율을 느끼지 않을 수 없었다. 정치가도 군인도 아닌 일반 시민을 유태인이라는 한 가지 이유만으로 이토록 잔인하게 학살한 것은 영원히 지워질 수 없는 인류의 범죄요, 인간의 잔혹함의 극치를 보여주는 것이다. 히틀러는 게르만 민족보다 더 잘 살고, 더 열심히 공부하고 노력하는 유대인들을 미워하여 이토록 극도로 무자비하게 살해

했던 것이다. 차마 숨을 들이킬 수 없는 처참한 역사의 현장을 직접 눈으로 보고 나니 정말 인간의 광기에서 발동된 전쟁의 참담함에 모골이 송연해졌다. 여기를 다녀가는 세계인의 마음속에 지나간 모든 비극을 치유할 수 있는 인간애와 평화를 사랑하는 마음이 불같이 일어나길 기대해 본다. 또한 진정으로 하느님의 사랑이 만방에 퍼지길 기도해 본다.

폴란드는 동서 유럽의 중간에 위치한 국가로 사회주의 국가 중 소련 다음으로 큰 나라였다. 아직도 남북한 면적의 약 1.5배가 되는 31만 평방킬로미터의 국토에 인구 4천 500만을 가진 유럽의 여섯 번째 큰 나라이고, 문화수준이 대단히 높은 나라인데 몇 차례의 전쟁으로 국가 건설의 38%, 수도 바르샤바는 80% 이상이 파괴되고 수십, 수백만의 인명 피해를 입은 나라였는데 정부와 국민이 힘을 합쳐 최대한 옛 모습을 복원하였다고 한다. 인구의 90% 이상이 가톨릭이며, 주산업은 농업과 광공업이다.

1364년에 크라쿠프 대학이 설립되는 등 14세기경에는 의회군주국가로서 번창하게 되었고, 카시미르 4세(1447~1492)때에 폴란드 역사상 최전성기를 이룩했으며, 16세기말에는 북으로는 발트해, 남으로는 흑해에 이르는 유럽 최대의 왕국이 되었다. 그러나 그 뒤 러시아, 오스트리아, 독일의 지배를 차례로 받는 등 정치적인 시련을 많이 겪었으며, 1989년 구소련이 해체되기 직전 소련 연방의 지배에서 벗어나 비로소 독립국가의 자유를 누리게 되었다.

바웬사 대통령이 당선되면서 지금은 여느 유럽 국가와 별 다를 바 없는 시장경제 정책을 시행하고 있고, 문화의 보존과 발전에 힘을 기울이고 있다. 특히 폴란드가 자랑하는 쇼팽의 음악을 기리는 기관이나 문화행사도 많다고 한다. 유럽은 어느 나라 할 것 없이 높은 문화를 사랑하며, 문화의 보존과 발전에 힘을 기울인다.

사실 인간이 가장 인간답기 위해서는 문화를 사랑하고 문화를 발전시키는 것이 아닐까? 특히 유럽 국가들은 하나같이 문화를 사랑하고 인간의 생명을 소중히 여기는 전통이 있음에도 불구하고 전쟁에 휩쓸리지 않은 나라가 거의 없다는 것은 이율배반적이고, 아이러니컬하다. 특히 정치지도자가 누구냐에 따라 국민들의 의식도 달라지고, 가치관도 달라지며, 생활방식도 바뀌는 경우가 많다. 그러므로 정치지도자의 선택은 그 나라의 운명과 직결된다고 할 수 있다. 폴란드의 전쟁사를 들으며 내가 초등 3학년에 경험한 우리나라의 6·25 비극을 떠올리지 않을 수 없다. 그리고 정말 앞으로 우리나라의 정치 지도자가 잘 선출되어 정치, 경제, 사회, 문화 등 여러 분야가 골고루 발전하고 국민이 행복하게, 그러면서도 진취적으로, 각자의 능력을 최대한 발휘할 수 있는 나라가 되기만을 빌어 본다. 그리고 이 지구상에 다시는 이와 같은 전쟁이 없게 되길 빌어 본다.

아카풀코 해변

1989년 4월 18일 샌프란시스코에서 우리를 태운 유나이티드 항공기가 멕시코시티 공항에 내렸다. 시내 예약된 호텔에 가기 위해 택시를 탔는데, 시내에 들어오자 마자 자동차 안쪽으로 스며드는 탁한 공기에 숨이 막힐 지경이었다. 그런데도 자동차 물결은 우리를 더욱 긴장하게 했다. 기사보고 왜 이렇게 갑자기 공기가 나빠지냐고 묻기 위해 혹시 영어를 할 수 있느냐고 했더니 조금은 할 수 있단다. 다행이다 싶어 왜 이렇게 공기가 탁하냐고 물었더니 건기의 마지막 달이어서 그렇단다. 알고 보니 11~5월까지는 건기이고, 5~10월까지 다섯 달은 우기란다. 그러니까 우리는 건기의 마지막 한 달을 앞둔 시점에 멕시코시티에 간 셈이었는데 고지대의 분지로 이루어진 멕시코시티는 건조하고 고온의 날씨에 6개월째 거의 비가 오지 않은 상태에서 우리가 도착했을 때는 도시의 매연이 최절정을 향해가는 시점이었던 것이다. 이 운전기사 말로는 이 도시에 사는 어린이들이 이 엄청난 매연과 미세먼지로 하여 일 년에 IQ가 2점씩 떨어진다는 것이다. 진위를 따지기보다 우선 숨이 막히고, 목이 아파오는 나의 몸 상태가 무언으로 증명해 주는 것 같았다. 그래도 호텔 안에 들어와 여장을 풀고 물이라도 마시니 좀 살 것 같았다.

이튿날 남편은 지진관련 세미나에 가고 (1985년의 멕시코 대지진의 후유증을 해결하기 위한 미국 UC 버클리대학과 국립멕시코대학 토목과 교수들의 세미나에 당시 버클리 대학 교환교수였던 남편도 초청을 받아 이곳에 오면서 나도 데려온 것이었다) 나는 호텔에 있는 멕시코에 대한 소개 책자를 얼른 읽어서 이 나라에서 보고 가야 할 곳을 찾아냈다. 멕시코시티에서는 인류학 박물관과, 여기서 동북쪽으로 50km에 떨어져있는 테오티와칸, 그리고 아카풀코 해안과 마야 문명과 아름다운 해안을 가진 칸쿤으로 압축되었다.

우선 나 혼자서 국립인류학 박물관부터 보기로 하였다. 우리가 묵고 있던 호텔에서 걸어서 2, 30분 거리에 있었다. 역시 우리와는 거리가 먼 나라의 고대 유적을 한 눈에 볼 수 있었다. 이 박물관에는 인류학, 인종학, 고고학 관련 유물 60만점이 시대별로 잘 정리되어 1층에 전시되어 있고 2층은 원주민인 인디오들의 유물이 전시되어 있다. BC 5000년 전의 그림과 토기, BC 220~AD 900년의 고전기의 프레스코와 조각상 등의 다양한 유물, 스페인 정복자들의 도착(1519~22)과 함께 시작되는 후고전기의 유물로는 정교한 의식용 접시, 장식품 및 장신구, 신에게 바쳐진 거대한 그림 등이 눈길을 끈다. 가장 유명한 전시물로는 올멕 문화의 걸작인 군상(Group of Figures)과 세계사를 상징하는 아즈텍 문화유적인 태양석(Sun Stone)이 있다. 무려 7000년 동안의 역사유적을 가진 이 박물관이 부럽기만 하다. 지금의 현대식 건물은 1964년에 건립되었다고 한다.

멕시코는 아즈텍 문명, 올멕 문명, 마야 문명을 보존하고 있는 나라로, 수도인 멕시코시티는 유네스코로부터 도시 전체를 하나의 세계문화유산으로 지정받은 대단위 유적지이다. 고대 문명은 물론, 스페인 정복기(1521~1810) 문화까지를 포함한 3천여 년의 역사가 도시 곳곳에서 숨을 쉬고 있는 것이다. 이튿날은 先 스페인 도시인 테오티와칸 (Pre-Hispanic City of Teotihuacán)을 찾았다. 테오티와칸은 멕시코시티 북방 40km에 위치한 피라미드 도시로서 AD 1~7세기에 건립되었으며 테오티와칸이란 '신이 창조한 도시'라는 뜻으로 고대 아즈텍 문명의 유적이 남아있다. 테오티와칸(Teotihuacán)은 서기 100~700년 사이에 멕시코의 영화가 절정에 달했을 때 인구 13만 명이 살았던 도시로 아메리카에 있는 콜럼버스 이전의 거대한 도시였다고 한다. 4km에 이르는 '죽음의 대로'를 중심으로 양편에 광활한 유적지가 펼쳐진다. 중심에 서 있는 '태양의 피라미드(Pyramid of the sun)'는 그 밑변이 220m인 사각형 위에 높이 65m, 248개의 계단으로 구성되어 있다. 이 계단을 구름 한 점 없는 뜨거운 햇볕을 안고 땀을 뻘뻘 흘리고 걸어 올라갔던 기억이 난다.

이 거대한 피라미드는 햇볕에 말린 벽돌과 흙으로 만들어졌고 그 위는 자갈과 돌이 덮고 있다. 피라미드 안에는 미로처럼 방과 터널들이 이어져 있다. 신에게 바치기 위해 만들었을 것으로 추정되는 온갖 동물들의 돌조각이 시선을 끈다. '달의 피라미드'는 350년경에 건조된 것으로 태양의 피라미드보다 크기가 작지만 지형이 높아 멀리서 보면 태양의 피라미드와 큰 차이가 없이 보인다. 여기에서 테오티와칸 유적지를 한 눈에 조망할 수 있다. 북쪽 끝에 있는 달의 피라미드에서부터 2.5킬로미터의 죽은 자의 넓은 길이 뻗어있다. 이곳은 16만 평방킬로미터의 공간에 15개의 피라미드와 여러 형태의 건축물이 있다

태양의 피라미드

지금까지 피라미드는 이집트에만 있다고 생각했던 나의 무식이 멕시코에 와서 들통 날 줄은 몰랐다. 이집트의 피라미드는 왕들의 무덤이라면, 멕시코의 이 피라미드는 태양과 달에게 왕과 백성들이 바치는 신단이라는 점이 다른 것인데, 이곳의 피라미드가 그 규모면에서 이집트의 피라미드보다 결코 작지 않다. 우리나라도 이런 세계적인 유적이 있으면 얼마나 좋으랴! 북한과 통일되고, 옛 고조선의 영토를 되찾아 유적 탐사를 해보면 혹시 이런 것 비슷한 거라도 나오지 않을까 하는 생각도 해 본다.

셋째 날은 남편을 졸라 아카풀코 해안을 가기로 하고 호텔 안내원한테 물으니 아침 8시에 호텔 앞에서 버스를 타면 아카풀코 해안을 갈 수 있단다. 서둘러 간단히 아침을 먹고 버스에 몸을 맡겼다. 그런데 버스를 타고 가면서 나타나는 풍경은 우리를 충격에 빠뜨리게 하였다. 우선 간선도로인 이 도로는 2차선 도로였는데 끝없이 달리는 동안 좌우로 나타나는 모습은 가도 가도 황무지뿐이었다. 간간히 마을을 지나게 되면 일 년은 안 씻은 것 같은 어린이들의 새까만 알몸으로 몸에는 뱀을 칭칭 감고 잠깐 선 버스에 매달려 승객에게 손을 벌리고 있었다. 이것이 이들의 유일한 수입원인지도 모른다. 원래는 농사를 지은 듯 했으나 농토는 모두 기후 탓에 황무지로 변하고 이들은 현대 문명과는 아무런 상관없이 원시인의 모습으로 살아가고 있는 것이었다. 버스는 계속 높은 언덕을 향해 달려가고 있었다. 얼마나 달렸을까? 그런데 이게 웬일인가? 이번에 나타나는 풍경은 오아시스 바로 그것이었다. Texaco라는 조그만 고지대의 도시로 'You are in the heaven'이라는 팻말이 말해주듯 우리 일행은 몇 시간 동안 길고 지루한 사막만 보고 오다가 그야말로 천당에 온 느낌을 갖기에 충분했다. 숲이 우거지고 아름다운 집들로 이루어진 동네 한복판에 아담하고 깨끗한 호텔이 있었는데, 여기서 하룻밤 자고 내일 아침에 아카풀코로 떠난다고 안내원이 말한다. 지정된 객실로 들어갔더니 너무도 아름답고 깨끗한 방이 우리를 맞이해 주었다. 물도 펑펑 나오고 모든 시설이 훌륭했다. 우리는 정말 색다른 여행을 하게 되었다고 기뻐하면서 부유하게 사는 집들도 밖에서나마 구경하면서 숲속을 산책하니 꿈만 같았다.

이른 아침을 먹고 우리는 다시 버스에 몸을 실었다. 다시 이어지는 사막들... 그러나 우리가 도착한 곳은 멕시코 소개 책자에 'breath taking beauty'라고 묘사되었던 아카풀코 해변이었다. 호텔에서 여장을 풀고 베란다에 나가 보니 아! 이 상쾌한 공기며, 18도 안팎의 완벽한 기온에 창밖으로 보이는 비치가 예사롭지 않았다. 호텔 로비에서 비치까지는 1분도 안 걸렸다. 비치 앞에 선 우리에게 나타난 것은 정말 숨 막히는 아름다운 비경 바로 그것이었다.

여름이면 아이들 데리고 해운대며, 대천이며, 경포대며 다 가 보았으나 비치가 아름답다는 느낌을 한 번도 받아 본 적이 없었다. 그저 북적거리는 사람들과 바가지 씌우는 장사꾼들, 비치 규모에 비해 사람이 많고, 또 너무나 뜨거운 여름에만 가서 뜨거운 햇볕을 가리느라 급급했던 기억 밖에 없었고, 하와이 와이키키 해변도 특별히 아름답다는 느낌을 못 받았던 나로서는 지금 내 눈앞에서 펼쳐지고 있는 이 아카풀코 해변의 아름다움에 입을 다물지 못 했다.

바다를 건너 오른쪽은 숲이 우거진 산이 병풍처럼 둘러쳐져있고, 바다의 왼쪽에는 얕은 산등성이로 그림 같은 집들이 드문드문 있고, 비치 가까이 쪽에는 너무도 예쁘게 지은 호텔이 늘어서 있었으며, 비치에는 어디서들 왔는지 늘씬 늘씬한 금발의 서양 미인들이 수십 명 정도, 그리고 그 밖의 사람들이 수십 명 정도 밖에 없고 모래도 그토록 부드럽고 깨끗할 수가 없었으며, 날씨도 더 이상 쾌적한 온도일 수 없어 완벽한 비취의 모습에 넋을 잃었다. 정말 천당인들 이보다 더 좋으랴. 산다는 것이 정말 행복한 일이라고 느껴지는 순간이었다.

나중에 알고 보니 이 비치가 바로 케네디 대통령이 재크린과 함께 신혼여행을 왔던 곳이라는 것, 그리고 별장같이 보였던 그 아름다운 저택들은 프랭크 시나트라를 비롯한 유명한 미국의 연예인들과 부자들, 그리고 일본의 부자들이 사놓은 별장들이라고 한다. 비치에서 몇 시간을 놀고 우린 다시 시내 구경을 하였다. 멕시코시티에서와 같은 매연도 없고, 거리의 사람들은 모두 행복해 보였다. 저녁이 되어 식당을 찾는데, 일본 사람들이 많이 오는지 낯선 동양 사람을 보고 "곰방와", "하이 이랴시이마스" 서툰 발음으로 우릴 들어오라고 하였다.

우린 중국집은 찾지 못해 결국 안전하게 스테이크 집에 가게 되었는데, 음식 값도 너무 싸고 양도 많이 나왔다. 샌프란시스코에서 멕시코시티로 올 때 카메라를 잃어버려 사진은 한 장도 못 찍었지만, 그 바람에 오히려 모든 전경을 눈으로 보고 마음에만 새기게 되어, 오랜 시간이 지났어도 멕시코 여행에서 보았던 것은 지금도 머리에서 지워지지 않고 있다. 우리가 여행 가면 대체로 남는 건 사진 밖에 없다며, 사진을 많이 찍는 경향이 있는데, 막상 카메라 없이 여행을 해보니 모든 볼거리를 더 유심히 보게 되고, 시간이 지나도 오히려 더 또렷하게 오래도록 기억에 남는 것 같다. 이번 멕시코 여행은 문명과 자연의 조화를 다시 한 번 느끼게 해준 잊지 못할 여행이 되었다. 나중에 아이들을 데리고 한 번 다시 와야지 했지만 그 꿈은 아직 이루어지지 않았다.

아카풀코 해안

웨스트민스터 사원

국회의사당과 마주 보며 서 있는 웨스트민스터 사원은 서쪽 West의 대사원 Minster란 의미다. 이 건물은 처음 8세기경에 세워졌으며, 11세기 때 참회왕 에드워드와 13세기 때 헨리 3세에 의해 개축되었다. 원래 노르만 양식의 건물이었으나 헨리 3세가 고딕 양식으로 개축하고 그 후 18세기 중반 지금의 모습을 갖추었기 때문에 보통 600년간 지은 건물이라고 한다. 1066년 정복왕 윌리엄 공이 왕위 대관식을 이곳에서 가진 이래 역대 왕들의 대관식을 거행한 장소가 되었다. 길이 156m, 너비 61m, 그리고 높이 31m의 크기이다.

프랑스에서 온 노르만 출신인 윌리엄은 자신이 잉글랜드 왕의 정당한 후계자임을 모두에게 과시하기 위해서 웨스트민스터 사원을 대관식 장소로 선택하였다고 한다. 원래 웨스트민스터 사원은 지금의 국회 의사당인 '웨스트민스터 궁'과 한 쌍을 이루고 있던 건물로서 웨스트민스터 궁은 16세기까지 왕이 거처한 궁궐이었으며 바로 길 건너 위치해 있는 이 웨스트민스터 사원은 원래 왕실 직속의 특수 교회였다. 그래서 공식 명칭은 '웨스트민스터에 있는 성 피타교회'이지만 흔히 사람들은 그냥 '애비(Abbey)'라고 부른다.

사원 안에는 역대 왕들과 유명 인사들의 묘와 기념비가 많이 있으며 제1차 세계대전 당시에 전사한 무명용사를 위한 비석도 함께 세워져 있다. 특히 본당에는 헨리 3세, 에드워드 1세와 엘리노어 왕비, 헨리 5세 등의 묘가 있다. 역대 왕들이 대관식용으로 사용한 의자 '코로네이션 체어(Coronation Chair)'도 명물로 꼽히고 있다. 글래드스턴을 위시한 정치가, 문학가인 셰익스피어, 워즈워드와 엘리엇, 과학자인 뉴턴, 왓트, 음악가 헨델 등이 이곳에 묻혀있기도 하였다. 이처럼 역사적 인물의 묘지가 이곳에 다 모여 있는 것이다.

웨스트민스터 사원은 영국 의회정치의 총본산이자 또한 종교개혁의 중심지이기도 하다. 1643년부터 1649년까지 이곳에서 열린 총회에서 칼빈의 사상이 구체화된 <웨스트민스터 신앙고백서(Westminster Confession of Faith)>가 작성되기도 했다. 이는 종교 개혁가인 칼빈의 대표적인 신조이자 오늘날 장로교회의 표준적인 신앙원리가 이곳에서 명세화되었다.

또한, 왕의 대관식 장소와 무명전사의 추모비가 함께 있음으로 인해 영국 입헌군주의 진정한 의미를 상징하기도 한다. 정문의 녹색 대리석에서 '윈스턴 처칠을 기억하라(Remember Winston Churchill)'는 문구가 새겨진 기념 석판이 눈에 띈다.

영국 대부분의 왕이 대관식을 이곳에서 올렸으며 왕실의 장례식과 결혼식도 열리는 이곳은 영국의 심장과 같은 곳이라고 할 수 있다. 영국인들은 웨스트민스터 사원을 최고의 수도원이라고 여기기 때문에

'The abbey'라고 부른다. 이 자리에 수도원이 있었던 것은 약 6세기경이라고 한다. 앵글로색슨 왕조의 참회왕 에드워드는 이 수도원을 노르만 양식의 교회로 다시 지었다. 에드워드는 교회의 제단 뒤에 묻혔는데, 그는 웨스트민스터 사원에 묻힌 최초의 왕이 되었다. 노르만 양식의 이 교회는 13세기까지만 존재하였다.

13세기에 다시 착공에 들어가 약 250여 년 동안 건립되어 16세기(1503년)에 1차 완성되고 오늘의 사원이 완성되기까지는 사실상 600년이 걸린 이 사원 건물은 건축학적으로도 최고의 걸작으로 평가받고 있다. 영국에서 가장 높은 고딕 양식의 중세교회이며, 1066년부터 모두 42명의 영국 왕과 여왕들의 웅장하고 화려한 대관식이 펼쳐진 장소이다. 그리고 왕족의 결혼식, 장례식도 이곳에서 펼쳐진다. 역대 영국의 왕과 여왕, 정치가, 작가, 음악가, 기사, 배우, 왕족, 무명용사에 이르기까지 등 수천 명이 넘는 이들이 이곳에 잠들어 있는 국립묘지이기도 하다.

말하자면 영국의 축소판이라고도 할만하다. 나를 더욱 압도한 것은 시인의 코너, 정치가 코너, 건축가 코너 식으로 각 분야별로 영국을 빛낸 모든 인물들을 이 사원에서 영원히 기린다는 것이다. 이러한 다기능적 건물을 구상하고, 긴 시간동안 건축하고, 영국의 역사에 조금이라도 헌신한 사람은 왕에서부터 전쟁에서 죽은 무명용사에 이르기까지, 그리고, 이 사원을 짓는 데 경제적으로나 노동력으로라도 기여한 사람은 최소한 바닥의 돌에 이름이 새겨져 있다.

건물 전체가 거대한 예술품이고 영국의 역사이고, 정치적 본산이며, 모든 영국인들의 마음의 안식처이고, 대외적으로는 영국의 전통과 기풍, 민주주의 사상, 예술적 안목, 그리고 크리스천 국가로서의 정체성, 왕의 존재가치를 한꺼번에 보여주는 교회이고, 국립묘지이며, 왕들의 대관식, 왕실의 결혼식 등을 하는 왕실의 별관이며, 모든 영국인 심지어 여행객조차도 함께 예배를 볼 수 있는 열려있는 교회이며, 미술, 조각, 건축의 종합적 예술성 또한 뛰어난 거대한 작품인 것이다. 이런 식의 종합적 건물로는 세계

유일하다.

처음 이 사원을 보고 느낀 나의 소감은 '오늘 내가 이것을 본 대가로 앞으로 10년간 내 용돈이 궁해도 좋다.'였다. 한국에서는 상상도 할 수 없는 아이디어와, 제도와 사람들의 협력과, 국민 모두를 아우르는 지도자의 넉넉함과, 지도자를 따르는 국민과, 왕과 국민이 소통하는 전통과, 예술을 아끼고 사랑하는 마음, 그리고 철저하게 영국식 민주주의와 영국식 종교 등 영국의 모든 것이 압축된, 영국이 세상에 대해 가장 자랑할 수 있는 문화재이며, 최고의 관광거리인 것이다. 그러므로 난 이런 건물을 보게 된 것 만으로도 행복하다. 그냥 밖에서 '이건 웨스트민스터 사원이다.' 하고 지나가 버리면 아무것도 못 보고, 이 사원의 가치를 전혀 알지 못한다.

세상에는 볼거리, 들을 거리, 생각할 거리가 정말 많다. 이런 볼거리들은 젊은이들에게 꼭 가보라고 권하고 싶다. 고생스러운 배낭여행을 해서라도 선진국의 면면을 돌아보라고... 아직 인생관과 가치관이 확정되기 전에 세계적 관광거리는 꼭 보라고 조언하고 싶다. 우리는 보통 늙어서 할 일 없을 때 외국 여행을 한다고 생각하는데, 그건 아니라는 게 나의 생각이다. 아직 방 한 칸이 없을 때라도, 최소의 경비로 이런 것은 먼저 보고 나서 자기의 인생을 시작하라고 권하고 싶다.

앙코르와트

캄보디아의 최대 문화재로 꼽히고 세계 7대 불가사의 중 하나로 평가되는 앙코르와트는 1119~1150년 31년 동안 건립된 사원이다. 앙코르(Angkor)는 왕도(王都)를 뜻하고 와트(Wat)는 사원을 뜻한다. 당시 크메르족은 왕과 유명한 왕족이 죽으면 그가 믿던 신(神)과 합일(合一)한다는 신앙을 가졌기 때문에 왕은 자기와 합일하게 될 신의 사원을 건립하는 풍습이 있었는데, 이 유적은 앙코르왕조의 전성기를 이룬 수리아바르만 2세가 바라문교(婆羅門敎) 주신(主神)의 하나인 비슈누와 합일하기 위하여 건립한 바라문교 사원이다. 그러나 후세에 이르러 불교도가 바라문교의 신상(神像)을 파괴하고 불상을 모시게 됨에 따라 불교사원으로 보이기도 하지만, 건물·장식·부조(浮彫) 등 모든 면에서 바라문교 사원의 양식을 따르고 있다고 학계에서는 보고 있다.

앙코르 왕조는 890년경 야소바르만 1세가 수도를 앙코르로 옮긴 때부터 13세기 초까지 인도차이나 반도의 끝 부분에서 북쪽으로 윈난까지, 또 베트남에서 서쪽으로 벵골만에 이르기까지 광대한 영토를 다스렸다. 이곳 앙코르와트가 있는 앙코르 시는 크메르 왕조의 중심지였는데 동남아시아 역사상 가장 크게 번성하고 발달한 왕국이었다고 한다. 앙코르와트 사원의 바깥벽은 동서

1.5km 남북 1.3km의 직사각형으로 총길이가 5.6km에 달하는 웅장한 규모다. 이 엄청난 규모의 사원이 인공 저수지 위에 떠있는 것이다. 바깥벽 안쪽에서 육교로 너비 190m의 인공저수지를 건너면 3기(基)의 탑(塔)과 함께 길다란 익랑 (翼廊)이 있고 여기서 돌을 깔아놓은 참배로(參拜路)를 따라 약 500m쯤 가면 중앙사원에 다다른다. 사원의 주요 건축물은 웅대한 방추형 중앙사당탑(中央祠堂塔)과 탑의 동서남북에 십자형으로 뻗은 익랑, 그것을 둘러싼 3중의 회랑과 회랑의 네 모서리에 우뚝 솟은 거대한 탑으로 이루어졌다.

이 사원의 예술성과 웅장미는 고대 그리스의 신전이나 로마의 콜로세움을 능가한다고 평가되기도 한다. 뛰어난 미술적 건축양식은 인도의 영향도 받아들이기는 하였지만 건물의 형태나 석조장식(石彫裝飾) 등 모든 면에서 앙코르왕조의 독자적인 양식을 지니고 있다고 한다. 특히 전장(全長) 760m에 이르는 제1회랑벽(回廊壁)의 부조, 제2회랑 안의 돌로 조형한 샘물 '泉水', 제3회랑 내부의 화려한 십자형 주랑(柱廊)과 탑 등은 뛰어난 구조물이다. 조형에서는 하늘의 무희(舞姬) 아프사라스, 여러 개의 머리를 마치 부채처럼 치켜든 커다란 뱀, 창문 · 기둥의 장식조각 등이 돋보인다. 이 사원은 5,000여개의 석상과 100여개의 크고 작은 사원들로 구성되어 있다. 앙코르왕조는 13세기 말부터 쇠망하기 시작하여 15세기경에는 완전히 멸망함에 따라 앙코르와트도 정글 속에 묻혀버렸다고 한다.

캄보디아는 수많은 외세와 내전으로 점철되어 국력이 매우 쇠약해진 나라지만 이 앙코르와트의 발견으로 연간 100만 명에 이르는 관광객 덕분에 경제적으로도 도움이 되지만 무엇보다도 자신들의 조상이 누렸던 찬란한 역사 문화에 감탄하며 자긍심과 함께 자신들도 잘 살 수 있다는 희망을 가지게 된 것이 더 큰 이득일 것이다.

그러나 이 지역은 1972년부터 외부인에게 폐쇄된 이후 낮이면 베트남군이, 밤에는 크메르루지의 게릴라가 번갈아 장악하면서 전화(戰禍)와 약탈로 훼손되어 수많은 불상이 조각난 채 나뒹굴고 대부분이 외국으로 유출되어, 완전한 복구는 어려운 상태이다. 82년 집계에 의하면 앙코르와트의 중요 유물 30점 이상이 없어졌고, 전체 유적의 70%가 복원불능의 상태로 파괴되었으며, 사원 근처 왕궁의 유물 약 1,000점이 도난·파괴되었다고 한다. 이것들을 다함께 볼 수 없는 것이 안타깝다. 유네스코에서는 1983년 이 유적지의 복원을 위해 조사단을 캄보디아에 파견했다고 한다. 인류문화유산으로 잘 복원되길 빌어본다.

"그곳은 죽음의 왕궁, 선잠이 든 왕궁처럼 보였다. 성문 앞에 난 길 양쪽에는 3m쯤 되는 돌거인들이 서 있었다.

거인들은 머리 일곱 개 달린 큰 뱀을 안고 우리를 노려보고 있었는데, 그 얼굴 모습은 옛날 인도 병사 같았다.

성문 안쪽에는 이교(異教) 선녀가 춤추는 모습과 코끼리, 병사, 꽃무늬 들이 새겨 있었다."

1850년 프랑스의 뮤오 신부가 톤레삽 호수 일대 밀림지대를 헤매다 우연히 목격한 앙코르와트를 기술한 글의 한 부분이다. 그러나 이 신부님의 위대한 목격담에 아무도 귀기울여주지 않았다. 그러나 5년 뒤인 1855년 탐험가이자 생물학자인 프랑스인 앙리 무어 박사에 의해 앙크르와트는 세상에 알려지게 되었다고 한다. 그는 우연히 중국인이 쓴 '진랍 풍토기'라는 제목의 역사책을 얻었다. 그는 이 책 속에 언급한 진랍왕국이 당시 캄보디아 역사책 어느 곳에서도 찾아볼 수 없다는 사실에 의문을 갖게 되었다. 그렇다면 과연 진랍왕국은 어디에 존재하고 있었을까? 혹 뷰오 신부가 봤다는 그 밀림 속 도시가 아닐까? 이와 같은 앙리 무어의 의문과 호기심은 드디어 부근 원주민들의 전설 속에서만 '저주받은 성'으로 존재할 뿐 자국민의 역사에서조차 잊혀졌던 거대한 600년 왕국, 앙코르제국이 다시 세상 밖으로 나오게 된 중요한 계기가 되었다고 한다. 그러나 정작 무어는 프랑스 잡지에 '문명 세계에 보내는 미개지 탐험 보고서'라는 내용의 앙코르와트 탐험기를 올린 지 몇 달 후 말라리아로 사망했다.

지금 돌이켜 생각해보면 이 웅장한 앙코르와트 돌무더기를 처음 발견한 뷰오 신부의 자세하고 정확한 묘사가 놀랍다. 그는 목격담에서 거인(악의 신과 선의 신)과 힌두교에서 머리 일곱 개 달린 뱀의 신 '나가', 이교 선녀로 묘사된 천상의 무희 '압살라'를 정확하게 묘사했던 것이다. 그런데 앙코르와트의 관광은 이 사원에서 끝나는 것이 아니다. 더 진귀한 광경은 훨씬 뒤에 나타났다. 세상에 이런 일이... 사진에서 보는 바와 같이 나무뿌리가 통째로 사원 건물을 다 덮쳐버린 전대미문의 모습이었다.

이 사원은 타프롬이라고 하는 사원으로서, 우람한 나무들이 빼곡히 들어찬 정글 숲 속에 버려진 채 사람들의 기억 속에는 존재하지 않는 버려진 사원이다. 한때는 수백 명의 수도승들이 머물렀다는 거대한 석조

사원 역시 채 오백 년을 버티지 못하고 쓰러진 것이다.

바로 앙코르 문명의 현재를 상징적으로 보여주고 있는 이곳은 앙코르 제국의 전성기를 구가했던 왕 바르만 7세가 어머니의 극락왕생을 비는 마음에서 건설한 불교 사원이라고 한다. 사원의 규모는 가로 600m, 세로 1,000m로 앙코르와트 유적지 중 가장 크다. 당시 이 사원을 관리하기 위해 2,500명의 성직자와 12,000명의 하급 성직자가 관리할 정도로 영화를 누렸다고 한다. 하지만, 지금은 거의 폐허 상태로 서서히 파괴되어 가고 있는데 특히 커다란 나무뿌리에 침식당하고 있는 모습이 신비스럽다 못해 경이롭다. 동터오는 앙코르 와트에서 앙코르의 역사와 힌두교의 신비롭고 영험한 기운을 느꼈다면, 그리고 바욘 사원으로 대표되는 앙코르 톰 곳곳에서 화려하고 빼어난 문화적 절정을 체험했다면, 이 타프롬 사원의 폐허는 수많은 앙코르 유적군을 거치면서 갖게 된 들뜬 마음을 차분히 가라앉히며 영원한 숙적이며 동반자인 자연과 인간이 만든 문명의 관계에 대해 생각해 보게 한다.

등나무처럼 비비 꼬며 벽면을 타고 내리는 것도 있고, 다섯 손가락으로 어떤 물건을 감싸 쥐듯 덮은 것도 있으며, 담장을 따라 나란히 내달리며 건물과 한 몸이 된 것도 있다. 곁뿌리 하나가 족히 한 아름이 넘는 굵은 나무뿌리가 벽면을 타고 내려와 바닥까지 파고 들어간 것도 있다. 이런 광경은 이번 앙코르와트의 여행이 문화관광에 그치지 않고 결국 인간이 쌓아 올린 문명보다 자연이 더 큰 힘을 발휘한다는 평범한 진리를, 그리고 그 위대한 자연의 힘을 확인하는 참으로 충격적인 경험이 되었다.

무화과, 보리수 등의 커다란 나무뿌리가 벽과 지붕에 내려앉고, 담과 문을 휘감고 있는 모습은 자연의 무지막지한 힘을 느낄 수 있음과 동시에 영화롭던 당시의 모습을 상상해 보며, 많은 생각을 하게 한다. 인간과 자연의 경쟁에서 결국 자연이 비웃기라도 하듯 인간의 힘을 압도하는 모습을 상징적으로 보여주는 것 같아 참으로 묘한 기분이 들었다. 정말 인간에게 보란 듯이 너무도 거대하고 도도한 모습으로 크고 작은 수많은 사원 건물을 하나씩 무너뜨리는 이 나무들의 힘 앞에 난 지금까지 동분서주하며, 가족을 돌보고, 학생들을 가르치고 그 많은 책을 쓰고 논문을 써온 내가 초라하기 그지없는 미물임을 깨닫게 되다니... 어떻든 내가 더 늙기 전에 이 세계적인 문화유적지를 보았다는 것이 기쁘다. 이래서 여행이란 꼭 해야 하는 것이라는 생각을 다시 해본다.

구엘 공원과 성가족 교회

구엘 공원은 세계적인 스페인 건축가 안토니오 가우디 코르네(Antonio Gaudiy Cornet, 1852~1926)가 설계한 구엘 백작의 집이 있는 공원으로 유명한 곳이다. 뛰어난 건축가와 돈 많은 구엘 백작이 만나 전 인류에게 꿈과 희망, 그리고 여행의 즐거움을 선사하는 불후의 명작이다. 가우디의 작품 세계는 특정한 분야나 양식의 테두리 내에서 이루어지고 있는 전통적인 체계로서는 분류하기가 힘들며, 어느 특정한 스승으로부터 사사 받은 제자라고 할 수 없다는 특징이 있다.

가우디의 작품은 시대와 양식 그리고 작품이 이루어진 시대정신 그 모든 것을 초월하고 있다고 말할 수 있다. 그는 회화, 조소, 건축을 모두 종합한 작품을 곳곳에 남겨놓았는데, 그의 작품은 자연을 살리면서 예술과 자연의 합일을 이루는 것으로 보인다. 하늘, 구름, 물, 바위, 나무, 동물이나 신과 같은 자연의 여러 가지 모습에 대해서 그의 예리한 관찰력과, 자유분방한 상상력, 남다른 창의력, 천재적 명석함과 손 재능까지 예술가가 갖추어야 할 모든 능력을 선천적으로 가졌고 거기에 노력까지 곁들여 감히 누구도 흉내 낼 수 없는 불후의 작품들을 남긴 것이다. 그는 분석력과 종합력 그리고 응용력까지 인간이 가진 지능을 극대화한 인물로 여겨진다

가우디는 조그마한 시골집에서 여름이면 관찰할 수 있었던 자연의 아름다움과 타라고나의 시골 풍경의 광명스러운 점에 감명을 받아서 자연세계가 아름다운 형태를 탄생시킨다는 사실을 터득하였으며, 원래 예술 작품은 창조하는 것이 아니라 무엇보다 유용하고 기능적인 것들을 만드는 것이라는 것을 이해하였다. 이러한 과정을 통해서 쌍곡선의 포물체 천장을 만들었을 뿐만 아니라 전혀 새로운 형태의 조각 방식을 창조해내기도 하였다. 그는 건축에 그의 인생을 몽땅 쏟아 부었다. 결혼도 하지 않았고 글도 많이 쓰지 않았으며 여행도 별로 하지 않았다고 한다.

가우디는 소박하고 수줍으면서도 매우 예민한 사람으로서 자연을 관찰하면서 건축 형태를 이해할 수 있었다고 한다. 그의 건축양식은 매우 시적이라고 할 수 있지만 그는 개인적으로 시는 전혀 좋아하지 않았다고 한다. 그의 사상은 항상 건축을 통해서만 표현되었다. 가우디 자신이 즐기는 건축학 이론이 무엇인지에 대한 질문을 받은 그는 그의 스튜디오 창문 밖을 가리키면서, 저기 보이는 나무가 자기의 제일 좋은 건축 교본이라고 말하였다고 한다. 1969년 이후 그의 17가지 작품이 스페인의 국립문화재로 지정되었고 법에 의해 보호받고 있다. 이중에서 가장 유명한 것이 구엘 공원, 성가족교회(Sagrada Familia), 그리고 우리 식으로 보면 집단거주 건축물인 카사밀라가 있다.

가우디 건물 하나하나가 제각기 특징을 가지고 있고 다른 것과 유사한 면을 전혀 찾아 볼 수 없다. 그의 건축물은 외면뿐만 아니라 내부까지도 치밀한 정성을 들여 모든 부분이 뛰어난 예술이다. 천장이나 창틀 하나도, 심지어 그 건물에 들어가는 길바닥과 담장 하나에도 그의 예술혼이 들어가지 않은 곳이 없는 총체적인 작품을 추구했다. 나 같은 범인으로서는 도저히 꿈에도 상상할 수 없는 유적 앞에 감탄과 감동 외에는 할 것이 없었다. 그가 살았던 당시와 그 이후의 건축가 세대들은 가우디의 사상을 제대로 이해하지 못했으나 1952년 그의 탄생 100주년 기념 가우디 전시회를 계기로 많은 건축평론가와 이론가들이 가우디 건축의 가치를 발견하게 되었다고 한다.

가우디의 작품은 모방하기가 거의 불가능하여 수많은 모방이 있었지만 모두 실패로 돌아갔다고 한다. 가우디에게서 우리가 배울 수 있는 교훈이 있다면 어떤 문제에 봉착했을 때 어떠한 사람의 해결책을 모방하는 것이 아니라 대자연에서 영감을 찾는 것이 중요하다는 사실이다. 자연적인 형태에도 다양한 해결책이 있기 때문에 결코 반복될 위험이 없다. 가우디는 이성적이고 논리적인 방식을 추구함에 따라 경이적인 구조를 발견하였는데 재래의 건축 양식과는 달리 그는 시간을 초월한 자연속의 그 무엇인가를 발견한 것이었다. 가우디의 건축은 항상 자연 속에서 직접 해결책을 찾았기 때문에 결코 피곤하지 않으며 그가 살던 시대와 마찬가지로 지금도 우리 모두에게 환희를 맛보게 한다.

가우디의 유명한 말 중에 "독창성이라는 것은 근본으로 돌아가라는 것이다."라는 말이 있는데 이는 모든 것의 근원은 신이 창조한 자연이라는 것을 의미한다. 그는 순환의 원리를 건축에 적용한 것일까? 직선이 거의 없이 대부분 곡선으로만 이루어진 그의 빼어난 건축물들을 보면서 나를 거기까지 데리고 가 준 남편에게 한없는 고마움을 느낀다.

카탈로니아 레우스에서 출생한 가우디는 17세에 건축공부를 시작하여 바르셀로나 건축학교를 졸업했는데 벽과 천정이 굴곡을 이루는 그의 건축물들은 곡선이 지배적이며 섬세한 장식과 색채를 조화시켜 마치 피카소의 그림을 보듯 야릇한 분위기마저 자아낸다. 범상치 않은 영의 세계를 표출하여 범인들의 생각을 뛰어넘는 작품세계를 연출한 스페인 남부 태생의 피카소(1881~1973) 또한 이곳 바르셀로나에서 활동하였는데 이 두 천재적 예술가들이 한 시대를 한 공간에서 살았다는 것은 매우 흥미로운 일이다. 가우디는 자연에서 영감을 얻어 작품 세계에 쏟아 넣었는데 서목이 뻗어 오른 몸통과 줄기에서 건축물의 기둥을 만들어 내고 선인장의 꽃 봉우리를 타워 꼭지에 올려놓았다. 해변의 산더미같이 밀려오는 거대한 파도말이를 벽면에 붙여 놓아 그 안을 걸으면 파도를 타고 서핑하는 기분을 느끼게 한다.

가우디는 그의 열렬한 후원자이며 오랜 친구인 구엘 백작을 위해 구엘교회(1894~1914), 구엘공원(1900~1914), 까사 밀라(1907), 까사 바트로(1907) 등 많은 건축물을 지었는데 이들 건축물은 그가 가장 왕성하게 활동하던 40대 후반에서 50대에 완성한 작품들이다. 이중에서 유네스코세계문화유산에 등재되기도 한 구엘 공원은 바르셀로나 시를 한 눈에 바라볼 수 있는 시 외곽 북서쪽에 20hr 면적으로 넓게 퍼진 산중턱에 위치하고 있다. 1900년부터 14년에 걸쳐서 이루어진 이 공원은 구엘(E. Guell)의 사유지에 이상적인 전원도시를 계획하고 시작하였다고 한다. 하지만 예정과는 달리 계획했던 60채의 주택 중 단지 2채의 주택만이 건설되고 그 후 소유자가 바르셀로나 시로 바뀌면서 당시 공공시설로 계획했던 지역과 공지로 남아 있던 부분이 1922년부터 시립공원으로 편입되어 바르셀로나의 일반 시민들에게 공개되기 시작하였다.

가우디가 계획한 휴양지역 및 공공의 장소는 하나의 예술작품처럼 조성되어 있고 반면에 원래 계획했던 주거 단지는 소나무, 야자수 등의 나무를 심어 공원 전체가 마치 인공과 자연이 조화된 거대한 조각품과 같다는 인상을 준다. 이 공원의 두 가지 특징은 모자이크로 장식된 부분과 전체 단지의 경사를 극복하기 위해 비스듬하게 세운 장벽과 기둥으로 이루어진 동굴 형태의 산책로라고 할 수 있다. 실질적인 이용과 미적인 효과의 종합이라는 면에서 가우디의 천재성을 더욱 명확하게 볼 수 있다. 모자이크로 장식된 부분은 주 출입구의 계단 부분과 뒤로 이어지는 도리아식 신전의 천정 그리고 도리아식 신전위에 만들어진 커다란 광장의 거대한 뱀의 형태를 취한 공원 의자 등이다.

도리아식 신전 위의 86×40m의 커다란 광장은 가우디가 흔히 그리스식 야외극장이라고 부르기를 좋아했는데, 광장의 반은 도리아식 기둥으로 받쳐진 지붕처럼 되어 있고 나머지 반은 직접 지상과 연결되어 있다. 이 광장에 놓인 거대한 뱀의 형태를 취한 의자는 화려한 모자이크 장식의 아름다움과 인체에 정확하게 맞는 편안함을 주는 세계에서 가장 긴 공원벤치이다. 가우디가 이 의자를 제작할 때 직접 사람이 앉은 상태에서 석고 틀을 만들어 나중에 그 형태를 그대로 이용했다고 한다.

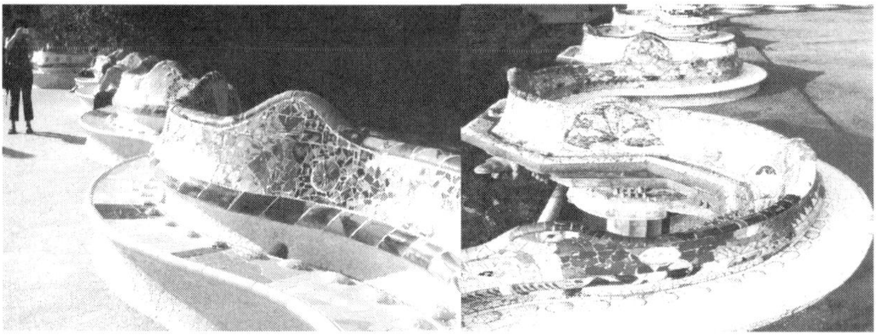

구엘 공원의 벤치

이 야외 벤치는 모자이크 재료의 특성 때문에 비가 온 후에는 항상 청결한 상태를 유지할 수 있는 장점도 가지고 있다. 전체적으로는 구불구불하게 디자인되어 있고 사람이 앉으면 매우 편안함을 느낄 수 있도록 인체에 맞게 설계되어 있으며, 표면은 색색의 타일을 모자이크하여, 정말 화려하면서도 부드러운 곡선이 사람의 마음을 매우 평화롭게 해주며 그 아름다움과 번뜩이는 아이디어가 보는 이를 압도한다. 아마도 원래 60가구를 계획했다니까 이 공원 도시에 사는 모든 사람들과 방문객이 모두 앉고도 남을 벤치를 만들어 놓은 것 같다.

구엘 공원의 신정과 계단

14년간에 걸쳐 작업을 했다고 하고, 자금의 부족으로 원래의 계획대로 많은 집을 짓지는 못했지만, 공원 전체가 거대한 작품이다.

공원을 산책하다 보면 동굴 형태의 산책로가 이어지는데 지형을 극복하려고 비스듬하게 세운 벽이나 기둥, 그리고 자연의 형태에서 응용된 기둥 장식은 구조미의 절정이라고 할 수 있다. 흙이나 벽돌, 그리고 보통 돌 하나도 가우디에게 가면 그대로 예술이 된다.

성가족교회(Sagrada Familia)

그가 남긴 또 다른 작품 중 아직도 미완성인 채로 건축이 진행 중에 있는 것으로 성가족성당(Sagrada Faimilia)이 있다. 이 건물도 아무도 상상할 수 없는 가우디의 독창성을 드러내기에 충분한 건축물이다. 그의 탁월한 디자인 능력과 예술혼 그리고 신앙심이 모두 성가족교회(Sagrada Familia)에 집성되어 있다. 후원자들의 돈으로 1882년 가우디가 시작하여 평생 동안 지었고, 그가 죽은 후에도 계속 짓고 있으며 아직도 100년 이상 걸려야 완공될 것이라고 한다. 스페인의 대명사인 이 교회는 하늘을 찌를 듯 솟아오른 옥수수 대궁 같은 여덟 개 탑으로 특징지어 지어 지는데 네 개의 탑이 더 세워지면 12사도를 상징하는 열두 개의 탑이 된다. 중앙에는 예수그리스도를 상징하는 170미터 높이의 대형 돔이 들어서도록 설계되어 있다. 내부의 천정은 나무처럼 생긴 기둥들이 떠받치고 있다. 건축 양식은 입체기하학에 바탕을 둔 네오고딕식이다. 구조는 크게 3개의 파사드(건축물의 주된 출입구가 있는 정면부)로 이루어져 있다. 가우디가 완성한 파사드는 그리스도의 탄생을 경축하는 '탄생의 파사드'뿐이다. 나머지 두 개의 파사드는 '수난'과 '영광'의 파사드이다. 수난의 파사드는 1976년에 완성되었고, 영광의 파사드는 아직 착공도 되지 않았다.

우리나라 같은 빨리빨리 문화로는 도저히 감당하기 어려운 과제지만 스페인 사람들은 서두르지 않고 완벽하게 완성하기 위해 노력하고 있는 것이다. 그러므로 내가 생전에는 완성된 교회를 볼 가능성은 전혀 없지만 이 교회의 건축미나, 건축정신, 하느님에 대한 인간의 정성 이 모두가 나에겐 전율을 느끼게 할 정도의 강렬한 인상을 심어주기에 충분했다. '百聞不如一見(백문불여일견)'이라는 말은 이럴 때 필요한 말이 아닌가 한다.

정말 다시 사람으로 태어난다면 건축가가 되고 싶은 생각이 절로 난다. 예술적 재능이라고는 전무한 나지만 또 누가 알겠는가. 후세에는 내가 이토록 경탄해 마지않는 가우디의 예술적, 과학적 재능의 백분의 일이라도 나에게 날아들어올지...

이집트의 피라미드와 스핑크스

옛날 초등학교 때 배웠던 피라미드와 스핑크스를 직접 눈으로 보기 위해 두바이까지 가는 비행기를 타고 두바이에서 다시 비행기를 갈아타고 카이로에 내렸다. 카이로에서 다시 버스를 타고 대피라미드가 있는 기자지역으로 갔다. 모래 바닥 위에 서 있는 이 장엄한 피라미드! 사람의 욕망은 이렇게 사후를 위해서까지 이토록 많은 돈과 공력을 들여 엄청난 무덤 집을 만든 것이었다. 삼각뿔 모양의 이 초대형 무덤들인 피라미드는 고대 이집트의 왕, 왕비, 왕족 무덤의 한 형식인데 '피라미드'의 어원은 그리스어인 '금자탑'의 의미를 가진 피라미스(pyramis)이며, 이집트인은 '메르'라 불렀다. 현재 80기(基)가 알려져 있으나, 옛날의 모습을 남기고 있는 것은 의외로 적고 이 기자지역의 쿠푸왕의 피라미드가 보존상태가 비교적 양호하고, 그 규모도 제일 크므로 대피라미드 또는 제1피라미드로 불리며, 이집트 피라미드를 대표한다. 아래의 사진에서 가장 왼쪽에 있는 것이 쿠푸왕의 피라미드이다. 가운데에 있는 피라미드가 가장 커 보이는데, 이것은 원래 높은 땅 위에 세워졌기 때문이고 실제로는 왼쪽 피라미드보다 조금 작다.

대피라미드

피라미드는 단순한 왕의 무덤이 아니라 사후 세계의 신앙과 관련된 신성한 건축물로 보는 학자들도 있다. 왜냐하면 동서를 막론하고 고대의 왕들은 자신이 언젠가 죽는다는 사실을 받아들이기가 매우 어렵고, 또 받아들이기도 싫으나, 인간의 한계를 알고 있었기 때문에 대신 죽더라도 영혼은 영원히 살아 있다고 믿고, 영혼이 살아 있으면 언젠가는 육체도 다시 살지도 모른다고 생각했거나, 다시 살지 않더라도 영혼이 자기의 시신에 와서 쉴지도 모른다는 생각에 몸이 영원히 없어지지 않게 미라도 만들었다. 이들 왕 즉 파라오들은 현세의 권력과 영화를 사후세계에서도 또한 누릴 수 있는 초호화무덤을 건설했던 것이다. 중국의 진시황의 병마용도 같은 맥락으로 이해하면 된다. 어떻든 그리하여 고대이집트 왕들은 즉위하자말자 제일 먼저 자기의 무덤이 될 피라미드를 건설하였다고 한다. 피라미드에 대해 현재 남아 있는 최고(最古)의 기록은 그리스의 역사가 헤로도투스(BC 5세기)의 <역사> 권2에 있다. 그는 기자의 대(大)피라미드에 관하여 10만 명이 3개월 교대로 20년에 걸쳐 건조했다고 기술하고 있다.

진정 세계 최대의 석조건물로서 그 장대한 규모와 간결한 미는 다른 데서 찾아볼 수 없다. 내부를 보면 북측의 지면에서 약간 위에 있는 입구로 들어가 그대로 하강하면 암반 밑에 설치된 방에 도달한다. 이곳이 제1차 계획의 매장실이고, 그 위에 있는 통칭 '왕비의 방'이 제2차 계획의 매장실이다. 그리고 제3차 계획에 의해 피라미드는 완성되었다. 제1피라미드 남서쪽에 카프라왕의 제2피라미드가 있다. 높이 136m, 밑변 216m이다. 기자에는 그 밖에 멘카우레왕의 제3피라미드와 왕족들의 소(小)피라미드 6기가 있다.

피라미드를 건조함에 있어 가장 큰 문제는 무거운 석재를 필요한 높이까지 운반하는 것이었다. 그래서 피라미드 측면에 직각으로 경사로를 만들고 석재는 썰매로 운반하였다고 한다. 일정한 높이마다 핵재(核材)·내장재·전재(塡材)·외장재의 순으로 쌓아놓고, 피라미드가 높아짐에 따라 경사로도 높아졌다. 이 경우 경사로의 기울기는 일정해야 하므로 길이는 점차 길어진다. 정상까지 다 쌓고나면 위에서부터 외장을 완공시켜가면서 서서히 경사로를 낮게 하여 완성시키는 방법을 취하였다. 아마도 이러한 피라미드의 건설로, 고대의 건축술도 더 발달했을 것 같다. 이 피라미드에는 당연히 부장품을 많이 넣었는데 그 후 도굴범들에 의해 현재 부장품은 아무 것도 남아있지 않다. 심지어 외장재도 매우 아름다운 돌로 매우 정성스럽게 짜였다고 하나 현재는 맨 꼭대기에 아주 조금 남아있을 뿐 겉에서 두 번째의 벽돌로 남아있는 있는 상태다. 사람으로 말하면 겉옷은 벗고 내복만 입고 있는 것이다.

피라미드의 내부

대피라미드는 높이 146m, 한 밑변 길이 230m로 사각변의 길이에 오차가 거의 없다고 한다. 무게 2~20톤의 석회암 내장석 약 230만 개를 쌓아 올렸으며, 과거에는 피라미드 전체가 백색 외장석으로 덮여있었다고 한다. 외장석과 외장석간에는 백색 모르타르로 접합된 흔적이 남아 있다. 피라미드 내부는 왕의 방, 왕비의 방, 대회랑, 내려가는 통로, 올라가는 통로, 수평통로, 환기통 등 복잡한 구조로 되어 있다.

내려가는 통로는 그리스·로마시대부터 발견되었으나, 올라가는 통로(왕의 방, 왕비의 방 및 대회랑과 연결)는 9세기 Abbas 왕조의 Mamun왕이 처음 발견하였다고 하며, Mamun이 만든 통로는 현재 관광객들의 출입구로 사용되고 있다.

그리스의 역사학자 Herodotus가 약 20만 명의 인원이 약 10년간에 걸쳐 건축하였다고 추산하는 것과는 달리 현대의 일부 건축학자들은 건축의 정밀도로 보아 4,5천명의 숙련된 기능공들이 오랫동안 건축한 것 같다고 추정하고 아직 건축방식에 대해서는 풀리지 않은 의문점이 있다고 한다.

스핑크스와 카프레왕의 피라미드

스핑크스는 이 거대한 무덤을 지켜주는 수문장격인 석상이다. 이석상은 사람의 머리와 사자의 몸체를 가졌는데 왕자(王者)의 권력을 상징하는 모습으로 표현된 것이라고 한다. 이집트의 기자 지역에 있는 제4왕조(BC 2650년경) 카프레왕(王)의 피라미드에 딸린 스핑크스가 가장 크고 오래된 것으로 알려져 있다. 이것은 사연암석을 이용하여 조각한 것인데, 군데군데 보수(補修)한 흔적이 있다. 전체의 길이 약 70m, 높이 약 20m, 얼굴 너비 약 4m나 되는 거상(巨像)으로, 그 얼굴은 상당히 파손되어 있으나 카프레왕의 생전의 얼굴이라고 한다. 앞으로 뻗은 앞다리 사이에는 투트모세 4세의 석비(石碑)가 있다. 이 스핑크스는 ‘지평선상의 매’를 나타내는, 태양신의 상징이라고도 한다.

그 옛날 몇 천 년 전에 이런 것을 만들었으니 당시의 이집트가 얼마나 부강한 나라이고, 얼마나 발달한 나라였는지를 웅변으로 말해주고 있다. 또한, 이러한 대역사를 위하여 얼마나 많은 백성들을 희생시켰을지 짐작하고도 남는다. 그러나 많은 세월이 흘러 지금은 이러한 피라미드와 스핑크스라는 세계적 문화유산 덕에 세계적으로 수많은 관광객을 불러들여 자손들에게 도움을 주고 있는 것이다. 역사의 아이러니가 바로 이런 것이다. 그리고 이러한 세계적 관광자원을 가진 나라들이 부럽기만 하다.

투탕카멘 왕의 미라

고대 이집트의 왕 파라오들은 약 4,700년 전부터 1천년 동안 그들이 죽은 뒤에 머물 무덤으로 피라미드를 세웠다. 그들은 자기들이 죽은 후에도 영혼은 영원히 산다고 믿었으므로, 왕위에 즉위하자마자 10~20년씩 걸려 엄청난 공력을 쏟아 부어 피라미드를 건설하였다. 왕들은 또 영혼이 다시 찾아들게 하기 위하여 시신을 썩지 않게 미라로 만들도록 하였다. 또한 살았을 때 쓰던 물건과 보물들도 함께 넣게 했다. 그리고 외부의 어떤 침략에도 견디게끔 거대하게 만들어졌고, 도둑질 당하지 않도록 그 입구는 비밀에 붙여졌다. 그러나 이런 왕들의 뜻과는 달리 피라미드는 보물을 노리는 도둑들에게 번번이 털리곤 하였다. 이를 견디다 못하여 생각해 낸 것이 사람 눈에 띄지 않는 곳에 비밀 무덤을 만들어 몰래 장사 지내는 것이었다.

이 방법을 처음 생각해 낸 사람은 토트메스 1세(기원전 1545~1515)였다. 그는 자신의 미라가 도둑들 손에 망가져 영혼이 쉴 곳을 잃을지도 모른다는 두려움에 자기가 죽으면 자기의 시신을 골짜기의 바위 벼랑에 숨기라고 이네이라는 신하에게 명령하였다. 명령을 받은 이 신하는 전쟁 포로 백여 명을 데리고 무덤을 만든 뒤, 포로들을 모두 죽임으로써 비밀이 새나가는 것을 막았다. 그 뒤로 모든 파라오의 시신은 피라미드 대신 룩소라는 지역에 있는 이 '왕가의 골짜기'에 숨겨졌다. 그리하여 파라오의 미라들은 약 3천년 동안 이곳에서 편안히 잠들 수 있었다.

1881년 비로소 이 '왕가의 골짜기'가 세상에 알려지게 되었다. 그 사건은 한 미국인 골동품 수집가로부터 비롯되었다. 그가 이집트의 골동품 상인으로부터 사들인 옛 파피루스가 피라미드 시대 이후의 것으로 밝혀지자, 이를 이상하게 여긴 이집트 박물관이 조사에 나섰다. 박물관장 마스페로 교수는 젊은 조수로 하여금 이 골동품 상인의 뒤를 밟게 하였다. 조수는 결국 파라오의 무덤만을 파헤치며 살아온 도둑 마을을 찾아내게 되었다. 13세기부터 대를 이어 가며 무덤 도둑질로 살아온 쿠르나 마을 사람 가운데 하나가 1875년 우연히 테베의 공동묘지 골짜기에서 파라오의 무덤을 발견했다는 사실이 밝혀졌다.

1881년 7월 5일, 조사관이 도둑의 안내를 받아 '왕가의 골짜기'를 찾은 뒤로 오늘날까지 거기서는 무덤이 모두 64군데나 발견되었으나, 조사관이 가보았을 때는 이미 무덤들에는 아무 것도 남아 있지 않았다. 그들은 마구 짓밟힌 미라들만을 찾아 박물관으로 옮겼을 뿐이다. 지금은 아무것도 없는 무덤 속 벽화만이 희미하게 남아 있다. 재미있는 것은 이 룩소의 왕들의 골짜기를 돌아보고 나오는 세계의 관광객들에게 온갖 종류의 파피루스에 이집트 문자가 새겨진 기념품을 팔고 있다. 이야기는 다시 투탕카멘의 미라로 돌아간다.

1902년 미국인 변호사 데이비스가 이집트 정부로부터 '왕가의 골짜기'를 발굴해도 좋다는 허가를 받아냈다. 아마도 이집트정부로서는 힘에 겨운 일이라 다른 나라 사람의 힘을 빌려서라도 왕들의 골짜기를 제대로 발굴해 보고 싶었는지도 모른다. 하여튼 데이비스는 12년에 걸쳐 무덤 네 군데를 발굴했다. 그러나 그곳들은 이미 다 도굴 당한 뒤였다. 빈털터리가 된 그는 1914년에 발굴권을 다른 사람에게 넘기고 그 곳을 떠났다.

발굴권을 넘겨받은 사람은 영국인 귀족 카나본(Canavon)경이었다. 백만장자인 카나본 경은 스포츠와 모험을 즐겼으며, 미술품 수집에도 남다른 관심이 있었다. 1900년 그는 자동차 사고로 크게 다쳤는데, 호흡 장애 때문에 따뜻한 이집트로 갔다가 무덤 발굴 모습을 보게 되었다. 그는 고고학

발굴이야말로 예술품 수집과 모험심을 함께 맛볼 수 있는 멋진 일이라고 생각했다. 1906년 카나본은 이집트 박물관의 마스페로 교수를 찾아갔다. 마스페로는 카나본이 함께 일할 사람으로 박물관에서 일하는 영국인 카터를 소개해 주었다. 카터(Carter)는 이집트 고고학에 지식이 깊은 훌륭한 학자였다. 마흔 살의 백만장자와 서른 세 살의 젊은 학자는 굳게 손을 잡았다. 이 두 영국 사람들 덕분에 현재 대영박물관에는 이집트의 미라, 소규모 피라미드가 있는지도 모를 일이다.

1913년 가을 어느날, 카나본과 카터는 투탕카멘의 무덤을 찾기 위해 왕가의 골짜기 한쪽의 땅을 파기 시작했다. 투탕카멘은 기원전 1361년 아홉 살에 왕이 되어 열여덟 살에 죽은 소년 왕이다. 그의 무덤은 그때까지 발견되지 않고 있었다. 카터는 데이비스가 투탕카멘이라고 새겨진 도자기와 금박 입힌 나무상자를 발견했던 장소에 투탕카멘의 무덤이 있을 것이라고 굳게 믿고 있었다. 그러나 일을 시작한 지 얼마 안 된 1914년 7월 제1차 세계대전이 일어났다. 그들은 일손을 멈출 수밖에 없었다. 그리고 재발굴 조사는 1917년부터야 다시 시작되었다. 그 뒤 4년간을 더 팠으나 별 소득을 얻지 못 하자 카나본은 영국에 돌아갔다.

그 뒤 카터는 혼자서 람세스 6세의 무덤을 만들 때 만들어졌던 오두막 밑을 파보기로 했다. 람세스 6세는 투탕카멘보다 훨씬 뒤의 왕이므로 그 밑을 파본 사람은 아무도 없을 것이라고 생각했기 때문이다. 1922년 11월 3일 카터는 오두막 한 채를 헐고 그 아래를 파 보았다. 마침내 바위를 깎아 만든 돌계단이 드러났다. 그것은 누가 보아도 무덤의 입구로 가는 층계임이 분명했다. 카터는 무릎이 떨릴 만큼 가슴이 벅차오름을 느꼈다. 그러나 기뻐하기에는 아직 일렀다. 만들다 만 무덤일 수도 있고, 투탕카멘의 무덤이 맞다고 해도 이미 도둑맞은 빈 무덤일지도 몰랐다.

계단 열여섯 개를 파내자 출입문이 나타났다. 그 문에는 봉인이 잘 되어 있었다. 투탕카멘의 도장이었다. 카터가 떨리는 몸을 억지로 가누면서 구멍을 뚫고 들여다보니, 그 안은 돌과 자갈로 꽉 채워져 있었다. 그는 당장

문을 열고 들어가고 싶었지만 억지로 참고 집으로 돌아왔다. 6년이나 찾아 헤매던 무덤을 발견했지만 그는 카나본이 온 뒤에 함께 열어야 한다고 생각했다. 그는 서둘러 전보를 쳤다. 전보를 받은 카나본이 딸과 사위와 함께 허겁지겁 영국으로부터 달려왔다.

네 사람은 첫 번째 출입문을 자세히 살펴보았다. 도굴꾼들이 뜯은 흔적이 있었지만, 별로 도둑맞은 것이 없는지 그 뒤 다시 봉인되었음을 알 수 있었다. 며칠 걸려 통로의 자갈더미를 치우고 나니 두 번째 문이 나타났다. 11월 17일 두 번째 문도 열렸다. 방안에 들어선 네 사람 앞에 너무도 놀라운 광경이 펼쳐졌다. 황금옥좌, 황금 장의자, 마차를 비롯한 무수한 금붙이들이 방안을 가득 메우고 있었고, 벽에는 화려한 벽화와 돌조각이 황금빛을 받아 번쩍번쩍 빛나고 있었기 때문이다. 그것들은 하나하나가 귀금속으로서 뿐만 아니라, 수천 년 전 이집트의 문화와 삶을 알 수 있는 값진 문화재들이었다. 이때까지의 이집트 문화사를 다시 쓰게 해야 할 보물들..., 네 사람은 그 자리에서 그만 움직일 줄을 몰랐다. 한참 지나서야 카터는 그 방에 미라가 없다는 것을 깨달았다. '그렇다면 또 다른 방이 있단 말인가?' 그들은 네 군데 벽을 꼼꼼히 더듬어 보았다. 방은 두 개가 더 있었다. 구멍을 뚫고 들여다보니, 한 군데는 온갖 일용품과 장신구들이 꽉 들어차 있었다. 남은 또 하나의 방에 투탕카멘의 미라가 들어 있음이 틀림없었다.

그들은 잠시 생각을 가다듬었다. 앞으로 얼마나 더 많은 보물들이 쏟아져 나올지 모른다. 그것들이 본디 놓여 있었던 자리를 기록해서 목록을 만들고, 부서지지 않도록 포장하고, 실험실을 세우려면, 많은 사람의 도움과 몇 년이란 세월이 더 필요했다. 12월 3일, 네 사람은 무덤을 다시 메우고 경비원을 세웠다. 이 소식이 알려지자 세계 곳곳에서 도움의 손길이 쏟아졌다. 많은 전문가들이 달려와 12월 6일부터 시작된 과학적인 발굴에 발 벗고 나섰다. 다섯 달이 지난 1923년 5월 13일, 1차로 포장상자 서른 네 개가 무덤을 떠나 이집트 박물관으로 옮겨졌다. 상자들마다 일찍이 이집트에서 발견된 예술품들 가운데 가장 뛰어난 작품들로 가득 차 있었다. 1924년

2월 17일, 카터는 두 번째 방의 문을 열었다. 돌을 들어내고 구멍 안으로 회중전지를 비추자, 20명 남짓한 전문가들은 그 뒤에서 마른 침을 삼키며 조바심을 쳤다. 구멍 안에는 금빛으로 빛나는 벽이 앞을 가로막고 있었다. 그러나 그들은 그 금빛 벽이 무엇인지 금방 알아차렸다. 그 방이야말로 미라를 놓아둔 방 즉 현실이었고, 그 금빛 벽은 미라를 넣어둔 엄청나게 큰 겉관이었던 것이다. 어찌나 큰지 겉관과 벽 사이에는 한 사람이 겨우 지나갈 수 있는 틈 밖에는 없었다.

현재 이집트 고고학 박물관에 전시되어 있는 이 금관은 길이가 무려 5m, 너비 3.3m, 높이 2.73m에 이르는 거대한 나무관이지만 온통 순금으로 입혀져 있어서 전체가 금관으로 보이며 그 규모는 관광객들을 압도하기에 충분하다. 카터는 현실을 한 바퀴 둘러보았다. 한쪽 벽에 또 하나의 문이 있었다. 네 번째 방에는 커다란 금빛 궤짝이 있었고 궤짝 둘레엔 여신상 넷이 서 있었다. 그곳은 보물 창고였다. 차례로 현실 안을 둘러본 사람들은 하나같이 그 신비스럽고 장엄함에 질린 듯 입을 다물 수 없었고 아무 말도 할 수가 없었다.

투탕카멘의 황금초상

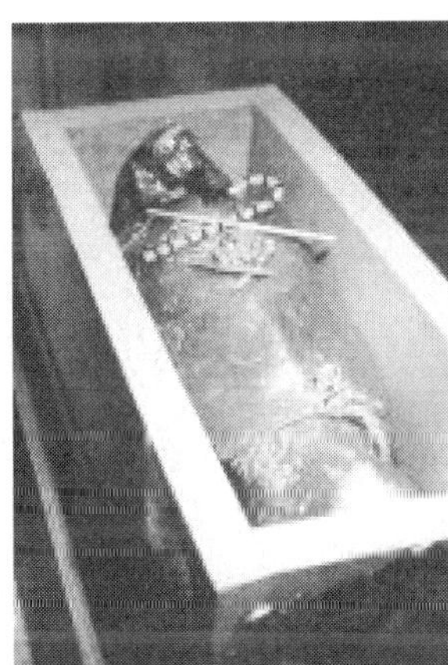

투탕카멘의 미라

내가 이집트 박물관에서 이 금관들을 보았을 때도 정신을 못 차릴 정도로 놀랐는데, 그들이 처음 그것을 발견했을 때의 놀라움이야 오죽하였으랴. 인간의 역사가 시작된 뒤로 가장 큰 보물 발견이라 일컬어지는 투탕카멘 무덤 발굴은 무덤 찾는 데 6년, 보물을 조사하고 옮기는 데 또 다시 6년이 걸렸다. 1927년 2월 3일, 네 겹으로 된 겉관이 열리자 노란색 석영으로 된 돌관이 나타났다. 550kg이나 나가는 붉은색 화강암 뚜껑을 들어 올리자 마침내 속관이 나타났다. 속관은 시신의 모양을 그대로 본뜬 인형 모양을 하고 있었다.

첫 번째 속관의 뚜껑에는 소년왕의 초상을 새긴 황금판이 붙어 있었다. 얼굴은 순금, 눈은 흑요석, 눈썹은 푸른 유리, 두 손엔 왕임을 나타내는 갈고리와 도리깨가 들려있었다.

그런데 이들을 더욱 감동시킨 것은 이마에 놓인 한 묶음의 꽃이었다. 그것은 나이어린 왕비가 남편에게 바쳤을 것으로 추측되는 꽃다발이었다. 그 꽃다발은 3천년이란 세월이 지나도 마르기만 했을 뿐 그대로 꽃의 모습을 나타내 주고 있었던 것이다. 두 번째 관의 뚜껑에는 예복을 입은 소년왕의 초상화가 있었다. 두 번째 속관을 들어냈을 때까지도 남아 있는 관은 너무나 무거웠다. 많은 인력들이 동원되어 두 번째 속관의 뚜껑을 열고서야 그 수수께끼가 풀렸다. 세 번째 속관은 2.5~3.5mm 두께의 순금으로 만들어져 있었던 것이다. 순금 뚜껑을 열자 마침내 미라가 모습을 나타냈다. 미라의 얼굴은 눈부시게 빛나는 황금가면을 쓰고 있었다. 미라를 겹겹이 싼 아마포를 헤치니 온갖 보석들이 143개나 들어 있었다. 열여덟 살밖에 안 되는 파라오가 하늘나라로 가지고 가려던 황금 보화는 이토록 엄청난 양이었다.

여기서 발굴된 모든 유적들은 현재 카이로 고고학 박물관에 전시되고 있다. 왕들이 피라미드를 만들거나, 이렇게 미라를 만들고 값비싼 부장품을 넣고, 금으로 된 관을 몇 겹씩 만드는 등 당시로서는 백성들의 엄청난 희생과 공력이 들었겠지만 아이러니컬하게도 지금의 이집트 후손들은 이러한 유적들 덕분에 세계적인 관광지가 되어 외화를 앉아서 벌어들이는 이집트에 대해 무한한 자부심을 가질 것이다.

이러한 세계적인 관광거리를 가진 나라들이 왜 이렇게 부러운지 모르겠다. 왜 우리는 고조선, 삼국시대, 조선왕조 등 5천년의 왕조시대가 있었지만 이런 유적 하나 없는지 안타깝다. 당시는 백성들의 원성을 듣고, 신하들의 만류가 있더라도 세계 최고의 어떤 유적을 남겨 놓았더라면 얼마나 좋았을까? 우리의 선조들은 모두 백성을 너무 사랑하신 나머지 당신 자신을 위한 희생은 강요하지 않으셨던 것이다. 또한 끊임없는 외세로부터 나라를 지키려는 생각만 하셨을 지도 모르겠다. 아니면 정말 지금 어디엔가 아직 발굴되지 않은 엄청난 유적이 묻혀있는 건 아닐까? 하는 망상도 해본다.

아! 그랜드캐년

1989년 UC 버클리에 교환교수로 가 있던 4월 어느 날 우리 가족은 꿈에도 그리던 그랜드캐년을 가기로 하고 자동차를 몰아 라스베가스까지 가서 하룻밤을 자고 다시 8시간을 드라이브하여 드디어 그랜드캐년에 도착하였다. 샌프란시스코에서 라스베가스를 가는 8시간 동안 약 반은 사막을 보면서 달렸다. 끝없이 펼쳐지는 사막! 미국이 아니면 못 쓰는 땅으로 버려졌음직한 사막 한복판에 라스베가스라는 도박 도시를 만들어 미국인이나 세계의 관광객이 와서 쉬면서 즐길 수 있도록 너무도 아름다운 호텔을 수도 없이 지어 놓고 호텔비와 음식비는 싸게 제공하고, 카지노에서는 돈을 잃고 가도록 만들어 놓았다. 호텔마다 카지노가 있으니 견물생심이라 한 번 안 들러볼 수도 없으려니와 호기심도 들어 온가족이 함께 들어갔다. 막내가 중학 1학년 때인데 아무도 제지하지 않았다. 세 아이들에게 각각 2, 3불씩 나누어 주고 한 번 해보라고 하고 우리 내외는 5불씩 가지고 들어갔으나 30분도 안 돼 다 잃고 아이들이 너무 재미없다고 해서 나와서 산책을 하다가 방으로 들어와 씻고 잠자리에 들었다. 그러나 이제 내일이면 30년 전 고등학교 국어책에 나왔던 그랜드캐년을 본다고 생각하니 너무 가슴이 벅차 잠도 잘 오지 않았다. 오면서 피곤했던 탓인지 온가족이 잠에 빠졌는데도 나만 잠을 설쳤다.

이튿날 아침 우리는 호텔에서 간단한 아침을 먹고 드디어 그랜드캐년으로 향했다. 끝도 없이 다시 이어지는 광활한 사막. 그러니까 바다같이 넓고 평평한 땅이 극심한 가뭄에 모든 식물이 말라죽은 듯 한 그런 사막을 무려 8시간을 달려 드디어 그랜드캐년에 도착하였다. 아! 적어도 그 순간엔 이 그랜드캐년을 보기 위해 살아온 듯싶고 이제는 죽어도 여한이 없을 것 같았다. 내가 살아 생전 이 그랜드캐년을 보는구나. 자연의 신비라든가 자연의 위대함이라든가 그런 정도의 말로는 어림도 없는, 참으로 말로는 도저히 형언할 수 없는 경이로움 그것이었다. 누가 이 그랜드캐년이 세계의 7대 불가사의라고 했던가. 그렇지, 불가사의고말고... 사람의 상상력과 창의력과 모든 과학을 총동원해도 도저히 만들지 못할 거대한 자연이 만들어낸 기막힌 예술이 거기에 있었다. 어느 사람의 예술 작품인들 감히 흉내라도 낼 수 있단 말인가.

그랜드캐년의 폭포

그랜드캐년은 글자 그대로 grand canyon, 즉 '대협곡'이란 뜻이다. '아리조나주의 국립공원으로 지정된 이 거대한 캐년은 7억년이 넘는 세월동안 콜로라도 강의 급류가 만들어낸 대협곡으로 446km에 걸쳐 펼쳐져 있고, 까마득하게 내려다 보이는 파아란 초록색의 콜로라도 강이 가물가물하게 보이는 곳까지가 1,600m라고 한다. 빙하기에 시작해 현재에 이르는 무려 7억년이라는 무구한 세월 속에서 형성된 장엄한 이 협곡은 장구한 지구의 역사를 그대로 보여주고 있다고 해도 과언이 아니다. 강물과 고원의 높이가 무려 1,600m나 되어 갈라진 계곡 벽은 수억 년 동안 만들어진 지층이 수백 수천 계단을 이루고 있는데, 각 계단의 색깔과 모양이 모두 달라 기기묘묘하면서도 규모가 워낙 커 장엄한 아름다움과 신비로움을 뿜어내고 있는 것이다. 이 지구상 어디에서도 볼 수 없을 것 같은 별천지를 만들어 보여주고 있었다. 양 계곡 사이로 드러나는 바닥에 흐르는 콜로라도 강이 육안으로는 아주 가느다란 도랑물처럼 보이는데, 그 초록빛의 물줄기가 전율을 느낄 정도의 감동으로 다가오는 것이다. 그랜드캐년의 상 · 하류에도 협곡이 이어진다.

총길이 350km 중 170km가 1919년 국립공원으로 지정된 이후, '자연을 자연 그대로 관리한다.'라는 취지 아래 국립공원 내 그랜드캐년 빌리지에 약 1,200명의 인원이 상주하며 관리하고 있다. 전 세계에서 오는 관광객의 수는 물론 부지기수다. 미국은 참으로 볼거리가 많은 국립공원이 많이 있다. 그러나 국립공원 중에서도 그랜드캐년의 관광객이 당연히 가장 많다. 이런 계곡이 왜 미국에만 있는지 정말 샘이 난다. 미국은 이 그랜드캐년 말고도 여러 개의 캐년이 더 있고, 옐로우스톤 공원, 요새미티 공원 등 세계적인 공원도 여러 개 더 있다.

왜 하느님은 미국에게만 이런 많은 축복을 주시는지... 좋은 걸 보고도 웬 심술인지 모르겠다. 이 캐년의 100분의 1이라도 한국에 떼어 내갈 수는 없을까를 어리석기 그지없고 부질없기 그지없는 생각을 그래도 하고 또 했다. 백문불여일견이라는 말도 참으로 실감했다. 눈으로 직접 보지 않고는 어떤 말로도 어떤 사진으로도 그랜드캐년에 직접 가서 느끼는 감동의 만분의 1도 느끼지 못 할 것이기 때문이다.

이스탄불의 지하 저수저와 블루 모스크

이스탄불에 도착해서 가장 먼저 가본 곳은 '지하 저수저'다. 외세의 공격을 많이 당했던 이스탄불은 전쟁을 치르기 위한 충분한 물의 공급을 위해 비잔틴 제국 시대에 지하 저수저를 많이 건축하였다고 한다. 우리가 가본 지하 저수저는 폭 70m, 길이 140m, 높이 9m로 담수 용량이 88,200ton이며, 비잔틴 제국의 유스티니아누스 황제시대에 336개의 기둥을 세워 건설되었는데, 특이한 것은 거꾸로 뒤집힌 채 기둥받침대로 쓰인 고르곤 메두사의 석물 두상이다. 그리스신화 속에 나오는 물의 신 포세이돈의 정부였던 '메두사'는 아테나 여신의 저주로 머리카락이 모두 뱀으로 변했고, 영웅 페르세우스 칼에 목이 베어졌다고 하는데, 이 메두사의 석물 두상을 서기 562년 비잔틴 제국 유스티아누스 황제 때 로마군이 그리스신전에서 가져와 이스탄불 지하 저수저에 거꾸로 처박아 기둥받침대로 사용한 모습이다. 이 지하 저수저는 아이디어와 규모, 그리고 기둥받침대에 이르기까지 모두가 신기할 뿐이다. 21세기 인류 문명이 엄청나게 발전했다고 하지만, 옛 사람들의 기발한 생각, 기술, 규모에 실로 경탄하지 않을 수 없다.

이스탄불은 아시아와 유럽의 2개의 대륙 사이에 위치하고 있는 터키의 수도로서 그 중심을 지나고 있는 보스포러스 해협은 흑해, 마르마라해, 그리고 골든 혼으로 이어져 있다. 이스탄불은 일찍이 로마 제국, 비잔틴 제국, 오스만 제국 등 3대 제국의 수도였다. 이스탄불에는 과거의 유산이 지금도 많이 남아 있어서 실제로 이스탄불을 방문하는 사람들을 매료시키는 것은 문화의 다양함에 있다. 박물관, 교회, 궁전, 위대한 모스크, 바자르(시장), 아름다운 자연 등 이스탄불에는 참으로 볼 것이 많다. 역사학자 '토인비'가 이스탄불을 가리켜 '인류문명의 살아있는 옥외박물관'이라고 했다는 말이 실감난다. 유네스코가 이스탄불 옛 도시 전체를 살아있는 문화유산으로 지정해 놓은 것도 수긍이 간다.

성 소피아 성당

오스만 시대에 지어진 직경이 27.5m, 높이가 43m에 다다르는 술탄아흐멧 모스크는 규모면에서 터키 최대의 것으로, 맞은편에 있는 성 소피아 성당에 대한 이슬람 세력의 우위를 상징하기 위해 그 양식을 모방, 발전시켜 건축한 독특한 형상의 회교사원이다. 그 내부의 벽과 기둥이 푸른색의 타일로 장식되어 있어 블루 모스크라고도 불리고 있다. 돔의 200개가 넘는 조그만 창은 스태인드 글라스로 장식되어 있어 이를 통해 들어오는 아름다운 햇살이 환상적인 분위기를 연출한다.

성 소피아 박물관은 마치 이스탄불에 산재해 있는 여느 모스크와 비슷해 보인다. 간혹 사람들은 마주보고 있는 블루모스크와 아주 흡사하다고 느낄 것이다. 하지만 성소피아 박물관이라는 정식 명칭보다 성 소피아 성당이라는 가장 최초의 이름이 가장 잘 어울리듯 이곳은 최초에는 성당이었다. 로마의 성 베드로 성당이 지어지기 전까지 규모면에서도 세계 최대를 자랑하던 성 소피아 성당은 오늘날까지도 비잔틴 건축의 최고 걸작으로 손꼽히고 있다.

비잔틴 제국 시대에 콘스탄티누스 대제가 그리스도교를 처음으로 공인

하고 '새로운 도시의 큰 사원'으로 서기 325년 창건했던 성 소피아 성당은 유스티니아누스 대제의 명에 따라 532~537년에 다시 크게 개축되었다. 하지만 이후 오스만 트루크 제국이 들어서면서 이곳은 회교사원, 즉 모스크로 그 용도가 바뀌면서 성당을 둘러싸는 첨탑이 세워지고, 성당 안에는 회칠로 덮여 이슬람교의 코란의 금문자와 문양들로 채워졌다. 회칠 속으로 성모마리아의 모자이크는 모두 사라졌다.

이후 복원 작업이 진행되어 두꺼운 회칠이 벗겨지면서 성모마리아를 비롯한 비잔틴 시대의 화려한 흔적들이 드러났지만 현재 그 복원 작업도 중단된 상태로서 보는 이의 마음을 착잡하게 한다. 그러나 사실 관광객 입장에선 천주교회와 이슬람 교회의 두 가지 모습을 동시에 보게 되는 셈이기 때문에 완벽하게 천주교 성당의 모습으로 복원하기보다 회칠을 반쯤 벗겨진 상태로 보여주는 것이 이 나라의 역사를 이해하는 데도 도움이 되고, 또 오스만 제국의 무자비함도 볼 수 있으므로 정말 이렇게 반쯤 복원된 상태로 두는 것도 나쁘지 않아 보인다. 성 소피아 성당은 성당이 회교당으로 변해버린 성당으로는 가장 큰 규모이며, 다른 나라에서 볼 수 없는 두 가지 종류의 건물을 동시에 보는 효과도 있다.

톱카프 궁전의 전경

성 소피아 교회 바로 옆에는 이스탄불 최고의 관광 명소인 톱카프 궁전이 있다. 이 궁전을 처음 지었을 당시에는 "새로운 궁전" 혹은 단순히 "궁전"이라고 불렀다. 그런데 19세기 중반부터 사람들이 이 궁전을 톱카프 궁전(대포문 궁전)으로 부르기 시작했다. 왜냐하면 이 궁전 앞에는 언제나 커다란 대포가 놓여 있었기 때문이다. 17세기 천하의 강대한 힘을 과시하던 오스만 제국의 술탄들이 세계 곳곳에서 거둬들인 진기한 보물과 눈부시게 아름다운 헌상품들을 이곳에서 볼 수 있다.

이 궁전은 그 자체가 하나의 마을이다. 의사당이나 술탄의 거실은 물론, 왕실의 여인들이 거처했던 하렘은 더욱 흥미롭다. 제2정원의 오른쪽에는 굴뚝이 딸린 큰 부엌이 자리 잡고 있는데 천장이 돔으로 된 10개의 큰 방과 28개의 굴뚝이 있었다고 하는 것으로 보아 수많은 사람들이 생활했음을 알 수 있다.

골든혼에서 바라보는 톱카프 궁전은 마치 한 폭의 그림이다. 그러나 그 장엄한 아름다움 외에도 조금만 자세히 살펴보면 군사상 최적의 요새임을 알 수 있다. 이곳은 삼면이 바다로 둘러싸인 언덕 끝에 동서교역의 접점인 보스포루스 해협을 향해 대포를 포진해 놓았던 군사요지이다. 이 때문에 "Top 대포, Kap 문, Palace 궁전"에서 '톱카프 궁전'으로 불리게 되었다고 한다.

오스만 제국의 최고 전성기에는 4~6,000명에 이르는 사람들이 이곳에서 생활했던 만큼 궁전 자체가 하나의 마을이었을 정도로 궁전의 규모가 어마어마하다. 아직도 궁전을 복구 중으로 미공개된 부분이 많다. 현재 각종 유물과 보물은 4개의 방으로 나뉘어 전시되고 있다. 총 몇 점인지도 알 수 없을 정도로 엄청나다.

성 소피아 성당의 뒤편으로 돌아가면 곧게 뻗은 길 끝에 있는 궁전 입구인 '제국의 문'의 웅대함이 멀리서도 느껴진다. '제국의 문' 앞에는 아름다운 대리석으로 장식한 분수대가 있다. 외부에서 수돗물을 끌어와서, 궁전을 출입하는 사람들이 이곳에서 세수를 하고 몸을 단장하면서 궁전 출입 허가를 기다렸다고 한다. 궁전 앞에 이토록 웅장한 분수대를 만든 것은 궁전에 들어설 때부터 방문자들에게 위압감을 주기 위해서라고 한다. 제국의 문을 통과하면, 톱카프 궁전의 첫 마당에 들어서게 된다.

톱카프 궁전은 유럽 궁전들의 일반적인 건축 양식에 비해 상당히 다른 스타일로 지어졌다. 터키인들은 역사적으로 수세기 동안 유목생활을 했던 민족이기 때문에 궁전 건축에도 유목민적인 전통을 반영하였다. 유목민들이 먹고 즐기기 위한 커다란 공간을 중심으로 그들의 텐트를 치는 것처럼 오스만 터키인들은 아름다운 정원을 중심으로 사방에 건물들을 세우는 방식으로 지었다.

톱카프 궁전은 16~17세기 세계 최강국이었던 오스만 터키 제국이 400여년간 궁전으로 사용했던 곳이다. 24명의 술탄(황제)과 그의 가족들, 그리고 궁녀와 하인들이 사용했던 곳이다. 오스만 제국의 행정 중심지였던 이곳은 오스만 제국의 가장 뛰어난 비종교 건물로 손꼽히고 있다. 이곳에 소장된 유물은 86,000여점으로 세계적인 박물관으로서의 명성을 얻고 있다.

이 궁전의 구조는 네 개의 공간으로 구분되어 있다. 네 공간을 보통 첫 번째 정원, 두 번째 정원, 세 번째 정원, 네 번째 정원이라고 부른다. 궁전의 문을 들어서는 첫 공간이 첫 번째 정원이다. 이곳을 들어서면 대 제국의 왕궁이라기보다는 소박한 성주의 정원처럼 느껴진다. 울창한 나무들로 쌓인 이곳은 지금도 이스탄불 시민들의 안락한 공원으로 개방되고 있다.

예절의 문

정원은 그리 크지 않아서 두 번째 정원으로 들어가는 문, '예절의 문'이 바로 눈에 들어온다. 메흐멧 2세의 통치 기간 중에 만들어진 이문은 "중앙 문"이라고도 한다. 1524년에 쇠로 만들어진 이 문의 왼쪽 탑은 오스만터키 시대에 범죄를 저지른 고위관리들의 감옥으로 사용되었다. 이 문 앞에 있는 우물에서 사형수들이 죄인을 사형시킨 후 그들의 손과 칼을 닦았다는 이야기도 전해 내려온다.

예절의 문을 통과하면, 곧게 뻗은 수백 년 된 향나무들이 우뚝 서 있는 색다른 분위기의 정원에 들어서게 된다. 이곳은 오스만 터키의 중요한 행정이 이루어졌던 장소였다. 박물관 안전점검 통로를 통과하면 오른쪽에 관광객들을 위해 만들어진 톱카프 궁전의 모형도 두개가 유리관 속에 만들어져 있다. 하나는 톱카프 궁전의 건축 구조도이고, 다른 하나는 궁전을 둘러쌓고 있는 성벽 전체 구조를 보여주는 모형이다. 이것은 톱카프 궁전의 구조를 이해하는 데 도움을 준다. 모형도가 설치된 건물의 벽에 붙어 있는 지도들은 오스만 터키제국의 영토 확장과 제국 부흥의 역사를 잘 설명해 준다. 출입구 오른쪽 조그만 방에는 술탄의 마차들이 진열되어 있다.

두 번째 정원은 '디반 메이단' 즉 '의회가 있는 정원'이라고도 한다. 왜냐하면, 이 정원에 국무위원들이 정사를 논의했던 의회가 있기 때문이다. 지금은 많은 관광객들로 붐비고 있지만, 오스만 제국 당시에는 이 정원에 봉황 그리고 많은 다른 이국적인 동물들이 있었고, 에덴동산과 같은 평화롭고 아름다운 정원이었다고 한다.

의회 건물

오스만 정부의 의회는 국무총리와 장관들로 구성되었다. 술탄(황제)이 없으면, 국무총리가 의회를 주관했다. 처음에는 술탄이 의회에 잘 참석했으나 시간이 지나면서 점점 궁녀들과 유흥에 빠지게 되어 차츰 정사에 관여하는 일은 멀어지게 되었다. 그러나 술탄은 의회를 견제하기 위해 의회가 열리는 방 한쪽에 가는 철사로 망을 친 창문을 만들어 이곳을 통해 의회를 감시하곤 하였다고 한다. 국무총리는 의회에서 논의된 모든 것들을 술탄에게 일일이 보고해야만 했는데, 만일 거짓된 보고를 올리는 경우 사형에까지 처해지기도 했다. 의회 위에 있는 탑(높이 41미터)은 '정의의 탑'이라고 한다. 정의의 탑은 감시탑으로써의 기능뿐만 아니라 이스탄불을 상징하는 지침대로 여겨졌다.

의회의 동쪽편 건물은 부엌이 있었던 곳이다. 이곳에서 당시 3,000여명의 궁중 식사를 담당했다고 한다. 7개의 그룹으로 나누어진 400여명의 요리사와 1,200여명의 종사원들이 있었다고 한다. 이 건물은 메흐멧 2세 때 지어져 16세기 셀림 2세 때 건축가 '시난'에 의해 복구되었다. 부엌 건물은 세 부분으로 나누어져 있다. 술탄의 음식을 만드는 곳, 그 외의 다른 사람들의 음식을 만드는 곳, 그리고 디저트를 만드는 곳 등으로 분리되어 있었다. 부엌 건물에 있는 10개의 방은 왕의 어머니, 후궁들, 왕자들, 그리고 내시들을 비롯한 각기 다른 사람들의 음식을 요리하는 데 사용되었다.

부엌 건물은 현재 도자기 박물관으로 사용되고 있다. 이곳은 세계에서 세 번째로 큰 도자기 박물관이다. 오스만 제국의 궁전에는 중국, 독일 등으로부터 수집해 온 12,000여 점의 도자기들이 있으나 3,000여점만 이 곳에 전시되어있다. 이곳에 전시된 도자기는 동양적인 것들이 대부분이다. 중국의 당나라(7~9세기), 청나라(10~12세기), 그리고 명나라 (14~17세기) 시대의 도자기들이 연대순으로 진열되어있다. 중국의 도자기 문화가 사양길로 접어들면서 등장하는 17세기 일본 도자기들과 18~19세기에 만들어진 유럽 도자기들도 진열되어 있다.

의회 건물 옆에는 '하렘'이라는 곳이 있다. 이곳은 궁녀들이 주로 거주하던 곳이다. 궁녀들은 다양한 인종이 젊은 여자들이었다. 정복지에서 노예로 잡혀온 여자들, 노예시장에서 사 온 여자들, 외국으로부터 선물로 받은 여자들 등 다양하다. 궁녀의 수는 수백 명에서 무랏 3세 때에는 1,200여명에 이르렀다고 한다. 술탄의 어머니와 술탄의 부인들 그리고 궁녀들은 정치에 상당한 영향을 끼쳤다고 한다.

하렘의 외부

지복문

세 번째 정원으로 들어가는 문을 '지복문'이라고 한다. 궁전에서 가장 중요한 행사들이 이곳에서 열렸다. 새로운 술탄의 즉위식, 군대의 출정식 그리고 정복을 축하하는 행사 등이 모두 이곳에서 열렸다. 지복문은 '청원의 문'이라고도 한다. 왜냐하면, 이 문을 통과하면 왕의 접견실이 있는데, 이 문을 통과하여 장관들이 왕에게 청원을 올리곤 했기 때문이다.

왕의 접견실은 외국 사신이나 국무총리 및 고위 관료들이 왕을 접견하던 곳이다. 한 때는 세계 최강의 제국이었던 만큼 접견실은 매우 화려하다. 그런데 그 접견실 입구에는 수도꼭지가 하나 보인다. 이것을 설치한 이유는 왕과 접견하는 사람과의 담화를 외부인이 듣지 못하도록 하기 위해서 설치된 일종의 보안 장치이다. 왕이 사신이나 장관을 접견할 때면, 이 수도꼭지를 열어 물소리를 내게 만들었다는 것이다. 접견실 벽에 장식된 노랑과, 녹색, 청색 타일은 오스만 제국 타일 예술의 아름다움을 말해준다. 이 타일들에 장식된 디자인들은 전통적인 터키 카펫에서도 흔히 볼 수 있다.

왕의 접견실 오른쪽에는 오스만 제국의 진귀한 보물들이 전시되어 있는 보물 박물관이 있다. 이 건물들은 17세기부터 오스만 제국시대가 끝날 때까지 보물을 보관하는 창고로 사용되었다. 19세기에는 유럽에서 오는 고급

관료들에게만 이 보물들의 관람이 허용되었다. 이 보물들은 오스만 제국의 부귀를 잘 보여주고 있다.

순금으로 만들어진 코끼리 오르골

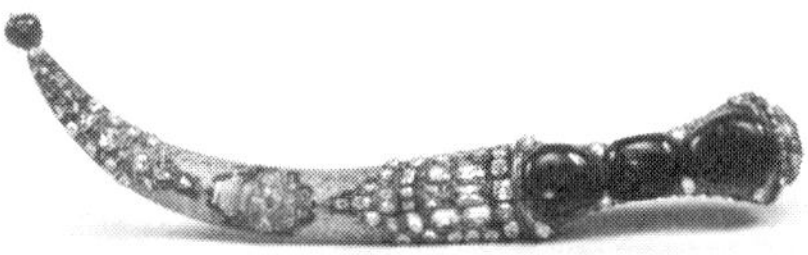

보석으로 장식된 톱카프 단검

이 보물 박물관에는 황금 왕좌와 다이아몬드(86캐럿), 톱카프 단검, 의식용 보석 물병 등 진귀한 보석들이 전시되어 있다.

스픈 메이커스 다이아몬드(86캐럿)

보물 박물관 옆에는 오스만 제국의 왕들이 사용했던 의상들이 전시되어 있다. 보물 박물관 건너편에는 유물관이 있다. 이곳에는 이슬람 종교의 유물들이 보관되어 있다. 오스만 제국 당시 이슬람 최고 통지자로서의 지위를 확보하고 있었기 때문에 메카, 바그다드, 카이로 등으로부터 옮겨온 이슬람 지도자와 모하메드의 유물들이 눈길을 끈다. 이곳 유물 전시장은 신성한 장소로 여기고 있으며, 오스만 제국 당시에는 24시간 쉬지 않고 코란을 낭송했다고 한다. 지금은 오픈하는 시간에만 코란을 낭송한다

네 번째 정원에 들어가는 곳에는 훌륭한 출입문이 없고 보안 검색도 없다. 왜냐하면 네 번째 정원을 출입하는 사람들은 술탄의 가족과 술탄과 가까운 관료들만 가능했기 때문이다. 네 번째 정원은 이처럼 술탄과 가족을 위한 정원이다. 이곳에 들어서면 오른편에 보스포러스 해협이 보이는 아름다운

곳에 왕의 가족들이 식사를 했던 방이 있다. 유럽과 아시아 두 대륙을 사이에 두고 지중해와 흑해 사이를 오가는 대형 선박들의 행렬이 장관이다.

정원 왼쪽 편에는 정자들이 있다. 이 정자들은 무랏 4세가 1639년에 바그다드를 정복한 기념으로 세웠다고 한다. 은과 진주, 상아 상감으로 장식된 이 정자는 우아하기 이를 데 없다. 무랏 4세는 코카스산까지 확장된 영토 점령을 기념으로 또 하나의 정자를 세웠는데 그것이 연못 옆에 위치한 레반 정자다. 두 정자 사이에 골든혼을 바라보고 있는 황금빛 지붕의 작은 누각이 있는데 이것은 이프타리예 정자이다. 이 정자는 전망대로도 사용되었지만 이슬람의 중요한 종교 절기 중 하나인 라마단 때에 술탄이 낮 동안의 금식을 마치고 저녁 식사를 했던 곳이다. 라마단은 하나의 축제처럼 여겨져 이곳에서 저녁식사를 마치고 왕은 친근한 관료들과 인사를 서로 나누기도 했었다고 한다.

이프타리예 정자와 바그다드 정자

오스만 터키제국이 세력을 확장하기 시작하면서 톱카프 궁전은 건축되었으나, 불행하게도 술탄들이 궁녀들과의 환락에 빠지면서 정사를 도외시하고 사치의 극치를 달린 결과 거대한 오스만 터키 제국은 아름다운 보스포러스 해협 속으로 침몰하게 되었다.

로마 제정, 비잔틴 제국, 오스만제국은 멸망했지만 2,000년이 넘는 세월 동안 이 제국의 왕들이 남겨준 문화유산들은 현대의 터키인에 의해 무한한 자긍심을 불러일으키고 전 세계적으로 관광객이 몰려와 국가 재정을 도와주고 있는 것이다. 그러나 여행객 입장에서도 서구와 동양의 절묘한 조화, 기독교와 이슬람의 조화미에서 색다른 감명을 받고, 다시 찾고 싶은 곳으로 남는다. 위대한 인류문화의 발자취를 볼 수 있는 이스탄불은 터키인들뿐만 아니라 이곳을 찾는 여행객들에게도 큰 즐거움을 준다. 앞으로도 이러한 인류의 소중한 문화유산들이 잘 보존되어 세계의 후손들도 볼 수 있게 되어야 한다는 생각을 해 본다.

제 3 부

박영순이 걸어온 길

어린 시절

나는 1942년 10월 27일 중국 장춘시 大街 27번지에서 태어났다. 시조이신 박혁거세 왕으로부터는 64세손이고 中始祖 밀성대군(밀양박씨의 시조)의 34세손이요, 派祖인 이조판서 忠簡公의 20세손이다. 나의 선조들은 신라에서는 왕이었고, 고려때까지만 해도 대대로 문하시중을 지내셨으며, 조선조 초기까지도 높은 벼슬을 하셨으나 단종 사건을 겪으며, 스스로 관직에서 물러나 깊은 산골인 예천군 호명면으로 오셔서 몇 대 동안 다시는 한양엘 가지 않으셨다고 한다. 그러나 양반가에서 반드시 공부는 해야 했기 때문에 단 한 대도 빠짐없이 최소 初試 정도는 합격해서 진사정도는 유지를 하셨고, 그 후로도 높은 벼슬은 안 하셨으나 대과에 급제하신 할아버지들도 여러분 계신다.

특히 나의 9대소이신 養閑堂 할아버지는 학덕이 높아 많은 사람들의 칭송을 받으셨다고 한다. 이 할아버지는 만석꾼이셨는데, 항상 이웃사람들에게 곡식을 넉넉하게 나누어 주셨고 소작인들한테도 워낙 후하게 하시기로 유명했다고 한다. 지금도 호명면 형호리에 가면 양한당 정자와 우리아버지의 정자 두 개가 마주보고 있다. 양한당 문집에 보면 암행어사 박문수 할아버지와 두터운 교분을 가져서 박문수공이 시골 호명까지 왕래를 하셨다고 기록되어 있다. 나의 조부님이신 朴자 廷자 植자 어른은 재산이 많으셔서 예천에서 남의 땅을 밟지 않았다고 할 만큼 매우 부자여서 온 집안을 두루 먹이셨고 집에는 여러 명의 남녀하인들을 거느리고 조선조의 사대부처럼 살던 분이셨다. 친척들이나 동네 사람들이 모두 할아버지를 두려워하였다고 한다. 할머니는 예안 김씨 金 國 자 煥자 어른의 따님으로 할아버지한테 시집오셨는데 매우 인자하고 따뜻하셨다고 한다.

나에게는 진외가 증조부가 되시는 이 어른 역시 워낙 학덕이 높으셔서 영남의 유림에서는 다 알려진 분이셨고, 영남의 중요 서원 원장을 다 지내셨으며, 문하생도 수백 명 두셨다고 한다. 나중에 이 어른의 문집에도 이런 내용들이 적혀있는 걸 나는 확인하였다. 하여튼 이 할아버지는 외손주가 되는 나의 아버지를 매우 귀히 여기시고 다섯 살 때부터 한문을 가르치셨다고 한다. 나중에 아버님이 노후에 유림에서 많은 일을 하신 것도 이렇게 일찍부터 제대로 배우신 한문 실력이 큰 밑천이 되셨던 듯하다. 말하자면 문자로는 한문을 원어민 수준으로 배우셨던 것이다. 그러나 할머니는 내가 태어나기 전에 돌아가셔서 뵙지 못한 것이 한스럽다. 집안 친척아저씨 아주머니들의 얘기와, 아버지가 들려주셨던 얘기를 종합해 보면 할머니는 학덕이 높으실 뿐만 아니라 매우 겸손하시고 인자하시며 인정이 많았던 분이었던 것 같다. 아버지는 당신의 혈통에 대한 자부심이 대단하셨다.

그러므로 꿈에도 나쁜 생각, 흐트러진 행동은 못하시는 분이셨고, 자나 깨나 집안의 명예와 국가의 안위와 발전만을 염려하시는 애족, 애국자셨다. 그러니까 나는 나의 아버지, 나의 외조부, 나의 진외가 조부님이 모두 영남 일대 주요 서원인 도산서원, 병산서원, 소수서원 원장을 지내신 전형적인 영남 양반의 후예인 것이다. 나는 이런 집안 분위기에서 태어나서 어릴 적부터 소위 '양반교육'을 엄하게 받으며 자라게 되었다. 모든 가치관이 조선조의 유교사상에 맞추어져 있었다. 또한 난 우리아버지를 세상에서 제일 존경했기 때문에 나도 모르는 사이에 많이 닮아갔다. 우리 아버지만큼 겸손하고, 인자하진 못하지만, 그래도 나쁜 생각을 하지 않는 것, 나라를 걱정하는 것, 성실하고 검소하게 사는 것 등은 어느 정도 닮지 않았나 한다.

사실은 나뿐만 아니라 나의 언니, 오빠는 나보다 더 아버지를 닮았다. 평생 나쁜 생각, 나쁜 행동은 꿈에도 한 일이 없다. 나의 언니와 오빠는 나보다는 인품에 있어 한 수 위다. 그러므로 우리 집안은 시간적인 여유가 있으면 배움에 힘쓰고, 경제적인 여유가 있으면 이웃을 돕지, 명품 같은 값비싼 것을 사 갖지는 않는다. 특히 자신의 이익을 위해 남에게 피해주는 일은 절대로 하지 않는다. 아니 할 수 없다는 게 더 정확한 표현일 것 같다.

나의 아버지는 할아버지, 할머니가 100일 동안 불공을 드려 삼월 삼짇날 태어 나셨는데 용모도 수려하셨을 뿐 아니라 매우 명석하셔서 할아버지가 '조선에 없는 아들'로 키우시고 소중하게 여기셨다고 한다. 하여튼 나의 아버지는 20대가 되셨을 때는 경북 예천에서 청년 동지들을 규합하여 조직적인 항일 운동을 모의하던 중 발각되어 일본 경찰과 친일파 한국경찰들의 계속된 감시를 받게 되셨다고 한다. 이렇게 아버지가 쫓기는 몸이 되자 할아버지는 나라보다도 소중한 아드님의 안전이 훨씬 더 중요하셔서 아버지께 항일 모임에서 탈퇴할 것을 강력히 종용하셨다고 한다. 지극히 효자였던 아버지는 할아버지의 강력한 뜻을 저버릴 수도 없고, 그렇다고 나라를 잃은 청년이 방안에만 조용히 앉아 있을 수도 없으니 결국 생각해 내신 것이 만주행이었던 것이다. 그리하여 정착한 곳이 바로 만주국 신경특별시(지금의 장춘)였다. 처음에는 아버지 혼자서 이곳엘 오셨으나 나중에 어머니가 언니를 데리고 아버지를 찾아 가셨다고 한다. 그 뒤 거기서 우리 집안의 삼대독자인 오빠를 낳으셨고, 일 년 7개월 뒤에 다시 나를 낳으셨으니 우린 연년생 남매가 되었다.

아무튼 나는 朴 潤자 夏자 아버지와 南 淑자 在자 어머니의 삼남매 중 막내로 태어난 것이다. 손이 귀한 터라 아들을 더 원하셨겠지만 더 이상 못 낳으셨다고 한다. 이렇게 하여 난 지금의 중국 장춘, 당시의 만주 신경특별시에서 태어나게 되었다. 아버지는 중국에 도착하신 이후 중국 경찰 간부 시험에 합격하셔서 중국 경찰(경위)로 활동하시며, 밤에는 은밀하게 항일 조선인들의 편의와 금전적인 후원을 하셨다고 한다. 얼마 후엔 신경 특별시 조선거류민 단장을 맡으셔서 좀 더 적극적으로 중국인들과 함께 항일 운동을 하셨다.

그리하여 우리집은 창씨개명을 하지 않은 자랑스러운 가문이 되었다. 내가 네 살 되는 해에 광복이 되었으나 거류민들을 먼저 조국에 보내신 다음 귀국하려고 하던 차에 장개석 정부의 공무원이 되어 1년 정도 근무하시던 중 소련군이 들어와서 정국이 어수선해지자 귀국을 결심하셨다고 한다. 언니와 오빠의 기억을 들어보면 이 무렵 소련군이 들어와서 민간인들 집에서 닥치는 대로 약탈을 해 갔는데, 우리집에는 마침 당시로서는 너무나 귀한 라디오가 있었는데, 이걸 떼어갔다고 한다. 이러한 어수선한 정국을 맞아 다섯 식구가 안전하게 귀국길에 오르기도 그리 쉽지 않았다. 마침 아버지가 중국 경찰에 계실 때 친했던 중국 경찰 고위직에 계시던 분들의 도움으로 무려 열 명의 경찰 호위병들의 엄호를 받으며 남한으로 오는 기차를 타고 무사히 오실 수 있었다고 한다. 그러니까 우리 가족은 해방이 되고도 1년 반 정도가 지난 1946년 겨울에야 귀국하게 되었던 것이다. 내가 만 네 살이 조금 지나서였다. 그런데 우리집의 불행은 이때부터 서서히 시작되고 있었다.

우선 할아버지가 원래 불같은 성품이시고, 아드님에 대한 자부심과 애정이 남다르신데 해방이 되어 일본, 중국으로 흩어졌던 국민들이 대부분 귀국했는데, 아드님 가족만 돌아오지 않자 너무나 초조하시게 되었다. 당시는 전화도 없고, 편지 왕래도 인편으로나 하던 시절이어서 할아버지는 많은 사람들을 풀어 아버지를 찾아오게 하시며, 일 년이 지나도 소식이 없자, 술로 세월을 보내고, 닥치는 대로 땅을 팔아 친척이고 이웃이고 나누어 주시는가 하면 많은 사람들을 위험한 때에 파견을 하다 보니 경비도 엄청나게 들었던 것이다. 신경특별시에서 귀국한 사람들 편에 아버지 소식을 전했으나 할아버지는 믿지 않으시고 그냥 안절부절 하시며 이성을 잃다시피 되어 가셨던 것이다. 1년 반 후 우리가족이 예천에 돌아 오셨을 때 할아버지의 기쁨은 실로 대단하셨지만 이미 재산은 많이 탕진된 상태였다.

그래도 워낙 땅이 많으셨던 터라 내가 초등학교 때만 해도 상당한 토지가 남아있어서 상주하는 일꾼 두 명, 일하는 아주머니를 두 명씩 둘 정도로는 잘 살았다. 그런데 비극은 또 다른 데서 서서히 다가오고 있었다. 귀국한 나의 어머니가 시름시름 앓기 시작하신 것이다. 처음에는 감기 몸살 정도로 생각했으나 점점 병이 깊어졌다고 한다. 아직 의학이 거의 발달하지 않았던 시절이라 용하다는 한의원들을 왕진시켜보았으나 병명을 알아내는 의사가 없었다고 한다. 해방이 되고도 귀국하지 않으신 1년 반 동안 마음고생을 하신 탓인지 어린 삼남매를 데리고 먼 길을 오시느라 노독이 심하셨던 것인지 그 원인은 아직 아무도 모르나 아무튼 귀국하자 말자 자리에 누우셨던 것이다. 우리 어머니는 영양 남씨 양반 가문에서 오신 분으로 매우 인자하시고 명석하시며 매우 따뜻하시고 자기희생적인 성품이셨다고 한다.

용모 또한 출중하셔서 친척 아주머니들은 '형님이 앉아계시면 방이 환했다'는 이야기들을 들려주었다. 나의 외조부님은 南 宗자 洙자 어른으로 영남 일대 서원 원장을 지내신 유학자셨고, 문하생만 200명이 넘었다고 한다. 또한 외숙부님도 명석하기로도 유명하고, 인물이 출중하셨으며, 교사생활을 하시다가 아버지 따라 외조부님과 함께 만주에 건너오셔서 가까이 지내셨으나 해방 이후 행방이 묘연해졌다고 한다. 지금도 빛바랜 사진을 보아도 얼마나 잘 생기시고 멋쟁이였는지 짐작이 간다. 어머니 쪽도 이렇게 남매분밖에 안 계셔서 우리 직계 친척은 많지 않고 6촌 이상의 친척만 조금 있는 편이다.

이런 혈통 덕에 아버지께서 나중에 도산서원 원장과 신라 왕릉의 참봉을 맡으실 수 있었다고 한다. 3족이 모두 양반이고, 학덕이 있는 사람이어야 하는 조건에 부합했기 때문이다. 하여튼 난 어릴 때 삼강오륜에 입각한 철저한 유교적인 가정교육을 받고 자랐던 것이다. 어떻든 이렇게 부족함이 없는 어머니셨지만, 그렇게 반년 쯤 거의 미음만 드시다가 끝내 일어나지 못하고 세상을 뜨신 것이다. 그때가 1947년 7월로서 내가 아직 만 다섯 살도 되기 전이었다. 안타깝게도 어머니 생전 모습은 기억이 안 나고 어머니가 돌아가셨을 때의 기억만 아직 조금 남아있다. 병풍을 치고 하얀 옷을 입고 하얀 천을 덮고 누워계시던 모습, 얼룩덜룩한 상여가 들어오고 넓은 마당에 사람들이 꽉 차 있던 모습, 가족과 친척들이 통곡하던 모습... 그러나 난 죽음의 의미를 알기엔 너무 어렸다.

원래 아버지는 귀국 후에 대구와 서울에서 중국에서의 경력을 인정받아 대구에서 내무국장, 서울의 경찰서장 같은 좋은 자리에 제안을 받았으나, 할아버지가 고향을 두고 타향에 가는 것은 절대 불가라고 하시는 바람에 예천에 주저앉게 되셨다. 그래서 결국 평생을 예천에서만 사시게 된다. 어떻든 생모가 그렇게 가시고 그 후 1년 뒤 쯤 후에 새어머니가 오신 뒤부터는 기억이 생생하다. 새로 오신 어머니는 김해 김씨 가문으로 당시 예천 보문에서 학덕을 겸비한 김 道 자 植 자 어른의 11남매 중 막내셨고, 처녀의 몸으로 20세에 우리 아버지와 정식 결혼식을 성대히 하고 오신 분이다.

아버지의 말씀으로는 당시 나의 할아버지와 외조부님이 가까운 친구여서 서로가 사돈을 맺기로 했다고 한다. 외가도 원래 큰 부자였으나 11남매나 키우다보니 가세가 기운데다가 외삼촌 두세 분이 한량이어서 살림을 많이 탕진하여, 어머니가 우리집에 오실 무렵에는 가세가 극도로 기울어 매우 어려운 상황이어서 어머니가 혼기를 넘겼다고 한다. 그리하여 할아버지가 외가에 농토를 얼마큼 주는 조건으로 외조부님과 사돈을 맺기로 하셨다는 것이다. 그때만 해도 모든 혼인은 할아버지가 마음대로 하시던 시절이라 효자로 소문난 아버지는 할아버지의 말씀을 절대 복종하시는 터였다. 새어머니는 당시의 풍습으로는 혼기가 늦은 처녀였고, 아버지는 3남매의 홀아비였던 셈인데 반드시 새장가를 가야 한다는 할아버지의 방침에 따라 그렇게 결혼이 추진되었던 것이다.

나는 만 6세가 되기 전인 1948년 4월에 초등학교 입학을 했다. 아버지 손을 잡고 학교에 갔는데 담임선생님은 지금 존함은 기억되지 않고 임선생님이었던 것만 생각난다. 임선생님은 맨 앞에 앉은 나를 무척 예뻐해 주셨고, 가끔씩 나를 칠판에 그려놓으셨다. 무슨 의미였는지는 알 길이 없다. 우리 반에는 나보다 다섯 살이나 많은 친구들도 있었고, 두세 살 위는 더 많았다. 나는 거의 제일 어린 축에 속했고, 특히 체격이 왜소하여 큰 아이들이 동생같이 귀여워 해주었다. 내 짝은 이경희라는 친구였는데, 한 학기 후에 서울로 가게 되어 난 매우 섭섭하고 슬퍼했던 기억이 난다.

그리고 2학년 때는 성춘자 선생님이 우리 담임이셨는데, 너무도 아름답고, 친절하던 분이셨다. 그리고 나를 매우 아끼셨던 것 같다. 나는 당시 부반장이었는데 하루는 선생님이 나보고 선생님이 안 계신 동안 교단에 나와서 학생들에게 책을 읽어주고 학생들이 따라 읽게 하라고 하시고는 어딘가를 가셨다. 생전 처음으로 교단에 선 나는 부끄러워 얼굴을 들 수 없어 교탁 밑에 얼굴을 숨기고 책을 읽어주고 학생들보고 따라 읽으라 하니 친구들이 '박영순이는 어디 가고 목소리만 나오느냐'고 했던 기억이 난다. 교단에 서는 첫 경험이었던 것이다. 그래서 그날은 정말 웃기는 모습을 보인 이후 그다음부터는 나와서 대표로 읽으라고 해도 덜 부끄러워하게 되었다. 그나마 부반장이라도 해본 건 이때가 유일했고, 그 뒤 12년 간 난 한 번도 반장 같은 걸 못 해봤다.

3학년 올라갈 때는 우열반을 편성했는데 나는 최우수반인 8반에 배정이 되었다. 남녀공학이지만 비슷한 아이들하고 공부를 하니 분위기도 좋고, 모두들 매우 친하게 지냈다. 그러나 이러한 생활이 한학기도 지나기 전인 1950년 6월 25일 우리 민족의 최대 비극인 6·25사변이 터졌다. 당시 아버지는 대한민국청년당 예천 군단장을 맡고 계신 터여서 피난을 가시지 않으면 안 되었다. 그런데 모든 가족이 한꺼번에 움직이기가 어려우니까 할아버지, 아버지, 어머니, 오빠 이렇게 4명만 우선 피난을 가고 나중에 상황 봐서 데리러 오신다고 하며 나와 언니는 집에 남게 되었다. 그러나 우리 자매를 돌보아주기 위해 친척 한 가족이 우리집에 들어와 우릴 보살펴 주었고, 우리집의 일꾼으로 있던 한 집도 피난을 안 가고 매일 우리집을 돌보아주었다.

그러나 우리집은 남하한 인민군의 본부가 되어 버렸다. 동네에서 제일 부자고, 마당도 넓고 방도 여러 개였던 우리집은 인민군이 본부로 차리기에 가장 좋았던 모양이다. 곳간에 있는 곡식을 먹으면 되고 잠잘 수 있었으며, 마당에 꽤 많은 사람이 모일 수 있었기 때문이었던 것 같다. 사랑채는 인민군 본부였고, 안채는 여성동맹 본부가 되었다. 그리하여 나와 언니는 아래채에 머무는 신세가 되었다. 그런데 지금도 잊히지 않는 것은 인민군 소대장이라는 키가 크고, 잘 생긴 아저씨가 어린 내 머리를 쓰다듬으며, '너희 아버지는 반공청년당 단장이었기 때문에 죄가 크지만, 와서 민심을 알아보니 워낙 인민들의 신망이 두터워 너희들을 절대 해치지 않을 테니 아무 걱정 말고 지내라'고 안심시켜 주던 장면이 지금도 생생하다. 당시 언니는 열 네 살이고 나는 아홉 살이었는데, 그래도 누구의 해침도 받지 않고 그 긴 전쟁동안 무사히 집에 있을 수 있었으니 천행인가 싶다.

정말 그 인민군들과 여성동맹원들은 우리집에서 모였다간 헤어지고, 우리집 창고에 있는 모든 곡식을 자기들 마음대로 꺼내서 밥해 먹고, 우리집 샘물로 빨래도 하고 때로는 곡식을 밖에 실어나가기도 했지만 우리 자매에게 전혀 위해를 가하지는 않았다. 그러나 나중에 들으니 다른 집에는 구둣발로 안방에 들어가 닥치는 대로 물건을 가져가고 그 집 식구들에게 행패를 부렸다고 하기도 하고, 강제로 인민군에 편입시키기도 했다고 한다. 그 당시는 하루가 멀다 하고 폭격 소리가 들려서 마음대로 바깥출입도 못하고 집에만 있었으나, 이따금 폭격소리가 나면 언니가 나를 안다시피 하여 때로는 방으로 때로는 방앗간으로 숨었다. 언니는 내 귀를 양손으로 막아주기도 하고, 우리가 죽더라도 둘이 꼭 붙어 있어야 나중에 아버지가 돌아오셔서 찾으시더라도 두 명을 한꺼번에 찾으실 수 있다고 하면서 절대 언니를 떨어지지 말라고 하며 수없이 껴안아 주었다.

불과 다섯 살 많은 언니였지만 내게는 엄마와 다름없는 언니였다. 현재 난 65세, 언니는 70세지만 지금까지 우리는 단 한 번도 싸우거나 말다툼을 해본 적이 없는 자매간이다. 언니는 천사표 언니요, 누나요, 아내요, 어머니이고 며느리인 분이니 다툴 리가 없다. 어쨌든 우리 자매는 이렇게 6·25전쟁 동안에도 피난을 안 가본 얼마 되지 않을 국민 중 두 사람이 되어 무섭고 불안한 날들을 보내게 되었다. 피난 가신 가족들의 소식을 모르니 나와 언니는 서로 껴안고 오빠를 생각하며 '날 저무는 하늘에 별이 삼형제 반짝반짝 정답게 지내이더니 웬일인지 별 하나 보이지 않고 남은 별만 둘이서 눈물 흘린다.'라는 노래를 부른 다음 한바탕 울고서야 잠이 들곤 했다. 낮이 되면 폭격 소리가 요란해서 마음대로 다니지도 못 했고, 바깥세상이 어떻게 돌아가는지도 모른 채 우리는 그렇게 몇 달을 보냈는지 가늠이 안 된다. 얼마나 세월이 흘렀을까. 어느 날엔가 거짓말처럼 우리집에 진을 쳤던 인민군과 여성동맹원들이 모두 떠나가고 다시 우리는 우리 안방에서 잘 수 있게 되었다.

그리고 얼마 안 있어 피난 갔던 우리가족이 모두 무사히 돌아오고 비로소 안정이 되고 다시 학교에도 나가게 되었다. 나중에 들으니 우리 가족은 영천에서 다시 청도로 피난을 갔었다고 한다. 그런데 내가 다니던 예천 초등학교(당시는 서부국민학교라고 했다)에 가보니 학교 건물은 모두 폭격을 맞아 불탔고, 우리 학년은 모두 8반이었는데, 여섯 반으로 줄어 있었으며, 낯선 친구들도 더러 있었다. 피난 중에 거주지 이동이 일어나게 되기도 하고 희생된 집도 많았을 것으로 짐작된다. 우리는 교실이 모두 없어진 터라 운동장에 가마니를 깔고 앉아 공부를 하였다. 아무래도 어수선하고 집중이 안 되었다. 비가 오거나 추운 겨울에는 예천에 유일한 제사공장이 있었는데, 그 공장에 가서 공부를 하기도 하고, 천막을 치고 공부를 하기도 했다. 내가 졸업할 때까지도 완전한 건물에서 공부하지 못하고 가건물에서 수업을 하게 된다.

6·25전쟁은 3년간 계속되었으며 전쟁으로 인한 남북한 인명 피해는 약 450만 명에 달했다는 통계가 있다. 한국군 전사자는 한국군이 약 23만 명, 미군이 약 3만 5000명, 기타 UN군이 약 3200명이며, 중국인민지원군과 북

한군의 정확한 전사자 수는 아직까지 확인할 수 없다고 한다. 전쟁 기간 중 한국은 43%의 산업시설과 33%의 주택이 완전히 파괴되었다. 이보다 더 한 민족의 참극은 없을 것이다.

그러므로 우리같이 6·25를 직접 경험한 세대는 아무래도 북한 정권에 대해 너그러울 수가 없고, 특히 핵을 가진 이후는 더욱 너그러워지지 않는다. 우리에게 6·25만 없었던들 이토록 남북한의 분단이 고착되지도 않았을 것이고, 천만 이산가족도 생기지 않았을 것이며, 남북이 모두 폐허가 되지도 않았을 것이고, 그 많은 사상자로 인한 지워지지 않는 역사적 아픔도 없을 것이 아닌가. 생각할수록 원통하고 분한 일이다.

어떻든 6·25이후의 학교 분위기는 매우 침통했으며, 국민들의 가난은 극도에 이르렀을 것이다. 아마 이때쯤부터 1960년대 초까지 우리나라의 GNP는 최빈국 수준이었는데, 꽁보리밥, 감자로라도 먹을 수 있는 집은 그래도 괜찮은 편이고, 끼니를 거르거나 멀건 죽이나 풀이나 나무뿌리, 나무껍질로 연명한다는 얘기도 많이 들었던 것 같다. 우리집은 친척이나 이웃들에게 항상 곡식을 나누어 주는 등 그래도 잘 사는 편이어서 실제로 굶은 적은 없으나 저녁은 대개 손으로 밀어서 만든 국수를 먹거나 죽을 쑤어 먹은 적은 많았다. 쌀도 보리밥 위에 조금 얹어서 할아버지와 나만 쌀이 많이 섞인 밥을 먹었고, 다른 식구들은 보리가 훨씬 더 많이 섞인 밥을 먹었던 것 같다. 난 보리밥을 먹으면 배를 앓으며 설사를 하게 되어 그 어렵던 시절에도 쌀밥을 많이 얻어먹었다. 국수를 먹어도 배앓이를 잘 하여 국수를 먹는 날도 나와 할아버지를 위해 따로 쌀밥을 지었다.

얼마 안 있어 4학년이 되었는데 이때는 모두 우열반이 없는 남녀공학이어서 나는 남학생들과 나이 많은 큰 아이들이 무서워 벌벌 떠는 아이였다. 그러나 5학년이 되어 다시 여학생반이 되고, 김지하 선생님이라는 담임선생님을 만난 이후 나의 학교생활이 한결 안정되고 활기차게 되었던 것 같다. 특히 수학이며 과학이며 조금씩 어려워지면서 나는 두각을 나타냈는데, 예체능 과목을 뺀 모든 과목의 필기시험에서는 별로 틀린 기억이 안 난다.

내가 5학년 때 아버지는 경북 도의회 의원이 되셔서 대구에 가 계실 때가 많아지고 우리집엔 손님이 끊이질 않았다. 친척들도 하루도 없는 날이 없어서 우리집은 늘 많은 식구들이 밥을 먹었고, 우리 핵가족만 밥을 먹은 날은 거의 없었다. 더구나 남자 일꾼 두 명, 여자 식모(그때는 가정도우미를 그렇게 불렀다) 두 명이 집안일을 돌보았으므로 어머니는 거의 일을 안 하시고 명령만 하였다. 아버지가 집을 많이 비우시게 되자 자연스럽게 집안의 모든 주도권이 새어머니에게로 돌아갔으니 농사며, 집안의 대소사를 어머니가 주관하시게 되었던 것이다. 그러나 큰 어려움 없이 그런대로 안정된 상태에서 초등학교를 졸업하게 되었다.

특히 6학년 때는 수학이 조금 더 어려워지면서 반 친구들과 격차가 나기 시작해서 나는 '수학 박사' 별명까지 얻게 되었다. 내가 6학년 때는 국가 학력고사라는 것이 있었는데, 아마도 전국의 학생이 동일한 학력고사를 보았던 것 같다. 그 시험을 준비한다고 모든 학생이 방과 후에 남아 저녁 도시락을 먹고 촛불을 켜놓고 공부했던 기억이 난다. 시험을 얼마 앞둔 어느 날 담임선생님이 나를 잠깐 보자고 하셨다. 그래서 교무실로 갔더니 "영순아, 나는 너만 믿는대이, 그런데 시험 볼 때 '난 할망스럽다'를 생각하고 시험 봐래이"라고 하셨다. '할망스럽다'라는 말은 우리 지방의 사투리로, '뭘 잘 잊어버려 실수를 잘 하는 것'을 묘사하는 말인데, 나의 이런 점을 간파하셨던 모양이다. 아무튼 얼마 후 우리는 국가 학력고사라는 걸 보았고 나는 우리 담임선생님의 말씀을 기억하며 시험을 쳤다.

몇 달이 지났을까 하루는 4학년 담임을 하시는 L선생님이 급히 '박영순'을 찾으셨다. 맨 앞에 앉아 있던 나는 '전데요'라고 했더니 내 앞으로 걸어오셔서는 내 머리를 쓰다 담으며, "영순이, 잘 했대이, 니가 예천에서 일등했다"라고 하시고는 나가셨다 조금 후에 담임선생님이 들어오셔서 다시 한 번 내가 예천에서 일등을 했다고 발표하시고, 300점 이상(400점 만점) 받은 친구들의 이름도 불러주셨다. 그리고는 "영순이 성적이면 경기여중에도 갈수 있다."고 하셨으나 난 그 말의 의미조차 알지 못한 촌뜨기였다.

그런데 이 무렵의 나의 행각을 돌이켜보면 지금도 웃음이 난다. 5학년 때쯤부터로 기억되는데, 그 뒤 몇 년 동안 나만 아는 나의 비밀 행각이 있었다. 1년에 맞이하는 두 번의 방학은 나에게는 너무 지루했다. 지금처럼 무슨 바캉스를 간다든가 하는 그런 분위기는 상상도 못하던 시절이고, TV는커녕 라디오도 없던 시절이니 듣고 볼 것도 없으려니와 내가 그렇게 좋아하는 책도 없던 시대였으니 방학이 되면 집안일, 농사일 등을 도우는 것 외엔 할 일이 없었다. 모두 손이 부족하던 때라 친구들과 많이 어울려 놀지도 못했고, 특히 우리집에서는 '우리가 현재 살고 있는 동네는 민촌이니 동네 아이들과 너는 다르다'고 할아버지 때부터 귀에 못이 박히듯 들어온 터라 동네 아이들과 나는 신분의 차이가 나는 것으로 알고 별로 어울려 놀지도 못했다.

우리 고향은 호명면 형호리 박씨 집성촌에 있었으나 교통이 너무 나쁘니까 할아버지가 예천읍 대심동이라는 동네에 집을 지어 놓으신 것이었다. 예천읍에는 어떤 성씨든 집성촌이 없었기 때문에 모두 민촌이라며 할아버지는 우리에게 '여기는 민촌이니 너희들은 늘 근본을 생각하며 살으라'고 일러주셨던 것이다. 동네에 내 또래가 3,40명 정도 되었으나 난 말하자면 외롭게 지냈다. 온 동네 아이들이 여름이면 동네 개울에 나가 미역을 감았으나 난 단 한 번도 그런 적이 없었다. 어두워지면 집의 샘물로 미역을 감았다. 여름에는 해가 기니까 점심 후엔 남녀 할 것 없이 낮잠을 잤다. 그러나 난 낮잠을 안 잤으므로 할 일이 없었다. 바로 그때 나의 이상한 행각이 시작되는 것이다.

집을 빠져 나와 동네를 한 바퀴 돌며 아이들의 방학책을 거둬들이는 것이었다. 보통 방학이 되면 숙제로 방학책에 있는 문제 푸는 것과, 식물채집, 곤충 채집이 숙제의 전부였는데, 2, 3일에 방학책을 끝낸 나는 다른 아이들의 방학책을 대신 해주겠다고 거둬들이는 것이었던 것이다. 이건 물론 우리 가족 누구도 모르는 나 혼자만의 비밀이었다. 3,40권의 방학책이라야 일주일이면 뚝딱 해치워 돌려주었다.

또한 학교에서는 국군의 날이 되면 어김없이 위문편지를 썼는데, 학교에서 단체로 우편엽서를 주고 위문편지를 쓰게 했다. 우리반 몫으로 칠십 여 장을 받아서 나누어 주라고 담임선생님이 반장한테 주시면 내가 반을 뚝 떼어 내 몫으로 놔두고 반 정도만 돌리도록 하였다. 안 받은 친구들한테는 내가 대신 써주겠다고 하니 좋아들 하였다. 3,40장의 엽서를 방과 후에 학교에서 한두 시간 쓰거나 집에 가지고 와서는 하루밤새 모두 써 치웠다. 그것도 호롱불을 꺼야 하는 저녁 9시 안에 다 써버리는 것이었다. 그러나 똑같은 글을 쓴 것은 거의 없었다. 나는 이토록 읽기도, 쓰기도, 공부하는 것도 좋아하는 애였지만 읽을 책도, 쓸 기회도, 공부를 더하려야 할 것도 없는 현실을 그런 식으로 풀었던 것이다.

당시는 조그만 호롱불에 가족들이 둘러앉아 남자들은 공부를 하고 여자들은 뜨개질이나 바느질을 했다. 물론 사랑채의 할아버지와 아버지는 다른 호롱불로 마음껏 쓰셨지만 우리 안채에서는 두, 세 시간 이상은 기름을 쓰지 못하게 되어 있었다. 겨울에는 특히 할 일이 없었으므로 나의 장갑, 나의 양말은 내가 짜야 했다. 그때는 아직 양말이나 장갑을 짜는 공장이 없던 때라 집집마다 자급자족을 해야 했기 때문이다. 워낙 대식구라 아주머니들이나 엄마와 언니들은 본인들 것은 물론, 남자들 것을 다 짜야 했지만 나는 내 것만 짜면 되었다. 그런데 양말은 그런대로 짜겠는데 장갑에선 번번이 실패였다. 그때는 털실로 장갑을 짰는데 금방 구멍이 나서 보통 한 겨울에 두벌 정도는 필요한데, 이번에는 반드시 다섯 손가락을 짜야지 하고 열심히 짜도 세 손가락만 짜고 나면 도저히 남은 두 손가락을 짤 수 있도록 공간이 남아 있지 않았다. 아무리 애를 써도 다섯 손가락장갑은 끝내 짜보지 못하고 결국 벙어리장갑으로 끝을 맺었다. 이것이 나의 손 솜씨였다. 손으로 하는 건 무엇이든지 다 어렵고 공부로 하는 건 다 쉬웠다.

초등학교를 졸업한 나는 예천여중에 진학하였다. 5, 6학년 동안 나의 담임선생님이셨던 김지한 선생님은 나의 학력고사 성적을 믿고 예천여중 수석 입학을 기대하셨던 것이다. 왜냐하면 중학교 발표나는 날이 바로 내 초등학교 졸업식 하는 날이었는데 담임선생님이 자전거를 타고 예천여중에 다녀오셔서는 "영순이가 이번에는 3등밖에 못 했더라. 1등을 해서 입학선서를 할 줄 알았는데..." 하셨기 때문이다. 아마 그때는 또 그 예의 '할망스러움' 때문이었는지 정말로 모르는 문제가 나왔었는지는 알 길이 없다. 예천여중은 2학급(난반, 매반)을 뽑는데, 면단위 초등학교 출신들도 같이 시험을 보기 때문에 몇 십 명은 불합격하였으나 나중에 보니 그 중 몇 명은 우리와 같이 중학교를 다녔던 걸로 보아, 떨어진 아이들도 조금 후에는 인원을 초과하여 받아준 것 같다. 그때는 한 반이 보통 75명 정도 되었던 것 같다. 때로는 나이대로 번호를 붙이고, 때로는 키대로 번호를 붙였는데 난 반에서 나이가 어렸기 때문에 나이대로 해도 끝에서 두세 번째였고, 키로도 항상 반에서 세 번째로 작은 아이여서 거의 12년 동안 교탁 아래가 내 자리였다.

코스모스 언덕의 예천여중고

어떻든 중학교에 입학한 나는 기쁨은 잠시, 10리길을 걸어 다니는 것이 힘에 겨웠다. 그래도 초등학교는 2km 정도여서 30분 정도만 걸으면 되었지만, 여중은 4km 정도 떨어져 있어서 내 걸음으로 꼬박 1시간 이상 걸어야 학교에 닿을 수 있었다. 그래도 중학교 2학년까지는 신나게 학교엘 다녔다. 난 초등학교 때나 중고등학교 때나 '벼락시험'을 좋아하였다. 벼락시험은 예고 없이 시험을 보는 것인데, 초등학교 때는 주로 수학을, 중학교 때는 주로 영어를 벼락시험 보는 일이 종종 있었다. 벼락시험은 나의 체질에는 딱 맞았다. 왜냐하면 나는 시험을 앞두고 시험 공부하는 걸 싫어하고, 평소에 공부를 좋아하므로 딱히 할 일이 없으면 공부를 했다. 국어와 국사는 기본적으로 다 외울 만큼 여러 번씩 읽었고, 영어 문제나 수학 문제를 푸는 것은 매우 재미있었다. 수학은 풀어서 정답이 나왔을 때의 짜릿한 쾌감이 있어서 좋고, 영어에서 독해나 단어 시험은 내가 풀 수 있다는 기쁨이 있어서 좋았다. 그러니 벼락시험을 보면 언제나 내가 월등했으므로 기분이 좋았다. 그리고 이런 나의 평소 공부 덕에 시험 때라고 따로 공부를 할 필요가 없었다. 시험 때는 오히려 잠만 잤다.

중 1 가을에는 운동회를 하였는데, 달리기, 줄다리기, 마스게임, 장애물 경기 등 다채롭고 흥겨운 프로그램으로 예천 전체가 잔치집이 되었다. 달리기에서 우리 학년은 사전 찾기 장애물 경기를 하였다. 8명이 한 조가 되어 뛰는데 출발점에서 문제를 주고 중간지점에서 사전을 들고 찾아서 결승점에 가서 답을 말하면 도착 순서대로 순위가 결정된다. 우리가 받은 문제는 "opportunity"였다. 나는 출발점에서 얼마 못가 넘어지게 되었다. 일어나서 보니 내 친구들은 이미 중간지점에 도착해 있었다. 도중하차하고 나와야 할 상황이었다. 그러나 나는 무조건 중간지점가지 달려갔다. 그런데 이게 웬일인가? 있어야 할 사전이 없었다. 아마도 8명이 뛰었지만 사전은 7개만 놓은 모양이었다.

순간 어쩌나 하다가 한 친구한테 가서 내가 찾아주겠다고 하고 빨리 찾아서 함께 뛰었으나 내 친구는 나보다 많이 앞서 나갔다. 그래도 2등은 하려니 하고 골인점에 가서 '기회'라고 대답했더니 1등기를 주었다. 내 앞에 달려간 친구는 가면서 답을 까먹었는지 어찌 됐는지 알 수 없는 노릇이었다. 하여튼 나는 운동회에서 1등을 한 것이 내 일생 중 이것이 유일한 것이었다.

중1 겨울에는 잊지 못할 추억이 또 있다. 드문드문 교회에 다니던 나는 크리스마스를 서너 달 앞둔 어느 날 우리 목사님이 예배가 끝나 후 우리 중고생 열 명 정도를 남으라고 해서 남게 되었다. 성탄절 행사를 좀 크게 하려고 한다는 말씀과 함께 합창도 하고 연극도 한다고 하시며, 우리보고 연극을 하자고 하시는 것이었다. 아마 성탄절 행사를 성대히 치르면서 비신자들을 자연스럽게 교회에 오게 할 모양이었던 것 같다. 이미 대본도 준비되었으니 오늘부터 일단 연습에 들어간다는 것이었다. 우리는 두려움 반 호기심 반으로 목사님이 나누어 준 대본을 다같이 한 번 읽었다. 제목은 '꽃파는 소녀'였는데, 나보고 주인공인 꽃파는 소녀 역을 맡으라는 것이었다. 그때까지 한 번도 연극이라는 것을 해본 경험이 없는 나는 두렵기도 하고, 약간 들뜨기도 하였다. 더욱 놀란 것은 단순한 연극이 아니고 일종의 뮤지컬이었다. 난 무려 여섯 번의 독창을 해야 하는 그런 연극이었다. 대본을 외우는 것은 문제가 없었지만 노래는 자신 없어서 못한다고 극구 사양을 했다. 그러나 전도사님은 막무가내였다. 우리는 별 수 없이 학교가 끝난 후 집에 와서 저녁을 먹고 교회에 가서 밤에 연습을 하게 되었다.

나는 이 연극에서 일찍 어머니를 잃고 길에서 꽃을 팔아 생계를 유지하는 불쌍한 소녀역을 맡은 주인공인데, 나쁜 아이들이 꽃을 발길로 차는 등 행패를 부리고 가면 울고 이튿날 다시 꽃을 파는 그런 역이었다. 그런데 하루는 꿈에 어머니가 나타나서 나를 위로해 주며, 하느님이 널 돌보아주실거라는 얘기를 해 준다. 그 후 정말 나는 꽃도 많이 팔게 되고, 못된 아이들이 괴롭히지도 않았으며, 하느님이 계시다는 걸 확실히 알게 되어 행복하게 살게 되는 줄거리였다. 연습을 할수록 점점 연극에 빠져들게 되고 5, 6학년 때 유난히도 음악을 많이 가르쳐 주시고, 종례 때마다 반드시 노래를 불러야만 집에 보내주셨던 담임선생님의 덕을 이때 톡톡히 보게 되었다. 또한 중1 봄에 학교 예술제를 했는데, 나는 합창반이어서 노래 연습을 많이 했었는데, 이런 것이 모두 이때에 도움이 되었을 것이다. 그때만 해도 내가 노래를 남보다 특별히 잘 부르진 못했으나 목소리가 깨끗하고, 음정을 바르게 맞출 수는 있었으므로 그런대로 할 수 있었는지 전도사님은 연습 때마다 칭찬도 많이 해주시고 격려도 많이 해주셔서 재미있게 연습을 했던 것 같다.

그러나 문제는 집에서 터졌다. 매일 저녁 밤늦게 다니게 되면서 아버지께서 나의 수상한 행동을 아시게 된 것이다. 아버지는 우릴 키우실 때 여자는 해진 뒤에는 절대로 외출을 허락하시지 않으셨던 터라, 밤늦게 다니는 길 허락하실 리 만무했다. 그래서 살금살금 다녔던 것인데 딱 걸리게 되었다. 아무리 설명을 해도 막무가내셨다. 교회에 그 많은 학생들 중에 하필 왜 네가 그 역을 해야 되느냐며 당장 때려치우라는 것이었다. 그러나 이제

한 달 정도밖에 안 남은 상태에서 내가 그만 둔다면 목사님이 크게 노하실 것 같고, 평생 처음 하는 연극에 난 이미 푹 빠져 있던 터라 여간 난처한 일이 아니었다. 할 수 없이 언니에게 사정을 하여 아버지가 찾으시면 언니가 적당히 둘러대기로 하고 난 계속해서 연습을 하러 다녔다.

사실 그때만 해도 아직 전기가 안 들어오고 교회에서도 촛불을 켜고 연습을 했으며, 연습이 끝나 집에 오려면 동네 집들의 방안에서 새어나오는 희미한 불빛 외엔 길이 깜깜하던 시절이라 상당히 위험한 것도 사실이었다. 그러니 아버지께서 말리시는 것도 무리는 아니었다. 그러나 이미 깊숙이 연극에 빠져있던 나로서는 도저히 도중하차할 수가 없었다. 그래서 저녁 먹고 나면 화장실 가는 척 하며 일단 방을 나오면 교회로 줄행랑을 쳤던 것이다.

하루는 연습을 마치고 집에 돌아오니 365일 열려있던 우리집 대문이 그날 따라 잠겨있는 게 아닌가? 할 수 없이 평생 처음 담을 넘어 집안으로 들어갔다. 아버지는 작심하신 듯 내가 담을 넘어 들어온 것을 확인하신 후 부르셨다. 내가 그만큼 그만 두라고 했는데, 부모 영을 어기고 계속 밤중에 다녔으며, 여자 아이가 담을 넘어 집에 들어오는 일까지 생겼으니 오늘은 내가 너를 용서할 수가 없다고 하시며 회초리로 종아리를 수없이 때리셨다. 평생 처음이자 마지막으로 아버지한테 매를 맞는 순간이었다. 그렇게도 내겐 특별하셨고, 불과 2, 3년 전까지만 해도 내가 아프면 업어주시고 무릎에 앉혀놓고 쌀밥 위에 고기를 얹어 먹여주시던 그 따뜻하신 아버지가 오늘은 화가 머리끝까지 나신 모양이었다. 그리고는 다시 교회에 안 가겠다는 다짐을 받으셨다. 물론 그땐 그렇게 하겠다고 약속을 했다.

그러나 난 그 이튿날도, 또 그 이튿날도 교회에 가서 연습을 했다. 나는 이미 '사세요, 사세요, 이 꽃은 빛곱고 향기로운 꽃 장미야 꽃이요.'라는 노래를 부르며 꽃을 파는 소녀가 되어 있었던 것이다. 한두 번 더 들켜 혼이 났지만 그때마다 언니가 적극적으로 변호해 준 덕에 더 이상 맞지 않았고 드디어 크리스마스이브가 되었다. 우리는 분장을 하고 무대 위에서 정식으로 연극 공연을 했다. 못된 아이들한테 놀림을 받으며 꽃을 발길로 차이는 장면에서는 실제로 많이 울었다. 울면서도 노래하고, 꿈에 어머니를 만난 이후 하느님을 알게 되면서는 신나게 웃으며 찬송가를 불렀다. 어느새 끝이 나고 요란한 박수를 받으며 내려왔다. 목사님이 잘했다고 칭찬해 주셨다. 나중에 언니와 집에 오면서 언니가 '네가 우니까 우리 모두 너를 따라 울었다.'며, 잘했다고 했다. 정말 즐거운 추억이 하나 생긴 셈이었다.

그러나 나의 불행은 이때부터 시작되었다. 나에게 엄마와 같았던 존재인 언니가 18살 밖에 되지 않았는데 시집을 가게 된 것이었다. 나의 새어머니가 언니와 나이 차이가 10년 밖에 나지 않으니까 계속 부담스러워 하며 미워하다가 결국 일찍 시집보내는 쪽으로 밀어붙인 것이었다. 아버지는 이미 집안의 모든 주도권을 어머니한테 뺏긴지 오래시라 반대도 못하고 속으로만 눈물을 흘리며 엄마 하자는 대로 하는 형국이었다. 할아버지는 혼판만 보고 좋다고 하시니 일이 일사천리로 진행된 것이었다. 서로의 얼굴도 한 번 보지 못한 채로 어른들의 결정에 따라 언니는 그렇게 안동으로 시집을 가셨는데, 양반집 맏며느리로서, 또한 가정 형편은 썩 좋지 못했으나 형부는 매우 인격이 높으시고, 안동사범학교를 수석 입학하였고 당시에는 장교로 근무하고 있는 유능한 인재여서 나중엔 괜찮았으나, 아무튼 언니를 잃은 나는 그야말로 날개 잃은 새 신세였다.

나를 완벽하게 감싸주고 돌보아주던 언니는 나에게 언니 그 이상이었는데 그렇게 일찍 언니와도 헤어지게 되고, 아버지는 정치를 하시며 조금씩 집안 살림을 더 줄이시게 되었고 새어머니의 히스테리는 그 무렵부터 시작되었던 것 같다. 당시에는 도의회의원이라야 지금처럼 월급이 있는 것도 아니고, 회의를 할 때만 회의비조로 조금 나오는 식이어서 돈 없는 사람은 정말 하기 힘든 직책이었다. 당시 예천에는 세 명의 도의원이 있었으나 두 사람은 기업체를 가진 부자였고 우리는 농토 밖에 없었으니, 아버지가 도의원을 하시는 4년 동안 농토는 계속 줄어들어가게 되었다. 도의원 하시는 동안 이권에 개입하시기는커녕 어려운 일만 도맡아 하시며, 돈은 계속 농토를 팔아 충당했으니 살림은 계속 줄어들고 있었던 것이다.

내가 중3부터 고등학교를 졸업한 1년 후까지의 5년간은 정말 힘에 겨운 시련기였다. 그래도 중3 초에는 예술제를 하였는데, 나는 합창부에 들어 즐겁게 노래 연습은 하였다. 예술제가 끝난 이후부터 학교에 결석하는 날도 부쩍 많아졌고, 몸도 너무 나빠졌으며, 정신적으로도 많이 방황했던 것 같다. 두 명씩이나 있던 아주머니들도 다 나가고 나보다 두세 살 위의 언니들만 들락날락하며 그 큰살림이 나의 몫이 되니 안 그래도 학교가 멀고 편식이 심해 병약했던 나는 말하자면 영양실조에 과로가 되었던지 학교에서 청소를 하다가, 운동장에서 조례를 서다가, 체육시간에 자주 쓰러지는 일이 생겨났다. 내가 쓰러지면 그 먼 길을 업어 나르던 석국남이라는 친구가 있었다. 그 친구는 틈틈이 집에서 좋은 음식을 보면 나를 갖다 먹였고, 내가 쓰러지면 나를 집까지 업어서 날라주었다. 물론 내가 정신이 들면 나를 부축해서 걷기도 했지만 정말 그 친구를 생각하면 지금도 눈물이 난다. 나의 이런 상황을 집에서는 아무도 몰랐다. 엄마는 내가 친구 등에 업혀왔어도 절대로 아버지께 이야기 하지 않았고, 대책도 세워주지 않았으며, 나는 나대로 아버지 걱정하실까 하여 말을 하지 않았으므로 아버지는 그저 내 딸이 약해서 어쩌나 하는 생각은 평소에도 하고 계셨지만 급격하게 더 나빠지고 있다는 것은 전혀 모르셨다.

그런 와중에도 나는 경북여고에 갈 꿈을 안고 틈틈이 공부를 하였다. 나의 중3 담임선생님인 김태옥 선생님이 어느 날인가 나를 부르시더니 "영순아, 너는 충분히 할 만하니, 경북여고로 진학해라"라고 가르쳐 주셨기 때문이다, 당시에 예천에는 여고가 없고 그때는 남녀공학도 없던 시절이라 우리의 선택은 매우 제한적이었다. 보통 세 그룹으로 나누어졌다. 가정 형편도 안 되고 공부도 잘 못하는 친구는 중학교 졸업으로 학업을 마치게 되고, 또 한 그룹은 안동사범학교를 준비하는 그룹이었다. 당시는 초등학교 교사가 되기 위해서는 사범학교를 나와야 하고, 고등학교 과정의 사범학교만 나오면 바로 교사가 될 수 있었으니 인기가 있어 가난한 수재들이 모였다.

그러나 나는 웬일인지 안동사범학교는 가기가 싫었다. 주로 공부 잘 하고 가난한 아이들이 선호했기 때문인지 모르겠다. 그리고 선생님 보시기에 나는 공부도 잘 하고 집안 형편도 되니까 대구로 유학갈 수 있다고 생각하셨기 때문인지 나에게 경북여고에 대해 말씀해 주셨던 것 같다. 마침 새어머니의 히스테리가 막 시작되었을 때여서 속으로는 이 시기만 잘 넘기면 난 대구에 가서 공부할 수 있다는 꿈이 있었으므로 억지로라도 밥을 먹고 힘을 내기도 하였다.

그런데, 얄궂은 운명은 딴 데서 일어나고 있었다. 아버지가 경북도의원 임기를 끝내시고는 도교육위원을 하고 계셨는데, 예천에 여고가 없으니 여고를 설립해야 한다고 강력하게 주장하시며 스스로 예천여고 설립추진위원장을 맡아 활동하고 계신 것을 안 것은 이미 한참 진행된 뒤였다. 아버지는 딸의 마음도 모르신 채 막내딸을 넣으실 요량으로 더욱 노력하셨는지도 모르겠다. 하여튼 그리하여 내가 중학교를 졸업하자마자 예천여고가 설립되었고 아버지의 도의적 책임감으로 딸을 예천여고가 아닌 대구에 보내시는 건 용납이 안 되셨다. 그렇게 하여 나는 또 운명의 장난으로 예천 여고에 입학하게 되었다. 사실상 나는 예천 여고 1회가 되어야 했으나, 2, 3학년 편입생을 받는 바람에 3회가 되었다. 1회는 30명, 2회는 20명, 우리 학년 3회는 40명, 이렇게 90명으로 예천여고는 1, 2, 3학년을 다 갖춘 학교가 되었다.

그러나 나의 비극은 끝나지 않았다. 학교라고 달랑 조그만 건물 하나도 완성이 채 안되었고, 다른 건물을 짓기 위해 우리는 건설 노동에 참가해야 했기 때문이다. 우선 아침에 조례가 끝나면 큰 운동장 풀을 뽑는 것으로 하루 일과가 시작되었다. 학생은 90명밖에 없는데 운동장은 왜 그렇게 크며, 풀은 또 왜 그렇게 무성했던지... 그렇게 한두 시간 일을 하고 나서 공부를 하는데 각 과목별로 실제로 전공 교사는 한두 명 밖에 안 계셨다. 가정을 가르치던 선생님이(이 분은 실제로 중학 졸업하고 단기로 몇 개월 연수받아 교사자격증을 따신 분이었다.) 영어를 가르치다가, 지리를 가르치던 선생님이 영어를 가르치다가, 일반사회를 가르치시던 분이 수학도 가르치는 식이었다.

국어 선생님만 동국대 국문과를 제대로 나오신 분이라 정말 국어 수업만 제대로 받을 수 있었다. 뿐만 아니라 건물을 완성하고 새로운 건물을 짓기 위하여 우리는 서너 시간 수업하면 다시 책보자기로 학교 뒤의 냇가에서 모래를 나르고, 자갈을 나르고, 어떤 때는 무거운 돌을 날라야 했다. 한 번씩 가져올 때마다 나무 그늘에 의자를 놓고 앉아 계시던 선생님들은 우리 팔뚝에 도장을 찍어 주셨다. 팔뚝에 더 이상 도장 받을 때가 없을 정도가 되었을 때라야 그날의 노력동원이 끝나는 식이었다. 교실의 양동이로 많이 나르던 친구가 있었는데, 그 애는 나중에 근로상을 받았다. 가족들 아침을 해 드리고 십리를 걸어 학교에 가느라 아침밥도 제대로 못 먹고 온 나로서는 너무도 힘에 겨운 일이었다. 먼 학교에 가는 자식을 밥도 안 해주고 누워있는 젊은 엄마가 야속했지만 엄마는 나에게는 큰 벽이었다. 어릴 때 많이 예뻐해 주던 엄마는 이미 아니었다. 학교를 가도 힘에 겹고, 집에 있어도 힘에 겨웠다. 그러나 나는 단 한 번도 반항도 못 해보고 아버지한테 고자질도 못하고 친구들한테 내 사정을 털어놓지도 못하는 바보였다.

그런 중에도 1학년 가을에 운동회를 하게 되었다. 우리 학년은 곤봉도 하고 1, 2, 3학년 전체로는 마스게임을 하였다. 난 평소에 운동이라고는 아무것도 못할 정도로 몸이 허약했으나 이 두 가지는 꼭 하고 싶었다. 곤봉은 서서 양손 엄지와 검지 사이에 곤봉을 끼고 팔만 움직이면 되는 운동이라 쉬웠고, 마스게임은 경쾌한 음악에 맞춰 다같이 넓은 운동장에서 경쾌한 몸놀림을 하는 게 너무 좋았다. 곤봉 체조는 처음엔 기본 동작만 배우고 그 다음은 난이도가 높은 단계로 올라가고 나중엔 속도를 빨리 하는 순으로 배웠던 것 같다. 그래서 이 두 가지를 빠지지 않기 위해 이때는 악착같이 학교엘 갔다.

그러나 이 운동회가 끝나고는 결석을 많이 하게 되었다. 엄마가 오늘은 모내기하니 학교가지 말아라, 오늘은 타작을 하니 가지 말아라, 오늘은 장

날이니 가지 말아라 이런 식이었다. 그대로 다 따랐다. 학교에 가도 어차피 제대로 공부도 못하고 자갈만 날라야 하니 매한가지였다. 당시 학교 선생님들이 교장, 교감을 합해 모두 12명이었는데 약간 청각장애가 있는 교장선생님이 오신 이후 선생님들과 자주 불화한다는 소문이 들리더니 급기야 다섯 분이 한꺼번에 다른 학교로 전근가시고 우리 학교에는 몇 달간 새로 부임해 오시질 않았다. 그러니 우리는 오전 수업만 하고 집에 오거나 모래나 자갈을 두세 시간 나르고 이른 오후에 집에 오는 날이 많았다.

그런데 마침 그 무렵 예천에 처음으로 극장이 생겨서, 영화를 상연하게 되었다. 나에겐 그만한 유혹거리가 없었다. 새로운 삶의 즐거움이 나를 기다리고 있었던 것이다. 나는 학교가 끝나면 곧장 집에 오지 않고 친구네 집에 가서 교복을 사복으로 갈아입고 친구들과 함께 영화보고 자장면 사먹고 하는 데에 재미를 붙이기 시작하였다. 정말 처음 영화라는 걸 보게 되었을 때의 그 문화적 충격은 컸다. 맨 처음 본 영화는 무성영화로 극장 뒤편에서 변사가 해설하는 식이었다. 그러다가 얼마 후에는 스크린 속에서 음성까지 함께 나왔다. 그 신기했던 기억은 지금도 잊을 수가 없다. 이렇게 영화라는 것을 접한 우리는 그 참을 수 없는 유혹을 이길 수가 없었다. 더구나 처음 극장이 생긴 터라 홍보 차원에서 낮에 보면 반값으로 보게 해주었다. 매일 오전 수업만 하고 집에 오거나 두세 시간 더 모래나 자갈을 나르고 와도 서너 시에는 극장에 올수 있었으니 영화를 한 편 보고 집에 가도 충분한 시간이 되었으므로 그땐 정말 상영하는 영화란 영화는 다 보았던 것 같다. 그때 함께 영화도 보고 자장면도 먹던 친구들은 초등학교부터 친했던 세 명이었다.

내 친구는 늘 세 그룹이 있었다. 공부 잘하는 친구, 예쁜 친구, 착한 친구... 나는 이 친구들을 만나면 모든 스트레스가 풀렸다. 그런데 이 세 명의 친구는 예쁘기도 하고, 공부도 잘 하고 착하기도 하였다. 이 중 장신자라는 친구는 우릴 언제나 웃겨주었고, 너무나 성실하고 착했으며, 특히 노트 정리를 잘 했다. 이 친구는 언제나 시험 때 나에게 노트를 빌려주었다. 노트 정리를 워낙 잘 하는데다, 결석도 안 했으므로 노트 정리가 완벽했다. 나에게 이 친구는 너무도 고마운 존재였다. 나는 원래 노트 정리를 잘 못 했다. 수업을 받으면 머리에 바로 입력하거나, 딴 생각하고 안 들은 것은 나중에 이 친구 노트 보고, 책 보고 적당히 해결했다. 이 친구는 지금도 친구들의 궂은일은 도맡아 다 도와주는 봉사 정신이 투철한 인격자요, 가톨릭 신심이 깊은 친구이다. 특히 내가 팔 골절상을 당해 누워있을 때 그 우정과 봉사 정신이 빛을 발했다. 매일 같이 와서 웃겨주고, 밥 먹여주고, 씻겨주고... 내가 빚을 많이 진 친구이고 자랑스러운 친구이다.

그리고 또 한 명은 이내미라는 친구로 머리도 매우 좋고, 착하고 성실하여 언제나 언니 같은 친구였다. 더구나 예천에서 알아주는 양반 댁 출신이어서 나는 더욱 이 친구를 좋아한 나머지 나중에 결국 나의 올케로 천거하여 몇 십 년째 나의 친정이 되어주고 있다. 이 올케와 알고 지낸 지 50년도 넘었지만 우린 단 한 번도 사이가 나빠 본 적이 없다. 올케가 부처님이니 난 따라서 그냥 좋은 시누이가 되는 것이다. 오빠, 언니는 슬하에 2남 2녀를 두었는데, 모두 5명의 박사를 둔 행복한 노후를 보내고 있어 보기에 너무 좋다.

우리 4총사는 50년째 한결같이 만나면 좋고 행복한 친구들이다. 처음에는 우리 친구들 중 제일 예쁜 전옥자라는 친구만 가톨릭 신자였는데, 누구에게 전도도 하지 않았지만 지금 우리 네 명은 모두 가톨릭 자매가 되어 있다. 지금도 우리는 누구든지 한 명이 '우리 만나자' 하면 무조건 만난다. 만나기만 하면 배꼽을 잡고 웃음꽃을 피운다. 이 세 명의 친구는 모두 할머니가 되었지만 나에게는 변함없는 활력소요, 영원한 위안이며, 기쁨의 원천이다.

고등학교 시절 학교를 못가거나 학교를 갔다 집에 오면 어머니의 히스테리를 온몸으로 감당해야 했으니 당시 이 좋은 친구들과 영화를 보는 것은 더 이상 없는 위안이었다. 영화를 보기 시작하면서 당시 우리에겐 영화배우가 선망의 대상이었다. 그래서 팬레터를 쓰는 친구들이 있었는데, 장신자 친구가 당시 최고의 배우였던 조미령으로부터 답장과 함께 사진까지 받아서 학교가 떠들썩하기도 하였다.

어쨌든 이 영화비를 마련하기 위하여 나는 아르바이트도 하였다. 초등학교 6학년 아들 하나를 키우시던 종숙모님이 계셨는데, 나를 어릴 때부터 무척이나 귀여워해 주셨다. 그런데 아들이 6학년이 되자 중학교에 우수한 성적으로 입학시키기 위해 그 애 공부를 좀 도와달라고 부탁하셨다. 나에게 6촌 동생뻘이 되는 아이였다. 나도 친동생이 없는 터라 워낙 예뻐하던 남동생인데 공부 부탁이라면 대환영이었다. 그런데 그 애를 가르친 지 한 달 만에 이 애의 성적이 단숨에 최상위권이 되어 버렸다. 그러니 담임선생님이 넌 어떻게 해서 갑자기 이렇게 공부를 잘 하게 되었느냐고 물었다고 한다. 그랬더니 우리 누나가 가르쳐주었다고 하자 이번엔 그 담임선생님이 부잣집 한 아이를 나보고 좀 지도해 달라는 부탁이 들어왔다. 그래서 난 고등학교 때부터 가정교사를 하게 되고 그 과외비는 곧바로 나의 영화관람비로 요긴하게 쓰이고 있었던 것이다. 또한 집안 친척아저씨들이 가끔씩 용돈을 주시곤 했는데, 차근차근 모아서 영화를 보았던 것이다. 그리고 내 동생은 예천중학을 우등생으로 들어가 장학금을 받게 되었다.

한편 다섯 분의 선생님이 한꺼번에 전근해 가시고 몇 달간 새로 부임해 오시지 않아 친구들과 발을 동동 구르기도 하다가 어느 날은 내가 도지사 앞으로 진정서를 쓰기도 했다. 그리고 답답한 심정을 적어 당시 이기붕 부통령의 부인인 이화여대 교수인 박마리아 여사한테 편지를 쓴 것이 친구들한테 들키는 바람에 보내지도 못하고, 지금도 놀림을 받고 있다.

이맘때는 이제 양말과 장갑 같은 것은 짜지 않아도 되었다. 양말 공장이 생겼기 때문이다. 그러니 밤에는 정말 할 일이 없었다. 특히 긴긴 겨울밤에는 시간을 주체를 못 했다. 그래서 친구들한테서, 선배들한테서 소설책을 빌려 밤새 다 읽어버렸다. 고1까지는 촛불을 켜던 시절이었으므로 아버지가 집에 계시는 날엔 우리가 혹시라도 촛불을 켜 놓은 채로 잠이 들어 불이 날까 염려하신 나머지 매일 밤 점호를 하러 다니셨다. 아직 안자고 있으면 빨리 자라고 성화를 하셨다.

난 소설책 읽는 날은 아버지를 속이기 위해 군청색 두꺼운 담요를 문에다 치고 자는 척 하면서 600~700쪽 짜리 소설, 예를 들면 이광수의 「무정」, 「유정」, 「단종애사」, 「마의태자」, 「원효대사」 그리고 현진건의 「무영탑」, 박종화의 「다정불심」, 「금삼의 피」, 박화성의 「백화」, 톨스토이의 「부활」, 토스토에프스키의 「죄와 벌」, 빅토르 유고의 「레미제라블」, 모파상의 「여자의 일생」, 브론테의 「제인 에어」, 헤밍웨이의 「바다와 노인」, 펄벅의 「대지」 등 지금은 아무 것도 생각나지 않는 소설, 특히 장편소설을 닥치는 대로 하룻밤에 한 권씩 읽어치웠다. 고2 때(1959)때 전기가 들어오고부터는 더 많이 읽었다. 나는 이런 식으로 속독을 하는 편이라 정독하고는 거리가 멀다.

이 무렵 나의 어머니는 전국적으로 회임에 좋다는 일은 다 하러 다니고 있었다. 불공도 드려보고, 약수터도 다녀보고, 좋다는 약이란 약은 다 먹어보고 전국에서 용하다는 의원은 다 찾아다니며, 살림에 등한하게 되면서 갑자기 집안 살림이 내 차지가 되어 갔다. 그래서 학교를 빠지는 날이 자꾸 더 생기게 되어 되었는데, 그래도 학교에 가는 날은 친구들을 만날 수 있어서 여간 즐겁지 않았다. 우리 4총사 외에 난 따로 권오영이라는 친구와 친했다. 우리 반에서 제일 예쁜 친구였는데, 내가 그 친구를 매우 좋아했다. 우리 둘이는 의기투합해서 자주 글을 써서 당시 일반사회를 가르치던 김헌술 선생님께 보여드리고 글쓰기 지도도 받으며 그 선생님을 매우 따랐다.

그런데 하루는 그 선생님이 우릴 보고 손정목 당시 예천 군수한테 편지를 전하고 오라고 심부름을 시키셨다. 우리는 선생님이 시키는 대로 군수 면회 신청을 하여 편지를 전해드리고 잠시 환담을 하게 되었는데, 당시 우리의 처지를 하소연하였다. 12명인 학교에 다섯 분의 선생님이 교장선생님 때문에 전근가시고 몇 달째 안 들어오시니 학교에 가도 제대로 공부도 못하고, 노동에만 동원된다고 하소연해했던 것 같다. 그랬더니 이 분의 말씀이 자네들에겐 '책과 자연'이 있지 않은가? 선생님도 중요하지만 더 큰 스승은 자연과 책이라며, 자기는 군수로서 바쁘지만 하루에 두 세권은 반드시 책을 읽는다고도 하셨다. 이 분의 이 말씀은 나에게 신선한 교훈으로 다가왔다.

그 이후 나는 이 말씀을 자주 떠올리면 마음속으로 손정목 군수를 존경하게 되었다. 그 이후 20년 뒤쯤 그분이 서울시립대학교 도시학과를 창설하시고, 교수로 계신 것을 알게 되었다. '도시'의 행정적, 토목-건축적, 환경적, 재정적, 미학적 모든 면에서 종합적으로 접근하는 '도시학'을 발전시킨 분인 것도 알게 되었다.

내가 고대에 온지 몇 년 후에 마침 고대에서 도시학에 관한 학술대회에 이 분이 오시게 된 걸 알고 찾아 인사를 드렸는데 잘 기억하시지는 못하셨다. 그 이후 서울시립대학교에서 학회가 있어 갔다가 선생님 연구실엘 잠시 들렀는데, 정말 조그만 방에 책이 산더미처럼 쌓여 있었고, 완전히 학문에만 전념하시는 분이라는 걸 깨닫게 되었다. 그리고 내가 마음속으로 20년간 존경하며 생각했던 분을 같은 교수 입장에서 뵙게 되니 기분이 묘했다. 그러나 나의 존경심은 조금도 무너지지 않았고 역시 이렇게 공부를 많이 하시고 하나의 학문 분야를 만들어내신 면에서 한국의 보배 학자란 생각이 들었다.

그렇게 고1학년이 지나고 2학년 어느 날이었다. 우리 예천에도 전기가 들어왔다. 호롱불에서 촛불로 불을 켤 때만 해도 너무 좋았는데, 이제 천지가 대낮같이 밝은 전기가 들어온 것이다. 아! 이런 세상도 있구나 싶었다. 전기불이 들어오자 정말 하늘나라에 온 기분이었고 감격 그 자체였다.

그러나 나에게는 또 다른 역경이 기다리고 있었다. 이번에는 할아버지가 신장염으로 점촌(문경군 점촌읍)에 있는 용하다는 병원에 입원하시게 되었는데, 할아버지 간병이 내 차지가 된 것이었다. 점촌은 예천에서 24km밖에 떨어져 있지 않지만 당시는 상당히 멀게 느껴졌다. 입원을 하셔도 요즘 큰 병원처럼 병원에서 환자 음식이 나오는 시스템이 아니고 그냥 방만 하나 주고 의사는 한두 번 돌아보고 간호원이 주사 놓고 약만 주는 식이어서 환자에게 필요한 대부분의 일을 간병하는 사람이 하지 않으면 안 되었다. 방에 군불을 떼고, 불을 떼서 죽을 끓이고, 대소변도 요강으로 받아내고, 빨래도 우물에서 물을 길어다 하거나 냇가에 가서 해야 했다. 신장염은 염분을 거의 못 드시기 때문에 밥은 반찬 없이 못 드시고 또 위장도 안 좋으셨는지 하여간 매일 죽을 여섯 번씩 쑤어서 드려야 하는데, 두 번은 계란을 넣고, 두 번은 잣을 넣고 두 번은 야채와 깨를 넣고 끓여 드렸다. 어쩌다가 아버지가 어디서 전복을 사오시면 전복죽도 끓여 드렸던 것 같다.

왜 어린 내가 할아버지 간병을 맡게 되었는지 그 뒤 아버지한테 한 번 따져 보지도 못하고, 그만 하늘나라로 보내드렸다. 내가 진작 이 글을 쓰게 되었다면 앞 뒤 사정이라도 한번 여쭈어 볼 것을... 아무튼 고등학교 재학 중인 내가 두 달 이상 학교를 빠지며 점촌에서 할아버지 간병을 하게 되었다. 지금 생각해도 기특할 만큼 지극정성으로 간병을 했다. 의사선생님이 나를 측은한 눈으로 보셨던 것 같다. 아무튼 가을에 입원하셨는데 어느덧 겨울이 되어 꽁꽁 언 샘에서 얼음을 깨고 물을 길렀던 기억도 난다. 지금처럼 난방이 되나, 뜨거운 물이 나오나 수도가 있나... 모두 샘에서 물을 길러 와서 할아버지 죽 하루에 여섯 번씩 쑤어드리고, 빨래하고, 대소변 받아드리고. 씻겨드리고... 하루가 바쁘게 지나갔다.

아버지는 2, 3일에 한 번씩 오셨고 가끔 고모들과 고모부가 다녀가셨는데 오실 때마다, 영화라도 보라면서 손에 돈을 쥐어 주고들 가셨다. 그러나 이때는 영화를 보러 다니지 않았다. 왜냐하면 의사선생님이 언제 찾으실지도 모르고, 환자이신 할아버지를 두고 두세 시간씩 영화를 보러 갈 수는 없었기 때문에 돈이 그대로 쌓였다. 할아버지께 들어가는 돈은 아버지가 따로 주셨기 때문에 내 몫으로 들어온 돈은 그대로 모았다. 그런데 이 돈이 종자돈이 되어 내가 나중에 대학 갈 때 보탬이 되리라고는 상상도 못했다. 아마 이때도 틈이 나면 소설책을 읽었던 것 같다. 아무튼 나는 할아버지를 극진히 간호하였고, 다행히 할아버지는 차도가 있어 두세 달 뒤쯤 퇴원을 하셨다.

그렇게 2학년이 지나가고 고3이 되었다. 이때부터 대학 가려는 친구들은 본격적으로 공부를 하는 분위기였는데 우리 엄마의 히스테리는 최극도를 달리고 있었다. 당시 엄마 나이 33, 34세였을 테니까 출산을 단념해야 하는 여자의 비애와 분노가 모두 나에게로 돌아온 것이었다. 오빠는 남자니까 공부도 해야 하고, 또 달아나기만 하면 그만이기도 하고, 설사 엄마가 힘으로 어쩌려고 해도 오빠가 더 힘이 세니까 얼마든지 엄마로부터 벗어날 수가 있었을 뿐 아니라 내가 고3이 되던 해에 이미 오빠는 대학에 입학하여 서울로 갔으니 남은 건 나 혼자였다. 그러니 이래저래 엄마의 그 엄청난 히스테리를 받아 줄 사람은 나 밖에 없었던 것이다. 그리하여 고3때 역시 나는 학교에 가는 날이 반 정도 밖에 되지 않았으니 지금 같으면 졸업도 못할 판이었다, 어쩌다 학교에 나가도 국어 선생님 외에는 제대로 가르쳐 주시는 선생님도 없는 터라 학교에 가도 친구들 만나는 즐거움밖엔 없었다.

그러나 고3 수학여행만은 안 빠지고 따라갔다. 우리는 속리산 법주사로 수학여행을 갔는데, 10명 정도는 안 가고 30명 정도만 갔던 것 같다. 그런데 속리산 근방에 이르자 더 이상 못 가게 경찰들이 길을 막았다. 웬일인가 했더니 이승만 대통령 일행이 오셨기 때문에 여기서 기다리라는 것이었다. 버스에서 몇 시간을 지난 다음에야 겨우 법주사 입구까지 들어갈 수 있었는데 우리가 도착했을 때는 이미 해가 뉘엿뉘엿 넘어가고 있었다. 원래는 숙박은 안하고 하루에 다녀갈 예정이었으나 일이 난처하게 되었다. 선생님도 어찌할 바를 몰라 하셨다. 어린 나의 소견에 이대로 돌아가는 것은 무리가 있어 보였다. 당시만 해도 비포장도로였고, 가로등도 별로 없었으므로 밤에 돌아가는 건 위험했고, 더구나 우린 이미 버스 여행과 버스 안에서 몇 시간을 보내느라 지쳐있었으며, 수학여행을 왔는데 법주사도, 속리산도 못 올라가보고 그냥 돌아간다는 건 말이 안 되는 것 같았다. 또한 버스 기사도 이런 상태로 다시 운전해 가라는 건 무리일 것 같았다. 그래서 아이들이 우리를 인솔하신 K선생님보고 하룻밤 자고 가자고 했다. 그랬더니 학교에 오늘 돌아간다고 하고 왔는데, 안 돌아가면 안 된단다.

그때만 해도 학교에 전화가 한 대 있었지만 아직 선생님들 댁에는 전화도 없던 시절이라 퇴근 이후에는 전화도 안 되려니와, 장거리 전화는 매우 힘들던 시절이어서 전화로 연락할 수도 없는 시간이었다. 친구들은 이미 배가 고프다고도 하고 피곤하다고 난리였으나, 우리 선생님은 계속 결정을 못 하고 계셨다. 반장인 김경순 친구도 어느 누구도 더 이상 자고 가자는 말은 못 하고 있었다. 할 수 없이 내가 나섰다. 사실 나는 체격도 작고 반장, 부반장도 아니어서 리더십을 발휘할 입장에 있지도 않았다.

그럼에도 내가 앞에 나섰다. 그리고는 선생님을 향해 "선생님, 여기서 하룻밤 자고 감으로써 생기는 모든 문제는 제가 책임지겠습니다."라고 했다. 말하자면 매우 당돌하고, 주제넘은 말을 한 것이다. 그러니까 선생님은 나를 어이없이 보시더니 "네가 무슨 수로 무엇을 어떻게 책임지겠냐."라고 하셨다. 그래서 나는 이렇게 대답했던 걸로 기억된다. "우리가 오늘 여기서 잠으로써 생기는 문제는 학교에서 추궁할거라는 것과 여기에서 자기 위해서는 경비문제가 있다고 생각합니다. 그러나 만일 안자고 지금 이대로 가면 첫째, 수학여행 온 보람이 전혀 없고, 둘째, 다시 어두운 비포장도로를 몇 시간 운전해 가는 것은 우리 모두 위험해 질 수 있습니다. 그러므로 학교에서 추궁당할 일은 저의 아버지(당시 사친회장이셨다)께 자초지종을 말씀드리면 아버지가 교장선생님께 말씀드리고, 또 선생님도 모든 상황을 말씀드리면 양해가 되지 않겠습니까? 그리고 경비 문제는 각자 주머니를 털어서 모아보면 해결될 수 있을 것 같습니다. 그래도 이렇게 했을 때는 우선 안전하고, 둘째, 원래 보려고 했던 법주사와 속리산도 보고 갈 수 있으니 수학여행 목적도 달성하는 게 아니겠습니까?"라고 조목조목 차분히 말씀드렸더니 조금 생각하시다가 그럼 그렇게 하자고 하셨다. 그리고 반장보고 돈을 있는 대로 걷어보라고 하셨다.

돈이 없는 친구도 몇 명 있었으나, 모두 조금씩은 여유가 있었고, 특히 몇 명은 돈을 좀 많이 가진 친구도 있었으며, 선생님도 주머니를 털어 대충 방값과 내일 아침, 점심 값이 모아졌다. 원래 저녁 값까진 이미 낸 상태였기 때문에 방값과, 아침, 점심 값만 준비되면 아무런 문제가 없었던 것이다. 최악의 경우는 아침만 다같이 먹고 서둘러 보고 떠나면 점심은 모두 집에 도착해서 먹어도 되니까 쉽게 다 해결이 되었다. 마침 큰 방을 가진 여관이 있어 우리 30명이 모두 한 방에서 자고 선생님과 기사만 다른 방에서 주무셨으므로 방값도 크게 들지 않았다. 그래서 우린 신나는 밤을 보내고 이튿날 일찍 일어나 법주사도 보고 속리산 등반도 가볍게 하고 학교로 돌아왔고 그 뒤 아무 일도 일어나지 않았다.

지금 생각해도 나의 당돌한 행동이 어디서 나왔는지 나도 신기하기만 하다. 추리해 보면 비록 생모는 일찍 잃었으나 할아버지, 아버지가 예천 최고의 유지셨고, 잘 살았으며 특히 아버지는 학덕이 높으셔서 남녀노소, 고하를 막론하고 모두 존경했으며, 사친회장이나 무슨 회장, 무슨 회장, 등 명예직, 봉사직은 두루 다 하셨으므로 누구한테도 아버지 함자만 대면 앉았다가도 벌떡 일어나 그러냐 하면서 최대의 경의를 표했으니 나도 모르는 사이에 예천에서 별로 무서운 사람이 없었으며, 기가 있는 대로 살았던 게 아닌가 싶다.

졸업 때가 가까워지자 대학 갈 사람과 안갈 사람이 나누어지면서 분위기도 어수선해졌다. 나는 당연히 대학가는 줄에 서야 했으나 얄궂은 운명의 장난으로 당년에 대학을 못 가게 되었다. 어쨌든 그래도 나중에 보니 우리 학년은 40명 중 10명 남짓이 대학엘 갔다. 그땐 이렇게 시골에서 공부한 사람도 원서만 내면 대학엘 갈 수 있었던 것 같다. 아니 그래도 대학 갈 친구들은 나보다는 공부를 많이 했을 것이다.

내가 고등학교를 졸업한 1960년은 아버지가 국회의원에 출마하시게 되어 아버지께서 '영순아, 내가 당선하면 너를 서울로 데리고 가서 대학을 보내주마'고 하시며, 아버지 선거를 도와달라고 하셨다. 난 선거 본부를 맡아 모든 살림을 꾸려나갔다. 당시에는 아무런 매체가 없던 시절이라 선거운동이라야 가가호호 기호를 돌리고 한 표를 부탁하는 식이었으므로 품이 많이 들었다. 상대 후보는 자유당이고 돈도 많아 지프차로 다니고 돈도 많이 뿌린다는 소문이 있었으나 돈 없는 무소속의 우리 아버지는 그저 높은 인지도와 덕망에 의존하는 수밖에 없었다.

우리 운동원들도 모두들 진심으로 아버지를 존경하는 분들이 자원봉사자로 도와주는 분들이었는데, 그래도 식사대와 최소한의 교통비는 주어야 했기 때문에 우리 형편으로는 그것도 힘에 겨웠다. 읍에서 먼 거리에는 자전거를 타고 다니면서 기호를 돌려야 했으므로 읍에는 주로 여자들이 걸어 다니며 기호를 돌리고, 면단위는 남자운동원들이 점심값과 최소한의 일당을 받고 자전거로 다니며 기호를 돌렸다. 친척들과 이웃사람들도 모두 나서서 도와주었다. 저녁때가 되면 수십 명의 운동원들이 돌아와 보고도 하고 이튿날의 계획도 세워야 했으므로 적을 때는 20여명, 많을 때는 5,60명에게 저녁을 먹여야 했고, 최종적으로 하루를 결산하고 이튿날의 목표를 세워야 했으므로 난 새벽부터 밤까지 정신없이 뛰어야했다. 말하자면 기획, 회계뿐만 아니라 식사 준비까지 도와야 했으므로 정말 정신없는 날들이 지나갔다. 물론 틈틈이 기호도 돌렸다.

슬로건은 내가 지었고 현수막 글씨는 명필인 대구의 6촌 오빠가 와서 써주었다. 당시 내가 지은 슬로건은 '권리 행사 바로 하여 인격보고 찍어주자.'였다. 나중에 당시 고려대학교에 다니는 고종사촌 오빠가 내려와서 저 슬로건은 누가 지었냐고 해서 내가 지었다고 했더니 잘 지었다고 칭찬해 주었다. 그러나 지금 생각해 보면 당시 상황에서는 너무 어려운 구호였을 것 같다. 어떻든 우리는 광목으로 현수막을 만들어 기호 2번 박윤하라고 쓰고 '권리행사 바로 하여 인격보고 찍어주자.'라고 쓴 현수막을 한 면 동에 두세 장씩 내걸고, 운동원들이 열심히 기호를 돌렸다.

나는 제대로 기호를 돌렸는지 체크도 하고 돈 관리도 했다. 당시 내 나이 열아홉 살인데 돌이켜보면 난 이미 이때 웬만큼 철이 다 들었던 것 같다. 아무튼 그렇게 약 두 달 간의 선거 운동 기간이 끝나고 선거 전날이 되었다. 사람들은 모두 아버지의 당선을 확신했다. 우선 운동원들이 기호를 돌리며 민심을 살펴 본 결과 모두 진심으로 아버지를 지지한다는 보고가 있었고, 이미 4년간 도의원을 하셨기 때문에 인지도도 높았고, 도의원으로 계시는 동안 지역구의 많은 현안을 해결하셨으며, 워낙 겸손하시고 자애로운 분이셨기 때문에 개인적으로도 땅을 판 돈으로 어려운 사람도 많이 도와주고, 지역의 궂은일을 도맡아 하신 분이셨기 때문이 평판이 매우 좋았기 때문이다. 더구나 합동 연설회 때는 타의 추종을 불허하게 연설을 잘 하셨으므로 평소에 잘 모르는 사람들도 연설만 듣고도 아버지를 지지하는 분위기여서 아버지의 당선에 추호의 의심도 없었다.

경쟁 상대는 자유당이라는 것, 돈이 많다는 것을 빼고는 인지도도 아버지에 비해 월등하게 떨어졌고 인상도 매우 험하게 생기신 분이라 단정하고 귀골형이면서도 친근감을 주는 아버지와는 대조적이었고, 합동 연설 때도 정말 차이가 많이 났다 더구나 우린 대대로 예천 토박이이고 아버지는 만주에서 돌아오신 이후 몇 십년간 예천을 떠나보신 적이 없었으며, 6 · 25때는 살신성인의 애향심을 발휘하셔서 임시자치회장(임시군수)을 하시며 영천으로, 청도로 피난 나간 예천 군민들을 위하여 중앙 정부에서 배급을 타다가 일일이 나누어 주는 등 내 몸같이 돌보셨으며, 마을마다 친척이 없는 곳이 없을 정도로 고정표도 많아서 정말 아무런 의심 없이 선거날을 맞이하였다.

어느덧 선거날의 아침이 밝았다. 우리는 설레는 마음으로 선거에 임했다. 그리고 그날 저녁 자신 있게 개표를 기다렸다. 그런데 개표가 시작된지 한 시간쯤 지났을까. 군청 밖에서 개표 결과를 기다리던 우리는 심장이 멎는 줄 알았다. 갑자기 개표실의 전기가 나가고 온 세상이 깜깜 지옥이 되었다. 어찌 이런 일이... 그리고 얼마나 지났을까. 다시 불이 켜지고 얼마 후 아버지는 힘없이 나오시더니 내 손을 말없이 꼭 쥐시며 '나쁜 놈들' 딱 한마디만 하시고는 집으로 향하셨다. 난 뭐라고 여쭈어 볼 엄두도 안 나고, 모든 현실이 꿈이기만을 바랐다.

아! 그랬구나 그 악명 높은 3 · 15부정선거가 예천 같은 소도시에도 공공연하게 자행된 것이었다. 전기가 나갔을 때는 미리 준비해둔 대로 아버지의 표를 빼돌리고 상대 후보를 찍은 가짜 투표용지를 바꾸는 수법을 썼던 것이다. 또한 불이 켜진 다음에는 아예 공공연히 아버지 표 98장에 앞뒤에 한 장씩 상대방 후보 표를 넣어 상대방 표 100장인 것으로 만드는 데도 속수무책 당하실 수밖에 없었다는 것이다. 경찰이 입회해 있었지만 이미 경찰은 시시비비를 가리거나 부정을 찾아내는 사람들이 아니고 부정 개표를 비호하는 세력이었던 것이다. 한 달쯤 지나 4.19가 났고 이승만 대통령이 하야하고 자유당이 망한 뒤에 직접 개표 부정을 저질렀던 선관위원들이 아버지께 찾아와 꿇어 앉아 용서를 구했지만 이미 소용없는 일이었다. 아버지는 오히려 직장을 잃은 그들을 위로하실 정도셨다.

하여튼 우리집은 그렇게 선거에 패배하고 나니 남은 것은 빚더미뿐이었다. 나의 대학진학 꿈은 그렇게 다시 물거품이 되었다. 그 뒤 본격적으로 가사 일을 도우며 지냈다. 이 기간 동안 안 해 본 일이 거의 없다. 콩심기에서부터 밭에 김을 매는 것은 기본이고, 송아지 풀도 먹이고, 고추와 목화도 따고, 뽕도 따고, 심지어 평생 처음으로 논에서 피도 뽑아 봤다. 그러면서도 저녁에는 마을 회관에서 하는 야학에도 참여하였다. 그때는 4H 운동이 한창 꽃피우던 시절인데, 이 운동의 하나로 젊은이들이 문맹 퇴치 차원에서 글을 모르는 동네 어른들에게 한글을 가르치기로 하였는데, 이 좋은 일에 내가 빠질 수는 없었다.

4H 클럽운동은 농업 구조 개선과 농촌 생활 개선을 목적으로 한 농촌 청소년의 학습단체로서 미국에서 제창되어 각 나라에 확산된 청년운동으로 우리나라에서는 1947년부터 농림부 관리 하에서 운용되었다. 4H는 Head(과학적이고 창조적 두뇌), Heart(성실하고 따뜻한 마음), Hand(슬기롭게 일하는 손), Health(역동적 건강)을 모토로 하고 있어서 매우 바람직한 농촌의 건전한 청년운동이었다. 나는 적극적으로 이 운동에 참여하여 4H 예천지부의 총무를 맡아 일을 하게 되었고, 저녁에는 어른들에게 한글을 가르쳤다. 생각했던 것보다 훨씬 많은 5,60명의 남녀 어르신들이 모였다.

너무 신이 났다. 그런데 도중에 웃음이 나와 가르치기 어려웠던 것은 이 분들의 사투리 때문이었다. '배추꽃이 노랗다.'를 가르치고 따라 읽게 하면 '배차꽃이 노리다.'라고 하고, '여름밤에는 모기가 윙윙거린다.'라고 읽어 주면 '여름밤에는 모구가 잉잉거린다.'라고 읽는 것이다. 몇 번 고쳐주어도 소용이 없었다. 그렇게 웃어가며 수업을 하다 보면 어느새 한두 시간이 후딱 지나갔다.

그래도 당신 이름을 쓸 수 있게 되고 군대 간 아들에게서 온 편지를 읽을 수도 있고, 답장을 쓸 수도 있게 되니 그렇게 좋아들 하실 수가 없었다. 고맙다며 수업에 오실 때는 감자나 옥수수를 쪄가지고 오시는 어르신들도 있어서 수업 후엔 함께 나누어 먹으며 얘기꽃을 피우면 공부 시간에는 보이지 않던 숨은 실력들이 나왔다. 노래를 잘 하시는 분, 민요를 잘 읊으시는 분, 만담을 잘 하시는 분, 유머를 잘 하시는 분 그리고 누군가가 노래를 부르면 무조건 일어나서 춤을 추시는 분 항상 분위기는 잔치집이 되었다.

이러는 사이 1년이 후딱 지나가게 되었다. 그리고 나는 신체적으로도 성인이 되어갔다. 고3 졸업 때까지도 키 150cm에 체중 35kg 정도였던 나였으니까 지금도 예천 친구들이 모이기만 하면 나의 얘기를 하는 것도 무리는 아니다. 그렇게 나는 체격이 초등학교 수준이었는데 기적 같은 일이 일어났다. 1년 동안에 키는 무려 10cm나 크고, 체중도 10kg 이상이 불어 어엿한 처녀가 되어 있었던 것이다. 1년 후에 만난 친구들이 기절할 정도로 놀란 것은 불문가지다. 이 무렵 나는 조금이라도 시간이 나면 나이 어린 학생들 가르쳐주고, 이웃집 동네 어른들의 편지 읽어드리고 부르는 대로 답장 써 드리고 하는 일도 무척 많이 했던 것 같다.

그 해도 저물어 가는 크리스마스이브가 되어 나는 교회에 갔다. 그런데 거기서 초중고를 같이 나온 황미순이라는 친구를 만났다. 우리는 새벽송을 나갈 준비를 하고 만두를 먹은 뒤 새벽까지 자는 사람은 자고, 안자는 사람들은 삼삼오오 모여서들 얘기꽃을 피웠는데, 나는 그 친구와 다른 방에서 단둘이 회포를 풀고 있었다. 이 친구는 졸업 후 바로 경희대 음대에 진학하여 방학이 되어 내려온 터였는데, 서울 이야기며, 자기는 겨우 중학교 때부터 풍금을 배웠는데, 음대에 온 서울 학생들은 이미 초등학교 때부터 피아노를 배웠더라는 얘기며, 그러나 자기는 열심히 하여 장학금을 받아 등록금 안 내게 된 이야기며, 4년 장학생이 되면 미국 유학도 갈 수 있다는 등의 이야기를 들려주었다.

지난 1년 간 그 친구가 지낸 것과 내가 지낸 것은 천지 차이라는 것을 느끼며, 순간 그 친구는 하늘을 날아가는데, 나는 땅 밑으로 기어들어가는 기분이었다. 그날 밤을 새워 이야기하고 논 뒤에 새벽 5시가 되자 우리 청년들은 교인 집집마다 찾아가서 대문 앞에서 '기쁘다 구주 오셨네, 만백성 맞으라'를 목청껏 부르고 헤어진 뒤 집에 돌아 온 나는 그 날부터 진지한 고민에 빠졌다. 아! 나만 이렇게 쳐져 있었구나. 마음먹고 공부한다면 누구한테도 안 질 자신이 있고, 유난히 공부도 좋아하는 내가 이렇게 썩고 있다니... 갑자기 억울하고, 슬픈 생각에 밥도 안 넘어가고 잠도 안 왔다. 어찌해야 하나... 난 이대로 주저앉아야 하나... 그때부터 비로소 자아에 대한 심각한 갈등을 느끼기 시작하게 되었다. 현재 우리집 형편으로는 도저히 대학에 가겠다고 할 수도 없는데 난 어떡해야 하나? 그렇게 고민에 빠지기를 일주일쯤 지난 어느 날 나는 드디어 결심을 하였다. 일단 대학가겠다고 선언을 하고, 정 보내주지 않으면 가출이라도 해서 대학을 가는 방안을 찾아야겠다는 결심이 섰다.

우선은 대구에 있는 큰집(큰집은 한의원을 하고 있었고 상당한 재력이 있었다.)에라도 가서 일을 도와주며 대구에 있는 대학이라도 가야겠다고 생각했다. 그리고 가만 생각을 해보니 나에게도 약간의 돈은 있었다. 점촌에서 할아버지 병구완하며 모아둔 돈을 종숙모님께 맡겨 두었는데 일 년 뒤 내가 집에 있게 되자 두 배로 불린 액수를 갖다 주셨던 것이다. 그래서 난 그 돈으로 고등학교 졸업하자마자 돼지를 한 마리 사서 키우게 되었는데, 1년이 지나고 보니 엄청나게 큰 돼지가 되어 있었던 것이다. 그도 그럴 것이 내 돼지라고 하여 당시 미국에서 구호품으로 나누어준 분유도 돼지에게 먹이고, 가끔 콩도 삶아 먹이고 좋은 음식 남은 것은 모조리 내 돼지에게 갖다 주었으니 그야말로 무럭무럭 자라주었던 것이다. 그래서 돼지를 팔고 내가 푼푼이 모은 돈을 합치면 2,500원 정도는 될 것 같았다. 드디어 아버지, 어머니에게 대학을 가겠다고 선언했다. 그리고 딱 한 번만 등록금을 마련해 주시면 그 이후부터는 내가 알아서 해결하겠다고 약속도 했다. 아버지는 한숨을 내쉬며 담배만 피우셨고, 어머니는 아무 말이 없었다. 난 계속 졸랐다. 그리고 2,500원쯤은 내가 마련할 수 있다는 것도 말씀드렸다. 난 친척들에게 빌려서라도 무조건 가겠다고 단호하게 말했다. 그랬더니 아버지가 한 번 생각해 보자고 하시며, 내일 답을 주겠다고 하셨다.

드디어 이튿날이 되었다. 아버지는 나를 부르시더니 "네 뜻을 들어주겠다. 그러나 한 가지 조건이 있다."고 하셨다. 2년제를 가라는 것이었다. 그리고 아예 학교까지 정해 주셨다. 서울문리사대를 가라는 것이었다. "네 오라비와 함께 자취하는 박원구라는 먼 친척이 있는데, 그 사람이 서울 문리사대를 다닌다고 했고, 거길 나오면 중고등학교 교사가 될 수 있다고 하더라. 그리고 그 청년은 매우 신실한 사람인데, 그 사람이 서울문리사대가 좋다고 하는 얘길 들었다. 그 학교에 간다면 보내주겠다."는 것이었다.

난 2년제고, 4년제고 상관없고 서울에 있는 대학에 가기만 하면 되니까 아버지 말씀대로 서울문리사대에 가겠다고 하여 합의가 이루어졌다. 그래서 곧바로 오빠한테 원서를 사보내달라고 해서 바로 지원을 했다. 무슨 과를 지원해야 할지 몰라 오빠한테 물었더니 '너는 국문과 안 가면 후회할 거다'라고 얘기해서 아무 생각도 없이 그냥 국문과에 지원서를 넣었다. 그랬더니 내 수험번호가 0001번이었다. 나중에 알고 보니 이 학교는 후기여서 1차에 떨어진 학생들이 오는 학교이기 때문에 1차 발표가 나는 2월 중순 이후라야 원서가 들어오는데 나는 1월초에 지원서를 냈으니 1번이 된 것이었다.

그러나 나는 그저 대학 시험을 본다는 것만 신나서 그때부터 시험 준비를 했다. 시험까지는 두 달이 채 안 남았지만 이 정도면 충분했다. 난 원래 속독이고, 공부할 때는 집중을 하는 편이며, 중학 때까지는 영어를 그래도 잘 배운 편이어서 영어 선생님이 교실 문을 들어오시면서 '박영순'을 부르시고는, 무언가 영어로 물으시면 난 영어로 대답할 정도로 영어는 매우 취미가 있었으며, 일반사회 과목 같은 것은 하룻밤에도 할 자신이 있었다. 국어는 교과서를 평소에도 통째로 외우고 있는 터라 공부를 할 거리조차 없었다. 문제는 수학이었다. 고등학교 때 워낙 결석을 많이 한 탓에 미적분을 제대로 배우지 못했고, 앞에서 얘기한 바와 같이 전공 선생님도 안 계실 때가 많은 등 고등학교 과정을 워낙 엉터리로 나온 터여서 초등학교 때 수학 박사 별명까지 듣던 나였지만 수학은 막막하였다. 지금처럼 학원이 있는 것도 아니고, 누구에게 과외를 받을 처지도 아니고... 방법이 없었다. 따라서 두 달 중 50일을 수학에 투자하고 열흘 동안에 다른 모든 과목을 하기로 하고 수학은 과락을 면하는 것을 목표로, 다른 과목은 100점을 목표로 공부하였다.

그리고 이때 공부를 자로하면서도 대학에 안 가고 있는 김경순에게 함께 대학에 가자고 여러 번 집을 찾아갔으나 허사였다. 이 친구도 언제나 나에겐 언니같은 친구였다.

드디어 시험 전날이 되어 서울 친척집에 올라와서 자초지종을 얘기하고 오늘만 여기서 좀 재워주고 내일 학교까지 데려다 달라고 부탁했다. 이튿날 드디어 시험 날이 되었다. 시험장에 갔더니 한 교실에 백 명 정도가 앉아서 시험을 보았는데, 다른 과목은 모르는 것이 거의 없었으나 역시 수학은 좀 어려웠다. 그러나 기분에 반 정도는 푼 것 같았다. 그리고 곧바로 며칠 뒤 면접을 보러 오라는 전보를 받고 올라와 면접을 보는데 당시 국어과의 김덕환 선생님이 나에게 질문을 많이 하셨던 것 같다. 물론 면접 당시는 누구인지 몰랐지만... 톨스토이의 「부활」, 토스토에프스키의 「죄와 벌」에 관한 질문도 받았던 것 같다.

그러고 나서 이주일 쯤 뒤에 합격통지서가 날아왔다. 난 날듯이 기뻤다. 대학의 우열에 대한 개념도 없고, 4년제, 2년제에 대한 특별한 차이도 모르던 촌뜨기 박영순은 그저 대학에 합격한 것만이 기쁠 뿐이었다. 당시 입학금이 7,500원이었는데, 나의 돼지 판돈과 내가 모은 돈이 2,500원 정도였으니까 등록금의 3분의 1쯤을 내가 부담할 수 있었고 나머지는 어떻게 장만하셨는지는 모르겠지만 아버지가 다 해결해 주셨다. 나중에 김덕환 선생님이 일러주어서 안 일이지만 입학시험에서 내가 국어를 100점을 받았고 다른 과목도 우수한 성적이었는데 수학 때문에 결국 국어과 차석이 되어 입학 장학금을 못 받았다고 하셨다. 난 처음부터 입학 장학금이라는 게 있는 줄조차 몰랐기 때문에 섭섭한 것도 없었다. 어쨌든 나는 예천을 벗어났고, 무한대의 망망대해에 도전하여 나의 삶을 송두리째 바꿔놓게 된다.

꿈많던 대학 생활

어떻든 그렇게 하여 난 꿈에도 그리던 대학엘 가게 되었는데 입학식 전 전날 아버지가 나를 데리고 서울에 오셔서는 이튿날 오빠와 함께 창덕궁, 덕수궁도 보여주시고 설렁탕도 난생 처음 사 주시고, 남대문 시장에 가서 흰 블라우스와 까만 주름치마도 사주시고 하얀 운동화도 한 켤레 사주시고 내려가셨다. 나는 오빠가 살고 있는 종로구 적선동에서 학교를 다니게 되었다. 오빠는 그 박원구라는 사람과 헤어지고 당숙 두 분과 함께 적선동에 방 한 개를 세를 내어 살고 있었는데 너도 함께 있으면 된다고 했다. 나는 이 방에 함께 있게 된 대가로 결국 이 남자 세 명의 식사와 빨래를 도맡은 주부가 되어 버렸다.

입학하고 보니 학생은 우리 국어과 학생은 40명쯤이었고 남녀 비율이 5대 5정도였다. 전국에서 다 모였던 것 같다. 그런데 1년이 지나니까 6,70명이 되었다. 아마 이때만 해도 대학 정원이 그렇게 엄격하지 않아 편입학이 자유로웠던 것 같다. 입학한 지 얼마 안 있어 학과 대표를 뽑는데, 서로서로 누가누군지 모르니까 교수님이 두세 명 추천을 하여 학생들이 뽑는 과정에서 내 이름이 나왔고, 그 때 김덕환 선생님이 나를 추천하시며 차석으로 입학한 학생이라고 소개를 해주셨고, 나중에 사석에서 네가 입학시험에서 국어를 만점 받은 학생이라 내가 면접 때 너한테 여러 가지 질문을 했노라고 말씀해 주셨다. 현대 문학을 담당하셨던 김덕환 교수님은 그 뒤에도 나를 무척 아끼셨고, 시험이라고 보면 무조건 100점을 주셨다. 그때는 성적표에도 점수로 나왔다.

우리 네 명이 살던 방은 일본식 다다미방인데 매우 커서 네 사람이 자는데 불편은 없었으나, 제일 문제가 물이었다. 우리는 2층에 살았는데, 빨래는 물론 아래층에 가서 해야 하고 식수는 주전자에 담아서 이층으로 가지고 올라와야 하는데, 빨래는 밤 11시가 넘어야 할 수 있었다. 아직 수돗물 공급이 원활하지 않던 시절이라 동네 사람이 동시에 물을 많이 쓰는 시간에는 물이 제대로 안 나왔다. 밤 11시가 넘어서 사람들이 잠을 자기 시작해야 비로소 물이 제대로 나왔기 때문에 빨래는 매일 밤 11이후라야 할 수가 있었던 것이다.

그것도 지금처럼 더운물이 나오는 것이 아니어서 3월인데도 손이 시려 손을 입가에 호호 불거나 언 손을 가슴에 넣어 조금 녹인 다음에 또다시 빨래판을 밀고 하면서 빨래를 하였다. 그래도 오빠와 작은 당숙은 나 힘들다고 하루씩이라도 더 입고 내 놓았지만, 깔끔하기로 유명한 큰 당숙은 매일같이 내복뿐만 아니라 바지도 땀 냄새 난다며 매일 내놓는 것이었다. 바지 하나 빨려면 힘이 많이 들었다. 물도 많이 들어야하고, 천이 뻣뻣하여 내 힘껏 문질러야만 하고 말리기도 어렵고, 다시 다리는 것도 보통 일이 아니었다. 그러나 난 여자니까 별 수 없이 다 해내야 했다. 그러나 이튿날 아침이면 나는 학교에 갈수 있다는 희망으로 모든 걸 이겨내며 그래도 신나게 살았다. 이층에는 두 가구가 살았는데, 옆집은 충청도에서 올라온 분들인데 이 가족들 역시 나한테는 모두 각별해서 자주자주 반찬도 건네주고, 별식을 하면 먹어보라고 주고, 남산 약수터에서 떠온 약수도 나누어주곤 하였다.

당시 서울문리사대는 숭례문 건너편 지금의 상공회의소 뒤쪽에 있었는데, 적선동 우리집에서는 내 걸음으로 25분쯤 걸렸다. 매일 같이 덕수궁

뒷담을 걸어 학교에 가서 공부하고, 마치고 나면 도서관에서 공부했다. 그 때 우리 과 교수님들은 국어교육학에 김성배 교수님, 고전 문학에 이상보 교수님, 현대 문학에 김덕환 교수님 세 분이 계셨다. 모두 인자하시고, 열심히 가르쳐 주셨다. 그리고 이 당시 우리 과에 나와서 강의해 주셨던 분은 이희승 교수님, 이응백 교수님, 양명문 교수님이 기억난다. 이 세 분들하고도 우리는 매우 가까이 지냈다. 김성배 교수님은 나중에 모교인 동국대로 가셨는데, 내가 나중에 숙대를 졸업하고 찾아갔더니 대학원을 동국대로 오면 조교도 시켜주고, 박사를 하면 나중에 교수도 시켜준다고까지 하실 정도로 날 아끼셨고, 김덕환 선생님은 2년 재학 동안 매번 100점 만점을 주셨으며, 이상보 선생님은 내가 한문을 잘 한다고 칭찬하시며, 혹시 대학원엘 가게 된다면 넌 고전 문학을 전공하면 좋겠다는 말씀도 해주셨다.

우리 동기에는 나중에 나처럼 대학원에 간 친구는 있는지 없는지 소식이 없어 모르겠지만 서울문리사대 1, 2년 선배님 중엔 고전 문학에서 우뚝한 두 분이 계신다. 경기대 임기중 교수님과 동국대 김태준 교수님들이 그들이다. 또한 4년쯤 선배로는 대만에서 한문으로 박사를 하신 진태하 교수님도 있다.

입학해서 첫 수업에서 있었던 일이 생각난다. 국문학사 과목에서 이상보 선생님이 이병기, 백철 선생님이 쓰신 「국문학전사」라는 책을 가지고 강의를 하셨는데, 그 책은 조사를 빼고는 모두가 한자로 되어 있었다. 수업 첫 시간에 선생님께서 번호 순으로 몇 명을 읽어보라 하셨는데, 아이들이 거의 못 읽었다. 이렇게 읽지도 못 하는 학생들을 놓고 수준 높은 강의를 하실 수도 없으니 난감하셨을 것이다. 우리 모두는 숨을 죽이고 있었는데, 잠시 침묵이 흐른 뒤 선생님은 박영순을 부르시는 게 아닌가? 실은 우리 학년은 한 번도 공교육에서 한자 한문을 배운 적이 없었고, 집에서도 따로 배운 적이 없었던 나로서도 당황하지 않을 수 없었다. 물론 고등학교 국어책에는 국한문혼용으로 된 글도 많았지만 선생님이 읽어주시면 토를 달았던 기억은 나지만 초중고 동안 한문 과목은 따로 없었으므로 체계적으로 한자 한문을 배운 적은 없었던 터라 순간 당황했지만 이름이 불렸으니 가만 앉아 있을 수도 없어 무조건 일어났다. 그리고 띄엄띄엄 읽어내려 가는데 세 쪽을 읽는 동안 별로 막히지 않고 읽게 되었다. 그때부터 수업 분위기도 반전되었고 선생님은 내 칭찬을 하시고는 앞으로 모두 예습을 해오라고 하시며 강의를 해주셨다. 그 뒤로 친구들은 날 한문 박사로 불렀고, 이상보 선생님은 거의 국문학사 시간만 되면 나를 불러 읽히셨다.

사실 지금 생각해도 약간 신기한 건 내가 그렇게 한자를 읽을 수 있었던 능력이었다. 초중고 동안 단 한 번도 학교에서 한자를 공식적으로 배우지 못 했고, 집에서도 여자라고 나에게 한자를 가르쳐준 적이 없었기 때문이다. 그러나 동네에서 신문 보는 집이 우리집 밖에 없었고, 할아버지나 아버지는 늘 한문을 대하고 사셨는데, 이런 환경이 나로 하여금 한자를 친숙하게 만들지 않았나 싶다. 하여튼 그 이후로 나는 진짜로 한자에 조금 더 관심을 두게 되어, 국어국문학 관련 책의 한자 정도는 읽고 쓸 수 있을 정도는 되었던 것 같다. 그리고 난 「국문학전사」 책을 읽으며, 희미하게나마 나도 이런 책에 이름이 나왔으면 좋겠다는 생각을 했다. 즉, 이 책에는 수많은 문인들의 이름과 수많은 작품의 이름이 나오는데, 이 많은 이름 가운데 내 이름도 있으면 얼마나 좋을까라는 생각이 불현듯 들었던 것이다.

양명문 선생님은 우리 문학반을 이끌어 주셨고, 이응백 선생님과 이희승 선생님은 국어학을 강의하시며 매우 친절하고 따뜻하게 우릴 대해 주셨다. 특히 양명문 선생님의 첫 강의는 지금도 잊혀지지 않는다. 말씀의 요지는 우리가 문학 작품을 쓸 때에 주로 선인과 악인을 등장시켜 권선징악적으로 쓰는 경향이 있는데, 아무리 악한 사람이라고 해도 반드시 착한 면이 있다는 것을 잊지 말아야 한다. 그러므로 사물을 긍정적으로 보는 눈이 필요하다는 것이었다. 이 말씀은 내게 큰 영향을 미쳤던 것 같다. 양명문 선생님의 이 말씀은 나중에 내가 세상을 살면서 긍정적인 사고를 하게 하는 데 큰 도움이 되지 않았나 한다. 그때까지 엄마한테 유감이 많던 나였는데, 대학에 입학한 후 같은 여자로서 엄마의 고통도 알 것 같고, 엄마가 기분이 좋아야 아버지께도 잘 할 거란 생각에 엄마한테 자주자주 따뜻한 편지도 보내드리고 나중에 돈을 벌면서부터는 선물도 자주 보내드리게 되었다.

대학이라야 워낙 규모가 작아서 매우 가족적인 분위기였다. 따라서 다른 과 친구들과도 친하고 다른 과 교수님들도 다 알고 지냈다. 행정직원들도 친척같이 가까웠다. 도서관이라야 열람실 딱 하나가 있었는데, 난 그런 도서관조차도 처음 보는 터라 모든 게 고맙고 신기하기만 했다.

그러던 5월 어느 날, 이른 새벽 잠결에 따따따따 땅 웬 총성이 들려왔다. 우리집이 바로 광화문 인근의 적선동이어서 아마도 5.16 총성을 가장 먼저 들은 얼마 안 되는 서울 시민이었을 것이다. 우리 네 명의 가족은 요란한 총성에 잠을 깨서 이게 무슨 일인가 하고 다음 들려올 소리에 귀를 기울이고 있는데, 다시 몇 번의 총성이 들리다가 멈췄다. 작은 당숙이 '쿠데타다.' 하는 것이었다. 평생 처음 '쿠데타'란 단어를 들어보는 순간이었다. 우리는 도저히 그냥 누워 있을 수 없어 일어나 동네의 파출소에 가 보았더니 이미 여러 명의 동네 주민들이 와서 영문을 알려고 몰려와 있었다. 파출소에서인들 그 총성의 진원지를 알 턱이 없었다. 모두들 삼삼오오 수군댔지만 우리에게 그럴듯한 정보를 알려주는 사람은 없었다. 다시 집에 들어와 귀를 기울였으나 더 이상 아무런 소리가 들리지 않아 다시 조금 더 누웠다가 일어나 서둘러 아침을 해먹고 학교에 가려고 길을 나섰는데, 광화문 주위에 얼룩덜룩한 옷을 입은 군인들이 사람들의 통행을 통제하고 있었다. 나도 시청 가까이를 지나고 있는데, 더 이상 못 간다고 군인들이 제지하였다. 할 수 없이 집에 돌아오니 '5 · 16 군사혁명 무혈 성공'이란 신문 호외가 와 있었다. 그리고 라디오에서 박정희 장군이 이끄는 군사혁명이 성공하여 모든 공공기관을 장악하였다는 뉴스가 나오고 있었다.

그러나 이튿날부터 정상적으로 학교에 다닐 수 있었다. 처음에는 국민들이 군정을 처음 경험하는 터라 어리둥절하였으나 빠르게 질서가 잡혀나가면서 오히려 국민들이 호응하는 태도를 보였다. 이 혁명 덕에 거리의 질서도 잡혀가고, 그렇게도 극심하던 데모도 없어졌으며, 지금까지의 잘못된 관행들이 한 가지씩 고쳐지고, 모두들 생업으로 돌아갈 수 있었으며, 어떤 불안한 분위기도 더 이상 나타나지 않았기 때문이다. 시간이 지나면서 오히려 우리도 잘 살 수 있다는 희망을 갖게 되었고, 부정부패가 없어지고, 정직하고 성실하게 사는 사람이 대접받는 분위기도 조성되었던 것 같다.

당시에는 조그만 공공기관에도 '자조, 근면, 성실, 저축'과 같은 푯말들이 붙어 있었다. 방학이 되어 예천에 가니 우리 동네에도 드디어 앰프가 설치되어 아침 다섯 시 반이면 어김없이 '일하러 가세, 일하러 가세'하는 새마을 노래가 울려 퍼졌고, 이 소리를 듣고도 잠을 자는 사람은 별로 없었다. 어른들은 어른들대로, 아이들은 아이들대로 일찍 일어나 일도 하고 국민 체조도 하였다. 아이들은 주로 동네 청소를 하였고 어른들은 밭에 나갔으며, 여자들은 누에도 치고, 새마을 사업, 예를 들면 다리를 놓든지, 길을 넓히고 고르게 하든지, 농지를 반듯하게 하는지 하는 등의 국책사업장에 나가 노역을 하며 돈을 벌었다. 또는 새로운 공장이 들어오면 그 공장에서 일도 하고, 농사도 정부에서 지도해 주는 대로 좀 더 효율적인 영농을 하는 등 뭔가 새롭게 발전하는 것을 보며 잠자고 있던 한국인의 근면성실함이 살아나기 시작한 것이었다. 그리하여 한국은 세계 최빈국의 하나에서 6,70년대의 비약적인 경제발전에 힘입어 일약 중진국으로 발돋움하게 된다.

강력한 수출정책으로 5·16 이후 3년 만에 수출 1억불 달성에서 1977년 100억불을 달성하는 것을 박대통령 임기 중에 이뤄냈고, 지금의 4,000억 달러 수출 시대의 초석을 이때 다 놓았던 것이다. 제철회사, 비료회사, 시멘트회사, 조선회사, 자동차회사 등도 모두 이때 생겼고 농업도 과학적인 영농으로 생산량을 획기적으로 높였으며 다시 경공업, 다시 중화학공업 국가에 진입하게 되고 한강대교는 한두 개에서 열 개가 넘게 건립되었고, 남산터널, 북악터널 등도 뚫리고, 여의도 개발, 강남 개발, 잠실 개발도 모두 박대통령 시절에 이뤄낸 것들이다. 뿐만 아니라 88올림픽도 박대통령의 지휘 하에 경제인들이 나서서 유치해 온 것이다. 박대통령 서거 약 이주일 전쯤인 1979년 10월12일에 서울 88올림픽 개최가 확정되었던 것이다.

한편 문화재법을 제정하여 문화재를 발굴, 복원, 보수하는 일도 활발히 전개하고, 다 없어져가던 무형문화재를 모두 살려내어 인간문화재 지정을 하였으며, 의료보험 제도 도입, 남해대교 건립, 포항제철에 이어 광양제철을 건립하였고, 삽교천 방조제, 충주댐 건설, 대한항공 설립, KBS 텔레비전 방송국 설립 등 헤아릴 수 없는 많은 업적으로 나라의 발전기틀을 확실하게 잡은 지도자이다. 나는 누가 뭐래도 박대통령은 위대한 지도자였다고 믿고 있다. 일생동안 민주주의를 떠들면서 데모하고, 농성하고 파업을 일삼으며, 이 지구상에서 가장 나쁜 독재 국가 중의 하나인 북한에만 유독 관대하고 나라의 이념적 정체성마저 뒤흔들어 놓는 비애국적 민주투사보다는 전정으로 국민을 잘 살게 하기 위하여 당신 스스로 청렴하고 청빈하게 살면서 국가의 진정한 자존심을 세우기 위해 노력한 박대통령을 존경하는 것이다. 만일 그 절대 절명의 시기에 이런 지도자를 못 만났다면 우린 아직도 필리핀, 가나, 방글라데시 등과 동급의 나라로 남아 있었을 것을 생각만 해도 아찔하다.

물론 정치적으로 보면 군인이 정치를 한다는 것은 민주주의의 후퇴를 말하는 것이기도 하고, 초법적인 군사 정치가 근본적으로 나라의 질서를 흔드는 것으로 인식되기도 하였지만 그런대로 안정이 되고, 새마을 운동으로 대변되는 국민 의식의 전환으로 패배감에서 자신감을 갖게 된 것은 무엇과도 바꿀 수 없는 소중한 자산인 것이다. 집권 방법이 나빴다고 이토록 국가를 비약적으로 발전시킨 공로를 완전히 부정하는 것은 옳지 않다는 것이 나의 신념이다. 동남아의 독재자들은 자신과 자신의 가족 및 권력 비호세력에게만 배를 불리고 국민을 내팽개친 지도자들이 많은데 오로지 국민을 잘 살게 하기 위하여 독재를 한 박대통령은 세계사적으로도 칭송되어 마땅하다. 실제로 다른 나라의 경제 교과서에는 한국의 경제 발전을 기적으로 표현하고 있고, 한국은 가장 짧은 시간에 가장 높은 경제 성장과 민주화를 이룬 국가로 자기들의 자녀들에게 가르치고 있는 것이다.

1960, 70년대는 지금까지 없던 산업이 발전하고 고속도로가 건립되고 새

로운 복지법이 만들어져 장애인, 생계가 어려운 소년소녀가장 및 65세 이상의 어려운 노인들에 대한 복지가 눈에 띄게 좋아져 사회적으로는 이전보다 복지제도가 훨씬 강화되고, 공무원의 부정부패가 눈에 띄게 줄거나 없어졌으며, 경제적으로 조금씩 발전하기 시작하면서 국민들은 박정희 정권을 지지하게 되었다. 특히 국민의 사랑을 한 몸에 받던 육영수 여사가 8·15 기념식장에서 간첩의 흉탄에 맞아 별세한 후, 분위기가 나빠지더니 후반기에 들어 유신헌법이 나와 장기집권을 위한 제도가 도입되고, 여기에 항거하는 시민들에게는 엄한 처벌이 이루어지는 등 사회 분위기가 다시 어수선해지고, 결국 1979년 박정희 대통령도 측근이었던 김재규의 총탄을 맞아 서거하니 박정희 대통령에 대한 엇갈린 평가들이 나오고 있으나 각종 여론조사에서 가장 존경하는 대통령으로 박대통령이 꼽히며, 특히 북한이 핵을 가지고부터는 박대통령이 2, 3년만 더 살았어도 핵을 먼저 개발했을 거라며 아쉬워하는 목소리를 많이 들었다.

어쨌든 나는 그렇게 5·16을 맞으며 한 학기를 보내고 나자 오빠는 군대에 입대하고 아저씨들은 모두 각각 흩어졌고, 나 혼자만 남게 되었다. 그런데 그때 대학에서 제일 친하게 된 이광옥이라는 친구가 자기 집에 와 있지 않겠느냐고 제의를 해왔다. 그 친구는 경기여고를 우수하게 나온 서울 토박이이고 집은 전농동에 있었는데, 여름방학에 자기 막내 동생을 나한테 맡길 요량이었던 것이다. 하느님이 내 처지를 알고 이 친구를 점지해 준 것 같았다. 그래서 짐을 싸서 전농동 지금의 서울시립대학교 앞쪽에 있는 동네로 거처를 옮기게 되었다.

그러고 나서 이제 성적이 나올 때가 되었는데, 내가 집을 옮겨버려 성적표를 받을 수가 없어 할 수 없이 학교엘 갔다. 교무과에 가서 사정을 얘기하고 성적을 좀 볼 수 없느냐고 했더니 한참 찾던 그 직원은 활짝 웃는 얼굴로 "축하해요."라고 하는 게 아닌가? "네?" 했더니 "국어과(1, 2학년)에서 수석을 하여 장학생이 되었네요." 정말 그때 내 기분은 세상을 다 얻은 듯 기뻤다. 당시의 서울문리사대는 모두 6개학과였고, 장학금은 한 과에 딱 한 명씩 여섯 명만 주었으며, 그 장학금은 등록금 만큼이었기 때문이다. '아! 이제 살았다' 싶었고 부모님한테 약속한 것을 지킬 수 있다는 것이 무엇보다도 기뻤으며, 숙식은 친구네 집에서 해결되었으니 이제 졸업까진 갈 수 있을 것 같았기 때문이다. 전농동에선 학교까지 너무 멀어 둘이서 버스를 타고 다녔다. 학교에 갔다 집에 오면 청소하고 빨래하고, 친구 동생 가르치고(당시 초등 5학년) 시간이 어떻게 가는지 몰랐다.

그렇게 이 친구 집에서 그럭저럭 한 학기를 보내고 겨울방학이 되어 비로소 예천 집엘 다니러 왔다. 그리고 다시 장학금 수혜자 통보를 받으니 엄마는 나에 대한 태도가 완전히 달라졌다. 고등학교 때의 그 무섭고 경우 없던 우리 엄마가 아니었다. 나를 공주처럼 받드는 엄마가 되어 있었던 것이다. 모든 걸 엄마가 대신 해주거나 일하는 언니에게 시키고 동네 사람이며, 친척이며, 내 자랑을 하기에 바빴다. 나에게도 '너는 하늘이 낸 효녀'라고 칭찬을 아끼지 않았다. 이미 대학에 가겠다고 나설 때부터 알아봤다고도 했다. 이제 어머니는 나의 친어머니 이상이 되어 있었다. 기분이 묘하기도 했지만 나도 이제 비상하는 듯 한 느낌에 들뜨기도 하였다.

보름쯤 후에 다시 난 서울 친구 집에 갔다. 동생을 가르쳐야 했기 때문이다. 나는 대학에 들어와서도 책을 많이 읽었다. 당시 청계천 5가에 가면 헌책방들이 즐비했는데, 한 주일에 두세 번 거기 가는 취미도 붙였다. 그저 책을 찾는 척 하며, 어떤 책은 한번 후딱 다 보고 나올 때는 아직 안 읽은 책을 사가지고 오는 것이었다.

60년대는 중학부터 입시가 있었기 때문에 초등학교부터 과외가 성행했다. 중학교부터 입시 지옥이 시작되었던 것이다. 좋은 중학을 가면 좋은 고등학교엘 갈 수 있고, 좋은 고등학교를 가면 좋은 대학을 갈 수 있는 그런 구조였던 것이다. 따라서 서울에서는 초등학교까지도 우열이 있어서 당시 덕수국민학교(그때는 초등학교를 국민학교라 불렀다)에 들어가면 경기중, 서울중, 경복중 같은 델 들어갈 수 있다고 하여 부잣집들은 덕수국민학교 근처에 이사를 오는 등 온 나라가 과외 열풍에 몸살을 앓았다(그리하여 나중에 박대통령이 집권하고 나서 소위 고교평준화를 하게 되는 원인이 되었다). 서울에서는 조금만 여유 있는 집이면 초등부터 과외를 시켰다. 요즘처럼 학원은 별로 없었고, 대학생들이 초중고생들의 과외를 지도하는 분위기였다.

어떻든 내가 다시 친구네 집에 와서 채 한 달도 되기 전 어느 날이었다. 난데없는 청년들 서너 명이 와서 집을 둘러보고 친구 어머니와 뭔가를 얘기하다가 갔다. 나중에 알고 보니 친구 아버지가 집을 담보로 빚을 쓴 모양인데, 빚을 못 갚자 이 집을 처분하게 된 모양이었다. 그러니 가족들이 흩어지게 된 형국이었다. 누구보다도 내가 제일 먼저 문제가 되었을 것이다. 정말 온 가족이 날 가족처럼 대해 주었고 아버님, 어머님의 사랑도 극진하셨는데 내가 나가야 하는 처지가 되니 우시기까지 하셨다. 그러면서 네가 갈 집은 마련해 뒀으니 그 집에 가서 가정교사를 하며 지내면 된다고 하였다. 나도 많이 섭섭했지만 현실은 현실이라 순순히 받아들이고 내가 가르치던 동생에겐 공부 열심히 하라 하고 친구 어머니가 소개해주신 집을 물어물어 찾아갔다. 찾아간 집은 상도동의 어느 부잣집이었다.

집이 그리 크진 않았으나 내 독방도 하나 주었고 중학생 한 명, 고등학생 한 명 자매를 가르치고 숙식은 물론, 용돈까지 받는 조건이었다. 고향이 이북인 집이었는데 음식을 매우 잘 해 먹는 집이었다. 정말 매일 같이 고기와 생선이 떨어지는 날이 없었고, 매일 같이 별식을 해먹는 집이어서 참으로 오랜만에 좋은 여건에서 공부를 할 수 있었다. 일하는 아주머니가 내 빨래도 다 해주고 다리미질도 다 해 주었으며, 집주인 마님은 나를 무척이도 좋아하시면서 박신생 중매는 자기가 책임진다고도 했다. 내가 맡은 학생도 머리는 좋은데 단지 공부를 싫어했던 학생이라 내가 조금만 잘 가르쳐도 성적이 쑥쑥 올랐다. 기말이 되니 동생은 52등 하던 아이가 6등이 되면서 부반장까지 되었고, 언니는 48등에서 10등으로 올랐다. 그랬더니 이 집에서는 점점 더 나에게 잘 해 주었다. 월급도 올려주고, 옷도 사주고, 방학 때 예천 다녀오겠다고 하면 딴 집에 갈까봐 방학 후의 월급을 선불까지 해주는 등 극진하였다.

이제는 부모님의 도움은커녕 오히려 내가 부모님께 자주 선물도 보내드리고, 군대 간 오빠 돌아오면 등록금 해준다고 돈도 모으는 등 여유도 생겼고, 좋은 친구들도 많이 사귀어 난 정말 하루하루가 행복하기만 하였다. 이러는 사이 내 책장은 점점 채워지고 있었다. 전공과 관련된 책은 물론이고 사상에 관한 책, 교양에 관한 책, 소설책, 심지어 백과사전까지 내 책장은 날로 풍성해졌다. 어느새 3학기가 지나니 교생실습 기간이 되었다. 서울이든 어디든 원하는 곳에 갈 수 있었는데, 난 기어코 예천 모교를 가겠다고 했다. 후배들에게 해주고 싶은 얘기가 많다고 생각되었기 때문이다. 마침 다른 과에 다니는 예천여고 친구들도 예천여고를 지원해서 모두 세 명이 예천여중고로 나가게 되었다. 정말 교생이 되어 모교의 교단에 서니 감개가 무량했다. 한 달 간의 즐겁고 보람 있는 교생실습을 마치고 오니 금방 졸업 때가 되었다. 2급 정교사 자격증을 받고 졸업하게 되니 친구들은 교사로 많이 진출하고 일부는 회사나 언론기관으로 나가기도 했으나 난 진학을 택하게 되었다.

다니는 동안은 2년제인지 4년제인지 생각지도 않고 그저 신나게만 학교를 다녔는데 막상 졸업을 하고나니 생각이 달라졌다. 2년 다녀놓고 대학을 나왔다고 하기도 그렇고, 안 나왔다고 하기도 이상한 어정쩡한 상태라는 걸 그때서야 깨닫게 된 것이다. 언니, 형부한테 의논했더니 격려를 해줄 뿐만 아니라 형부가 10년간 군대 생활하고 받은 퇴직금을 주겠다고 하셔서 난 정말 감격하였다. 물론 그 돈을 받지는 않았지만 언니, 형부는 나에게 부모와 같았다. 현재 슬하에 3남 1녀가 모두 유능하고 착하니 보기 좋다. 하여튼 나는 '4년을 마쳐야 내가 비로소 대학을 나왔다고 할 수 있다.'고 내 나름대로 결론을 내려놓고 그렇다면 어느 대학에 편입을 해야 하나? 난 제일 먼저 서울대학교를 떠올렸다.

내가 원래 가야할 대학은 서울대학교였는데 놓쳤으니 지금이라도 가자. 서울대에 편입을 하려면 어떻게 해야 하나? 신문에선 편입생 뽑는다는 기사를 본 적이 없는데… 그렇지만 서울 문리사대와 서울사대는 이름도 비슷하고, 같은 사대니까 받아주지 않을까? 난 혼자서 이런 어리석은 생각들을 하며, 서울사대 학장실을 찾아가 학장님을 한 번 만나볼 수밖에 없다는 생각을 해냈다. 드디어 서울대 학장실 '이종수'라고 쓰인 방문을 두드렸다. 들어오라는 희미한 소리가 들렸다. 난 문을 열고 가만가만 들어갔다. 소파에 앉아계시다 나를 쳐다보시는 분은 이미 머리가 반백이신 매우 단아한 모습의 학장님이었다.

나중에 알고 보니 물리학자셨다. 나는 깊이 머리 숙여 인사를 하고 결례가 되더라도 용서해 달라고 수인사를 하고는 내 성적표를 내놓았다. 그랬더니 이게 뭐냐고 하셨다. "저는 서울문리사대를 이러한 성적으로 졸업한 사람인데 서울사대 3학년에 편입할 길이 없을까 하여 학장님을 찾아뵈었습니다."라고 말했다. 성적표를 대충 보시더니 "나도 학생 같은 사람을 받아주고 싶지만 학교의 내규상 편입생은 뽑을 수가 없네요. 정말 안됐지만 다른 대학에 가 봐요. 서울대학을 제외하고는 거의 모든 대학들이 편입생을 받으니까…" 이렇게 말씀하시면서 "십 수 년 전에 편입생을 받기 위해 신문에 광고를 낸 적이 딱 한 번 있었는데, 그때 전국에서 너무 많이 모여드는 바람에 홍역을 치른 일이 있어요. 그 이후 아무리 결원이 생겨도 편입생은 받지 않는다는 내규를 만들었어요."라고 부연 설명하시며, 안타깝다고까지 해주셨다.

지금 생각해 보면 당돌하고도 생뚱맞기 그지없는 행동이었지만 그 학장님은 날 무안하지 않게 잘 설명해 주신 걸로 보아 매우 높은 인격을 가지신 분으로 짐작된다. 어쨌든 나는 그때까지도 세상물정 모르는 바보였기도 하고, 순진하기도 했던 것 같다. 그저 성적 하나 믿고 또한 이희승, 이용백 선생님 같은 서울대 교수님들 강의를 들으며 뭔가 큰 착각을 했던 것 같아서 얼굴이 뜨겁지만 그때의 용기나 천진난만함이 그립기도 하다. 하여튼 이렇게 하여 서울대 편입 희망은 그야말로 희망으로 끝나고 나니, 정말 어디에 지원해야 할지 몰랐다. 당시만 해도 고대, 연대, 이대, 숙대 어디든 맘만 먹으면 가능한 상황이었다. 그러나 이 아둔한 나는 그때까지도 학교의 우열을 잘 몰랐다. 할 수 없이 모교 선생님 조언을 듣는 게 좋겠다는 생각이 들었다. 그래서 다시 서울문리사대를 찾아갔더니 김덕환 선생님은 안 계시고 김성배 선생님과 이상보 선생님은 계셨다. 그래서 3학년 편입을 원한다고 말씀드리고 어느 대학에 가는 게 좋겠냐고 여쭈었다. 그랬더니 두 분 모두 숙대 국문과에 가라고 하셨다. 왜냐하면 교수진이 좋고, 아무래도 여대가 좋지 않겠느냐. 여대라면 숙대가 이대보다 평판이 좋으니 숙대가 좋겠다고 말씀해 주셨다.

난 조금의 주저함도 없이 숙대 편입학 시험을 보았고 합격하였다. 숙대 3학년이 되고 들어가 보니 한 학년에 학생이 100명이나 되었고 학과 교수로는 이능우, 곽종원, 이을환, 김남조, 강한영 교수님 이렇게 다섯 분이 계셨다. 그러니까 고전 문학 두 분, 현대 문학 두 분 어학 한 분이었던 것이다. 편입을 해서 보니 난 다른 학생들에 비해 이수한 학점이 월등하게 더 많았다. 왜냐하면 2년제 사대이다 보니 교육학점, 전공학점, 교양학점 등 일반 4년제 대학의 2년보다 훨씬 더 많은 학점을 이수했기 때문이었다. 따라서 다른 학생들보다 학점을 훨씬 적게 따도 되게 되어 있었다. 당시는 160학점을 따야 4년제 대학을 졸업할 수 있었으므로, 대부분의 3학년들은 80학점 남짓을 딴 상태였으나 난 이미 98학점을 딴 상태였던 것이다. 다른 학생들은 보통 한 학기에 7과목 21학점 정도를 수강했지만 난 24학점을 신청하기도 하였다.

숙대 다니는 2년 동안 친구도 많이 사귀었는데 서정자 초당대 교수, 신달자 시인, 김태자 전 숙대 총장비서실장, 곽문자 교사, 김명자 미스코리아 진들은 그때 친했던 친구들이다. 특히 김명자는 63년에 처음으로 대학생으로서 미스코리아 진으로 당선되는 기록부터 미스유니버스대회 최종 5인 안에 들어 준미스 유니버스가 된 첫 번째 케이스였기 때문에 온 나라가 떠들썩하였다. 학교에서도 다른 과 학생들이 김명자를 보려고 모여들었고, 버스를 타도 사람들이 알아보아 모자로 푹 눌러쓰고 다닐 정도였다. 김명자는 여자인 내 눈에도 정말 예쁘고 매력적이었다. 더구나 미스코리아 대회를 주관하는 한국일보사에 갈 때도 그 친구가 나보고 동행을 좀 해줄 수 있느냐고 해서 말하자면 내가 수행을 한 셈이어서 그의 당선을 나는 누구보다도 기뻐했다. 그 이후로 우리는 더 친하게 되었는데, 아무래도 당선된 뒤로는 매스컴에 많이 불려 다니는 등 바쁘게 되어 학교를 많이 빠졌기 때문에 기말에는 그 친구 집에 가서 함께 공부하면서 도움을 조금 주기도 하였다.

특히 어학 과목을 어려워하여 내가 쉽게 설명해 주거나 간단히 요약해 주는 등 도와주었다. 내가 숙대에 편입한 첫 해였기 때문에 나와 그리 가까울 수가 없었는데 기숙사 룸메이트였던 송인정이라는 친구가 김명자와 매우 친했기 때문에 덕분에 나도 친하게 되었던 것인데, 인정이가 명자한테 나를 소개할 때 '착하기도 하고 공부도 잘 하는 친구'로 소개했기 때문에 명자가 나를 잘 보게 된 것 같다. 원래 나는 예쁜 친구들을 매우 좋아했다. 초등학교 때도 중고등학교 때도 서울문리사대에서도 반에서 제일 예쁜 친구는 무조건 내 친구였다. 결국 숙대에 와서도 제일 예쁜 친구가 내 친구가 되었고, 공부 잘 하거나 착한 친구도 내 친구가 되었다. 어떤 사람은 예쁜 친구를 피하거나 시기하기도 한다지만 나는 정반대였다. 예쁜 친구는 내 눈을 즐겁게 하니까 좋고, 착한 친구는 마음을 따뜻하게 하니까 좋고, 공부 잘 하는 친구는 내가 배울 게 있으니 좋다.

이 세 가지 덕목을 다 가졌으면 더욱 좋다. 나의 이런 점은 지금도 변함이 없다. 나는 누구한테나 묻기를 좋아하고, 누구나 내가 배울 점을 발견하면 좋아한다. 같은 교수라도 뭔가 배울 점이 있다고 생각되는 교수를 친구로 삼고 싶다. 세 사람만 있으면 그중에 스승이 있다고 했던가? 나는 아직도 인격이 높은 사람, 박학다식한 사람, 내가 잘 못하는 노래나 미술, 체육을 잘 하는 사람, 내가 유머가 없기 때문에 유머가 많은 사람도 매우 좋아한다. 사심이 없는 사람, 진취적인 사람, 헌신적인 사람, 거시적인 안목을 가진 사람을 모두 좋아한다. 또한 나는 근본적으로 사람을 아낀다. 큰 도움을 못 주더라도 마음만은 누구든 내 힘이 닿는 한 도와주고 싶고 남이 잘 되기를 진정으로 바란다. 난 지금까지 누구를 시기해 본 적이 없다. 누군가 잘 되었다는 얘기를 들으면 무조건 좋다.

숙대에서 강의 들었던 서울대 교수님은 어학에 김형규, 문학에 정한모, 장덕순 선생님들이셨는데, 정한모 선생님이 제일 기억에 남는다. 그동안 우리는 현대 문학은 김남조, 곽종원 선생님들 강의만 듣다가 정한모 선생님 강의를 들으니 문학이지만 매우 체계적이고 명쾌하다는 느낌을 받았다. 특히 앙드레 말로의 「인간의 조건」을 읽고 독후감을 써오라고 하셨는데, 독후감을 쓰는 가이드라인을 주셨다. 예를 들어 주제, 줄거리, 구조, 필자의 사상이나 성향, 느낌, 가장 인상적인 어구나 문장, 감명적인 대목과 그 이유, 만약 나라면 어떤 제목을 달까 등등 정말 제대로 읽지 않고는 도저히 쓸 수 없는 과제를 주셨던 것 같다. 그래서 아직도 이 책이 기억에 남는데 특히 지조르 박사가 한 말 중 '인간이 되는 데는 10달이 걸리는 게 아니라 60년이 걸리는 거야.'라고 한 말은 아직도 가끔씩 떠올리는 구절이다.

내가 숙대에 다니는 동안 1년 정도는 YWCA 기숙사에 있었는데, 이때 내 방의 룸메이트였던 권은영 언니는 이대 국문과를 우등으로 졸업하고 공무원으로 있었는데 나에겐 각별한 사랑을 주셨다. 그 이후 우리는 45년이 지나도 친한 자매처럼 지낸다. 내가 빚을 많이 진 언니다. 숙대에 다니면서도 나는 청계천 헌 책방을 다녔으나 이때부터는 새 책을 많이 샀다. 하여튼 책 사는 덴 전혀 돈이 아깝지 않았다. 버는 대로 책을 사는 데 대부분 썼다. 그리고 이 무렵 나의 꿈은 매우 막연한 것이었는데, 대충 기억에 남는 것으로는 우리나라 최초의 여성외교관, 신문사 논설위원, 그리고 시골에 중고등학교가 없는 곳에 학교를 세우는 것 등이었던 것 같다. 그리고 나중엔 아예 신문사와 방송국을 하나 갖고 싶은 소망을 가진 적도 있었다. 나는 이런 정도의 꿈은 2,30년 뒤엔 쉽게 이룰 수 있는 것으로 착각을 하였던 것이다.

하루는 송인정이라는 친구가 자기 애인 친구 한 사람을 나에게 소개해

주었다. 당시 서울 공대생이었던 이 사람과 잠시 데이트를 하는데, 자기는 대학을 졸업하면 미국에 갈 거라고 했다. 그래서 내가 왜 미국에 가냐고 물었더니 한국에서는 직장도 제대로 된 게 별로 없지만 미국에 가면 자기들 같은 엔지니어들이 좋은 직장도 가질 수 있고, 사람대접을 받기 때문이란다. 나는 이 사람과 두 번 다시 만나지 않았는데, 그 이유가 지금 생각해 보면 웃기는 것이다. 기껏 직장 얻고, 사람대접 받기 위해 미국에 가겠다는 이 사람의 꿈이 너무 평범해 보였고, 너무나 비애국적으로 느껴졌기 때문이었다. 당시의 나는 얼마나 허황된 사람이었는가 하면 적어도 이공계를 졸업한 사람이 미국에 가겠다면 노벨상 수상 정도의 꿈은 가지고 있어야 한다고 생각했다. 또 한 사람도 한두 번 만났는데, 내가 장래 꿈이 뭐냐고 물었고, 이 사람은 빌딩을 하나 갖는 게 소원이라고 했다. 이 사람도 너무 시시해 보였다. 빌딩을 하나 갖겠다는 것은 돈을 좀 많이 벌겠다는 것인데, 아무런 사회적 역할에 대한 꿈은 없고 빌딩 하나 갖는 게 소원이라는 건 역시 너무 평범하다 싶어 또다시 안 만났다. 이때의 나는 내가 50대쯤 되면 무언가 굉장한 일을 이루었을 거란 망상을 했던 것 같다.

방학 때 잠시 예천에 오면 이젠 엄마가 나에게 일을 시키지도 않았기 때문에 때론 심심했다. 마침 나보다 두세 살 위의 언니가 가사를 돕고 있었는데 글을 몰랐다. 그래서 옳다구나 하고 밤이면 이 언니에게 한글을 가르쳐 주었는데, 며칠이 지난 어느 날 외출에서 돌아왔더니 벽에 크레용으로 '죄늠소'라는 글씨가 몇 군데나 쓰여 있었다. 처음엔 이게 뭐지? 하면서 뜻풀이며, 이렇게 써놓은 이유를 알아보려고 머리를 굴려도 답이 안 나왔다. 마치 무슨 암호를 해독이라도 하려는 듯한 자세로 또 생각하고 또 생각해도 도무지 의미 해석이 안 되었다. 그래서 다시 글씨를 자세히 보았더니 매우 서툰 글씨임을 알았고, 그렇다면 이렇게 쓸 사람은 금순 언니밖에 없다는 결론에 다다르자 그때서야 '최금순'이라고 나한테 배운 한글 실력으로 자기 이름을 써놓아 나를 놀라게 할 목적이었는데, 그만 '죄늠소'라고 쓰게 되었다는 추리를 하게 되어 정말 혼자서 실컷 웃었다. 그 후로도 그 생각만 하면 웃음이 나왔다. 그래도 그 언니는 그렇게 나에게서 한글을 배우고, 영어도 배워 나중에 내가 미국에 있을 때 영어로 주소도 쓸 줄 알게 되어 나에게 편지까지 할 수 있었다.

어느덧 4학년이 되어 교생실습을 나가게 되었다. 난 이미 이 과정을 다 거쳤기 때문에 나갈 필요도 없었지만 이번엔 서울에서 해보고 싶어 또 신청을 했고, 성동여고에 배치되어 교생실습을 하였으며, 대표 수업도 하였다. 그리고 우리는 4학년 가을에 설악산으로 수학여행을 갔다. 이 여행을 통하여 친구들과 많은 대화도 하고 우리를 인솔해 주신 김남조 선생님과도 가까이에서 뵐 수 있었고, 선생님이 주신 막걸리도 마셔봤다. 김남조 선생님은 당시 내가 흠모하던 선생님이었다. 우선 외모가 출중하시고, 매우 매력적인 음성을 가지셨으며, 너무도 아름다운 시를 많이 쓰셨기 때문이다. 1학년부터 숙대에 다닌 친구들에 비해 상대적으로 나는 거리가 있었는데, 이번 수학여행을 통하여 매우 가깝게 된 것이 너무도 기뻤다.

그런데 수학여행 도중 신흥사 앞에서 우리는 박정희 대통령 일행과 딱 마주치게 되었다. 대통령으로 당선된 지 1년 정도 지난 시점이었을 것이다. 우리는 마치 이웃집 아저씨 아주머니를 만난 듯 반가워하며, 수다도 떨고 기념촬영도 했다. 극성스런 친구들은 박대통령과 육영수 여사의 팔짱을 끼고 사진을 찍기도 하였고, 김남조 선생님과 대통령 내외분이 잠시 환담을 나누기도 하셨다. 경호원 몇 사람만 데리고 계셨는데, 우리는 바람 쏘이러 나오셨으려니 했다. 약 30분 정도 그분들과 시간을 함께 하며 헤어졌는데, 당시 육영수 여사가 우리보고 "참 좋은 때네요."라고 하였다. 그땐 전혀 실감이 안 났다. 좋긴 뭐가 좋은가. 앞길이 막막하고 고민만 많은데….

이로부터 근 40년 뒤에야 박대통령이 우리의 문화재에 많은 관심을 가져서 나라가 그렇게 가난하던 시절에도 경제 개발과 동시에 문화재를 발굴, 복원, 보수하는 일을 많이 하셨다는 것을 2002년 「한국문화론」을 쓰면서 알게 되었다. 심지어 문화재법을 만들고, 문화재 지정을 하는 일들을 박대통령이 했다는 것도 알게 되었고, 우리가 이 여행에서 보았던 신흥사도,

경포대도 박대통령이 많이 보수하신 것을 알게 되었다. 그러나 이때에는 전혀 알지 못했고, 그냥 머리 식히러 나오신 정도로 생각했었다. 또한 육여사의 '참 좋은 때'라는 말도 65세가 되어서야 그때가 정말 좋은 때였다는 것도 깨닫게 되었다.

하여튼 나는 1961년 상경한 이후 4년간의 대학 생활 중 최초 한 번만 등록금을 내고 3년 반 동안 장학금으로 다닌 셈이었다. 졸업 직전에는 신달자, 곽문자, 오명자 등 친구 몇 명과 시화전을 시공관에서 열기도 하였다. 그리고 드디어 1965년 2월 25일에 189학점이라는 기록으로 숙대를 졸업하게 되었다. 그리고 졸업 후 운 좋게도 곧바로 한양대 부속여중 교사가 되었다.

교사 · 대학원생 그리고 연애

100명의 졸업생 중 서울 시내에 바로 교사로 나간 사람은 2명이었는데, 그중에 한 명이 나였다. 직장이 없던 시절이라 학교 교사가 되는 건 매우 선호되었고, 특히 여자에게는 남녀차별이 전혀 없는 유일한 직종이었기 때문에 최상의 직장으로 각광을 받기도 하였다. 그때만 해도 은행 같은 데도 여자들은 보조원 정도의 대우를 받았고, 그나마도 결혼을 하면 그만 두어야 하는 등 남자들과는 심한 차별을 받던 때였기 때문이다. 따라서 당시 여교사들의 만족도가 매우 높았던 것 같다.

원래는 한양여중 교사로 부임했으나 한 학기 만에 고3 담임을 맡는 기록도 세우게 되었다. 스토리는 이랬다. 나는 맨 처음 중3 국어를 가르치는 비담임으로 한양여중 교사가 되었는데, 한 달 만에 공개수업을 하게 되었다. 같은 날 다른 한 명의 국어교사도 공개수업을 했다. 그런데 수업 전전날 너무 늦게 집에 들어가는 바람에 수업 전날 아침까지 연구주임에게 제출해야 하는 수업 안을 내지 못했다. 그랬더니 연구주임이 나를 불러 호통을 쳤다. "내일 아침이 연구수업인데 아직도 수업 안을 안 내면 어떻게 합니까? 보세요. 다른 선생님은 벌써 이렇게 내지 않았나요? 박선생, 이런 식으로 하면 곤란합니다." 난 할 말이 없었다. 우선 정중히 사과하고 어떤 일이 있어도 내일 출근하실 때까지 책상 위에 올려놓을 테니 하루만 기다려 달라고 빌었다. 그러고 나서 수업이 끝난 이후부터 한 시간 동안 후딱 교안 쓴 것을 가지고 다시 가리방을 긁어 20부 정도 만든 뒤 교장, 교감, 연구주임, 국어주임, 국어교사들 책상 위에 올려놓고 밤 10시가 넘어서야 퇴근을 할 수 있었다.

당시는 아직 복사기 같은 게 없던 시절이어서 시험지든 뭐든 여러 벌 만들어야 하는 것은 오돌토돌한 철판 위에 특수 기름종이를 놓고 펜같이 뾰족한 끝으로 글씨를 새겨 잉크로 찍어내는 방법을 썼는데, 근무 시간 중에는 서무과에서 잉크 찍는 일은 도와주었으나 난 방과 후에 하게 되었으므로 혼자 끙끙대며 하느라 몇 번의 실패 끝에 겨우 해낸 것이었다. 글씨를 철판 위에서 긁을 때도 너무 힘없이 긁으면 글씨가 새겨지지 않고, 너무 세게 긁으면 종이에 구멍이 나서 망치게 된다. 그리고 다시 잉크를 찍어낼 때도 잉크를 너무 많이 바르면 새긴 글씨가 모두 먹칠이 되고, 너무 조금 묻히면 글씨가 제대로 안 찍히기 때문에 숙련된 기술이 필요했다. 그러니 글자를 새길 때도 한 글자, 한 글자를 일정하게 압력을 가해 잘 새겨야 하고 잉크도 적당량이 묻도록 하지 않으면 처음 글씨 새기는 일부터 다시 해야 했다. 몇 번의 실패를 하면서 천신만고 끝에 겨우 만들어낸 것이었다.

드디어 수업하는 아침이 되었다. 2교시에는 다른 선생님이 공개수업을 하고 나는 3교시에 하게 되어 있었다. 2교시 다른 선생님 공개수업 시간에 들어 가 보았더니 엄청나게 많은 준비를 해서 여러 장의 차트도 만들어 넘기면서 설명할 수 있도록 세워 놓았고, 학생들의 질문과 답도 일사분란하게 이루어졌다. 나는 기가 질렸다. '아! 저렇게 해야 하는 거였구나.' 그러나 이미 때는 늦었다. 나는 아직 학생들에게 공개수업 한다는 사실조차도 알리지 않은 상황인데 오늘 나 죽었다 싶었다. 드디어 2교시가 끝나고 3교시 내 차례가 되었다.

교실에 들어가니 교장, 교감, 연구주임, 국어교사들은 물론, 수업이 없는 다른 과 선생님들이 두 줄로 도열해서 있었다. 그러나 어쩌랴! 그냥 하는 수밖에... 수업을 시작하였다. 그리고 그때서야 오늘은 공개수업이라 교장선생님 이하 여러 선생님들이 뒤에 서 계심을 알려주고 오늘 할 수업 단원을 알려 주었다. 즉 문법수업으로서 문장의 성분을 공부할테니 몇 쪽을 펴라고 했다. 아이들이 전혀 예측하지 않았고, 예습이라고도 전혀 하지 않은 단원을 택한 것이다. 그리고 그냥 자연스럽게 평소대로 수업을 했다. 연구주임 책상에 올려놓은 교안대로도 안 했다. 그냥 기분대로, 편안하게 참관자들을 마음으로 무시하면서 내 식대로 수업을 하고, 학생들 질의응답하고 끝냈다.

방과 후 모든 선생님들이 있는 자리에서 평가회를 가졌다. 2교시에 한 선생님부터 평가회에 들어갔는데, 아무튼 그 선생님은 빗발 같은 질문과 비판에 결국 울어버리고 말았다. 잠시 휴식을 한 뒤 내 수업에 대한 평가회에 들어갔다. 난 이미 각오가 단단히 되었기 때문에 오히려 담담했다. 그런데 이게 웬일인가? 바로 전에는 그렇게 열을 올리던 선생님들이 갑자기 내 수업에 대해서는 칭찬을 쏟아냈다. 심지어 황홀했다고 표현하는 선생님까지 있었다. 이유인 즉 이랬다. 앞의 선생님은 너무 준비를 많이 하다 보니 학생들이 수업할 내용을 미리 다 알고 있어서 차트를 아직 넘기기도 전에 이미 뒤 장의 대답이 튀어나오는 등 자연스럽지 못하고 인위적인 모습이 너무 드러나는 것이 첫 번째고, 두 번째는 국어 독본을 했으니까 누구든지 국어는 안다고 생각하여 다른 과목 선생님들도 모두 한마디씩 할 수 있었던 게 화근이었다.

반면에 내 수업은 정반대였던 것이다. 아이들이 그 날 공개 수업인 것을 모름은 물론, 무슨 책으로 어디를 하는 건 더욱 몰랐으니 수업이 인위적인 면이 전혀 없이 자연스럽게 이루어졌다는 것과, 둘째 문법 수업이었기 때문에 다른 선생님들이 오히려 어려운 것을 쉽게 배웠다고 말했고, 딱딱한 문법을 화기애애하게 재미있게 수업했다는 것이 약간의 신선감을 주었던 것으로 요약된다. 그런데 문제는 중고를 모두 총괄하는 교장, 교감선생님들이 그날 공개수업 이후로 그 다음 학기에 나를 고등학교로 발령 냈고,

고등학교에서는 곧바로 3학년으로 배치를 한 것이었다. 중고등학교가 한 캠퍼스에 있었고, 교장선생님이 중고를 모두 총괄하셨기 때문에 이런 일이 쉽게 일어났다.

1965년 당시는 고등학생들이 대학을 가기 위해서는 국가 학력고사를 보아야했기 때문에 교사들은 정규 수업 전에도 한두 시간 수업을 했고, 방과 후에도 2~3시간씩 수업을 해야 했다. 토요일도 물론 수업을 했으니 한 주일에 35~36시간씩 수업을 하는 등 정말 혹사당하였다. 보충 수업한다고 한 푼의 강사료도 더 나오지 않았다. 정말 오로지 학생들을 한 명이라도 더 좋은 대학에 많이 보내기 위해서는 교사들이 희생하는 방법밖엔 없었다. 지금처럼 학원도 없었고 국민이 돈도 없었으니까 교사들이 모든 짐을 질 수밖에 없었던 것이다. 수업만 하면 그래도 좀 낫지만 행정도 이만저만이 아니었다. 출석부부터 성적 입력에 이르기까지, 공문서 하나에서 교장선생님 식사문에 이르기까지, 학생들 웅변대회 원고에서, 졸업식 송사, 답사에 이르기까지, 뿐만 아니라 도서목록 만들고 서지 기호 만들어 써넣는 일까지 모두를 손으로 쓰던 시절인데 그런 모든 일들이 나한테만 몰렸다. 글자 한자만 틀려도 다시 쓰고 다시 쓰고... 정말 더 이상 감당이 안 되었다.

하여튼 이렇게 1년을 호되게 보낸 나는 다시 한 번 심각하게 나 자신을 돌아보게 되었다. 모두가 직장이 없던 시절에 그것도 여자로서 서울의 고등학교 교사라면 누구나 부러워할 만한 상황이었고, 나 자신이 교단에 서는 걸 너무 좋아하고, 또한 공부하는 것도 좋아하기 때문에 충분히 만족해야 할 상황이었지만 난 만족이 안 되는 것이었다. '교단에 서는 것, 공부하는 것, 국어를 좋아하는 것'이 세 가지를 다 하면서 너무 지나친 행정적인 일이나 자질구레한 일들을 좀 덜 할 수 있는 직업으로는 대학 교수밖에 없었고, 대학 교수가 되기 위해서는 우선 대학원에 가야 한다는 결론에 이르게 되었다. 가족이나 주위의 사람들에게 대학원 얘기를 했더니 모두가 반대했다. 이유는 시집가기 어렵다는 것이다. 1960년대 중반만 해도 아직 남자도 대학원 가는 사람이 매우 드물던 시절이라 여자가 대학원을 나오면 남자들이 싫어한다는 것이다. 그러나 평생 이렇게 교사로서만 살 것을 생각하니 도저히 자신이 없었다. 주위의 모든 반대를 무릅쓰고 나는 결국 대학원을 가기로 결심하게 된다.

이 무렵 나는 현 남편을 만나게 된다. 고종사촌 오빠가 자기 친구를 소개해 준 것이었다. 나의 배우자관은 매우 단순명쾌했다. 첫째, 머리가 매우 우수할 것, 둘째 공무원이거나 공부하는 사람일 것 두 가지였는데 이 분은 이 두 조건에 모두 합격이었다. 그리고 처음 만나던 날, 나는 내 친구 이야기하는 척 하며 여자가 대학원 가는 걸 어떻게 생각하느냐고 물었다. 그랬더니 '여자라고 깍두기만 썰 필요 있느냐?'라고 대답했다. 이리하여 우린 의기투합하게 되었다. 매우 우수한 수재로 육사를 나와 다시 서울대 공대와 대학원을 나온 뒤 육사 교수로 근무하는 사람이니 다른 것은 볼 필요가 없었다. 본인이 가난을 강조했지만 난 진정으로 가난이 뭔지를 잘 모르는 셈이었고, 두 사람이 합심하면 가난 정도는 아무 것도 아니라고 생각했다. 더구나 여자가 대학원 가는 걸 긍정적으로 생각하는 사람이니 내겐 금상첨화였다. 경주 최씨로 시조인 孤雲 최치원 선생의 33대 손이요, 중시조인 官家亭公派 16대손이었다.

이제 대학원을 가겠다고 결심을 굳히고 나니 당장 시험 준비를 해야 했다. 당시 숙대 대학원은 제2외국어를 반드시 쳐야했다. 그런데 나는 제2외국어라곤 배운 적이 없었다. 고등학교 때도 국어 선생님이 독어를 잠시 가르쳤으나 난 결석을 많이 한 관계로 제대로 배우지 못 했고, 대학에 들어와서도 교직과목과 전공과목, 교양과목을 많이 들었으나 제2외국어를 공부하겠다는 생각을 못한 것이었다. 영어, 전공과목, 제2외국어를 시험 봐야 하는데 큰일 났다. 그리고 숙대를 나왔으니 숙대 대학원을 가야 한다는 생각밖엔 안 났다. 나중에 내가 고대 교수가 되고 보니 고대에서도 2외국어 과목을 필수로 보게 되어 있었다. 하여튼 불어나 독일어 중 하나를 공부해서 과락을 하지 않아야만 되었다.

그때부터 시험 기간이 50일 정도밖에 남아 있지 않았다. 마침 방학이라

시간을 잘 관리하면 승산이 있을 것도 같았다. 물론 그때는 방학에도 보충수업을 해야 했지만 하루에 서너 시간만 하면 되었고, 또 수업이 없는 날도 많았으므로 방학 기간을 최대한 활용하면 될 것 같았다. 물론 떨어지면 한 번 더 볼 수 있겠지만 바로 대학원에 가고 싶었기 때문에 마음이 급했다. 전공과목은 공부 안 해도 자신 있었으나, 영어와 독어 두 가지를 공부하기엔 시간이 부족했다. 영어도 재껴 놓고, 독어는 아베체데도 모르는 판이니 무조건 독학으로 뚫어내야만 했다. 독일어 문법책과 강독책을 한 권씩 사서 문법부터 후딱 읽고 나서 강독책을 떠듬거리며 읽어나갔다. 독한사전을 얼마나 펼쳤을지는 짐작하고도 남으리라.

물방울이 바위를 뚫는다고 했던가? 이 엉터리 수험생은 물방울로 바위를 뚫는 시도를 하고 있는 것이었다. 어차피 독해 문제만 나올 확률이 높기 때문에 읽을 수만 있으면 될 것 같았다. 한 달 반 만에 400페이지 분량의 독일어 강독서를 독학으로 끝냈을 때의 그 기분은 등산가가 히말라야를 정복했을 때의 희열 못지않았다. 거의 불가능하게 보였던 일을 해 낸 것 같았다. 아직도 시간은 5일이 더 남아 있었다. 이순신 장군이 몇 백대의 적군 함대 앞에서 '전하! 아직 배 열두 척이 남아있사옵니다'라고 하셨던 것도 떠올리며 5일을 다시 2대 3으로 나누어 2일은 시사영어를 후딱 한 번 보고 나머지 3일은 이미 본 독일어 책을 한 번 더 보기로 계획을 세우고 실천해 나갔다. 물론 전공은 단 한 글자도 공부하지 않았다.

드디어 시험 날이 되었다. 시험장에 가보니 대충 5,60명 정도가 하나의 큰 교실에서 보았던 것 같다. 나중에 결과를 보니 총 6명이 합격하였다. 그 중의 한 명이 내리 네 번의 연임을 하며 숙대를 비약적으로 발전시키고 있는 정외과의 이경숙 총장이다. 그러니까 한 명의 합격생이라도 있는 학과보다 없는 학과가 훨씬 더 많은 것이었다. 국어국문과에서도 여러 명이 보았으나 나 혼자 합격하였다. 입학하고 보니 3년 선배 한 분이 계실 뿐 1, 2년 선배도 한 명 없었다. 각 선생님들께 인사를 하러 갔더니 축하해 주시며, 강의는 어느 대학, 어느 선생님한테서도 들을 수 있다고 하였다.

이렇게 학생 수가 적으니 국어학, 국문학을 나눌 수도 없었으며, 강의도 아예 이루어지지 않았다. 첫 시간에 가면 책 한두 권 읽으라고 소개하는 정도였다. 그래서 서울 대학의 이숭녕, 피천득 선생님 강의를 수강하였으나 피천득 선생님은 내가 서울사대까지 찾아갔으나 올 필요 없다고 하시며 기말에 리포트나 자유 주제로 써내라고 하여 끝내 강의를 못 들었으나, 이숭녕 선생님은 여러 번 뵈었고, 청량리 자택에도 갔었다. 대학원 2년 동안 제대로 강의를 해주신 유일한 분은 중앙대학교의 백철 선생님이셨다. 당시 문리대 학장을 하시면서도 매주 강의를 해주셨다.

1960년대의 대학원은 대부분 비슷해서 여러 대학의 학생들이 모여서 한 교수님의 강의를 듣는 식이었는데, 당시 백철 선생님 강의도 시내 7, 8개 대학의 대학원생들이 모여 함께 들었다. 아무튼 백철 선생님은 학장인데도 연구실이 너무나 초라하고 작아서 마음이 안 좋았던 기억이 나는데, 어쨌든 Pope의 시론을 원어로 읽게 하셨고, 출석도 부르시곤 하셨다. 이 백철 교수님 강의만 빼고는 제대로 강의를 해주시는 분이 안 계셨으므로 교사직을 수행하면서도 대학원에 다니는 것이 충분히 가능했다. 그러나 나는 석사 2학기에 전공을 문학에서 어학으로 바꾸게 되는 결정적인 계기를 맞이하게 된다. 한국에서 최초로 '의미론' 저서도 내시고 대학에서 '의미론'이라는 과목도 개설하신 이을환 선생님 강의시간에 강의는 안 해주시고 대신 책 한 권을 소개해 주셨으니 그 책이 바로 Hayakawa가 쓴 "Language in Thought and Action"이었다. 물론 번역한 책이었다. 그러나 그 책이 나의 운명을 송두리째 바꿔놓게 될 줄이야 나 자신도 알 리가 없었다. 평소에 문학만 좋아하던 나였지만 Korzbsky를 창시자로 하는 일반의미론 관련 책이었던 이 책을 읽은 나는 그만 이 책의 이론에 빠지고 말았다. 그래서 결국 석사논문은 어학 쪽으로 쓰게 되었고, 그것이 나중에 내가 미국 유학을 할 때 언어학을 전공하게 되는 결정적인 계기가 되었다. 하여튼 내 전공이 바뀌면서 난 자연스럽게 문학과는 멀어지게 되었지만, 시와의 인연은 계속되었다. 그런데 실상 시간적으로 나를 바쁘게 하는 일은 따로 있었다. 내가 대학원을 가기로 마음먹고 공부하던 어느 날 고종 사촌 오빠가 자기 친구인 지금의 남편을 소개해 주어 나는 열렬한 연애를 하고 있었기 때문이다.

매우 교통이 불편하던 시절, 육사에서 시내를 한 번 왕래하려면 보통일이 아니었는데도 적어도 한 주일에 두세 번 어느 때는 거의 매일 만나자는 연락이 왔다. 그때는 아직 전화가 귀해서 교무실 전체에 한 대가 그것도 교감선생님 책상에 있었는데, 수업이 막 끝나는 시간이 되면 거의 영락없이 전화가 와서 교감선생님 눈치를 보느라 민망했던 적이 한 두 번이 아니었다. 내가 하숙하고 있던 회현동 집에도 내 방엔 당연히 전화가 없고 주인 내외가 자는 방에만 한 대 있었는데 어떤 날은 밤 10시 가까이 되어서도 주인에게 매우 급한 일이라며 전화를 하는 것이었다. 이미 잠자리에 두 분이 누워있는 윗목에 가서 전화를 받으려면 정말 부끄럽고 미안하여 숨도 못 쉴 지경이었다. 그러나 주말에는 내가 태능을 가서 데이트를 하였다.

아무튼 우리는 이렇게 치열한 연애를 하여 1967년 내가 석사논문을 쓰고 있던 10월에 YWCA에서 약혼식을 하고, 내 논문을 끝내자마자 그해 12월에 결혼하게 된다. 이 결혼식 때 나의 고등학교 친구임과 동시에 숙대 국문과 친구인 김영숙 여사의 도움을 잊을 수 없다. 이 친구는 언제나 내게 호의적이었는데, 결혼식 날도 미장원에서부터 결혼식이 끝났을 때까지 내 옆을 지키며 모든 수고를 아끼지 않았다. 자주 만나진 못해도 이 친구의 우정을 생각하면 늘 마음이 따뜻해진다. 이런 친구가 있다는 건 정말 행복한 일이다. 약혼식을 하고 결혼할 때까지의 두 달은 정말 숨 막힐 정도로 바쁘면서도 가장 행복했던 기간이었다.

1966년과 67년 2년 동안은 내 인생에서 가장 바쁘고 가장 행복했던 시절 중 하나가 되었다. 왜냐하면 고등학교 3학년 담임에, 일주일에 30시간도 넘게 수업을 하고, 대학원에 다니고 연애한 것뿐만 아니라 나는 또 한 가지의 일을 하여 사실상 1인 4역을 했었기 때문이다. 네 번째 역할은 YWCA의 공민학교 교사였다. 공민학교는 제때에 초등학교를 못 다닌 여성들의 문맹퇴치 차원에서 속성으로 초등학교 과정을 마치게 해주는 기독교의 봉사활동 중 하나로 기청(기독청년)공민학교를 운영하고 있었는데, 야간에 3시간씩 초등과정을 가르치는 학교였다. 여기에 지원하여 합격하게 되어 기청공민학교 교사직도 함께 수행했던 것이다.

기청공민학교 교사 지망은 내가 고등학교를 졸업하고 집에 있을 때 동네 어른들에게 야학을 했던 보람이 계속 남아 있어서였는지도 모른다. 초등과정이므로 국어, 국사는 물론이고 수학, 과학, 사회, 음악, 미술까지 다 가르쳐야 했다. 그것도 밤에만 3시간씩 하여 3년 동안에 초등과정을 다 이수시켜 중입 검정시험을 볼 수 있도록 해주어야 했다. 내 반 학생은 40명 정도였는데, 20대부터 60대까지 다 있었다. 너무나 열심히 하는 아주머니, 할머니들을 보면 나도 신들린 사람처럼 열심히 가르쳤다. 수업이 끝나면 9시 반 정도가 되었는데 이 시간에도 우리는 잠깐씩이라도 데이트를 했다. 기청공민학교 졸업식 때는 졸업생, 교사, 가족들이 감격에 겨워 모두들 얼싸안고 엉엉 울었다. 정말 어느 졸업식이 이렇게 감격스럽고 정겨우랴. 너무도 힘든 시간들이었지만 우리는 해냈다는 그 뿌듯함에 감격해 하면서 그간의 모든 어려움을 한 번에 날릴 수 있었다.

내 석사 논문의 제목은 「國語語彙面에 나타난 言語經濟性 考」였다. 누구의 도움도 없이 나 혼자 썼으나 심사 때는 지금의 박사논문처럼 외부 교수까지 다섯 명이 심사를 했다. 원래 내가 쓰려던 논문은 다의어의 의미 연구였다. 다의어를 찾아 중심 의미와 파생 의미들 간의 관계를 밝히는 것이었는데, 논문이 거의 끝나갈 무렵 나는 '이러한 다의어가 왜 자꾸 생겨나는 거지?'라는 의문을 가지게 되었다. 말하자면 지금까지는 '어떠하다'에만 관심을 두었다면, 이번에는 '왜?'라는 의문이 생기는 것이었다. 그래서 내린 결론은 '언어 경제성 원리'였다. 예를 들어 다의어 한 개가 5개씩의 의미만 갖는다고 해도 새로 생겨나야 하는 단어 수를 5분의 1로 묶어두는 효과가 있는 것이다. 의미가 불어나는 수만큼 단어가 생긴다면 한 언어의 단어 수가 기하급수적으로 불어날 것이고 그렇게 되면 사전을 만들 수도 없게 되며, 만든다고 해도 지금의 10배가 넘는 어휘를 담은 대규모 사전이 몇 년마다 한 번씩은 계속 나와야 함은 물론, 개인이 가지고 있는 어휘의 양이나 질에 있어서 개인에 따라 차이가 너무 나서 의사소통에 문제가 일어날 확률이 대단히 높아질 것이다.

따라서 인간의 지혜는 새로운 신어를 무한정 불려나가는 대신 기존의 단어로 의미만 확장하는 쪽으로 언어를 운용한다는 것으로 결론지었고, 이러한 현상은 곧 언어 경제성 원리로 설명될 수 있다고 보았다. 언어 경제성 원리를 생각하고 나니까 그러면 이러한 다의어에만 언어 경제성이 나타나는가 하는 것이었다. 아니 음운 현상에도, 복합어에도 약어에도 모두 언어 경제성 원리가 적용된다는 것에 생각이 미쳐 결국은 언어 경제성을 어휘의 각 분야별로 밝히는 논문이 되어 버렸다.

어떻든 이렇게 논문을 제출하자마자 결혼식을 하게 되었다. 예전에서는 장로교회에 다녔지만 남편이 데이트 중에 명동성당에 가서 기도도 하는 등 성당에 데려가고, 결혼도 성당에서 하고 싶다고 하여 속성으로 교리를 하고 후암동 성당에서 혼배미사를 보게 되었다. 이렇게 1인 4역을 해내며 방학이 채 시작되기 직전인 1967년 12월 16일 토요일 1시에 결혼식을 했으니 우리도 참 못 말리는 부부였던 것 같다. 한 주일만 늦게 해도 조금 여유가 있을 텐데 방학을 하루라도 더 쓰기 위해 방학 직전에 결혼식을 한 것이었다. 물론 날짜도, 시간도 우리 둘이가 잡았다. 젊은 날의 그 치열했던 시간들이 영화를 보듯 한 장면씩 스쳐 지나가니 감회가 새롭다.

신혼 시절

혼배미사를 마친 우리는 폐백이 끝나고 양가 어른들께 인사를 하고 서울역에서 경부선 열차에 몸을 실었다. 그날 저녁은 기차 안 식당 칸에서 간단히 먹고 부산역에 도착한 것은 밤 11시경이었다. 거기서 남편이 예약해 놓은 당시 부산의 유일한 호텔인 극동호텔에서 하룻밤을 자고 일어나니, 아침 7시쯤이었는데 일어나자마자 막 배가 고프기 시작했다. 그래서 식당에 가자고 할 참인데 남편은 내 손을 잡고 어디론가를 가는데 가보니 바닷가(해운대)였다. 그야말로 겨울 바다였다. 세발 다리까지 준비해온 걸 보면 기념촬영을 위해 이런 데를 온 모양이었다. 황량하기까지 한 해운대에서 기념촬영을 하고 다시 어디론가를 갔는데 나중에 알고 보니 동백섬이었다.

나는 배가 고파 죽겠는데, 이 양반은 자기가 미리 생각해 둔 곳으로 이리저리 데리고 다닐 뿐 밥 사줄 생각은 안 했다. 어제는 결혼식이라 제대로 못 먹었고 기차에서 7~8시간 시달린 뒤라 피곤과 허기증이 밀려왔지만 피곤하다는 말도, 배고프단 말도 못하고 억지로 따라 다니다 도저히 못 참아서 한참 뒤에야 배고프다고 했다. 그랬더니 그제야 밥집을 찾으니 있을 리 없었다. 큰길 쪽으로 한참 내려오다 보니 조그만 집이 하나 나타났다. 누가 있나 기웃거렸더니 마침 아주머니 한 분이 계셨다. 혹시 음식 팔지 않느냐니까 라면은 끓여 줄 수 있다고 했다. 라면이 한국에 나온 지 아직 2~3년밖에 되지 않던 시절이라 그것도 귀한 음식이었다. 하여튼 신혼의 첫 아침밥으로 라면을 얻어먹는 셈이었다. 그 날 저녁엔 동래에 사는 남편 친구 집에 초대를 받아 갔더니 세상에... 난생 이렇게 화려한 밥상을 받아보기는커녕 구경도 못했다. 부인이 음식 솜씨가 뛰어나고, 정성껏 준비한 결과였다. 정말 감동이었다.

우선 우리가 신접살림을 차린 곳은 이태원에 있는 5층짜리 군인아파트였는데, 모든 가구가 9평으로 구성되어 있었다. 안방 하나, 작은 방 하나, 한사람이 겨우 서서 음식을 할 수 있는 미니 부엌 하나, 세면대와 변기만 있는 미니 화장실 하나가 전부였다. 물론 마루도 없고 베란다도 없었다. 엘리베이터는 물론 없었는데 우리는 5층이라 오르내리기가 여간 힘들지 않았다. 이 초미니아파트에 시부모님, 우리 내외, 대학생 시누이와 함께 살게 되었다.

아직 아파트가 거의 없던 시절이어서 시설이 형편없는 것은 물론, 냉난방도 되지 않았고 방구들에 연탄을 넣어 방을 데우고 연탄불로 밥을 해먹는 시스템이었다. 그래도 큰방은 연탄을 갈아 넣기가 조금 수월했지만 작은방 구들은 연탄을 갈아 넣는 게 보통 어렵지 않았다. 사람 한 명이 납작 엎드려 바로 불구멍위로 얼굴을 넣어 구멍을 맞히지 않으면 안 되게 가로 세로 50cm 정도의 작은 문만 하나 있었기 때문이다. 이 연탄을 하루 두어 번씩 갈고 나면 머리가 어찔어찔하고 숨이 찰 정도로 연탄가스도 많이 마셔야 했다. 정말 연탄을 때던 1960년대를 산 우리네들은 연탄가스로 목숨을 잃을 뻔 한 적을 몇 번씩은 경험을 했을 것이다. 전국적으로 연탄가스로 사망하는 사람의 수도 지금의 교통사고 사망 이상으로 많았을 것이다.

어쨌든 신혼여행에서 돌아오니 쌀도 없을 정도로 가난이 우릴 기다리고 있었다. 그날부터 내가 알아서 모든 걸 해결해야 했다. 부모님과 시누이는 원래 부산에 살고 있었는데, 아무 철도 없는 내가 그저 마음 한 가지로 연로한 부모님을 모셔야 한다고 앞장섰던 것이고, 또 결혼식 하기 직전에 남편이 나한테 한 가지 상의를 한 것이 있었다. 부산 집을 팔아서 간소하게 결혼식을 하면 돈이 조금 남는데, 마침 태릉 육사에서 가까운 묵동에 택지를 만들어 분양을 한다니까 육사교수들이 많이 신청하는데, 우리도 신청을 하면 어떻겠냐고 했다. 그러나 이 기회를 잡으려면 경제적인 고통을 감내해야 한다는 것이었다. 한 필지가 70평쯤 되는데, 이걸 분양받으려면 돈이 많이 부족한데, 좋은 기회니까 무리를 해서라도 하는 게 좋은지 그냥 포기하고 조금 더 여유 있게 사는 게 좋은지를 물어왔던 것이다. 난 당연히 기회를 잡아야 한다며 노력하자고 했다. 그러나 방법이 문제였다. 당시는 아직 개인들이 은행 거래를 안 하던 시절이라, 목돈을 쓰기 위해서는 계(契)를 해야 했다.

계는 보통 1~20명이 한 팀이 되어 24개월을 운영하는 경제 활동인데, 계주가 모든 책임을 지고 꾸려 나가기 위해 첫 번째와 마지막 번호를 맡아서 운영했으므로 경제적으로 이익이 컸다. 그러나 계원들도 다른 방법으로는 목돈을 만질 수가 없었으므로 계를 하는 것이 도움이 되었다. 아마 우리 나이 어머니들 치고 계를 한 번도 안 해 본 사람은 없었을 것이다. 그게 유일한 경제 활동이었으니까. 마침 사촌 시누이가 계를 하신다고 해서 날 두 번째로 타게 해 달라고 했다. 그랬더니 그러면 3개를 들면, 2번에 타게 해주고, 중간과 끝 번호를 가지라고 하셨다. 돈을 일찍 탈수록 불입금이 많고 뒤에 탈수록 불입금이 적게 되어 있었으니 따지고 보면 매우 합리적인 시스템이었다. 아마도 이 계 시스템은 1970년대 말까지는 계속되었을 것이다.

1970년대 중반에 들어와서야 개인들이 은행에 계좌를 열고, 적금도 넣고 하는 체계가 이루어진 것 같다. 물론 이런 개인들 간의 계는 사고도 많이 났다. 계주가 돈만 타고 달아나는가 하면, 중간에서라도 한 명이 돈을 탄 뒤에 돈을 제때에 내지 않으면 계는 깨어지게 된다. 그러므로 뒤 번호는 불입금이 적어 매우 유리하나 만일 계가 깨지는 날엔 그동안 넣은 돈을 거의 날리게 되므로 24개월 동안 마음을 졸여야 한다. 따라서 서로가 매우 가깝고 속내를 아는 사람들끼리만 주로 계를 했고, 계주는 평소에 매우 신망이 있어야 하며, 경제적으로도 여유가 있어야 했다. 만일 어느 한 사람이 며칠 돈을 늦게 내더라도 계주가 채워 넣어 탈 사람은 제날에 타게 해주어야 하기 때문이다.

이러한 한국의 독특한 경제 구조로서의 계에 대하여 미국대학에서 논문을 써서 박사학위를 받은 사람이 우리 주위에 있었는데, 우리는 그를 '계박사'로 부르기도 하였다. 하여튼 우리는 시누이한테 계를 들어 땅값을 해결하긴 했으나 매달 내야 되는 3구좌의 곗돈은 나의 학교 월급의 대부분이 되었고. 남편 월급은 그 전에 시누이 등록금 등 생활비를 부모님께 보내드리느라 이미 빚이 있어 월급은 거의 안가지고 들어왔고, 서울대 등 두세 군데 강의 나가서 받는 강사료 정도만 들어왔다. 그래서 결혼 초의 경제적인 어려움은 이루 말할 수 없었고, 이것은 고스란히 나의 몫이 되었다.

이런 와중에 시누이 대학 문제를 해결해야 했다. 부산의 D대학에서 2년 마치고 3학년으로 올라가야 했다. 부모님과 본인은 그만두겠다고 했지만 그럴 수는 없었다. 당장 어렵다고 그만두게 하면 평생 후회가 될 것 같았다. 그래서 나는 어떤 일이 있어도 졸업해야 한다고 하면서 서울로 전학시켜 보려고 노력을 했지만 허사였다. 할 수 없이 부산의 큰 시누이집에 있기로 하고 등록금과 용돈은 내가 보내주기로 하였다. 그러나 큰 시누이집도 넉넉지 않은 살림이라 한 명이라도 더 있게 되면 그만큼 부담이 될 것이기 때문에 마음은 많이 무거웠다.

그러나 막상 그렇게 조치를 하고보니 보통일이 아니었다. 매달 생활비가 근본적으로 부족한 상황에서 사립대학 등록금 내기가 여간 벅차지 않았다. 지금처럼 은행에서 학자금을 융자 받을 수 있다든가 그런 제도도 없었고, 지방 사립대학은 장학금도 많지 않았기 때문에 고스란히 다 보내야 하는데, 방법이 없으니까 돈을 빌릴 수밖에 없었다. 개인한테 빌리면 이자가 더 비싸고 그마나 제일 싼 것이 한양여고 교사회에서 운영하는 자금이었는데, 여기서 돈을 빌려도 물어야 하는 이자가 월5부로서, 연 60%였다. 그래도 그게 제일 쌌다. 거기에서 돈을 빌려 등록금을 보내고 이자를 갚기도 벅찼으니 그다음 등록금 낼 때는 그 위에 또 빚을 더 져야 했다.

이런 경제적인 어려움 외에도 매일 매일의 생활 자체도 말할 수 없이 힘들었다. 우선 나의 직장인 한양여고가 이태원 우리집에서 너무 멀뿐만 아니라 버스를 서너 번은 갈아타야 할 정도로 교통이 나빴고 우리가 살았던 동은 아파트 단지 내에서 맨 뒤편에 있어서 큰길까지 걸어 나가는 데도 10분은 넘게 걸렸다. 그러므로 아침 6시에 출발하는 육사행 버스를 타야만 했다. 그러면 중간에 내려 한 번만 갈아타면 학교까지 갈 수 있었기 때문이다. 아슬아슬하게 7시 반쯤에 학교엘 도착하게 되고 그러면 한 시간 동안 보충수업을 하고 조례를 한 다음 정규 수업이 시작되었다. 그런데 새벽 여섯 시 버스를 타려면 적어도 나는 5시 전에 일어나 아침밥을 지어 온 식구가 먹고 내 도시락 싸고 외출 준비를 해야 했기 때문이다.

그런데 문제는 자명종이 없다는 것이었다. 당시로서는 자명종 시계 하나 살 형편도 안 되니까 혹시라도 5시 전에 못 일어날까 걱정이 되어 숙면을 잘 못 했다. 그러니 버스에서 졸고, 점심시간에 도시락 먹고 나서 잠깐씩 눈을 붙이곤 하며 너무도 힘겨운 날들을 보내게 되었다. 이러한 와중에도 허니문 베이비를 임신하게 되었는데 입덧이 너무도 유별났다. 아무튼 나의 입덧은 열 달 내내 애기를 낳을 때까지 거의 계속되어 나는 몇 중고를 겪게 되었다. 어쩌다 입맛이 당겨도 돈이 없으니까 먹고 싶은 것을 먹을 수도 없었으니 뱃속에 아이인들 편할 리가 없었을 것이다. 아직도 잊히지 않는 것은 첫아이 때 귤이 그렇게 먹고 싶었다. 그러나 그때는 귤 값이 너무 비싸서 끝내 한 개도 못 먹고 아이를 낳았다.

애가 뱃속에 있는 열 달 동안 수업하다가 쓰러지고, 종례하다가 쓰러지고... 점심시간엔 으레 양호실에 가 누워있으니 양호교사의 눈총도 따가웠고, 학생들 보기에 민망하기 이를 데 없었다. 지금도 그때의 민망함을 생각하면 얼굴이 후끈거린다. 너무 힘들어서인지 예정일보다 보름을 앞당겨 진통이 왔다. 양수가 먼저 터져버리고, 진통이 점점 빨라지고 강도가 높아지면서 정말 앞이 캄캄했다. 밤 11시가 조금 넘은 시각, 5층을 걸어 내려갈 자신도 없고, 이 시간에 택시도 들어오는 게 없을 텐데... 세상모르고 자는 남편... 그런데 진통은 점점 더 짧은 간격으로 강도 높게 진행되었다.

그때는 통행금지가 있어서 밤 12시 이후 새벽4시 전에는 택시를 잡을 수도 없었다. 나도 모르게 '아이고' 소리가 점점 높아졌다. 누워있을 수도, 앉아 있을 수도, 더구나 서있을 수는 더욱 없는 상황이 됐고, 난 이제 인내심도 뭐도 아무 것도 남아 있지 않고 점점 '아야, 엄마' 소리만 높아졌다. 나의 괴성에 드디어 남편이 깼다. 난 지금 죽을 것 같다. 아무래도 애기를 낳을 것 같다 했더니 옷을 주워 입고 옆방의 어머니에게 알리고 나갔다. 어머니가 내방으로 건너오셔서 나에게 뭔가를 얘기하셨으나 기억은 없다. 단지 날계란을 풀어 나에게 마시라고 하셨다. 그걸 마시기에도 배가 너무 아프고 정신을 못 차려 얼른 못 마시니 아버님을 불러 한 분은 나를 잡으시고 한분은 나의 입을 열고 계란을 입에 들여 부으셨다. 그리고는 꿀꺽하라고 하셨다. 나는 죽을힘을 다해 꿀꺽하고 정말 처음 경험해 보는 산통은 무지막지했다. 새벽 4시가 되려면 아직도 멀었는데 어떡하지? 아이구 배야... 그리고 얼마나 시간이 흘렀을까... 밑에 택시가 기다리고 있으니 병원에 가잔다.

우리집에서 그래도 제일 가까운 곳이 명동에 있던 성모병원이었다. 산부인과 병동에서 수속을 하고 입원을 했다. 그때부터 병원 침대에서 본격적인 진통이 시작되었다. 아무리 아파도 아무리 소릴 쳐도 아무도 돌아보는 사람은 없었다. 간호원들이 왔다 갔다 했으나 내게 특별한 관심도 가져주지 않았다. 아마도 아직 애기가 나오려면 몇 시간이 더 필요한지를 알고 그랬다는 걸 안 건 나중이었다. 아무튼 홀로 좁은 침대에 누워 너무도 엄청난 산통을 하는데, 난 결국 죽는다고 생각했다. 도저히 이 고비를 이겨낼 자신도, 힘도 없었다. 지금 이대로 죽고 싶은 생각밖엔 없었다. 그러나 애기는 낳아놓고 죽어야 할 것 같았다. 지금 막 세상에 태어나려고 하는 아이를 함께 죽게 할 수는 없었기 때문이다.

그래서 죽을힘을 다해 혼미해져 가는 정신을 차려 주님께 마음속으로 기도를 했다. '한시 바삐 애기는 태어나게 해주시고, 저의 숨은 거두어가소서. 저는 살 자신도 의욕도 없습니다. 손이 귀한 집이니 애기는 태어나도록 도와주소서. 주님, 이 아픔을 조금만 덜 하게 해주실 수는 없겠습니까? 아주 조금만 덜 숨 막히게 해주실 수는 없으십니까? 주님, 저 이제 더 이상 못 참을 것 같습니다. 주님, 주님...'

그렇게 정신없이 얼마나 시간이 흘렀을까? 난 분만실로 옮겨져 마스크를 한 의사, 간호원들이 나를 잡고 힘주라고 얘기하고 있었으나 힘을 주기는커녕 점점 더 혼미해지는 것 같았다. 누군가 막 때리기도 하고 흔들기도 하면서 힘을 주라고 채근을 했다. 애기 머리가 보이기 시작했는데 힘을 안 주니까 못 나오는 상황이 되자 의사와 간호원이 안타까우니까 힘을 주라고 채근하는 것이었다. 정신은 계속 가물가물해지고, 이제는 그 엄청난 진통조차도 어렴풋이 느껴질 정도로 기력을 잃어가고 있었다. 나는 계속 땅 속으로 내려가고 있는 것 같았다. 그러기를 또 얼마나 지났을까. 나를 막 흔들며 '정신 차리세요' 하는 말이 들려왔다. 역시 의사님과 간호원이었다.

아! 그래 내가 지금 애기를 낳아야 하는 상황이지. 아랫도리는 천근같은 바위가 달려있고, 배는 그야말로 몸서리치게 아팠다. 그러나 나는 다시 기운이 가라앉으며 몽롱한 가운데 그래도 애기는 낳아놓고 죽어야 한다는 생각이 또렷이 났다. 그래서 다시 죽을힘을 다해 마음속에서 기도를 했다. '주님, 제가 죽는 건 섧지 않으나 이 아이를 낳고 줄을 수 있도록 도와주소서. 저의 능력으로는 도저히 힘을 줄 수 없사오니 당신의 권능으로 저에게 힘을 불어넣어 주소서. 간절히 비옵니다. 딱 한번만 힘을 줄 수 있도록 도와주소서. 이 상태로는 의사도 간호원도 너무나 힘든 상황이오니, 이 분들을 위해서라도 저에게 한 번만 힘을 쓸 수 있도록 특별히 보살펴 주소서. 이 모든 일들은 오로지 당신만이 하실 수 있습니다. 부디 저를 불쌍히 여기시고 힘을 한 번만 쓰고 죽게 도와주소서. 하늘에 계신 우리 아버지, 아버지의 이름이 거룩하게 빛나시며... 빛나시며...' 그리고 다시 어떻게 되었는지 기억이 안 난다. 그런데 어느 순간 거짓말처럼 아랫도리에 힘이 가해지면서 천금같이 무겁던 바윗덩이가 어느새 뭉클하고 뜨거운 어떤 것으로 변해 와장창 하고 아래로 쏟아지면서 난 혼수상태로 들어갔다.

깨어나 보니 난 병실에 와 있었고, 남편 얼굴도 어머님 얼굴도 보였다. 그리고 이어지는 이야기. "수고했다. 아들이다."하는 목소리... '아! 애기도 낳고 죽지도 않았구나!' 그래도 순간적으로 애가 기형아가 아닐까 겁이 났다. 지난 9개월 남짓 워낙 힘들었으니까 과연 온전한 애가 나올까 매우 불안했기 때문이다. 그래서 그것만은 확인하고 싶어 "애가 괜찮아요?" 하고 물었더니 3kg의 건강한 아이가 태어났다는 것이다. 손가락도 다섯 개가 다 있단다. 애가 살은 하나도 없지만 자기 아버지의 뼈대를 닮아 그런대로 건강한 아이가 태어나 준 것이다. '하느님, 감사합니다, 정말 정말 감사합니다...'

산통이 얼마나 무지막지한 건지, 또한 건강하지 못한 모체로 아이를 낳는 것이 얼마나 엄청난 일인지 어찌 필설로 다 하랴. 보통 만삭일 때는 본인의 평소 체중보다 10kg 정도는 더 나가야 정상인데 나는 결혼 당시의 체중이 50kg이었는데 만삭일 때가 44kg이었으니까 더 말해 무엇하랴. 그런 모체에서 그것도 조산을 했는데 정상적인 아이가 태어난 게 기적 같았다. 아니 정말 기적이라고 밖엔 달리 말할 수가 없었다. 이때가 내 나이 27세였다. 난 그때부터 하느님은 내 편이라는 확신을 갖게 되었다. 정말 하느님의 존재를 확인하고 또 확인할 수 있었다.

산후 이틀이 지나고 퇴원하는 날이 되었다. 의사가 회진을 왔다가 내 얼굴을 보시더니 "아주머니는 오늘 퇴원해야 하는데, 안색이 너무 안 좋으네요. 피검사 좀 합시다." 하면서 간호원 보고 피를 뽑으라고 지시했다. 한 시간쯤 후에 의사가 오더니 헤모글로빈이 10밖에 되지 않아 그냥 퇴원시키기가 불안하니 수혈을 좀 하고 퇴원을 하는 것이 좋겠다고 했다. 그러나 우리집 형편을 생각하며 의사한테 수혈을 할 형편이 안 된다고 하고 그냥 퇴원시켜달라고 했다. "그럼 집에 가서 아주 잘 잡수세요" 하며 퇴원을 허락했다. 오후에 남편이 학교에 갔다 돌아와 바로 그냥 퇴원했다.

택시로 우리집 아파트에 도착은 했으나 5층까지 걸어 올라갈 일이 아득했다. 어릴 때 아프다고 하면 업어주시던 아버지의 등이 불현듯 그리워졌다. 남편이 부추겨주어서 한 발 한 발 올라갔다. 정말 5층 계단이 그렇게 멀게 느껴질 수가 없었다. 등산객들이 알프스 산정을 등정하는 것이 이런 것일까? 출산한지 이틀 뒤에 그것도 어찔어찔한 머리로 사력을 다해 결국 5층까지 올라왔다. 그리고 내 방에 깔려져 있는 내가 시집올 때 해온 이불을 보는 순간 나도 모르게 눈물이 왈칵 쏟아졌다.

하여간 그날부터 모유와 분유 두 가지를 먹이며 산후 조리를 하는데, 머리가 선뜻선뜻하며 잠이 오질 않았다. 그러니까 낮엔 극도의 피로감이 왔다. 그래도 시간이 지나면 나아지겠지 하며 전혀 입맛은 없었지만 어머님이 끓여주신 미역국을 열심히 먹었다. 그러나 일주일이 되는 저녁때 나는 결국 하혈을 시작했다. 이제 지혈이 끝나고 본격적으로 회복되기 시작해야 하는 때에 느닷없이 펑펑 하혈을 하기 시작하는 것이었다. 그래도 조금 있다 보면 멈추겠지 하며 약국에 가서 지혈제를 좀 사오라고 하여 먹었으나 소용이 없었다. 그래도 시간이 지나면 진정이 되겠지 하며 기다린 것이 결국 아침 8시까지 연속적으로 하혈을 하게 되었다.

전날 저녁 5시부터 이튿날 아침 8시까지 무려 15시간을 하혈한 셈이었다. 어떻든 중간에 병원엘 가고 싶어도 엄두가 안 났다. 움직이면 더 많은 하혈을 하게 될 것 같고 더구나 5층 계단을 다시 내려가야 하니 내려오면서 그대로 죽을 것만 같았다. 그래서 두판잡고 멎기를 기다린 것이었는데 결국 다시 애기를 낳는 것처럼 엄청난 덩어리가 쏟아지고 나서야 조금씩 멎기 시작했다. 그러고도 죽지 않은 게 참으로 신기했다. 사람의 몸속에 들어있는 피가 그렇게 많다는 것도 처음 알았다. 아마 이때도 하느님이 날 지켜주셨다고 나는 굳게 믿고 있다. 어쨌든 그 두꺼운 요며, 이불이 완전히 피범벅이 되었다. 그 엄청난 것을 아버님과 어머님이 어떻게 처리하셨는지 모르겠다. 아마 두 분도 몸살을 하셨을 것 같다.

아무튼 그 날 이후로 다시 하혈은 하지 않았으나 머릿속에 선풍기라도 틀어놓은 듯 머리가 선뜻선뜻하여 전혀 잠이 오지 않았다. 그리고 누워 있어도 계속 어지러웠다. 그렇게 지내는 어느 날, 정확히 말해 그로부터 3주 뒤쯤에 미국에서 편지 한 장이 날아왔다. 남편의 성당 대부셨던 Yale 대학의 Owens 교수로부터였다. 아마도 내가 큰 애를 낳자마자 남편이 대부님께 소식을 전했고, 그 답으로 축하 편지와 함께 10불짜리 돈을 넣어 보내셨다. 남편은 이 돈을 보자마자 은행에 가서 돈을 바꿔 와서는 날 데리고 병원엘 갔다.

의사선생님께 그간 하혈한 이야기를 하면서 왜 그렇게 되었는지 그 이유를 물었다. 선생님은 그러게 내가 퇴원 전에 수혈을 하라고 하지 않았냐면서 면박을 주고는 자궁벽이 내려앉은 거란다. 즉 아기를 낳느라고 자궁이 최대한 팽창되어있는데, 회복이 되면서 자연적으로 수축이 되는 건데 나의 경우 나의 체력으로 정상적인 속도로 회복이 안 되어 수축이 안 되니 자궁 내의 벽이 무너져 내린 것이라고 설명해 주면서 회복만 하면 큰 문제는 없으니 걱정 말라고 하고 피검사를 했다. 헤모글로빈 수치가 8.5로 나왔다. 수혈을 받지 않으면 안 되는 수치였던 것이다. 그런데 오웬스 교수가 보내준 돈이 내가 한 번 수혈하는 데 드는 액수와 꼭 같았다. 그 날 수혈을 받고 집에 돌아오니 그때부터 머리에서 선뜩한 바람이 나오지 않으면서 잠이 쏟아져 왔고, 입맛도 돌아오면서 본격적으로 회복되어 결국 산후 40일만에야 겨우 학교에 나갔다. 아직도 약간 어지러운 기는 있었으나 그래도 다 나은 척하며, 너무 늦게 나와 죄송하다고 교감, 교감, 교무주임, 연구주임 국어과 선생님들을 비롯하여 3학년 담인선생님들께 깍듯이 인사를 하고 그 날부터 수업을 했다. 내가 없는 동안 여러 선생님들이 나누어 내 시간을 떼우느라 너무들 고생하셨기 때문에 한턱을 냈다.

이제 학교엘 다시 나오게 되니 수유가 문제였다. 어떤 날은 미리 좀 짜놓고 오기도 하지만 아직 냉장고가 없던 시절이라 한두 번 먹일 수는 있지만 더 이상은 안 되었으므로 낮엔 주로 분유를 먹이고 밤엔 모유를 먹였다.

그런데 학교에 있노라면 젖이 불어나도 아이에게 안 먹이고 있으면 아프기도 하고, 젖이 새나와 속옷은 물론, 겉옷까지 적시기도 하였다. 그럴 땐 화장실에 가서 좀 짜내야 했다. 밤까지 견디려면 어쩔 수 없이 화장실에 가서 좀 짜내지 않으면 아프기도 하려니와 저절로 새 나와서 옷을 적시기 때문이다. 정말 너무 아깝기도 하고, 성가시도 하여 집과 학교가 먼 것이 너무도 안타까웠다. 만일 학교 가까이에 집이 있다면 점심시간에 가서 젖을 좀 먹이고 오면 일거양득인데... 그러나 방법이 없었다. 이렇게 하여 큰 애는 그래도 6개월 정도 밤에라도 모유를 먹여 키웠다.

미국 유학과 문화충격

남편은 나를 만나기 몇 년 전부터 유학을 원했지만 잘 되지 않았다고 한다. 가정형편상 full scholarship을 받지 않고는 갈 수 없었을 뿐 아니라, 설사 돈이 있다고 해도 육사에서는 자비 유학을 허락조차 안 했기 때문이다. 당시 미국 유학 장학금을 주는 기관이 Fullbright 재단 밖에 없었는데, 이 재단 시험에서 이공계에서 몇 년간 수석 합격을 했으나 최종적으로 한국측 심사위원회에서 어느 분야 학생을 보낼까를 한국 수요에 맞춰 결정을 해야 하는데, 당시 이공계 심사위원들이 대부분 화학, 물리 등이어서 건축으로 지원한 남편을 번번이 떨어뜨린 것이었다. 이미 영어 실력도 상당하여 서울공대 건축학과 사상 처음으로 영어로 석사논문을 써낼 정도였고, 미국 교수들과도 자유롭게 대화를 할 수 있는 실력을 갖추고 있었지만 유학의 기회를 억울하게 뺏겼던 것이다. 나와 데이트를 할 때도 미국 유학을 갈 거라는 얘기를 했었다. 이 일이 계속 어긋나자 약간의 자포자기로 밤마다 포커를 즐겼다.

당시 육사 교수부 사람들은 매우 우수 집단이지만 그 꿈을 펴기에는 사회의 모든 여건이 받쳐주질 못하니까 삼삼오오 만나서 포커가 유행했다.

그 틈에 남편도 끼어서 선후배들과 모여 포커를 즐겼던 것이다. 특히 BOQ라고 하는 독신 장교 숙소에서 생활하는 사람들은 별로 진취적으로 생활할 여지가 없으니까 무료함과 울분을 달래기 위해 포커를 했던 것이다. 그도 그럴 것이 그들은 당시 서울대보다도 스스로 우수하다고 자부하는 사람들이 가정 사정 때문에 국비로 대학교육을 받고 월급도 받고 학교를 다니며, 졸업 후 장교로 취임할 수 있는 육사를 선택한 사람들이었다. 당시 직장이라고 없던 시절에 육사가 얼마나 인기 있는 학교였을지는 짐작하고도 남는다. 특히 남편은 이미 고등학교도 학비가 없는 사범학교를 나온 사람으로 초등학교 교사로 나가지 않고 대학에 진학할 수 있는 길은 국립사대를 가거나 육사를 가거나 두 가지밖에는 허용이 안 되었다. 서울사대는 맘만 먹으면 가고도 남겠지만 교사가 싫어서 다른 길을 찾는 사람이니 서울사대에 지원을 할 수는 없고 남는 것은 육사뿐이었다.

그리하여 육사에 지원하게 되었는데, 6·25 이후 정전이 되고 2년 뒤니까 그래도 어느 정도 위험은 덜 했으나 아직 산업이 제대로 발달하지 않아 신통한 직장이 별로 없던 시절인데, 졸업하면 바로 장교가 되고 장군도 바라볼 수 있으니 어차피 군대에 가야하는 남자들로서는 사관학교가 충분히 매력이 있었던 것이다. 그러나 아무리 가고 싶어도 신체적인 결함이 있거나, 국가관이 뚜렷하지 않거나, 무엇보다도 치열한 경쟁을 하려면 매우 명석하지 않으면 안 되었다. 남편이 육사에 지망하던 1956년은 선호도가 최고조에 달해 무려 50대 1의 경쟁을 해서 100명이 뽑히고 보니 전교 수석은 기본이고, 자기 지역에서 수석 하는 사람들만 입학하게 되었다고 한다. 서울공대, 서울의대, 서울사대에 수석 합격하고도 육사에 합격하자 육사로 왔다는 동기생도 여럿이 있었다.

이 동기가 곧 정규육사 7기인데, 앞의 단기육사까지 합해 보통 17기라 하며, 자기들은 꼴찌도 사회에 나가면 1등이라고 자부하는 사람들이었다. 이 중에서도 나중에 교수부 교수로 선발되어 온 사람들은 자부심이 하늘을 찔렀다. 이 부분은 나중 몇 십 년 뒤에 입증이 되었다. 이 동기에서 여러 명의 장관도, 국회의원도 배출했고, 육군참모총장, 육사교장 등도 배출하고, 재계에서도 성공한 사람이 여러 명 있고 학계로는 남편이 대표적인 경우다. 선후배 중에도 예를 들면 1980년대 한국의 구석구석까지 전화가 통하도록 만들었고 대전 엑스포도 유치했으며, 몇 번의 장관, 부총리를 지낸 오명 건국대 총장이 1년 후배고, 88올림픽을 성공적으로 이끈 박세직 당시 서울시장 등이 3년 선배로 모두 육사 교수부 출신들이다.

어떻든 이런 사람들이 대학원도 없는 육사에서 학부에서만 가르치니 연구 의욕도 없고, 또한 전방으로 나간 사람들에 비해 진급도 늦는 등 여러 가지 요인들이 이들로 하여금 밤엔 할 일 없으니까 포커로 시간을 보내게 했던 것이다. 그런 분위기에서 결혼했다고 갑자기 발을 끊을 수가 없으니까 결혼한 직후에도 계속하여 포커를 즐겼는데, 결혼한 지 2주일이 되는 섣달 그믐날도 육사 BOQ에서 밤을 새워 포커를 하고 설날 느지막이 귀가하는 일이 생겼다. 그래도 데이트할 때 이미 많이 들은 뒤라 별로 잔소리도 안하고 원망도 안했는데, 아버님, 어머님이 나 대신 야단을 치셨던 것 같다. 나는 하루하루 살아나가는 것이 그야말로 전쟁인데, 남편은 이렇게 포커로 스트레스를 풀고 있었던 것이다.

그런데 결혼 1년 쯤 되었을 때까지도 별로 달라지는 것이 없자, 나는 아까운 인재가 낭비되는 것 같아 하루는 작심을 하고 하루 종일 잔소리를 해댔다. 미국 유학을 마음먹었으면 어떻게 해서든 가야지 이렇게 매일 포커만 하고 있을 거냐, 그놈의 미국이 뭐 그리 대단하다고 설마 갈 길이 없겠느냐, 풀브라이트로 못 가면 다른 길도 찾아 봐야 하지 않겠느냐며, 왕창 싸울 각오로 잔소릴 퍼부었다. 1년간 참았다가 했기 때문에 자기도 그게 반발하지 않았다. 그 날 밤을 지내고 나서 난 이튿날 중앙 우체국에 들러 100장의 항공엽서를 샀다. 당시 내 형편으론 그것도 큰 부담이었지만 하는 수 없었다. 집에 와서 그 이튿날이 마침 일요일이라, 이 백장의 엽서를 다 써서 백 개 대학에 보내라고 했다

영어 편지를 일사천리로 쓰고 대학 주소는 이튿날 미국문화원에 가서

찾아서 100장을 결국 다 보냈다. 그리고 두세 달 뒤부터 4, 50개 대학에서 지원서와 대학 카탈로그가 왔다. 그 중에서 토목공학이 좋은 대학 열 개를 골라 원서를 내게 되었다. 서울대학교에서는 건축으로 학사와 석사를 했지만 미국대학은 건축으로서는 박사과정이 없고 토목과에 가야 구조역학으로 박사과정을 할 수 있다. 그런데 열군데 지원을 하기에도 우리 사정으론 벅찼지만, 아무튼 원서대를 마련해서 지원을 하게 되었는데, 이때 남편이 '어쩐지 일리노이가 될 것만 같애.'라고 했다. 난 그때까지도 일리노이대학교가 얼마나 좋은 대학인지도 모르는 촌뜨기였으나, 남편은 일리노이대 토목과가 미국에서 1등인 것도 알고 있었고, 자기의 대학, 대학원 성적도 우수하고 TOEFL, GRE 성적도 좋으니까 일리노이대에서 자기를 뽑아 줄 것 같은 예감이 든 모양이었다. 그런데 더욱 재미있는 것은 남편의 그 한 마디를 듣고 나는 일리노이대 언어학과 한군데만 원서를 냈다는 것이다. 원서대도 너무 벅찼기 때문에 한 군데만 냈던 것이다. 나중에 알고 보니 일리노이대학 언어학과도 그때는 5등 정도였으니까 매우 좋은 대학이었다.

하여튼 그렇게 우리는 미국대학에 지원서를 넣어놓고 몇 달간은 어려운 가운데서도 평화롭게 살았고, 그 이후로는 포커도 거의 안 한 것 같다. 몇 달이 지나자 드디어 미국대학들에서 답이 오기 시작했다. 몇 군데서는 입학허가만 오고 몇 군데는 장학금을 주겠다고 왔는데, 정말로 일리노이대학에서 Fellowship을 주겠다는 편지가 왔다. 우리는 얼싸안고 기뻐했다. 그리고 며칠 후 나도 일리노이대학에서 입학허가서와 함께 장학금 면제(Tuition wave)를 해 주겠다는 편지가 왔다. 정말 두 사람이 유학을 함께 갈 수 있는 거의 완벽한 여건이 되었다. 정말 그때의 감격은 이루 형언할 수 없었다.

그러나 '好事多魔'라고 했던가? 청천벽력 같은 일이 벌어지게 되었다. 이제 우리가 미국으로 떠날 날을 한 달 남짓 남겨둔 5월 어느 날 어머님이 배가 아프다고 하셔서 병원에 모시고 갔는데 수술을 해야 한다는 것이었다. 당시는 아직 의료보험이 없던 시절이고, 어머님이 병원에 계시게 되면 간호할 사람도 없고, 집에서 애를 돌보아줄 사람도 없으니 아직 큰애가 돌도 되기 전이었으니까 경제적으로 아직도 너무도 어려운 처지에 있던 우리에겐 그야말로 청천벽력이었다. 그래도 피할 수가 없는 일이었다. 복부암이라고 하며 수술을 한 것이었다. 그리고 한 달 정도 입원비, 수술비, 가족들의 교통비, 외식비, 문병객 교통비, 도우미 사례비 등 너무 많은 돈이 들어가게 되어 결국 우리는 큰 빚을 되었다. 하는 수 없이 그렇게 어렵게 살면서 장만한 묵동의 땅을 팔게 되었다.

그런데 공교롭게도 그해가 바로 청와대를 습격하기 위해 남파한 북한의 공작원 김신조 일행이 내려와 남한을 발칵 뒤집어 놓았던 해여서 부동산 거래가 거의 안 되는 공황상태였다. 그러니까 부동산 값은 떨어질 대로 떨어졌어도 사려는 사람이 없었다. 그러니 땅을 팔려고 내놓았으나 팔리지가 않았다. 마침 그때 육사 선배 한 분이 우리의 딱한 사정을 듣고 도와주는 차원에서 그 땅을 사주셨는데, 60만원이었고, 병원비를 포함해서 빚을 갚고 남은 돈은 채 10만원이 안 되었다. 더욱 기가 막힌 것은 어머니가 암이라며 개복까지 하셨으나 막상 개복을 해보니 암이 아니었던 것이다. 그때의 우리의 의술이 그런 정도였다. 오진으로 그 억울한 수술 때문에 우리가 받은 피해는 실로 엄청났으나 요즘처럼 의사를 고발하는 것은 상상도 못 하던 시절이었다.

그렇게 해서 우리의 신혼생활을 그토록 주름지게 하면서까지 분양받았던 땅은 그렇게 허무하게 없어지고 말았고, 둘이 함께 유학 가려던 꿈도 깨어지고 남편만 먼저 보낼 수밖에 없었다. 왜냐하면 아직 어머님은 좀 더 회복을 하셔야 했기 때문이다. 그를 먼저 보내고 겪은 나의 고통은 이루 말할 수 없었다. 남편도 없이 혼자서 연로하신 아버님, 자리에 누워계시는 어머님, 어린 애기, 등록금과 생활비를 보내주어야 하는 시누이, 거기에 모자라기만 한 생활비, 유학을 함께 못 하게 된 안타까움, 한두 달에 한번 정도 겨우 엽서를 보내주는 남편의 무심함, 나의 불건강, 이 모든 것을 나 혼자서 해결해 내야 했다. 그래도 제일 급한 것은 어머니의 회복이었기 때문에 소꼬리를 싸다가 매일 고아 드렸다. 그랬더니 어머님은 기력을 찾으시며 회복이 빨라졌다. 그리고부터 한 달 뒤쯤부터 드디어 어머님이 일어나셔서 아버님과 함께 내가 직장에 가 있는 동안 집안일도 하시고 손주도 돌보아 주시게 되었다.

남편이 6월에 떠나고 6개월이 지나 겨울방학이 되어 난 비로소 유학길에 오르게 되었는데 아이를 어떻게 할 것인지가 큰 과제였다. 물론 데려가고 싶었으나 부모님이 늦게 얻으신 독자 아드님한테서 32년 만에 얻으신 첫 손주라 이 아이를 보시는 것이 생활의 전부요, 즐거움의 전부였기 때문에 아들, 며느리도 없는데 손주까지 못 보시면 살 수 없다고 하시니 차마 떼어가기도 어려웠다. 물론 부모님이야 내가 미국을 안가고 계속 함께 살면서 부모님도, 손주도 돌보아주시기를 제일 바라셨겠지만 타국에서 몇 년씩 혼자 유학하게 될 아드님을 생각하면 며느리를 마냥 잡아둘 수도 없으셨을 것이다. 나도 어렵게 유학의 길이 생겼는데 포기할 수도 없었거니와 그이도 그건 안 될 일이라고 하여 결국 나 혼자서 1969년 12월 22일에 미국행 비행기를 탔다.

그때는 아직 대한항공이 없었고, 노스웨스턴 항공이 유일하게 일주일에 한 번 정도 다녔기 때문에 노스웨스턴 항공을 탔다. 그런데 당시만 해도 미국 가는 사람이 드물던 시대여서 나의 학생들, 교사들 시부모님, 친정 식구 등 몇 십 명이 김포공항까지 배웅을 해주었다. 이것이 1960년대의 풍경이다. 남편이 미국갈 때도 양가 가족은 물론, 육사 교수부 교수들 몇 십 명이 도열해서 배웅을 해 주었었다. 나를 실은 항공기는 우선 알래스카까지 가서 세관 검사를 다 한 후 다시 시카고로 갔다. 그런데 알래스카 공항에 내리니 영어로 'Custom'이라고 쓰여 있고 그 밑에 한자로 '稅關'이라 쓰여 있어 너무 신기했다. 어떻게 미국공항에 한자가 다 쓰여 있을까? 말하자면 처음으로 두 개의 언어가 사용되는 현장을 목격하는 순간이었다.

16시간이 소요되는 비행시간이 어찌나 길게 느껴지던지 정말 견디기 힘들었다. 난 비행기는 무지하게 빠르기 때문에 5, 6시간이면 미국에 도착할 걸로 생각하고 있었던 것이다. 평생 처음 타보는 비행기여서, 이렇게 오랜 시간이 걸리리라고는 상상도 안 했기 때문이다. 어쨌든 나는 까만 겨울 모자를 쓰고, 겨울용 투피스를 입고 시카고 오해어 공항에 내렸는데, 그가 한국 유학생 친구의 차를 타고 마중을 나와 있었다.

거기서 다시 3시간 이상의 드라이브를 하여 드디어 Urbana에 도착하였다. University of Illinois는 Urbana라는 도시와 Champaign이라는 두 도시에 걸쳐서 있기 때문에 Urbana-Champaign이라고 쓴다. 아무튼 어바나에 도착하여 그가 얻어놓은 원룸 아파트에 들어갔더니 남편이 쓴 '환영 마나님 미국행차'라고 쓴 기다란 종이 현수막이 벽에 붙어 있었다. 결혼한 지 1년 6개월 만에 헤어지고 다시 6개월 만에 우리는 감격적인 해후를 하게 된 것이었다.

그러나 기쁨은 잠시, 나는 다시 기나긴 터널 속으로 들어가게 된다. 우선 학교 문제부터 보면 미국은 8월이 첫 학기인데, 난 첫 학기를 놓쳐버리고 2학기인 봄 학기부터(2월초) 시작하게 되니 수강신청부터 문제가 생겼다. 선수과목들이 주로 1학기에 개설되는데, 2학기부터 수강신청을 하려니 선택의 여지가 별로 없어 기초가 없는 상태에서 '언어학사' 같은 어려운 과목을 들어야 했고, 음성학의 기초 없이 바로 '음운론'을 듣게 되는 등 어려움이 있었으나 마침 언어학개론은 1, 2학기 연속 개강이 되어 '언어학개론' 이렇게 세과목을 듣게 되었는데, 우선 영어도 귀에 잘 안 들어와 고생한 것은 말할 여지도 없거니와, 그때는 한창 변형생성문법이 최전성기여서 언어 보편성이 강조되었기 때문에 거의 모든 언어학자들의 강의에는 설명의 예로서 듣도 보도 못 한 언어, 예를 들면, 아메리카인디언어, 산스크리트어, 아프리카언어들을 가지고 얘길 하니 기가 질려 공부할 자신이 없었다.

그리고 한 과목에서 읽으라고 주는 논문과 책 목록이 보통 두세 페이지 가량씩 되었으니 최소 책 20권에 논문 4,50편이 되는 것이었다. 한국의 대학이나 대학원에서는 상상도 할 수 없는 분량이었다. 아직 영어 원서 읽는 속도도 미국 학생에 비해 현저하게 떨어지는데, 영어 강의 청취력, 제3외국어에 대한 지식 전무, 독서량의 과중함 등 삼중고가 나를 압도하기에 충분했다. 처음 한 달 정도는 과연 내가 단 한 과목에서라도 C라도 받을 수 있을 거란 자신이 없었다. 한국의 대학원처럼 대부분 A를 주고 어쩌다 B를 주는 분위기와는 전혀 달랐고, 대충 A 20%, B 40%, C 30%, D 10% 이런 식으로 학점을 주기 때문에 B까지도 전혀 자신이 없었다. 둘째는 첫 학기 성적으로 그 다음 학년의 등록금을 3월에 결정하는데, 난 성적 나온 것이 없으니까 아예 고려 대상에서 제외되어 당장 다음 학기부터 장학금이 없는 것이었다. 셋째로는 제2의 허니문 베이비가 생겨 첫 학기 시작 초에 입덧을 하기 시작한 것이었고, 넷째는 경제적 어려움이었다. 남편이 받는 쥐꼬리만 한 장학금으로 둘이 연명만 할 정도인데 우리는 그 돈에서 비행기표 값을 갚아나가야 했기 때문이다.

당시는 다른 물가에 비해 비행기표 값이 상대적으로 비싸 남편이 미국 올 때 대부님께 비행기표 값을 빌리고 2년 동안 조금씩 갚기로 약속을 했기 때문에 매달 그 빚을 갚아 나가야 했으며, 내가 임신을 하게 되니 아무래도 병원비랑 평소보다 경비가 더 필요했고, 무엇보다도 이제는 차가 없이는 견딜 수 없게 되어 차를 사지 않으면 안 되었다는 점이다. 미국은 한국과 같은 대중교통수단이 거의 없어 슈퍼를 가더라도 차를 타고 가지 않으면 안 되고, 병원에도 차를 안 가지고는 갈 수가 없는 나라였기 때문이다.

남편 혼자 있을 때는 기숙사에 있었으니까 캠퍼스만 걸어 다니면 되었지만, 부부는 기숙사에 있을 수 없기 때문에 부부학생을 위한 원룸으로 나왔으니 차가 없이는 생활이 불가능했다. 그래서 10년 된 램브러라는 차를 당시에 100불정도 주고 샀는데, 나중에 보니 엔진이 깨져 있는 거였다. 그래서 한두 달 타다가 자동차가 불이 날 뻔하고 나서 결국 버리고 좀 더 나은 Pontiac 이라는 차를 500불 정도에 할부로 샀는데, 이 자동차값도 매달 물어나가야 하니까 우리의 가계는 말이 아니게 되었다. 설상가상으로 그나마 나오는 장학금도 여름방학 석 달간은 안 나오게 되어 남편은 아르바이트라도 해야 했으나, 군에 매인 몸이라 주어진 3년 안에 학위를 못 받으면 바로 귀국해야 하는 처지여서 공부를 다칠 수가 없었다. 그러니 여름학기에도 공부를 해야만 하는 처지였다.

그런데 생활비가 너무 부족하니까 생활비를 아끼는 방법밖엔 없었다. 우리는 미국에서 유학하는 동안 옷이라고는 안 샀고, 남편이 한 번도 이발소에 안 가고 솜씨 없는 내가 그래도 유학 5년간 남편 이발을 해주었으며, 나는 내 손으로 내 머리를 잘랐다. 그러니 필수불가결한 경비는 식료품값과 공과금, 보험료뿐이었다. 먹지 않고는 살 수 없으니까 먹되 가장 싸게, 그러나 영양실조는 안 되게 하는 것이 주부인 나의 책임이었다. 미국 슈퍼마켓은 엄청나게 큰 규모여서 한 번씩 가려면 마음먹고 시간을 내서 가야 하고 한번 가면 대개 2, 3주 먹을 걸 사게 되는데 정말 한 바퀴 돌아보면 너무도 좋은 음식거리가 많았으나 우리는 제일 싼 것만 사야 했다. 채소 중에서도 값 차이가 많이 났다. 예를 들면 브로컬리 같은 건 제일 비싸서 유학 5년 동안 한 번도 못 먹었고, 제일 싼 것은 양배추와 당근이었다. 그러니 양배추를 사서 김치를 담고, 양배추와 당근으로 샐러드를 만들어 먹었으며, 고기류로는 닭고기가 제일 쌌다. 그러니 죽으나 사나 닭고기를 먹을 수밖에 없었고, 쌀은 미국 쌀이 매우 싸므로 미국 쌀을 사 먹었다. 마침 소뼈는 매우 싸기 때문에 건강을 위해 사골을 사서 고아 먹기도 했다.

밤늦게까지 공부를 하게 되니까 밤중엔 배가 고파 밤 12시쯤에는 남편이 간식을 먹기 위해 집엘 왔다. 나도 그때까지는 집에서 책을 읽고 논문을 읽고 있었다. 태산같이 쌓인 책과 논문을 다 읽어야 했기 때문이다. 남편은 거의 밤새워 공부하고 아침에 집에 와서 두세 시간 자고 다시 나가는 생활을 했다. 당시는 아직 개인 PC가 없고 토목과 전체에 대형 컴퓨터가 있는데, 그 컴퓨터실에 가서 카드를 찍어 넣으면 컴퓨터에서 작업한 결과가 종이에 찍혀 나오는 식이었다. 그런데 학생들이 많으면 결과가 나오는 시간이 너무 많이 걸리니까 밤 12시까진 책을 읽고, 자정이 넘어 학생들이 집에 들어간 이후 컴퓨터를 해야 빨리 빨리 일을 할 수가 있기 때문에 집에 와서 간식을 먹고 다시 학교에 가는 식이었다. 최소한 하루 네 번은 끼니를 챙겨 주어야 했다. 햄버거도 우린 사 먹을 수 없는 형편이었다.

그러니 밤 간식으로 생각해 낸 것이 수제비였다. 미국은 밀가루 값이 워낙 싸니까 1불정도 짜리 한 봉지 사면 수제비를 열 번은 끓여 먹을 수 있었으니 싸서 좋고, 조리 시간도 별로 들지 않고, 천행으로 남편이 수제비를 좋아했다. 난 사실 밀가루 음식이 몸에 잘 받지 않았지만 방법이 없었다. 매일 같이 똑같은 재료로 해주어도 얼마나 잘 먹는지 남편의 식욕이 그지없이 고마웠다. 나는 나중에 귀국해서 몇 년간은 양배추, 당근, 닭고기를 먹지 못했다.

어쩌다가는 젤로를 만들어 먹기도 했는데, 젤로 가루 한 봉지는 10센트였으니, 경제적인 부담은 없고, 이걸 뜨거운 물에 잘 저어서 냉장고에 넣어 놓으면 굳어서 말랑말랑한 젤로가 되어 먹으면 맛도 있고, 배도 불렀다.

이렇게 연명만 하며 하루하루를 힘겹게 살아가고 있는데 우리를 넉다운시킨 일이 또 일어났다. 그 비싼 이자를 물며 대학을 졸업시킨 시누이가 11월 1일에 결혼을 하게 되었으니 결혼 비용을 보내라는 어머니의 녹음테이프가 도착한 것이었다. 남편은 처음으로 아버님께 아들은 죽어도 좋으냐고 어려운 상황을 알리는 편지를 보냈으나, 난 시누이가 결혼을 하겠다는데 왈가왈부할 입장이 못 되었다. 물론 약속하긴 했으나 결혼을 미루라고 할 수도 없을 것 같았다. 이렇게 하여 최악의 여름을 보내게 되니 아이도 배에서 못 견뎠는지 이번엔 한 달 이상 조산을 하게 되었다.

그런데 여기서 한 가지 생각나는 것은 우리가 둘째 애를 갖게 되어 병원을 다녀야 하는데, 돈은 없고 고민만 하고 있었는데, 우연히 인근 도시에 공군병원이 있고 공군병원 안에 큰 슈퍼마켓도 있다는 걸 알게 되었다. 그런데 그 미국 공군병원에서 나를 무료로 진찰해주고, 나중에 애기 낳을 때는 어바나에서 제일 좋은 병원에서 무료로 낳을 수 있도록 의뢰서를 써주었다. 미군이 한국에 와 있으니까 한국의 장교를 미국에서 자기들과 같은 군인 가족으로 인정해준 결과였다. 그리고 그 슈퍼마켓은 일반 시내 슈퍼마켓보다 2,30% 쌌다. 그래서 우린 정말 그 공군기지에서 많은 도움을 받은 셈이다. 정말 지금 생각해도 당시의 미국에게 정말 감사한다.

이렇게 하여 우린 캠퍼스에서 가까운 최고의 병원에 다닐 수 있었다. 그날은 바로 남편도 나도 여름학기 기말시험 보는 날이었는데 아침 8시쯤부터 갑자기 배가 아파오기 시작했다. 그래서 병원에 잠시 들렀다가 시험 보러 가자며 병원을 갔는데, 산통이 시작되었다는 것이다. 할 수 없이 난 입원을 하고 남편은 시험을 보러 학교에 갔다. 끔찍한 진통 끝에 12시가 조금 지나서 난 두 번째 아들을 낳았다. 조산이라 많이 걱정했지만 체중만 정상 아이들보다 조금 적을 뿐 눈코입이 모두 제대로 다 생겼다. 의사말로는 만 6개월이 되면 이미 모든 신체 기관이 완성되고 그 뒤로는 체격을 키우고 체중을 불리기만 한다고 설명해 주었다. 또 모체에 따라 조금씩 차이가 있다고도 했다.

어쨌든 2.7kg짜리의 아이가 나왔는데, 아직 살이 제대로 붙지 않아서인지 정말 괴상하게 생긴 아이가 태어난 것 같았다. 그리고 우유를 먹여보니 아직 제대로 잘 빨아 먹지도 못했다. 우리 형편으로는 모유를 먹여야 하는데, 내가 애기 낳고 누워있을 때 의사는 우리 의견을 묻지도 않고 모유가 나오지 않도록 조치를 다 해 버렸다. 처음에는 왜 젖이 안 나오는지 몰라서 병원에 전화를 했더니 그때서야 설명을 해주는 것이었다. 이유인 즉 이랬다. 그 무렵에 미국에서는 모유보다 우유가 훨씬 좋다는 이론이 완전히 지배적이어서 병원에서는 자동적으로 모유가 나오지 않게 하는 조치를 취하고 있었던 것이다. 이론이 이토록 강력한 힘을 가지고 있었던 곳이 미국이다.

그래서 정말 애석하게도 둘째 애에게는 모유를 한 번도 먹이지 못하고 우유만 먹여 키우게 되었다. 그러나 애는 시간이 지날수록 너무나 예쁘고 순해서 한없이 고마웠다. 어쨌든 이렇게 경제적으로 최악의 상태에서 애기가 태어나니 정말 숨이 막혔다. 모유라도 먹일 수 있으면 우유 값이라도 덜 들 텐데... 그리고 시누이 결혼식은 점점 다가오고 있었다. 남편은 대학까지 시켜줬으면 자기가 돈을 모아 시집을 가야지 고학하는 오빠네 보고 결혼 자금을 대라는 게 말이 되냐며 절대로 못 보낸다고 하지만, 올케 입장인 나로서는 외면을 할 수도 없었다. 아니 어쩌면 나의 성격상 외면이 안 되었다는 게 더 정확할지도 모르겠다.

하여튼 하루하루의 생활비도 이미 바닥이 났고, 시누이 결혼 지금도 최소한은 보내야하는 처지가 나를 심하게 압박하였다. 할 수 없이 우리와 친하게 지내던 집에 돈을 좀 융통해 달라고 부탁했다. 그러면 틀림없이 3개월 뒤에는 갚겠다고 약속을 했다. 유학생 살림에서 석 달 이상 생활비의 여유 돈을 가진 사람이 쉽지 않기 때문에 오래는 빌릴 수가 없었다. 나도 정말 백번을 망설이다 달리 방도가 없어 부탁한 것인데 만일 거절하면 서로의 체면이 말이 아니게 되어 가슴이 두근거렸지만, 너무도 절박했기 때문에 용기를 내어 어려운 부탁을 했는데 고맙게도 흔쾌히 빌려주었다. 지금도 그때 생각을 하면 등에 식은땀이 난다. 그래서 300불을 빌려 250불은 한국에 보내고 50불로 우선 긴급 생활비로 썼다.

산후 보름쯤 지나고 난 뒤 아직 몸도 성치 않았지만 나는 그 돈을 갚기 위해 취직을 해야 했다. 남편은 공부에 더욱 정진해야 했으니 달리는 방법이 없었다. 학교 구직처를 찾아가 신청을 했다. 학교 안에서 취직을 해야만 여러 가지로 편리했기 때문에 학교 안에서 일할 자리를 찾았다. 신청서를 냈더니 즉석에서 간단한 시험을 봤다. 그리고 2, 3일 뒤 일자리가 있으니 오라고 했다. 내가 배정받은 곳은 학생 기숙사 식당에서 일하는 자리였다. 대학 기숙사가 워낙 많다 보니 일자리도 많았다. 아무튼 식당에 된 것이 괜찮다 싶었다. 두 끼는 그 식당에서 해결할 수 있었으니까. 그런데 기숙사 식당은 하루 세끼 식사를 제공해야 하므로 두 팀으로 나누어 일을 하는 시스템이었다. early shift와 late shift 즉 오전 팀이 있고 오후 팀이 있는데, 오전 팀은 아침과 점심을 준비하고, 오후 팀은 저녁을 준비한다.

난 early shift에 배정이 되었는데, 새벽 다섯 시 반까지 어느 식당으로 나오라는 것이었다. 밤새 아이한테 시달려 제대로 밤잠을 설치는 산모가 산후 3주일 만에 첫 출근을 하였다. 가서 보니 감독(supervisor)이 한 명 있고, 주방에서 요리를 하는 사람이 대여섯 명 그리고 서빙을 하는 사람이 몇 명 등 해서 전체 15명 정도 되었던 것 같다. 백인이 12명, 흑인 두 명 외국인은 나 혼자였다. 감독이 나에게 하라고 시킨 일은 샐러드와 주스를 1인분씩 담는 것이었다. 그런데 문제는 샐러드용 야채와 주스는 교실만한 큰 냉장 창고에 들어가 엄청나게 큰 양푼에 담겨져 있는 샐러드를 서빙 장소로 옮겨와서 한 사람씩 가져갈 수 있도록 담아 내놓는 일과, 큰 드럼통에 들어있는 주스를 들고 나와 종이컵에 따르는 일이었다.

학생들은 6시 반부터 아침을 먹을 수 있기 때문에 그때까진 상당히 많은 샐러드 접시와 주스 잔을 만들어 놓아야 하고 이후로도 9시 반까진 계속 해야 한다. 다른 팀들은 요리를 했다. 햄버거도 만들고 닭고기로 만든 요리도 하고, 감자 요리도 하는 등 기호에 따라 선택할 수 있는 몇 가지 메뉴를 준비하게 된다. 당시의 일리노이 대학 기숙사는 학생들에게 얼마나 좋은 음식을 제공하는지 놀랄 정도였다. 우유와 시리얼을 먹을 학생을 위해서는 그것을 먹을 수 있도록 1인용 시리얼 통과 1인용 우유팩 및 그릇을 준비해 놓는다. 내가 있던 기숙사는 학생이 거의 1,000명 정도 되었으며, 아침은 600명 정도 먹으러 왔는데, 어떤 메뉴를 택하든 기본적으로 샐러드와 주스는 가져갔다.

이렇게 아침시간이 끝나면 우리 staff들이 아침을 먹고 30분간 휴식을 하고 다시 점심 준비를 하게 된다. 마치고 집에 돌아오는 시간은 오후 2시 반, 그때부터 남편은 학교에 가고 나는 애기를 보아야 하는데, 온몸이 꽁꽁 얼어있는 기분인데 욕탕도 없던 원룸이라 뜨거운 물에 샤워를 하고나도 몸은 사시나무 떨듯 떨렸다. 그러면 그때부터라도 쉬어야 하는데 난 학교를 포기할 수가 없었다.

당시만 해도 일리노이 대학은 얼마나 부자였는지, 우리같이 식당에서 일을 해도 학교 staff이므로 학교에 등록할 경우 등록금이 면제 되었다. 그러니 이 기회를 버릴 수 없었다. 따라서 남편은 수강시간을 오후 3시 이후 것으로만 듣고, 나는 밤 7시 이후에 개설하는 과목만 들었다. 그렇게 두 달을 하고 났더니 빌렸던 돈을 다 갚을 수 있게 되었고, 한 달 더 했더니 가계에도 조금 숨통이 트였으나 나의 건강이 더 이상 허락해 주지 않아 연말에 식당일을 그만 두었다. 그러고 나니 다시 생활이 쪼들리고 나는 장학금이 아직도 없는 상태가 되었다. 그래서 온전히 한 학기를 쉬고 남편만 편안하게 공부하도록 했다.

남편은 1969년 6월에 미국에 도착하여 남들은 모두 여름학기는 짧기 때문에 보통 한 과목밖에 안 하는데 자기는 두 과목을 해서 모두 A를 받은 것을 필두로 계속 all A를 유지해 와서 지도교수가 '천재'라고 불러주기까지 한 사람인데 내가 식당에 나가는 그 학기에 새벽부터 2시 반까지 집에서 애기를 보고 또 밤에 내가 학교에 가 있는 동안 7시부터 10까지 애기를 보느라 도저히 공부를 할 수 없어 처음으로 B를 받는 상황이 되었다. 그래서 나는 더 이상 남편 공부에 피해를 주면 안 되겠기에 휴학을 하고, 남편은 다시 공부에만 전념하게 하였다. 집에서 애기를 키우면서도 나는 틈틈이 아주 조금씩 일을 했다.

학교가 워낙 커서(학부가 35,000명, 대학원이 약 10,000명, 교수가 6,000명이 넘었는데, 남편이 다니는 토목공학과는 미국 내에서 1등이었는데 교수만 100명이 넘었다.) mailing center도 규모가 매우 컸다. 매달 동문들(alumni)한테 보내는 우편물만도 수십만 통이었고, 학교에서 외부로 보내는 우편물도 엄청났기 때문에 수십 명이 매달려 우편물을 우편번호 (zip code)로 분류하여 100장씩 묶어내는 작업을 해야 하는데, 30분만 거기 가서 일을 해도 돈을 주었다. 한 시간에 1불 60센트를 쳐서 주었다. 마침 애가 너무나 순하고 잠도 잘 자서 이렇게 할 수 있었다. 그래서 애기가 잠자는 동안 30분, 혹은 1시간씩이라도 일을 하니 그래도 한 달에 40~50불 정도를 벌 수 있어 우유 값이라도 보태는 한편, 장학금을 받을 수 있는 외부기관을 알아보았다. 언어학과에는 장학금이 매우 적어서 Fellowship은 한두 명만 받았고, R.A와 T.A가 약간 명 있고, Tuition Wave 약간 명밖에 없는데, 이것도 신입생에게 더 많이 주고 재학생 중에서는 성적이 뛰어난 2, 3명에게만 줄 뿐 아니라 Full Time student에게만 해당이 되었으므로 나처럼 한두 과목씩 공부하는 학생은 아예 고려 대상도 안 되고 또 내 성적이 뛰어날 리도 없으니 장학금은 아예 신청조차 불가능했다.

그런데 마침 외국 여학생에게만 주는 장학재단을 두어군데 알아내어 편지, 성적표, 내가 처한 어려움, 학습 계획 등을 써서 보냈더니 몇 달 뒤 장학금을 주겠다는 편지가 왔다. 역시 하늘은 스스로 돕는 자를 돕는다고 했던가? 액수는 등록금 플러스 약간의 생활비 까지 보탠 액수였다. '오! 하느님, 감사합니다. 또 이렇게 도와주시는군요.'이 장학재단은 International Peace Educational Organization이란 기관인데, 말하자면 미국의 여학사협회에서 외국의 여성 지도자를 육성해 주기 위하여 기금을 모아 운영하는 장학재단이었던 것이다. 나는 결국 이 재단에서 향후 4년간 장학금을 받으며 공부하게 된다.

이때부터 우리는 다시 안정적으로 학업에 매진할 수 있게 되었다. 낮으로는 동네 유아원에 아이를 맡기고 본격적으로 공부하게 되었는데, 둘째애가 돌이 지나고 이제 걸음마도 하게 되니, 한국에 계시는 부모님이 둘째 손주를 너무 보고 싶어 하시기도 하고, 생각을 해보니까 형제가 각각 흩어져 크는 것이 맘에 걸렸다. 한국에 있는 큰 아이를 데려 오는 게 가장 이상적이었으나, 앞에서도 말한 바와 같이 손주를 키우는 게 유일한 낙이요, 생활의 활력소인 부모님인데 이제 어려운 고비 다 지나고 말도 하고, 같이 손잡고 산책도 할 수 있게 되었는데 뺏어오는 건 도저히 안 될 것 같고, 몇 년 간 형제가 떨어져 크면 우애도 없을 것 같고, 우리의 공부도 앞당겨 끝낼 겸, 보고 싶은 둘째 손주도 보시게 해드릴 겸, 형제가 함께 크게도 할 겸 둘째를 한국으로 보내는 게 좋겠다는 결론에 이르게 되었다. 우리 내외는 물론 너무 마음도 아프고 너무도 그리울 것 같지만 이왕 큰애도 떼놓은 터에 같이 떼놓는 게 공평하기도 할 것 같아 북바치는 슬픔을 참고 둘째를 친척 편에 한국에 보내고, 우리는 공부에 집중하게 되었다.

그러나 나는 밤이면 어쩔 수 없이 아이들 그리움에 한바탕씩 울지 않을 수 없었다. 정말 이렇게라도 공부를 해야 하나 회의도 많이 들었지만, 궁극적으로 공부를 빨리 끝마치는 게 모든 가족을 위해서도 최선이라 믿고 공부에 전념했다. 그리고 경제적으로도 많이 안정되었다. 남편이 처음에는 Fellowship으로 공부를 했지만, 3년차부터는 R.A.를 하게 되어 학교 staff가 되니 가족인 나의 등록금은 면제가 되었다. 그러니 내가 받는 장학금은 그대로 저축이 되었다. 나는 이때도 도서관에서 아르바이트를 했으므로 돈이 자꾸 쌓였다. 꿈만 같은 일이 일어난 것이었다.

이 무렵 나는 종합시험(Qualifying exam)을 보았는데, 시험은 보통 24시간 take home, 48시간 take home, 즉석 시험 등으로 과목마다 다른데, 보통 4과목 정도를 친다. 학과마다 제도가 조금씩 다른데 언어학과는 석사과정 course work이 끝나거나 아니면 좀 더 많은 course work를 한 다음에라도 한번은 반드시 이 시험을 봐야 한다. 그리고 미국의 제도는 석사논문과 박사논문을 거의 같은 시기에 내도 된다. 따라서 석사와 박사를 동시에 받을 수도 있다. 물론 논문 내용이 전혀 달라야 하고 심사위원도 모두 달라야 한다. 그러나 중요한 것은 박사학위를 받기위해서는 석박사 과정 중에 한번은 반드시 Qualifying 시험을 봐야 하고, high pass를 해야 하며, 박사논문의 proposal이 통과되어야 한다. (Preliminary exam이라 부른다) Qualifying 시험은 대충 3분의 1은 high pass, 3분의 1은 low pass, 3분의 1은 fail을 하였다. high pass를 하기 위해서는 모든 과목에서 A를 받아야 하며 high pass를 받은 사람만이 공식적으로 박사과정에 올라갈 수 있다. 물론 그 해마다 퍼센테이지는 조금씩 다를 수 있다.

그런데 나는 그만 이 시험에서 low pass를 받게 되었다. 그러나 도저히 이것이 받아들여지지가 않았다. 왜냐하면 시험 문제 중에서 내가 몰랐던 문제가 하나도 없었으며, 교수가 읽으라고 하는 모든 reading list는 다 읽어왔기 때문에 시험이 나에겐 별로 어렵지 않았기 때문이다. 물론 처음에는 앞이 캄캄할 정도로 좌절을 맛보기도 하고, 너무도 어려운 여건 속에서 공부를 했기 때문에 처음에는 많이 고전했지만 1, 2년 뒤부터는 귀도 뚫리고 읽으라는 책과 논문은 빠짐없이 읽었으므로 나중엔 훨씬 수월해졌다. 그래서 시험도 자신 있게 보았는데, 결과가 이렇게 나온 것이었다.

도저히 그냥 앉아 있을 수가 없어 학교에 달려가서 무슨 무슨 과목에서 low pass를 했는지를 알아내야 했다. 그랬더니 딱 한 과목에서 B를 받아 low pass가 된 것이었다. 그래서 그 담당 교수를 찾아갔다. 난 분명히 그 문제의 정답을 알고 있었고, 분명히 정답을 썼는데 왜 B냐고 물었다. 그 교수의 답변은 이러했다. "너 말대로 네가 정답을 쓴 것은 맞다. 그런데 정답이 중요한 게 아니고, discuss를 안 했기 때문이다. 논리적으로 discuss를 잘 하면 정답이 아니어도 A를 받을 수 있다는 것이었다. 언어학과 학생이라면 어떠한 이론에 대한 discuss를 하는 능력이 필요하지, 정답을 아는 것이 중요하지 않다."는 것이다. 한국에서 공부한 사람들의 토론 능력의 부재가 가져온 결과이기도 하고 나 자신이 이런 미국의 제도에 아직 제대로 적응 못한 결과이기도 했다. 나는 그런 걸 잘 몰라 그렇게 됐으니 한 번만 봐 줄 수 없냐고 했다. 절대로 번복할 수 없다고 잘라 말했다. 그래서 며칠간 실의에 빠졌다가 우선 석사논문을 쓰고, 박사 문제는 다음에 생각하기로 했다.

그런데 이 무렵 나는 학문적으로 획기적인 변화를 겪고 있었다. 처음 수강한 과목들은 모두 순수언어학 과목으로 음운론, 통사론, 의미론, 언어학사와 같은 과목들로서 과목별로 advanced phonology와 같이 고급과정까지 다 있어서 나는 사실상 이들 순수언어학과목들은 모두 이수한 상태였다. Kenstovich, Kisseberth, Morgan, Green같은 학자들에게서 변형문법 이론을 정말 제대로 공부한 셈이었다. 그리고 거의 마지막 단계에서 사회언어학 한 과목을 듣게 되었는데, 이 과목이 향후 나에게 너무도 중요한 역할을 하게 될 줄이야 당시에는 전혀 몰랐다. 하여튼 나는 Dickerson 교수한테서 사회언어학 과목을 듣게 되었는데, 이때 새롭게 배운 것이 Ferguson의 Linguistic Heterogeneity, Hymes의 Communicative Competence, William Labov 등의 Variable rule, Lambert의 Bilingualism 등의 이론을 알게 되어 결국 석사학위 논문도 "Female Speech in Korean"으로 쓰게 되었고, 나중 박사학위 논문도 사회언어학으로 쓰게 된다.

어떻든 석사논문을 쓰고 난 후 Qualifying을 한 번 더 볼 수 있다는 걸 모르고, 나는 교육심리학과로 가서 나의 박사과정 입학가능성을 타진하였다. 마침 언어교육학을 전공하는 Jones 교수가 나를 받아주겠다고 했다. 그리고 그동안 언어학과에서 이수한 과목을 인정함은 물론, 언어학과에서 학위를 받는 바와 동일하게 커리큘럼을 짜주겠다고 하며, 소속도 school of education에 속해 있긴 하지만 Interdisciplinary Ph.D. Program에 넣어주겠다고 하였다. 범교과적으로, 범대학적으로 어떤 특정한 학생을 위해 이런 program을 만들 수 있는 제도적 장치는 마련해 놓고 아직 한 번도 적용해 보지 않았지만 바로 너 같은 학생을 위해 이런 제도가 필요하다고 하면서 모든 지원을 아끼지 않겠다고 격려하였다. 정말 너무나 감사하고 감격하였다.

그리하여 행정적으로는 사범대학에 속해 있었지만 내용적으로는 내가 마음껏 어느 학과 어느 교수의 과목도 마음껏 듣고, Qualifying도 나의 course work 에 따라 다시 정하면 되고 나중에 논문 심사도 내가 원하는 대로 짜주겠다고 하였다. 난 이때부터 필요한 언어학 과목과 함께 교육심리학, 언어교육학, 문화인류학, 통계학 등의 과목을 더 들으며 나의 시야는 언어학과에 있을 때보다 훨씬 넓어졌고, 많은 course work을 통해 지적 자산이 엄청나게 쌓였다. 그리고 Qualifying도 한 번 경험했기 때문에 이번엔 여유 있게 통과하고 바로 이어서 prelim까지 모두 마치고 논문만 남겨 놓게 되었다.

그리고 남편이 4년 만에 석박사학위 과정을 다 끝내고 취직까지 했다. 학위를 받는 즉시 한국에 돌아와야 했지만 1년만 연기를 해주십사고 진정서를 내어 1년 연장 허락을 받았고, 남편은 학위 받는 즉시 연구소에 취직을 하여 정말 온전한 월급을 가지고 오니 돈이 꽤 많이 모였다. 이제 이 돈으로 부모님을 좀 더 큰 집에 옮겨드려야 한다고 나는 주장하고 있었는데, 남편은 강남에 땅을 사야겠다고 했다. 마침 박대통령이 강남을 개발하기 시작한 때라 잘 하면 1,000평 정도는 살 돈이 될 것 같았다. 그래서 그것도 좋겠다 싶어 아버님께 강남땅을 알아봐 달라고 부탁을 드렸는데, 절대로 돈을 보내지 말라는 연락이 왔다. 그렇다면 큰애를 데려와야겠다고 생각했다. 떨어진 지도 이미 4년이나 되었고, 이제 부모님도 둘째 손주가 가 있으니 큰 애는 와도 될 것 같았다. 그래서 또 한국에서 이 학교로 오는 사람에게 부탁하여 큰애를 데려오게 되었다. 그런데 반갑게 만나 기뻐할 시간도 없이 우리에게 또 다른 비극이 기다리고 있었다.

큰 손주를 미국으로 보낸 바로 그날 아버님이 낙상을 하시고 크게 다치셔서 목 이하의 근육을 전혀 쓸 수 없는 환자가 되어버린 것이었다. 물론 나는 한국에 들어가려 했으나, 길에 쓸 돈 가지고 아버님 병구완에 쓰는 게 낫다며 남편이 말렸고, 대신 둘째 애를 다시 데려오기로 하였다. 그래서 둘째 애를 데려오고 나니 형제끼리는 너무 좋아하면서 함께 잘 놀았다. 그러나 우리는 그 후부터 남편이 지난 4년간 바지 하나로 살며, 근검절약하고, 자동차도 손수 고치며 살고 나도 혼신의 힘을 다해 열심히 살면서 눈물겹게 모아두었던 돈을 한국에 다 보내고도 다시 빚을 질 정도로 다시 어려워졌다.

우리가 미국 와 있는 사이에도 남편은 소령, 중령으로 진급이 되어 부모님이 생활하시기 어렵지 않게 월급이 나왔지만 난 그래도 아들도 없는데, 돈도 부족하면 너무 슬프실 것 같아 형편이 조금씩 나아질 때마다 그이 알게 모르게 부모님께 돈을 붙여드렸었는데, 아버님이 그렇게 꼼짝도 못하시게 되니 남자 간병인을 사서 간병을 해야 했고, 병원비랑 아무튼 돈이 한없이 들어갔다. 그렇게 10개월을 누워계시다가 아버님은 세상을 떠나셨다. 그래도 아들이 학위를 마쳤다는 소식은 알고 돌아가셨으니 최소한의 효도는 한 셈이지만 들어가서 정말로 본격적인 효도를 하고 싶었는데, 그렇게 가시게 되니 너무나 슬펐다. 아버님은 언제나 나의 응원자셨고 점잖으신 양반으로서 따뜻한 성품이시고 특히 며느리를 무척 아끼셨기 때문에 난 더 이상 효도를 못 해보고 떠나보내 드린 게 두고두고 아쉬웠다.

아무튼 이렇게 격동의 시간이 가고 우리 네 식구는 오래만에 사람답게 살았다. 주말이면 아이들 데리고 야외 공원에 나가 고기도 구워 먹을 수 있었고, 아이들 장난감도 사 줄 수 있었으며, 큰 애는 유치원에 들어가 영어도 곧 잘하게 되었다. 처음 유치원에 넣으니까 수줍어서 한두 달은 입도 못 떼더니 두 달이 지나자 선생님이 'Charles is talkative'라고 할 정도로 영어도 어느새 미국 아이들처럼 하게 되었다.

그러나 시간은 어김없이 다가와 남편이 한국에 돌아가지 않으면 안 될 시간이 되었다. 나는 아직 공부가 안 끝났지만 남편은 군에 매인 몸이라 방법이 없었다. 할 수 없이 남편과 둘째가 먼저 한국에 들어가고 나와 큰 애는 1년 정도 더 있기로 결정을 하였다. 큰 애가 1년 정도만 더 영어를 하면 어느 정도 영어가 몸에 밸 것 같고 나도 그러면 학위를 마칠 수 있을 것 같았기 때문이다. 내 공부는 하도 우여곡절을 겪다 보니 아직도 논문이 남아 있었다. 원래 남편은 자기가 일단 들어가서 귀국 신고를 한 다음 다시 1년 도미 허가를 받고 어머님을 모시고 올 거라면서 큰 짐도 하나도 안 가지고 옷만 챙겨서 둘째 애와 떠난 것이었다. 이때가 1974년 봄이었다. 그러나 남편은 다시 미국에 올 수가 없었고, 나는 그 많은 짐을 나 혼자서 싸서 한국에 와야 했다.

그런데 남편이 떠나고 1년 가까이 더 미국에 있으면서 큰애를 초등학교에 입학시켜 놓은 뒤 담임선생님의 양해를 구하고 가끔씩 수업 현장을 가 보았다. 한 반에 학생이 26명이었고, 교사는 5~6명이었다. 우선 담임선생님이 있고, 과목별 교사가 있으며, 교생실습 나온 예비교사들이 한 학기 동안 부담임으로서 학생들 한 명 한 명에 대한 철저한 지도를 하고 있었다. 미국의 교생실습 시스템은 한 학기 동안 정식으로 교사와 똑같이 교육경험을 하며, 월급도 받는다는 것이었다. 한국처럼 한 달만 딱 하고 돌아오는 것이 아니고 회사의 인턴사원처럼 한 학기동안 정식으로 교사의 역할을 하며 적은 월급이라도 받고 근무하는 제도이니 교사, 학생, 실습생 모두에게 도움이 되었다.

1학년인데도 시간표를 부담임과 함께 학생들이 스스로 짜서 같은 시간에 같은 반에 앉아 있어도 각기 다른 수업을 하고 있는 소위 open class 시스템을 도입하고 있는 것이었다. 예를 들어 어떤 학생은 reading을 하고 있고, 어떤 학생은 산수 문제를 풀고 있으며, 어떤 아이는 사회과학 책을 읽고 있다. 그러다가 모르는 것이 있으면 조용히 손을 든다. 그러면 그 과목의 교사가 가서 가르쳐 준다. 그리하여 개개 학생이 자기의 진도를 가지고 있어서 가령 Reading 1을 마친 아이는 Reading 2로 올라간다. 우리 아이가 7개월 정도 초등 1학년을 다니다가 한국에 왔는데 Reading 6을 하다가 왔다. 당시 같은 반 친구 중에서는 아직도 reading 1을 하고 있는 학생이 있는가 하면 reading 7을 하는 학생도 한두 명 있었다.

이 학생들이 함께 공부하는 과목은 체육과 과학, 그리고 음악과 미술이었다. 과학은 함께 실험을 해야 하기 때문에 함께 공부했고, 예체능 역시 함께 해야 재미있으므로 함께 하고 나머지 영어, 수학, 사회 과목은 각기 자기의 진도대로 따로 공부하고, 교사는 1대 1로 도와주다시피 하며, 같은 교실에서도 서로 다른 과목을 하는 등 당시 한국의 교육제도와 너무 달라 신선한 충격을 받았다. 그리고 또 한 가지는 1학년 담임선생님은 평생 1학년 담임만 한다는 것도 놀라운 사실이었다. 그렇게 매년 같은 학년만 담임하는 이유는 그 학년 아동들의 전문가를 기르기 위함이다. 그러므로 그 교사는 1학년 학생들에 관한 한 최고의 전문가가 되어 교육의 극대화를 이루고 있었다.

이렇게 우리 아이는 좋은 학교에서 최고의 교육을 받고 있었지만 나는 웬일인지 계속 몸이 나빠졌다. 긴장이 풀린 탓인지, 전혀 몸을 가누지 못할 정도로 아픈 날이 많아 아이 밥해 주고 학교 데려다 주고 데려오는 것 외엔 아무 일도 할 수 없는 환자가 되어 버렸다. 가장 안정된 상태에서 공부에 전념하여 논문만 쓰면 바로 졸업하고 돌아갈 수 있는 절대 절명의 기회를 놓치는 것이 너무나 안타까웠지만 내 몸은 내 마음을 따라주지 않았다. 어쩌면 그 동안 쌓인 피로가 이제 병으로 나타나는지 모를 일이었다. 그리하여 그 천금같은 1년을 허송세월하고, 겨우 큰애만 돌보다 한국으로 영주귀국하게 된다. 학위도 못 받고 돌아오는 나의 발걸음이 한없이 무거웠지만, 온가족과 함께 살게 되었다는 것에 대한 기쁨이 있었기에 그런대로 힘이 났다. 이때가 1975년 2월로서 한국을 떠난 지 4년 10개월만이었다. 이때는 집도 이태원의 9평짜리 군인아파트에서 태릉의 15평짜리 육사아파트로 이사도 하였다. 방이 3개이고 조그만 마루도 있었다.

그런데 돌아와 보니 제일 눈에 띄는 것이 한국의 변화였다. 마치 미개국에서 선진국이 되어있는 것 같은 느낌이었다. 우선 비행기도 대한항공을 탈 수 있어서 감격했는데, 돌아와 보니 많은 도로가 포장되어있었고, 전기제품도 나오기 시작했으며, 전화도 빠르게 보급되어 갔고, TV도 비록 흑백이지만 방영되고 있었으며, 씽크대같은 것도 나오고, 수세식 화장실도 생기고 부드러운 화장지도 나오고 있었으며, 심지어 지하철 1호선도 개통되어 운행되고 있었으니 가히 천지개벽이 일어났다고 할만 했다. 우리가 나가있는 5년 동안 한국은 비약적인 발전을 하고 있었던 것이다. 수출도 곧 100억불을 달성할거라 했다. 수출 100억불이란 당시로서는 천문학적인 숫자였다. 국민들의 생활도 깜짝 놀랄만큼 달라져 있었다. 아파트가 많이 지어졌고, 전화를 가진 가정도 증가 추세에 있었으며, 무엇보다도 한국도 자가용 자동차를 생산하기 시작하였던 것이다.

나는 돌아오자마자 숙대와 한성대학에서 강의를 맡아서 강의하는 시간외엔 가족을 돌보며 나름대로 안정된 생활을 영위해 나가고 있었다. 그런데 이번엔 또 다른 불행이 나를 기다리고 있었다. 내가 한국에 돌아온 지 두 달이 조금 넘은 4월 중순 어느 날 우리 가족은 교통사고를 당하게 된다. 그날은 어느 토요일이었다. 우리 가족은 남편 친구 집의 저녁초대를 받고 반포에 있는 이 집에 가서 맛있는 저녁을 먹고 환담을 하다가 집으로 오기 위해 택시를 탔는데, 이 택시가 아직 완전히 개통도 안 된 동부 간선도로로 가다가 자갈 무더기를 들이박아 자동차가 위로 껑충 뛰어 올라갔다가 떨어졌던 것이다. 앞에 탔던 남편은 앞 유리창이 박살날 때 이마를 다쳐 피를 흘리고 있었고 나는 뒤에서 양쪽에 아이들을 안고 있어서 아이들은 털끝하나 안 다쳤으나 나는 허리를 다치게 되었다.

아이들은 간단한 검사만 받고 바로 집엘 갔으나 우리 내외는 한양대학병원에 입원하게 되었다. 그래도 남편은 이마를 열군데 정도 꿰매고 2주일 후 쯤 퇴원을 했으나 나는 점점 더 허리가 아파왔다. 알고 보니 척추 맨 아래 부분에 약간의 금이 간 모양이었다. 처음에는 외상이 있는 남편에게만 신경을 쓰느라 내가 얼마나 아픈지도 잘 모르고 간호를 했으나, 시간이 지나면서 점점 더 아프게 되어 결국 두 달 동안 꼼짝 못하고 누워있게 되었다. 처음으로 강의를 시작한 숙대와 한성대 국문과에 너무도 미안하고 민망하였다.

퇴원하니 어느새 여름이 되어있었다. 미국에서 보낸 짐들도 도착하였다. 마지막 1년 남편이 취직한 덕에 사서 쓰던 냉장고, 세탁기, 컬러 TV, 카메라, 축음기 등 가전제품이 들어왔으나 당시 15평에 할머니, 우리 내외, 아들 둘, 그리고 가사를 돕는 아줌마 한 명 이렇게 여섯 명이 살았으며, 아직도 연탄으로 밥을 해먹던 때였으므로 이렇게 좋은 가전제품이 소용이 없었다. 놓을 장소도 없고, 연탄가스 때문에 금방 망가질 것이며, 현찰은 너무 부족하니 이걸 팔아야겠다는 생각을 했다. 당시만 해도 아직 우리나라에는 이렇게 좋은 가전제품들이 나오지 않던 시절이고 더구나 컬러 TV는 아직도 나오지 않을 때라서 돈 많은 집들은 미제 가전제품을 갖는 것이 주부들의 꿈이었다.

미제는 정말 튼튼하다. 현재 우리집에 미제라고는 딱 한 가지 있는데, 그건 세탁 건조기이다. 한국에 온지 30년이 지났건만 성능이 아직도 처음 그대로다. 가스로 쓰는 이 건조기는 정말 바쁘게 살아야 하는 나에게는 없어서는 안 되는 필수품이다. 빨래를 널고 걷는 하는 수고를 덜어줄 뿐만 아니라 건조기에서 옷에 늘어있는 먼지를 모두 흡수하는 장치가 되어 있어 빨랫줄에서 말린 것보다 훨씬 깨끗하며, 더구나 뜨겁게 말리므로 잔주름을 다 없애주어, 웬만한 것은 구김이 없이 말려주고, 마음껏 써도 한 달에 5천 원도 안 든다. 정말 한사람이 해야 할 일을 이 건조기가 해주는 것 같다. 부엌에서 일하면서 세탁과 건조를 동시에 다 할 수 있으니 여간 편리하지 않다.

그리고 미국에서 학생 아파트를 전전해서 살아본 우리는 미제 가전제품이 얼마나 좋은지를 안다. 50년, 100년 된 에어컨, 냉장고가 여전히 돌아가기 때문이다. 그러니까 1960, 70년대의 미국은 21세기의 한국을 이미 도달해 있었던 것이다. 자동차 1.5인당 1대, 거의 모든 도로 포장, 고속도로 건설, 수세식 화장실 이런 것들이 1969년에 미국에 간 우리에게 그저 경이롭기만 했고, 인심도 매우 좋아서 정말 천국에 온 것 같았다.

특히 미국대학의 도서관은 우리를 압도하고도 남았다. 당시 미국에서 하버드대학 다음으로 많은 600만 권을 자랑하는 일리노이대학 도서관은 여러 개가 있었는데, 특히 undergraduate library는 지하1층에 있었는데, 호화롭기가 그지없었다, 모든 도서가 개가식임은 물론, 붉은 카펫에, 너무나 고급스러운 소파들이 사방에 있었고, 1년 내내 밤 12시까지 열었다. 학생회관(Student union building)은 그야말로 일리노이대학 건물 중 가장 아름답고, 가장 고급스러웠다. 타국이나 타지에서 온 교수나 학생이 임시로 거처할 수 있는 호텔 객실, 교수 식당, 학생 식당, 카페테리아, 휴게실, 휴게실 겸 독서실 등 모든 편의시설을 갖춘 건물로서 이 빌딩에 깔린 카펫이나 소파는 세계 최고 호텔에서나 봄직한 것들이었다. 정말 학교에 가서 공부하는 일이 우리에겐 더 이상 없이 즐거운 일이었고, 우리가 이런 대학의 학생인 것이 너무나 감사하고 행복했었다.

그 좋은 곳에서 학위도 못 끝내고 돌아와서 두 달도 안 돼 교통사고를 당했으니 정말 나에겐 왜 이리도 시련이 많은지 한탄이 절로 나왔다. 어떻든 그 좋은 가전제품을 돈 많은 사람들에게 다 팔고 나니 250만 원 정도가 되었다. 그 돈을 가지고 나는 집을 사러 다녔다. 지금 사는 아파트는 3세대가 살기엔 너무 좁기도 했지만, 아직 재산이라곤 하나도 없는 것이 매우 허전했기 때문이다. 그러나 250만 원 정도의 돈으로 집을 사기엔 역부족이었다. 적어도 5,6백만 원 정도는 가져야 그래도 전세를 안고라도 집을 살 수가 있었다. 돌아다니고 또 돌아 다녀서 겨우 하나 잡은 것이 상도동의 어느 조그만 집이었다. 마침 은행 융자를 끼고 있는 집이 있어서 그 융자를 우리가 승계하기로 하고 집을 계약했다. 내가 한두 집을 골라 놓으면 남편이 최종적으로 와 보고 yes, no냐를 결정했다. 어떻든 우리는 결혼 후 처음으로 집을 사기는 했으나 융자와 전세를 안고 샀으므로 사실은 집의 3분의 1만 온전히 우리 것이었다. 그래도 연탄가스에 녹슬지 않고, 가족들이 앉을 마루도 비우면서 가전제품을 처분하여 부동산을 샀다는 것이 기쁘고 너무나 자랑스러웠다.

그러나 이러한 기쁨도 잠시, 이 집을 산 후 일어난 사건들은 다 기억조차 하기 어렵다. 우선은 융자가 1년 안에 갚는 것이어서 죽을 뻔 한 것은 어쩔 수 없다 쳐도 그 집 자체가 안고 있는 문제가 너무 많았다. 생각나는 대로 써보면 전의 집주인이 수도세를 너무 오래 안 내서 수도가 끊겨 있었고, 이 사람들이 집을 지을 때 불법으로 옥탑방을 만들어 우리가 벌금을 내야 했고, 이사 가면서 부엌의 싱크대는 물론, 전등조차 다 떼 갔고, 또 얼마 안 있어 바로 옆집이 높은 이층집을 짓는 바람에 일조권이 없어져 집값이 떨어진 것이었다. 하여튼 우여곡절 끝에 겨우 집을 팔았으나 이번엔 또 인근의 주택 값이 쑥 올라 있었는데, 이걸 모르고 싸게 팔게 되었다. 결국 이집은 우리가 결혼 후 처음으로 마련한 집이지만, 결국 실패로 돌아가고 다시 원점에서 시작해야 했다.

이렇게 1974, 75년은 나에게는 불운의 해였는데, 또 하나의 불행이 겹쳤다는 걸 알게 된 것은 퇴원하고도 두세 달이 지난 10월쯤이었다. 집 문제로 부산하게 시간을 보내고 난 나는 이제 여기서 논문을 써야겠다고 생각하고 책상에 앉으니 깜빡하고 있었던 것이 이제야 생각이 났다. 이삿짐을 모두 보내고 마지막까지 들고 있던 내 학위논문과 식섭 관련된 책과 논문들은 맨 나중에 따로 배로 보냈는데, 그 짐이 8개월이나 지나도 오지 않았다는 걸 깨닫게 되었다. 국제우체국에 가서 사실을 말하고 찾을 방법이 없겠느냐고 하자 붙인 날을 기억하느냐고 해서 몇 월 며칠쯤이라고 했더니 서류를 한참 찾고 있던 우체국 직원이 너무도 거짓말 같은 얘기를 하는 것이었다. 내가 책을 부친 바로 그 배가 바다에 가라앉아, 라디오와 신문에, 미국에서 언제 한국으로 소포를 보낸 사람들은 언제까지 와서 확인하면 보상해준다고 알렸고, 많은 사람들이 물에 젖어도 되는 물건은 찾아가고, 못 쓰게 된 것에 대해서는 보상을 마친지 몇 달 되었다는 것이다. 그러면서 아직 안 찾아간 것이 좀 있는데 한 번 보겠느냐고 해서 보았더니 내가 보낸 책들이 물에 완전히 젖었다가 말라서 종이들이 달라붙어 있고 곰팡이가 하얗게 나 있는 나의 책과 논문들을 보게 되었다. 정말 단 한 페이지도 읽을 수가 없었다.

지금까지 살면서 국제소포를 실은 배가 가라앉았다는 전대미문의 사건 앞에서 난 정말 할 말을 잊었다. 그러니까 내가 병원에 입원해 있는 기간에 매스컴에서 공고를 한 모양이고, 내가 설사 그때 그 방송을 듣고 바로 뛰어갔다고 해도 보상은 받았겠지만 내가 쓰던 노트며, 필요한 책과 논문들을 살려내지는 못했을 테니 이건 정말 내가 박사를 꿈꾸지 말라는 하느님의 명령처럼 느껴졌다. 그렇지 않고서야 어찌 이런 일이 일어날 수가 있는가? 아직 논문을 얼마 진행시키진 못했지만 Prelim때 제출했던 논문 초안이며, 인용 논문이며, 유난히도 두껍고 비싼 사회언어학 관련 책들 하며, 내 논문에 필요했던 언어발달 관계 책과 논문들 하며, 난 빨간 줄 노란 줄을 치며 읽었던 구절구절을 모조리 다 날리고 나니 난 완전히 넉다운되었다. 아, 나에게 모든 걸 주신 하느님이시지만 박사학위는 포기하라는 말씀이시구나!

그리고 이때 내 몸속에는 셋째 아이가 자라고 있었다. 둘째 애를 낳은지 6년 후에 다시 임신을 한 것이었다. 아들이 두 명이나 있고, 6년이 지난 후에 새삼스럽게 아기를 가지니 별로 환영하는 가족은 없었다. 그러나 나는 어쩐지 싫지가 않았고, 꼭 딸일 것만 같은 생각에 약간 설레기도 하였다. 여전한 경제적 어려움에, 두 아들들의 학교 문제며, 숙대에서의 강의며, 이제 얼마 안 있어 태어날 아기로 인한 입덧(나의 입덧은 너무도 유별났고 오래 끌었다.)등으로 마음도 몸도 축축 처져 논문은 아예 단 한 줄도 못 쓴 채 그 해를 넘기고 이번에도 역시 날짜를 앞당겨 이듬해 1976년 2월 25일에 셋째 아이인 딸을 얻게 된다. 난 세 번째는 진정으로 딸을 원했기 때문에 딸인 것이 너무 좋았다. 남편과 형부가 꽃다발을 들고 찾아와 축하해주었다. 오빠들 때보다 더 심한 진통을 겪고 낳았고, 약간 조산이라 체중미달이었지만 이번에도 역시 체중에 비해 아이가 똘똘하다며 인큐베이터에 넣을 필요 없다고 하여 3일 만에 퇴원하였다.

이번에는 어머님께서 염소를 한 마리 사서 고아주셔서 그걸 먹으니 회복이 빨랐다. 사실 염소 고기는 웬만한 비위로는 먹기 어려운 냄새가 나지만, 나의 의지로 먹었더니 회복이 빨랐다. 온가족이 같이 먹자고 했으나 비위가 상해 아무도 못 먹고 거의 다 나 혼자 먹었더니 힘도 나고 젖도 잘나왔다. 그리하여 출산 16일 만에 숙대 강의를 나갔다. 개강한 지 2주째라 더 이상 휴강은 곤란했기 때문이다. 내 딸은 시간이 지날수록 윤곽이 또렷해지니 예쁘다는 말을 참으로 많이 들었다. 내 눈에도 세상에서 제일 예쁜 애기였다. 아들들도 준수하게 생겨 난 정말 너무도 잘생기고 똑똑한 삼남매를 둔 행복한 엄마로 대학 강사를 하며, 상도동 집 판돈으로 평창동 땅(현재의 우리집터)을 사놓고 둘째 아들을 초등학교에 넣고 어머님께 효도하며 그런대로 안정되고 행복하게 살며 한해가 저물어가고 있던 어느 날, 남편이 놀라운 말을 했다.

천신만고 끝에 얻은 박사학위

평소에 무뚝뚝하고, 상대방에 대한 배려라고는 거의 없고, 무섭기까지 한 남편이 이번엔 나를 감동시키기에 충분한 말을 하는 것이었다. 자기가 모든 경비는 댈 테니 미국에 혼자 가서 논문을 쓰고 오라는 것이 아닌가. 1975, 76년만 해도 누가 미국에서 박사를 해왔다고 하는 뉴스가 가끔씩 신문에 나곤 했는데, 그런 기사를 보며 말없이 울던 내가 맘에 걸린 모양이었다. 이제 집 걱정은 아무것도 하지 말고 빨리 가서 논문을 끝내고 오라고 했다. 자기 결심이 변하기 전에 빨리 서둘러 떠나란다. 정말 꿈에도 생각 못했던 남편의 배려였다. 남편은 구조역학으로 미국 대학에서 학위를 받은 세 번째의 학자였는데, 남편이 전공한 『유한요소법』이라는 새로운 구조해석이론을 공부하고 돌아온 첫 번째 학자이고, 일리노이공대 토목공학은 워낙 토목인들에게는 선망되는 최고의 학교였기 때문에 돌아오자마자 학계와 산업계에서 많은 관심을 나타냈다. 그러니까 학계에서는 물론 많은 논문을 내고, 특강을 하는 등 바빴고, 서울대, 고려대, 연세대, 한양대 등의 대학원 강의 요청도 쇄도하고, 토목건축 분야의 기술 자문 등도 많이 하게 되어 매우 바쁘기도 했지만, 과외 수입이 꽤 있었던 것 같다.

아이 셋과 연로하신 어머님을 두고 떠나는 것이 엄청난 용기를 필요로 한 일인데 남편이 강력하게 종용해 주니까 나도 솔깃해졌다. 억울하다는 생각도 들고 초조했던 것도 사실이어서 나를 망설이게 하는 많은 요소들을 최대한 도외시하면서 가는 쪽으로 최면을 걸었다. 그래, 그게 나 자신은 물론 온가족을 위하는 일이야. 떠나기 전에 내가 미국 가서 논문에 쓸 자료를 위하여 한양여고와 다른 학교에서 교사를 하는 친구들의 도움을 받아 설문 조사, 시험 등 필요한 자료를 수집한 다음, 미국 가서 반 년 만에 논문을 내고 오자! 이렇게 혼자 다짐을 하며 가기로 하고, 어머님께는 남편이 얘기하기로 하고, 아이들에겐 내가 얘기하기로 했다. 그리고 상주할 아주머니도 한 명 구해다 놓고 나는 드디어 막내딸이 겨우 10개월이 된 1976년 11월말에 이를 악물고 재도미를 하게 된다. 어떻게 돌도 안 된 아이를 떼놓고 떠날 수 있냐는 이웃사람들의 비아냥거림도 무시하고 북바쳐 오르는 슬픔도 참아내며, 어린 삼남매를 뒤를 하고 남편의 응원을 받으며 다시 일리노이 대학 기숙사에서 짐을 풀게 된다.

그리고 바로 그 이튿날 바로 내 논문지도교수인 A. McClure교수를 만나 그동안 논문을 못 쓴 것에 대해 사과하고 지금부터 최대한 빨리 쓰겠다고 약속하고 바로 공부에 집중하게 되었다. MacClure 교수는 언어학과 교육심리학과의 겸임교수로서 인지사회언어학에서 논문을 많이 쓰던 젊은 멋쟁이 여교수였다. 나는 이 교수한테서 두 과목을 들었는데 모두 A+를 받아 나를 높이 평가해주던 교수이고, 나의 학문적 관심인 언어사회심리학 분야에서 막 떠오르는 교수이고 인품도 좋아 나의 지도교수로 너무나 완벽했다. 미국에 도착한 후 2주일 정도는 내가 한국 들어가 있는 동안 변했을지도 모를 학계의 동향을 파악하고 새로 나온 이론과, 새로운 연구 업적들을 살펴보고 내 논문에 꼭 필요한 것만 정리한 다음 3주째부터는 바로 집필로 들어갔다. 한국에서 가지고 온 자료를 분석하여 내가 세운 가설을 점검하였다. 하루에 10~12시간 꼬박 집중했더니 도미 3개월 만에 논문 초고가 완성되었다. 2, 3일 동안 검토하여 수정한 뒤 지도교수를 찾아갔다.

그런데 약속한 지도교수 방에는 지도교수는 없고 그 남편이 대신 와 있었다. 남편도 일리노이에서 박사를 한 사람이고 같은 사대 교수였기 때문에 전에 한두 번 본적이 있는 터여서 쉽게 알아봤다. 내 지도교수는 왜 안 나왔냐고 했더니 지금 자기 wife가 아파서 입원을 해서 자기가 미안하다는 말을 하려고 나왔다는 것이다. 어디가 얼마나 아프냐, 얼마쯤 지나면 학교에 나올 수 있을 것 같으냐, 내가 병원으로라도 가면 안 되겠냐 여러 가지를 물었지만 현재로선 아무것도 모른다는 말만 했다. 그리고 경과를 알려면 자기 집으로 전화해 보라고 하면서 전화번호를 가르쳐 주었다. 원래 미국교수들은 자기 집 전화는 대체로 안 가르쳐주는 분위기였고, 휴대폰 같은 것은 없던 시절이다. 너무나 당황스럽고 허탈했지만 곧 통화가 되고 만날 수도 있겠지 하는 희망만 가지고 돌아올 수밖에 없었다.

그 후로 3일이 멀다 하고 전화를 했지만 통화가 안 되었다. 겨우 두 달 후에야 그 남편과 통화가 되었는데, 자기 부인은 심리치료(psycho theraphy)를 받게 되어 적어도 한 학기는 학교에 못 나올지도 모르겠지만, 잘 하면 한 달 뒤쯤 나오게 될지도 모른다는 애매한 말만 하는 것이었다. 한국도 그렇지만 미국에서는 지도교수가 절대적인 권위를 갖고 있어서 지도교수와 함께 논문제목, 주제, 목차를 짜면 그대로 써야 한다. 만일 바꾸려면 지도교수를 바꿔야 한다. 지도교수를 바꾸려면 대학원위원회의 승인을 받고, 이 승인을 받으려면 그만한 사유가 있어야 한다. 그러니 당장은 한두 달 기다려 보는 수밖에는 도리가 없었다. 그리고 논문을 고치고 또 고치며 다듬었다. 그러나 결국 내가 논문을 끝낸 지 석 달이 지나도 내 지도교수는 언제 나올지 모른다는 답만 되돌아왔다. 진퇴양난이었다. 이 기막힌 운명의 장난이여!

역시 나는 박사학위와는 인연이 없는 것인가? 그렇다면 하느님은 왜 나를 여기까지 오도록 도와주셨단 말인가. 정말 밥도 안 넘어가고, 잠도 오지 않았다. 세상에 어찌 이런 일이 있단 말인가? 주님, 어찌 하오리까? 또 이대로 그냥 돌아가야 합니까? 아니면 조금만 더 기다려볼까요? 나는 매일 눈물로 기도를 하며 하느님이 인도해 주시기를 빌었다. 그러나 뚜렷한 답을 주시지 않았다. 이미 8월이 되었다. 이제 더 이상 이런 상태로는 견딜 수가 없었다. 할 수 없이 사범대에 가서 아무 교수방이나 두드렸다. 마침 Jonese 교수가 방에 계셨다. 교육심리학 전공인데 특히 언어발달과 인지 발달의 관계를 연구하는 학자로 내가 딱 한 과목 들은 바 있는 원로 교수로서 내가 언어학과에서 사범대로 올 때 도와주셨던 분으로 자초지종을 얘기하고 도와달라고 했다.

그랬더니 내가 쓴 논문을 대충 훑어보더니 OK라고 하였다. 그러나 논문을 그대로 쓸 수는 없고 기본 자료는 그대로 쓰되 주제는 바꿔야 한다고 했다. 아무래도 좋다고 했다. 그래서 지도교수 변경 안을 내고 그때부터 새롭게 논문을 썼다. 이 교수가 바라는 대로 논문을 대폭 수정하여 10월말에 다섯 명의 심사위원들께 돌렸다. 지도교수를 바꾸고 논문 주제까지 바꾸어 새로 쓰기 시작한지 만 두 달이 조금 지나서였다. 지금은 컴퓨터로 논문을 쓰니까 수정하기도 쉽지만 그땐 종이에 타이프라이터로 쳐서 넣는 방식이므로 한 두 글자만 잘 못 쳐도 한 페이지를 다시 쳐야 가고, 만일 한 두 페이지를 다시 쳐야 한다면 수 십 페이지를 다시 쳐야 하는 형국이었으니, 내 논문을 수정하기 위해서는 모든 페이지를 다시 쳐야 하는 것이었다. 그때는 지금처럼 화이트 같은 것도 없었으므로 타이핑 자체도 보통 문제가 아니었다. 그래서 두 번째 새로 쓰는 논문은 시간을 단축하기 위해 전문 타이프라이터에게 맡겼다. 당시는 전문 타이프라이터라는 직업을 가진 사람들이 많이 있었다. 그랬더니 일주일쯤은 당겨졌다.

드디어 1977년 12월 19일 10시, 겨울 방학을 이틀 남겨둔 날에, 그 전날까지도 눈이 너무 많이 와서 휴교를 했다가 일주 일만에 학교 문을 연 날에 쌓인 눈길을 걸어 사대 세미나실에 도착하였다. 이미 내 지도교수님은 와 계셨고 다른 심사위원들도 속속 도착하며, 눈 이야기로 부드럽게 인사들을 한 뒤, 나의 마지막 관문인 Oral Test(보통 Defense라고 부름)를 보게 되었다. 미국대학원의 논문 심사는 심사위원들의 예비심사를 거쳐 최종 심사는 한 번만 하는데, 이때는 한국처럼 심사위원들이 이것은 이렇게 고쳐야 하고, 저것은 저렇게 고쳐야 한다는 식으로 자기들의 의견을 제시하는 것이 아니고 그 논문에 대해 공격을 하고 심사받는 사람은 방어를 한다. 두 시간 정도의 공격과 방어를 위한 토론이 진행되고 나서 심사위원들이 더 이상 질문할 거리나 공격할 거리가 없으면 심사가 끝나게 되고, 모두 합격시키는데 동의하면 주어진 형식에 맞게 사인을 하면 끝나는 것이다.

이 심사가 끝나니 심사위원들이 "Congratulations, Dr. Park"이라고 하며 악수를 청한다. 그리고는 모두 헤어지고 지도교수가 자기 집에 가서 점심을 먹자고 하여 10분쯤 차를 타고 지도교수 집에 갔더니 부인이 우리를 반갑게 맞으며, 스파게티를 만들어주어 맛있게 먹고, 다시 지도교수 차로 학교에 와서 딱 한 줄만 고쳐서 (그때는 한 줄을 다시 쳐서 오려붙였다) 본부에서 format check(논문 형식을 다시 점검하는 절차)를 하고 바로 제출(deposit이라고 한다)하고 나니 어느새 난 박사가 되어 있었다. 지도교수에게 몇 번이나 감사하다는 말을 하고 다시 새하얗게 눈으로 덮인 캠퍼스를 걸어 내 기숙사까지 오는데 밀물이 몰려오듯 무언가 뜨거운 기운이 내 온몸을 감싸며 형언할 수 없는 감회에 젖었다. 하얗게 덮인 천지에 햇볕이 쨍쨍 내려쬐여 반짝반짝 빛나고 있었다.

아! 역시 세상은 그래도 살만 하구나! 역시 우리 하느님은 날 버리지 않으셨구나. 정말 기적과 같이 나를 좌절로 몰아넣는가 하면 또 이렇게 기적적으로 일으켜 세우시기도 하시는구나... 하느님이 나를 더 단단하게 만드시느라고 그 많은 역경을 주셨는가 싶었고, 정말 가족들의 얼굴이 한 명 한 명 떠오르며 말할 수 없는 그리움이 북바쳐 올랐다. 그리고 2, 3일간의 귀국준비를 마치고 학교에서 시카고까지, 그리고 시카고에서 집까지 근 20시간에 이르는 여정을 마치고 김포공항에 도착한 것은 크리스마스 전날 낮이었다. 우리 가족 모두와, 내 친정가족들이 마중을 나와 주어서 감격의 재회를 하였다. 그렇게도 나의 애타는 그리움과 미안함의 당사자인 막내딸도 어느새 커서 제법 잘 걷고 한두 마디 말도 할 줄 아는 어린이가 되어 있었다.

정말 이번 학위는 오로지 남편과 어머님 그리고 엄마의 부재 속에서도 착하게 잘 자라준 우리 아이들에게 바쳤다. 집에 가려면 버스를 타야 하나 택시를 타야하나 하고 있는데, 남편이 여기서 잠깐만 기다리란다. 5분쯤 후에 남편은 하얀 브리사 자가용을 몰고 나타났다. 우리집 최초의 자가용이었다. 남편이 나의 귀국에 맞춰 자동차를 샀던 것이다. 이미 그때는 자가용을 가진 집도 꽤 있었으나 우리 육사 아파트에서는 두세 번째로 빨리 산 셈이었다. 이 자가용을 타고 집에 도착해 보니 우리 아파트도 좀 더 넓은 18평짜리로 이사해 있었다. 이만만 해도 살 것 같았다. 저녁엔 육사 성당에 가서 신부님과 교우들께 인사도 하고 자정미사를 보고 맛있는 음식도 먹고 집에 돌아와 가족들과 함께 회포를 풀었다.

학위를 마치고 돌아온 일주일만에 나는 경희대 전임으로 가는 것이 결정되었다. 매우 특이한 인연으로 너무도 쉽게 경희대 문리대 국어국문학과 전임이 된 것은 전혀 예기치 않았던 일에서 비롯되었다. 이사를 하였으나, 가구며 실내 장식이며 모든 것을 나의 귀국 후로 미뤄들 놓고 있었고, 어머님도, 아이들도 옷이 없는 등 1년만에 돌아오게 되니 할 일이 산더미 같았다. 해마다 쑥쑥 자라는 아이들이라 해마다 옷을 사야 하는데 내가 없는 1년은 거의 아무 것도 안 사 입고 있었기 때문에 어머님 옷부터 아이들 옷, 가구에서부터 커튼에 이르기까지 모두가 나의 손을 기다리고 있었다. 그리고 남편이 여기저기 인사도 다니자고 해서 선물사서 인사 다니고 정신없이 연말연시를 준비하고 다니던 중 길가에서 너무도 우연히 어떤 사람을 만나게 된다. 이분은 히일민 교육평론사 사장으로 내가 대학 4학년 때 잠시 아르바이트로 기자 생활을 했던 교육 평론사 사장님인데 특히 나를 아껴주셨던 분이다 졸업하고 다시 오라고 했지만 나는 교직으로 나가게 되어 더 이상 그 회사를 다니진 않았는데, 10여년 만에 명동에서 만난 것이었다.

따뜻했던 경희대 교수 시절

서로가 너무 반가워 차나 한 잔 하자며 다방에 가서 서로의 근황을 묻게 되었는데, 거기서 나는 간단히 유학 간 얘기며, 며칠 전에 학위를 마치고 왔다는 얘기를 하게 되었다. 그 분이 그러면 어디 직장은 결정되었느냐고 해서 아직 그런걸 알아볼 틈이 없었다고 했더니, 자기가 내일 경희대 조영식 총장님을 만날 예정인데, 이력서를 한 장 써주면 혹시 자리가 있는지 물어봐 주겠다고 했다. 내일 몇 시냐니까 오전이란다. 그러면 죄송하지만 지금 용지 사서 바로 써드리면 안 되겠느냐니까 그럼 그렇게 하란다. 태릉 육사 아파트는 워낙 교통도 안 좋고 멀어서 시내에 한 번 나오면 금방 하루가 다 가기 때문에 실례를 하는 김에 아예 이력서를 즉석에서 써 드리는 게 낫겠다 싶었던 것이다. 근방의 문방구에서 이력서 용지를 사서 다방에서 간단히 쓰고 내가 강의할 수 있는 과목들을 써서 드렸다. 그리고 추후로 필요하면 논문을 보내드리겠다고 했다. 그때까지 난 석사 논문 두 개, 박사학위 논문 외에는 국어국문학회지에 실은 '국어경어법에 대한 사회언어학적 연구' 와 청파문학에 실은 '언어능력과 언어교육' 딱 두 편 뿐이었다. 서너 번 학회에서 특강을 한 적은 있지만 아직 소논문은 거의 준비가 안 되어 있었는데, 이렇게 빨리 이력서를 내야 할 일이 생기리라고는 생각지 않았던 것이다. 어떻든 이력서를 써서 그 분께 드리고 우리는 헤어졌다.

그런데 바로 이튿날 오후에 경희대에서 전임교수로 써주기로 했다는 허사장님의 전화가 왔다. 별로 실감이 나지 않았지만 하여튼 마음고생 안하고 전임이 된 것이 고맙고 다행이었다. 더구나 경희대는 태릉에서 가까운 거리에 있는 것도 맘에 들었다. 그리고는 정신없이 연초를 지내고 밀린 집안일 하고 아이들에게 못해준 일들 해주며 어머니께도 못다 한 효도하며 행복한 날들을 보냈다. 그런데 3월 개학이 불과 일주일도 안 남았는데 경희대에서는 그 뒤 아무런 소식이 없었다. 무슨 서류를 내라든가, 무슨 과목을 맡으라든가 교무처에서건 학과에서건 무언가 연락이 한참 전에 왔어야 했는데 아무런 소식이 없는 것이 이상했다. 거의 두 달이 지난 뒤에서야 사태의 심각성을 깨달은 거였다

그때서야 부랴부랴 허사장님께 전화를 했다. 이미 두 달 전에 경희대에 가게 되었다는 소식을 주셨는데 그 뒤 학교 측에서 아무런 연락이 없다고 했더니 그러면 내일 아침 나와 함께 조총장님을 뵈러 가자고 하셨다. 만일 경희대에서 그토록 빨리 결정되지 않았다면 1월쯤엔 숙대 스승님들을 찾아뵈었을 거고, 그리고 숙대에 이력서라도 냈을지 모르는데, 경희대에 먼저 결정 소식을 듣고는 확정된 뒤에 모교 은사님들을 찾아뵙는다고 미루다가 개학이 코앞에 다가오게 된 것이었다. 약간 불길한 생각이 들었지만 가부간 무슨 결말은 보아야할 것 같아서 그럼 내일 10시에 경희대 본관 앞에서 만나기로 약속하였다.

웅장하고 아름다운 경희대 본관 앞에서 허사장님을 만나자 조총장님과 약속이 되었다며 급히 총장실로 갔다. 조총장님은 첫 인상이 매우 온화하시고, 단아한 모습이 꼭 우리 아버지를 닮았다는 생각이 들었다. 조총장님은 나에게 몇 가지 물으시고는 바로 부총장님, 교무처장님을 차례로 부르시더니 왜 이 일이 아직도 진행 안 되었느냐며, 질책을 하시는 것이었다. 너무나 민망했지만 워낙 시간적으로 다급하였기 때문에 교무처장님이 안

내해 주는 대로 국문과 서정범 교수를 만나러 갔다. 그리고 교무처장님은 서교수에게 시간표를 빨리 만들어 올리라고 주문하셨다. 서정범 선생님은 매우 못마땅한 태도로 나를 대하시며 전공과목으로는 음운론 한 과목과 교양 국어만 서너 반을 배정해 주었다. 그리고 연구실은 현재 빈 데가 없으니 문리대 건물 꼭대기에 강사 휴게실이 있는데, 수업 있는 날은 그 휴게실을 이용하면 된다고 하였다. 기가 막혔다. 그러나 나는 왜 이런 대접을 받는지 아는 데 그리 오랜 시간이 필요하지 않았다.

모든 것이 내가 세상을 너무 모르고 있는 데서 비롯된 것이었다. 즉 학과 교수들에 의해 일정한 절차를 밟아 교수로 임용된 것이 아니고 말하자면 총장님이 혼자서 결정하시고, 교무처에 필요한 절차를 부탁하였으나 말하자면 낙하산 인사였으니 교무처장님도 별로 기분이 안 좋았을 뿐만 아니라 학과장인 서정범 선생님한테 연락을 해도 그런 이름은 처음 들어 본다며, 별로 탐탁하게 여기지 않으니까 우선 보류해 있으면서 내가 인사오기를 기다렸던 것이다. 그러나 나는 세상 물정을 모르는 풋내기 박사니 순진하게도 학교 측에서 연락오기만을 두 달이나 그냥 앉아서 기다린 것이었던 것이다. 만일 내가 하루 이틀만 더 늦게 허사장님께 연락을 했더라도 이미 시간표가 확정되어 경희대 교수자리는 날아갈 뻔 했던 아슬아슬한 순간이었다. 그러니까 신학기 시간표를 확정하기 불과 2, 3일전에 일사천리로 진행되었던 것이다. 당시 서정범 교수는 학과에서 유일하게 경희대 출신 교수로서, 경희대에 대한 남다른 사명감을 가지고 계셨고, 조영식 총장님과도 탁구를 같이 치는 등 상당히 가까운 편이었다. 그리고 앞으로 국문과 교수는 경희대 출신을 써야 한다고 생각하고 있었던 분이다.

그런데 어느 날 갑자기 조영식 총장이 나의 이력서를 주면서 전임으로 받아들이라니 거절할 수도 없고, 그렇다고 얼른 받아들이기도 어려워 엉거주춤하면서 내가 어떤 사람인지나 한 번 보고나서 결정을 하겠다고 마음을 먹고 있는데 아무 소식이 없으니까 그러면 그건 없던 일인가 하면서 만일의 경우에 대비해 음운론 한 과목과 교양 국어 몇 반만 빈칸으로 두고 있었던 것이다. 그런데 개학을 불과 4, 5일 남겨놓고 이제야 나타났으니 서선생님 입장에서도 내가 참으로 답답하거나 맹랑한 사람으로 보였을 것 같다. 그래도 다행스럽게 조교수 발령을 받고 학기가 시작되어 강의를 하게 되니 나의 감개는 무량했다. 이때가 1978년 3월 1일로서 내 나이 만 35세였다.

그런데 연구실이 없으니 여간 불편하지 않았다. 당시 경희대는 교수회관이라고 하여 교수연구실만 있는 건물을 가지고 있었는데, 이 건물을 서정범 교수가 관리 운영하고 있었다. 일층은 대부분 여교수들이 썼고 이층 이상부터는 남자교수들이 썼다. 이 교수회관을 관리하는 서교수님이 나에게 연구실을 주고 싶은 마음이 없으니 큰일이었다. 그러나 나도 가만히 있어서는 안 될 것 같아 교수회관에 가서 경비아저씨보고 이 건물에 진짜 빈 방이 없느냐고 했더니 2층 이상은 남교수님들이 쓰기 때문에 여교수를 올려 보낼 수 없고 1층에는 수위실 맞은편에 비상용 방 하나만 있는데, 이것은 서교수님이 비워두라고 했다는 것이다. 그러면 이 방에 꼭 와야 하는 사람이 올 때까지만 임시로 좀 쓰겠다고 하고 내 책들을 들여놓아 버렸다. 이렇게 되니 서교수도 어쩔 수 없었는지 더 이상 뭐라고 하지 않았고, 한 학기 뒤에는 더 좋은 방으로 옮겨 주었다. 내가 교수가 되고 나니 경제적으로도 많이 안정되고, 또한 이 무렵 남편이 여러 가지로 활동을 하면서 수입도 늘어 결혼 후 한국에서는 처음으로 저축도 해 볼 수 있게 되었다.

어머님께도 원 없이 해 드렸다. 여행도 마음껏 다니시게 하고, 좋은 옷도 마음껏 입으시게 하고 관절염 때문에 매일 침도 맞으러 다니시고 따님집도 실컷 다니시고 친척이며, 친구며 원 없이 만나시도록 뒷빋침도 해드리니 아버님께 못다 한 효도를 어머님께라도 마음껏 하니 정말 기분 좋았다. 아이들도 무럭무럭 잘 자라서 예쁘기만 하여 정말 행복이 무엇인지를 느끼게 되었다. 경희대 국어국문과에서는 조병화 교수가 나에게 매우 호의적이었고, 당시 문리대 학장을 하시던 생물학과 원병오(새박사로 알려진)교수, 영문과에서는 안영수 교수, 공일영 교수(나중에 부총장을 지냄), 신방과 이경

자교수(현 경희대 부총장), 생물과 이호자 교수, 철학과 박순영 교수, 정치학과 김홍우 교수, 신방과 홍기선 교수 등과 비교적 가깝게 지냈다. 그리고 제자들도 나를 많이 따랐는데, 이들 중 기억나는 친구들은 김중섭 경희대 교수, 박덕규 시인, 류시화 시인(당시는 안재찬), 박남철 시인, 하재봉 평론가, 원자경 원장, 김성숙 EBS PD, 김광우 박사, 김혜정 선생님 같은 제자들이다.

그러나 이러한 행복도 얼마가지 않았다. 1978년 9월 어느 날 당시 화랑초등학교 6학년이던 큰 애가 머리를 다치는 사고가 났다. 우리아파트에서 육사 쪽으로 자전거를 타고 가고 있었는데, 웬 오토바이가 뒤에서 아이를 쳐 넘어뜨린 것이었다. x-ray를 찍어보니 머리에 금이 갔다는 것이었다. 그리고 눈 주위가 모두 퍼런 멍이 심하게 들어 있었다. 하늘이 정말 노랗게 보였다. '안돼, 안돼, 우리 영철이가... 우리 영철이가... 이건 정말 안돼... 오하느님!' 애를 경희대 병원에 입원시켜놓고 보니 지금까지 주로 야단만 쳤던 것이 너무도 마음에 걸렸다. 너무도 소중한 우리 아들!! 머리도 영리하고 체격도 좋고, 인물도 수려하고, 성품도 온순하던 우리 맏아들이 무슨 일로 이런 사고를 당해야 하는지 너무도 억울했다. 가해자는 하급 공무원인데, 누나 집에 갔다가 면허증도 없이 매형의 오토바이를 타고 달리다 우리 아들을 미처 피하지 못하고 뒤에서 쳐 아이의 머리가 땅에 떨어졌으니 머리와 땅의 사이가 거의 3m는 됨직 했으니 이렇게 된 것이었다.

그래도 의사는 이만 하기를 천만다행이라고, 조상이 도왔다고 했지만 난 분을 이길 수가 없었다. 지금도 그때 생각을 하면 식은땀이 난다. 정말 아찔한 사고였다. 기분 같아서는 당장 그 가해자를 징역이라도 살게 하고 싶었지만 말단 젊은 공무원이고, 한 가정을 책임진 가장이라고 하여 나중에 결국 거의 보상도 안 받고 합의해 주었다. 우리 아들은 의사말로는 머리는 시간이 지나면 저절로 붙는 거고, 다행히 눈은 멍만 빠지면 이상이 없다고 하였다. 그래도 조마조마한 마음으로 2, 3주 입원했다가 퇴원하였다. 정말로 그 뒤 다른 후유증이 나타나지 않았으니 하늘이 돕고, 조상이 도와준 것임에 틀림이 없었다. 하느님, 감사합니다. 조상님들 감사합니다. 그리고 다시 평화가 찾아왔다.

그러나 1년 남짓 이렇게 평화롭고 행복한 날들을 누군가 시샘이라도 하듯 우리집엔 또다시 운명의 장난이 시작되었다. 1979년 10월 어느 날 어머님은 갑자기 고열이 나시며 자리에 누우셨다. 부랴부랴 택시를 타고 경희대 병원에 갔더니 폐렴이라며 입원을 하라고 했다. 그 날로 바로 어머님을 입원시켜 치료를 받느라고 나는 아예 병원에서 잠을 잤다. 마침 집에는 도우미 언니가 한 명 와 있어서 밤에 잠깐씩 들러 아이들 얼굴 보고 주로 병원을 지켰다. 학교가 바로 옆이니 수업 시간에는 잠깐 나갔다가 수업이 끝나면 바로 병원으로 달려오곤 했다. 그런데 입원하신 지 나흘째 되는 날 밤에 화장실을 가시겠다고 해서 부축해서 침대에서 내려오시게 하려고 하는데, 서지를 못하셨다 원 세상에, 어찌 이런 일이... 나는 너무나 놀라 간호원 실에 가서 빨리 와보라고 하고 의사선생님도 찾았으나 밤중이라 수련의들밖엔 없었다.

폐렴을 치료하고 있는데 왜 갑자기 몸을 못 가누시냐며 길길이 뛰었으나 이미 진행되고 있는 뇌졸중(중풍)을 막기에는 의술이 부족했다. 입원해 계시는 상태에서 뇌졸중을 막지 못하는 병원과 의사를 나는 용서하지 못할 것 같았다. 정말 땅을 칠 노릇이었다. 폐렴은 나아 체온도 떨어졌으나 순식간에 반신불수가 되신 어머님 앞에서 난 미친 듯이 의사와 간호원들을 원망했다. 그러나 아무런 소용이 없었다. 점점 더 나빠지기만 하셨다. 말씀은 하실 수 있으나, 당신 스스로는 돌아눕는 것조차도 못하시고 식사도, 용변 보시는 것도 아무것도 못했다. 그러니 한사람이 24시간을 돌보아드려야 했다. 낮에는 자주 자주 주무시니까 밤에는 오히려 안 주무시고, 일어나 앉혀라, 등을 긁어라, 팔을 주물러라 등 끝없이 요구를 하셨다. 뇌졸중은 뇌의 일부에 혈전이 생긴 병으로 뇌신경이 정상적으로 기능하지 않으니까 전혀 스스로 몸을 가누지 못하는 것은 물론, 지능이 완전히 한두 살 애기로 떨어져서 사물에 대한 판단을 전혀 못하고 본능적인 욕구만 조금 남아있는 상태가 되신 것이다. 울고 또 울고, 빌고 또 빌고, 의사와 간호원들에게 원망과 애걸을 하고 또 하고 난 완전히 미쳐버릴 것 같았다.

그러나 이 엄청난 병은 정말 사람이 가질 수 있는 병중에 가장 어려운 것임을 알게 되었다. 경희대 병원 특실에 모셔놓고, 양의의 진료를 받으면서도 몰래 몰래 한의사를 불러 침도 맞히고, 좋다는 한약은 다 먹여 드려보고 나의 정성과 돈으로 할 수 있는 모든 것을 해보았으나 허사였다. 식사를 직접 못 하시니까 먹여드리고 대소변 받아들이는 건 기본이고, 제일 힘든 것이 계속 몸을 움직여 드리는 것인데, 축 쳐져서 계시니까 바닥에서는 내 힘으로 어머니를 일으켜 앉히고 몸을 이리저리 움직여 드릴 수가 없었다. 그러니 내가 침대에 올라가야만 누워있는 어머니를 일으켜 앉히고 몸을 좌우로 여러 번 흔들어 드릴수가 있었다. 두세 시간만 꼼짝 않고 계셔도 욕창이 생기기 때문에 몸을 자주 자주 움직여드리지 않으면 안 되었다. 그리고 매일 씻겨 드려야 하는데 아예 혈관을 빼서 링거를 꽂고 있는 상태라 주사 바늘이 움직이지 않게 하면서 몸을 씻겨드리는 것이 여간 힘든 게 아니었다. 그때만 해도 지금처럼 바늘이 자유로 움직일 수 있는 것이 아니고 링거병도 무거운 유리병이어서 한 번씩 올리고 내리려면 너무 힘이 들었다. 이때도 내가 침대에 올라가서 해야 하므로 하루에 침대를 보통 몇 십번은 오르내려야 했다.

잠시 잠드신 틈을 타 잠깐 집에 들어가 아이들 필요한 것 처리해 주고 난 병원에 와서 밤을 새워야 했다. 이렇게 병원에서 밤을 새면서도 난 논문을 썼다. 내가 수업하는 시간은 시간제 간병인을 쓰기도 하고, 종일 간병인을 쓰기도 했지만 어머니는 간병인을 탐탁해 하시지 않으셨다. 이미 사리분별을 못 하시게 된 어머니는 간병인도 며느리같이 해주시기를 요구하셨으나 어머니의 요구를 다 들어주는 간병인은 없었다. 예를 들면 점심시간에도 나는 병실 안에서 우유나 빵 등으로 대충 때우고 방을 비우지 않아서 어머니가 앉고 싶어 하시면 언제나 앉혀드리고 다리를 주무르라 하시면 주물러 드릴수가 있는데, 간병인은 철저하게 점심시간 한 시간은 절대로 병실에 들어오지 않는 등 며느리와 다르니까 자꾸 잔소리를 하시는 것이었다. 그러니 간병인도 이런 환자 간병은 못 하겠다면 자꾸 달아났다.

그러니 학교, 병원, 집, 거기에 돈 마련까지 모든 걸 혼자서 감당해야 하는 나는 어느 날 원형 탈모증이 생겼다. 오른쪽 귀 위쪽 5cm쯤에 지름 3cm 정도의 동그라미에 거짓말 같은 탈모증이 생긴 것이었다. 만져보면 내 얼굴보다도 더 보드라운 살만 만져지고 머리털은 하나도 없는 것이었다. 그래도 아래 위에 머리가 있으니까 남의 눈에 띠지는 않았다. 그러나 몇 달 뒤에 다시 머리가 났다. 그리고 이 무렵 나는 심한 건망증이 왔다. 어릴 때부터도 '할망스럽다'는 말을 들은 걸 보면 깜빡 깜빡하는 데가 있었던 것 같은데, 이 무렵 너무나 심한 스트레스와 과로로 원형탈모증과 함께 눈에 띄게 기억력이 감퇴되어, 택시를 타고 돈을 두 번 내든가, 안내고 가려고 하여 운전사한테 심한 오해를 받는 등 정말 웃지 못 할 해프닝이 거의 매일 일어났던 것 같다. 머리는 언제나 빙글빙글 돌았고, 강의를 하면서 졸기도 하였다.

하여튼 나는 어머니한테 하도 별나게 하니까 간호원들이 내가 무남독녀냐고 묻기도 했다. 이렇게 정말 치열하게 노력하는 와중에 이번에는 설사를 너무 많이 하시는 것이었다. 하루밤새 15번을 시트를 갈아야 했다. 아침 일찍 의사를 불렀더니 이것저것 검사를 하더니 장이 유착되기 직전이라며 급히 수술을 하지 않으면 안 된다고 했다. 80 노인이 그것도 뇌졸중으로 거의 식물인간으로 연명하시는 분에게 대수술을 해야겠단다. 바로 하지 않으면 내일이라도 돌아가신다고 했다. 보호자가 빨리 결정을 해 주어야 수술 준비를 한단다.

그러나 그 시간에는 남편도 시누이들도 아무도 연락이 안 되었다. 지금처럼 휴대폰이 없으니 집이나 직장에 없으면 연락할 방법이 없는 것이다. 정말 나 혼자서 이 어려운 결심을 해야 했다. 나도 신체적으로나 정신적으로 만신창이가 되어있는데, 나를 도와주는 사람은 아무도 없었다. 그렇다고 친정 식구하고 상의할 수도 없고, 어린 아이들하고 할 수도 없었다. 자기들은 하룻밤이라도 자면서 어머니를 간병도 안 했으면서도 만일 내가 수술시키지 않아 만일 바로 돌아가신다면 나만 원망할 것이다. 물론 나도 이대로 보내드리기에는 마음의 준비가 전혀 안 되어 있었다. 그러니 어떻게 됐든 수술을 하기로 하고 진행을 했는데, 저녁에야 모두 연락이 되어 남편과 시누이들이 와서 수술을 하게 되었다는 얘기를 하니 아무도 이의를 달지 않고 당연한 것으로 받아들였다. 난 속으로 수술 상처가 채 아물지도 못하고 가시는 건 아닌가 걱정을 많이 하였다.

막상 수술을 받으시고 나니 돌보아 드리기가 더욱 어려워졌다. 침대차를 끌고 매일 방사선실에 가서 X-ray를 찍어야하고, 무엇보다도 전혀 식사를 못 하시니까 24시간 달아놓는 링거 주사 외에도 매일 영양제로 알부민 1병과 플라즈마 1병씩을 맞는데, 이 두 가지만 해도 11만원이었다. 당시는 보험도 없었으려니와, 있다 해도 영양제는 보험처리도 안 되는 것일 뿐만 아니라 매일 매일 그 돈은 따로 미리 선수납을 해야 했다. 월급이 아직도 100만원이 안 되던 시절, 병원비에 들어가는 돈은 나를 녹다운시키기에 충분했다. 그래도 어떻게든 회복시켜 보려고 의사가 하라는 대로 이 영양제를 사댔다. 그러기를 3주, 설사 때문에 수술을 하셨는데, 3주가 지나도 전혀 달라지는 것이 없이 하루에 30번 이상 설사를 계속 해대시는 것이었다. 3주가 되는 날 나는 아무리 상식적으로 생각해도 이건 아니다 싶어 저녁에 들른 남편보고 아무리 생각해도 이상하다고 했더니 '그래도 의사를 믿지 어떡하냐'고 나의 의심을 묵살하였다.

이튿날 아침, 난 내과 과장을 찾았다. 같은 학교 교수라는 신분을 밝히고 자초지종을 얘기했더니, 내과로 옮겨 오면 자기가 주치의가 되어줄 수는 있지만, 외과에 있는 환자를 내과로 오게 할 수는 없단다. 그럼 알았다 하고 나와서 어머니 수술을 담당했던 외과의사 보고 난 오늘부터 내과로 옮기겠다고 말했다. 약간 안색이 변하는 듯하더니 마음대로 하란다. 그래서 곧바로 11시경 내과로 옮겨 간단히 검사를 받았더니 장 유착이 아니라 장결핵이라며, 모든 영양제 다 끊고 미음으로 시작, 밥을 드리면서 간단한 항생주사와 약만 복용하고 2, 3일이 지나니 설사가 멎기 시작하였다.

그리고 일주일 뒤에 약만 타서 퇴원을 하였다. 퇴원은 했지만 이제 집에서 어머니를 돌보아야 했다. 상주하는 아주머니 한 분을 두어 도움을 받았지만 할머니는 여전히 수족을 못 쓰셨기 때문에 사람 손이 많이 가야 했다. 남편이 어머니 방 벽에 손잡이용 기둥도 가로로 세워 붙여놓고 거들어 드려 한두 걸음이라도 걷게 해 보려는 노력도 해 보았다. 양쪽에서 잡아드리면 한두 걸음 뗀 적도 있었지만 결국은 일어나시지 못하셨다. 나는 어머니 간병에 관한 한 필사적이었다. 아버님께 다 못한 효도도 있었고, 아이들을 키워주신 은혜도 있었고, 옛날 고등학교 때 할아버지 간병한 노하우도 있고 하여, 정말 최선을 다했다.

한편으론 몇 년 전에 가전제품을 팔아 사 두었던 그 탈 많던 상도동 집을 팔아 사놓았던 평창동 땅에 집을 짓기 시작하였다. 그 동안 남편이 이리저리 프로젝트도 하고 회사 자문도 해주고 서울대학 등 여러 대학에 강의도 하여 월급 외에 부수입이 있었고, 두 사람의 월급이 들어오니까 조금은 저축도 되고 하여 집을 짓게 되었다. 원래 집 지을 돈이 3,000만 원 정도 있었으나 어머니 병원비에 들어가고 딱 1,000만 원 정도밖에 없는데, 실제로는 6,000만 원이 들어 결국 5,000만원을 다시 빚을 지게 되었다. 결혼 14년 만에 장만한 집이지만 빚더미에 앉게 된 셈이었다. 우리집은 남편이 직접 설계했고, 건축자재는 내가 골라서 샀기 때문에 애착이 많이 가는 집이다. 벽돌 한 장 한 장을 내가 직접 골라 사던 때의 젊음이 그리워진다. 지금 같으면 상상도 못 할 것 같다. 우여곡절 끝에 집은 지었으나 지붕은 도저히 돈이 안 돼 슬래브로 남겨두고 완공하였다. 그때가 1980년 10월이었다.

빚을 진 상태였지만 난 집들이를 대대적으로 하였다. 10-20명씩 단위로 초대를 하여 푸짐한 대접을 하였다. 혹시 이렇게 하면 어머님 병환이라도 나을까 하는 심정으로 지난 10여년 이상 제대로 연락도 못하고, 사람 구실 못 한 것을 집들이라는 이름으로 모두 인사를 했던 것이다. 나중에 계산해 보니 대충 연인원 300명은 족히 다녀간 것 같았다. 이때의 나는 신들린 사람처럼 매주에 한두 번씩 손님을 쳐도 즐겁기만 하였다. 그런데 손님들이 올 때 대부분 케이크를 사가지고 왔다. 그러면 이웃에 돌리고도 아이들이 먹어야 하는 케이크가 너무 많았다. 이때 우리 아이들이 케이크에 질려 지금도 별로 먹지 않게 되었다. 그러나 집을 짓고도 빌린 돈 이자 낼 돈이 부족하여 집을 팔려고 계속 내 놓았지만 팔리지 않았다.

그런데 평창동으로 막 이사를 하고 얼마 안 되어 난 우연히 신문에서 고려대 사범대 국어교육과에서 국어학 교수를 채용하는 공고를 보게 된다. 경희대학교만 해도 내겐 과분하리만큼 좋고, 아무런 불편이 없었지만, 부임할 때의 후유증으로 서교수는 계속 나에게 학부 음운론만 강의만 주고, 대학원 강의도, 다른 어학 과목도 안 주었다. 그런데 학생들은 나를 무척 따랐고, 다른 교수님들 박노춘, 황순원, 조병화, 김태곤 교수들과도 매우 잘 지냈기 때문에, 몇 년 만 참고 있었으면 좋은 날도 왔겠지만 하여튼 고대에서 국어학 교수 채용 접수 마감 이틀 전에 공고를 본 나는 하루 이틀 고민을 하였다. 원서를 낸다고 해도 된다는 보장은 1%도 없었고, 안 될 경우 한국은 좁아서 금방 소문이 날 것 같았다. 그래서 이력서를 내야 할지 안 내야할지 고민을 많이 하였다. 누구와 상의를 할 수도 없었다.

드디어 접수 마감 날이 되었다. 오전까지도 결론을 못내고 망설이고 있다가 오후가 되자 갑자기 용기가 생기기 시작하였다. 안 되더라도 내가 크게 잃을 게 없을 것 같았다. 그리고 그때까지도 국어학에서 미국에서 박사를 한 사람이 나 말고는 당시에 고려대 국문과에 있던 이상억 교수 외에는 없었으므로 혹시라도 미국 박사를 인정해 준다면 승산이 있을 것 같기도 하였다. 다행히 지난 3년간 그 복잡한 와중에도, 어머니 병실에서 밤을 새우면서도 틈틈이 쓴 논문이 10편 정도 되었다. 그래서 마감 날 오후 마지막 시간이 거의 다 될 무렵인 4시 40분에 원서를 접수했다. 그리고는 별로 기대도 안 하고, 단지 원서를 안 내서 후회할 일은 없게 됐다고 생각하며 편안한 마음으로 방학을 맞이하였다. 평창동에 온 이후 첫 번째 맞이하는 방학이고, 어머니도 더 나빠지시진 않아 그런대로 평화로운 날들이 지나갔다. 큰 애는 어느새 중학생이 되었고, 둘째는 상명대학부속초등학교로 전학을 했다. 막내딸은 아직 다섯 살밖에 되지 않아 집에서 놀고 있었다.

그러던 어느 날 고대 사대 학장실이라면서 전화가 왔다. 내일 아침 9시까지 학장실로 오라는 전화였다. 약간 떨리는 기분으로 학장님을 만났는데, 이것저것 물어서 대답하고 왔다. 그리고 일주일 뒤 쯤 총장 면담이 있을 거라 했다. 그런데 4일 뒤 쯤 학장님이 직접 전화를 하시며 내일 9시 이전에 학장실로 좀 와 달라고 했다. 이튿날 서둘러 학장실에 갔더니 너무도 기막힌 얘길 하는 것이었다. 박교수가 내정된 게 알려졌는데, 박교수가 중앙정보부 돈으로 유학을 했다는 투서가 들어왔다. 자기는 믿지 않지만 분명히 하기 위해 묻는 것이니 사실대로 얘기해 달라고 했다. 나는 어이가 없었지만 학장님의 어려움을 간파하고 차근차근 아니라는 걸 얘기했다.

한국의 중앙정보부가 유학생한테 유학비를 대준다는 말은 들어 본 적도 없거니와, 설사 그렇게 한다고 해도 중앙정보부에 필요한 분야에 주겠지 나같이 언어학 한 사람을 주겠느냐, 그리고 난 4년간 장학금 받은 기관의 장학금 수여증서를 가지고 있으니 오늘이라도 집에 가서 가지고 오겠다고 했다. 그랬더니 그럼 됐다면서 필요하면 그 서류 제출을 요구하겠다고 하면서 돌아가라고 했다. 난 세상을 살면서 세상의 유언비어는 어느 정도는 근거가 있을 거라고 믿었던 사람인데 실제로 내가 당하고 보니 허무맹랑한 유언비어도 있다는 걸 알게 되었다.

아마도 고대와 아무런 연고가 없는 내가 내정되었다고 하니 반대하기 위해 생각해 낸 것이 나에 대한 음해인데, 이렇게도 정말 희한한 유언비어가 이루어지기도 한다는 걸 알게 된 계기가 되었다고 할까? 추리해 보면 내 주소가 육사아파트로 되어 있었고, 남편 직업이 당시 육군 중령이고, 육사교수니까 함께 유학을 했을 것 같고 그렇다면 남편 덕에 중앙정보부 같은 데서 장학금을 받고 간 것이 아닐까 하고 재미있는 억측을 했던 것 같다.

아무튼 이렇게 학장님이 친절하게도 부인할 기회를 주셔서 감사했고 2,

3일 뒤에 바로 교무처장, 당시 김상협 총장, 그리고 이활 재단 이사장을 차례로 면담하고 집에 왔다. 지금도 기억나는 것은 애기가 몇이냐고 물으시는데 공부했다는 사람이 세 명을 낳았다고 대답하기가 부끄러워 기어들어가는 소리로 3명이라고 대답했더니 다시 아들이 몇 명이고 딸이 몇 명이냐고 물으셔서 2남 1녀입니다 했더니 아주 이상적인 수라고 하시며 막내가 몇 살이냐고 다시 물으셨다. 여섯 살입니다 했더니 '그럼 됐습니다'라고 하셨다. 바로 이어서 이사장님도 뵈었지만 비슷한 걸 물으셨고, 역시 2남 1녀라니까 딱 좋다고 하셨다. 우리 세대에서는 2남 1녀를 가장 이상적인 자녀수로 여겼던 것이다.

행복했던 고려대 교수 생활

1981년 2월이 되자 교수로 확정됐으니까 몇 가지 서류를 내라고 교무처에서 연락이 와서 서류를 낸 지 2, 3주 후 어느 날 발령장 받으러 오라고 했다. 이렇게 하여 나는 참으로 운 좋게도 고려대 교수가 되었는데, 발령장을 보니 정교수였다. 너무 놀라 교무처장님한테 가서 이거 혹시 잘못 된 게 아니냐고 물었더니 틀림이 없다고 확인해 주었다. 난 너무도 놀랐다. 경희대에서 조교수로 3년 근무했으니까 잘 하면 부교수라고 생각했었는데. 정교수라니... 나의 이력 중 고등학교 교사, 석사 두 번 한 것 모두를 인정해 준 결과였다. 그리하여 나는 1981년 3월 1일 만 38세에 대 고려대학교의 정교수로 부임하는 엄청난 행운아가 되었다. 그러니까 나는 부교수를 거치지 않고 바로 정교수가 되는 기록도, 30대에 정교수가 된 기록도, 또한 고대에서는 역사상 처음으로 공채를 통하여 교수가 된 기록도 얻게 되었다. 하느님 덕인지, 조상님 덕인지는 모르겠지만 하여간 나에게 기적 같은 행운이 올 줄은 상상도 못했다.

내가 고대에 부임할 때 고전 문학에서는 정재호 교수도 함께 채용되어 함께 국어교육과 교수가 되었다. 당시 국교과에는 현대 문학의 오탁번 교수 한 명밖에 없어서 어학과 고전문학에서 한 명씩 채용한 것이었다. 1978년에 첫 입학생을 받은 우리 국어교육과는 사대에서 교육학과, 체육교육학과, 가정교육학과, 수학교육학과 다음으로 다섯 번째로 만들어진 학과였다. 사범대학이 다른 단과대학에 비해 역사가 짧다 보니 아직 과도 몇 개 안 되고, 교수도 몇 명 없었다. 그래서 이중(李中) 교수님이 학장이 되자 7명의 교수 충원을 본부에 요청했고, 이것이 받아들여지자 고대 역사상 처음으로 공채를 했던 것이었다.

지금은 모든 대학이 공채를 하고 있지만 그때까지만 해도 교수들의 추천으로 주로 교수를 채용해 왔었는데 고려대가 제일먼저 공채를 한 셈이다. 아무튼 내가 고대에 와보니 국문과에는 현대 문학에 정한숙, 홍일식, 송민호 교수님이 계셨고, 고전 문학에는 정규복, 인권환 교수님, 그리고 어학에는 김민수 교수님과 박병채 교수님이 계셨다. 그리고 서연호 교수가 나와 같은 때에 부임하셨고, 조치원 국문과에는 이기서 교수님이 나와 같은 때에 부임하셨다. 이 세 과가 매우 화목하여 함께 망년회도 하고 신년회도 하면서 모두 가족같은 분위기였다.

나는 고대의 분위기가 너무 좋고, 학생들도 참으로 우수하고 착해서 매일 매일 즐겁게 지냈다. 몇 년 뒤부터는 대학원 제자들도 갖게 되어 점점 더 행복한 교수 생활을 하게 되었다. 초기 내방 제자들은 우리 과는 물론, 전교에서도 수석을 하는 등 최우수 학생들이 내 지도 학생들이 되니 교수로서의 보람을 맘껏 누릴 수 있었다. 이후 난 고대의 열혈 팬이 되어 충성을 다해 사랑한 것 같다. 내가 고대를 나왔다고 해도 더 이상 고대를 사랑하지는 못할 것 같은 기분이 들었다.

그런데 고대에서 행복한 교수 생활을 시작 한 지 넉 달도 채 되기 전 6월 10일에 어머님은 40여일의 혼수상태를 거쳐 결국은 향년 80세로 별세하셨다. 마지막으로 아들과 며느리의 손을 잡고 눈을 감으신 것이었다. 난 평생 임종해 보는 게 처음이어서 옛날에 혼자 상상할 때는 시신을 보면 무서울 줄 알았는데, 막상 당해 보니 전혀 그런 느낌은 없었고, 눈을 감으신 이후에도 한참 동안 체온이 유지되어 나는 돌아가신 게 아닌 것 같은 느낌을 계속 받았다. 체온이 금방 식는 게 아니라는 것도 이때 알게 되었다. 그래서 마지막으로 씻겨드리고 한복으로 갈아입혀드리면서도 꼭 살아계신다는 기분으로 했던 것 같다. 나의 생모는 내가 임종을 한 셈이지만 너무 어려서 임종의 의미를 몰랐고, 할아버지, 시아버님 두 분은 내가 미국에 있을 때 돌아가셔서 임종을 못해 못내 섭섭했는데 그래도 우리 어머님은 며느리의 손을 꼭 잡고 돌아가시니 그동안 애썼던 것이 너무 허망하고 슬프긴 했지만 그래도 이왕 돌아가시는 거라면 임종을 할 수 있게 해 주신 게 너무 감사했다.

그때는 지금처럼 큰 병원의 장례식장도 별로 좋지 않을 뿐만 아니라, 병원에서 돌아가시면 '객사'라고 여기던 사회 분위기였으므로 산꼭대기에 있어서 교통이 매우 불편한 평창동 우리집에서 문상객들을 맞았다. 밤에 돌아가셨으므로 가까운 친척 외에는 모두 그 이튿날 오셨는데 하루에 3,4백 명에게 식사를 대접하였다. 남편 손님들이 물론 많이 오셨으나 고려대학교 측에서도 총무처장님, 이중 사대 학장님, 우리 과 교수님들을 비롯하여 사대의 여러 교수님들과 국어학 전공 대학원생 등 나의 제자들도 와주었고, 나의 고등학교 친구들도 와주었다. 그 이튿날 새벽에 발인하여 묵동 성당에 가서 영결미사를 드렸다. 처음으로 참석해보는 새벽 영결미사는 너무도 좋았다. 정말 그 동안의 어려움과 슬픔을 모두 치유해 주고, 고인을 하늘나라로 보내드리게 되었으며, 이 성스러운 천주교식으로 영결미사를 하고 보내드리는 것이 얼마나 위안이 되고 기쁜지 몰랐다. 천주교에서 받은 은혜는 이 영결식뿐이 아니었다. 상중에도 연령회 회원들이 오셔서 고인을 위한 기도를 계속 드려주셨고, 영결식이 끝난 다음에도 멀고 먼 경북 의성 단북면 장지까지 오셔서 또 영결미사를 드려주셨다. 그 때의 성당 가족들의 은혜는 평생 잊지 못할 것 같다.

영결식을 끝내고 무려 7시간 동안 당시 중학교 1학년이었던 큰애가 할머니 영정을 들고 장지까지 갔으니 손주 역할을 톡톡히 했다. 당시는 많이 칭찬해 준 것 같지 않지만 지금 생각해도 대견하다. 장례식 날은 일찍 찾아온 무더위에 정말 땀으로 범벅을 하며 장지에서 천주교식 장례 절차를 밟은 후에 친척들을 위하여 전통적인 유교식으로도 다 치른 후에 먼저 가신 아버님 옆자리에 모셔다 놓으니 기분이 매우 좋았다. 이제 지하에서든 하늘에서든 두 분이 다시 만나 회포를 푸실 거라 생각하니 슬픔도 모두 날아갔다. 수고하신 분들이랑 동네 친척들에게 넉넉하게 사례를 하고 서울에 돌아오니 밤 11시가 되어 있었다.

그렇게 어머님을 하늘나라로 보내드리고 우리 가족은 다시 평화로운 날들을 보내게 된다. 그리고 조금씩이나마 저축도 할 수 있게 되었다. 그 이후 몇 년간은 거짓말처럼 집안이 평화로웠다. 아이들도 모두 건강하게 잘 자라주었고, 우애도 좋아서 싸우는 법이 없었다. 큰 애는 어질고, 둘째는 싹싹하니 싸울 수가 없고, 막내는 워낙 나이 터울이 있고 딸이니까 오빠들이 잘 안 놀아 준다고 불평하긴 해도, 둘째가 동생하고 가끔 놀아주기도 하여 잘 달래주었다. 난 막내로 태어난 딸이 너무 예뻐서 많이 데리고 다녔다. 아무리 보아도 예뻤다. 5, 6살에는 말도 어떻게나 잘 듣는지 재미로 무슨 심부름을 시켜도 너무나 잘 했다. 정말 우리 딸 뺨에 나는 참으로 뽀뽀를 많이 했다.

그러나 그 무렵 나는 매우 바쁘게 되어버렸다. 고대에 온지 한 학기 만에 '이중언어학회'를 설립하게 되었기 때문이다. 9월 초에 문과대 약천 김민수 선생님 연구실엘 갔다가 우연히 미국에서 배운 이중 언어 이론을 간단히 얘기하고 우리 해외 동포들에게도 바로 이러한 이중언어교육을 받도록 해야 할 것 같고 그러기 위해서는 국어학자들이 해외 동포들의 한국어교육에도 관심을 가져야 할 것 같다고 지나가는 얘기로 하게 되었는데, 이 분이 내 얘기를 듣는 순간 바로 학회를 만들자고 하신 것이었다. 그래서 시내 몇 개 주요 대학들의 국어학 중진 교수들을 모아 임원진을 짜는 것은 약천 선생님이 하시고, 나는 학회 창립 취지문을 만들고, 창립대회 준비를 하게 되었다. 창립 취지문은 우선 내가 초안을 쓴 걸 가지고 서울대 박갑수 교수님하고 함께 다듬었다. 그리고 학회 정관 초안을 만들고, 교수들한테 연락하고 하느라 엄청난 시간을 써야 했다. 지금처럼 이메일이 되던 시절도 아니고 휴대폰이 있지도 않았으며, 컴퓨터로 글을 쓰던 시절도 아니어서 모든 것을 수작업으로 했으니까 힘이 많이 들었다. 아침 일찍 여교수가 남교수님한테 전화를 할 수도 없고, 연구실로 낮에만 해야 하는데 평균 대여섯 번씩은 해야 통화가 되었다.

아무튼 국어학자들에게 평생 처음 듣는 이중 언어 이론으로 설득하는 것도 어려웠지만 약천 선생님의 일하시는 스타일이 나를 더욱 어렵게 하였다. 예를 들어 발기인 몇 명(보통 대여섯 명)이 점심시간에 만나는데, 한 번쯤은 밥값을 내실만도 한데, 만나자마자 밥값을 걷으라는 것이었다. 나 같으면 그냥 내가 내고 말 것 같은데, 단 한 번도 아무리 싼 걸 먹어도 단 한 번도 식대를 내신 일이 없었다. 어른이 그러시는데 건방지게 내가 이러지 말고 돌아가며 내자든가, 차라리 내가 내버리든가 할 수도 없었다. 하지만 우리는 의기투합하여 1981년 9월 26일 덕성여대에서 정광 선생님을 임시의장으로 하여 창립총회 겸 학술대회를 하게 되었다. 발표는 김민수, 박갑수, 남기심 교수님과 나 이렇게 넷이서 했고, 김민수 교수님이 초대 회장에, 연세대의 문효근 교수가 부회장에, 그리고 나는 총무이사에 선출되었다. 이름이 총무이사지, 사실상 학회의 모든 일은 거의 나 혼자서 다하다시피 하였다. 그러나 총무를 수행하기에는 삼남매의 엄마 역할이 너무 컸을 뿐만 아니라, 제일 어려운 것이 교수들에 대한 연락에 어려움이 많다는 것이었다. 그때만 해도 집이나 학교 연구실로 해야 하는데, 너무 일찍이나 저녁 늦게 남자교수들한테 전화하기가 어려웠고, 학교로는 시간을 맞춰 통화하기가 너무 어려웠다. 그래서 2년을 하고는 연임하시게 된 김민수 회장님께 아무래도 여자니까 교수님들께 연락하는데 어려움이 있으니 다른 직책을 맡겠다고 했더니 아예 아무것도 하지 말라고 하셨다.

그래서 나는 물러나고 성광수 교수님이 총무를 맡으시고 나는 임원에서 빠졌다. 이때 나는 겨우 시간을 낼 수 있었기 때문에 1985년에 「한국어 통사론」을 출간했다. 나의 첫 번째 책이어서 친정아버님의 글씨로 제자를 했다. 그 뒤 이중언어학회는 사실상 공전되고 있었는데, 그 이유는 이중언어 이론에 대해 아는 사람이 거의 나밖에 없고, 둘째, 약천선생님은 학회를 학술적으로 운영하기보다 민족운동으로 하고 싶어 하시면서 탑출판사 김병희 사장을 설득하여 어린이들을 위한 한영사전을 만들기로 하고 돈까지 받아 교수들에게 나누어 주고, 합숙을 하는 등 노력을 하셨으나 끝내 그 일은 유야무야되고, 학회도 완전히 침체에 빠지게 되었다. 그리고 그분의 4년 임기동안 내가 억지로 노력해서 학회지를 두 번 내기는 했으나 더 이상 발전이 없었다.

설상가상으로 후임 회장을 장병혜 교수를 시키라고 언명하셔서 그 분을 시켰는데 임기동안 단 한 번도 학회를 소집하거나 참석조차 하지 않아 학회가 완전히 마비되게 되었다. 장병혜 교수도 사실은 내가 그 분을 먼저 알게 되어 약천 선생님께 소개한 것이었다. 장병혜 교수는 미국의 조지메이슨 대학에서 이중언어 분야를 강의하시며, 미국에서 사용하는 미국역사, 미국 정부 같은 국정교과서를 한국어로 번역하여 한국 동포 자녀들에게 가르친다는 정보를 들었고 해외 동포 문제 연구소에서 만난 일이 있어서, 김민수 교수님께 소개한 것이었는데, 이 분이 잠시 한국에 들어와 계시는 동안 우리가 한두 차례 만나고 나서, 그 분을 2대회장으로 추대한 것이었다. 이 분은 자유당 시절 외교부장관을 지낸 장택상씨 따님으로 미국에서 교수를 지낸 중국 교수와 결혼을 한 분으로 그 시절 들리는 소문으로는 남편과 이혼하게 되어 한국에 몇 달 머물렀다고 한다. 나도 개인적으로 장교수를 매우 좋아했으나 하여튼 불행하게도 장병혜 회장은 서류상으로만 있고 실제로는 단 한 번도 회장 역할을 한 적이 없었으니 아까운 2년이 그냥 흘러갔던 것이다.

80년대에 나는 가정적으로도 아이들이 초중고를 다니는 때였고, 그때는 학교 급식이라는 제도도 없어 제일 많을 때는 도시락을 큰 아들 두 개 둘째 아들 두 개, 딸 도시락 하나, 내 도시락 하나 6개나 싸야 했다. 아들들은 그래도 무엇이라도 잘 먹어서 좋은데 딸은 먹는 게 신통찮아 특별히 신경이 쓰였다. 꼭두새벽에 일어나야 할 수 있고, 정성스런 도시락을 어느 아줌마한테도 맡길 수가 없으니 내가 하지 않으면 안 되었다. 그런데 도시락 반찬이 큰 고민거리였다. 질리지 않게 점심 저녁도 다르게 싸야 하고, 일주일 내내 같은 반찬을 쌀 수도 없으며, 영양과 맛과 색깔을 다 고려하야 하니 반찬 메뉴를 짜는 것도 보통이 아니었다. 그래서 하루는 주말에 3주치 반찬 메뉴를 짰다. 그래서 부엌 벽에 붙여놓고 시장볼 때도 그냥 그 메뉴에 맞는 재료를 사서 하니 뭘 만들까 생각하는 시간이 줄어서 매우 편리했다. 이 무렵 나는 여러 가지 반찬을 개발하여 지금으로 말하면 퓨전 음식을 만들었던 것 같다.

그리고 우리 식구는 그때만 해도 아침에 밥으로 온갖 반찬을 해서 먹었으며, 아이들을 적어도 7시 전까지 학교에 태워다 주고 출근하려면 아침에 다섯 식구가 모두 함께 움직여야 했으니 나는 5시 반에는 무조건 일어나야 했다. 집이 산꼭대기다 보니 아침에는 아이들을 학교에 안 태워 줄 수가 없고, 나도 남편 출근 차에 올라타지 않으면 출근하기가 어려웠으므로 늘 함께 출근하게 되었다. 만일 내가 늦게 일어나거나 손놀림이 늦어져서는 큰일이기 때문에 이 무렵 나는 정말로 1시간이면 이 모든 일을 해냈고, 내가 밥 먹는 시간도 2, 3분, 화장하는데 1, 2분 이런 식으로 분을 다투면서 살았다. 그래도 지금 생각해보니 그때가 제일 행복했던 것 같기도 하다.

그러나 밖으로는 정치적으로 매우 불안하였다. 박대통령이 불의의 흉탄에 가시고 1981년 소위 신군부가 정권을 잡으니 정통성을 인정하지 않는 대학생들과 소위 민주세력들의 끊임없는 소요가 일어났다. 내가 고대에 부임한 이래 단 하루도 교정에서 데모가 없는 날이 없었다. 정치적으로 잘못된 부담이 고스란히 대학이 떠안게 된 형국이었다. 입학을 하고나면 며칠 안 있어 문무대에 들어가 일주일쯤 군사 훈련을 받게 되어 있었는데, 여길 안가겠다고 하든가, 방학 때 전방 부대에 가서 한 달 정도 훈련 받는 걸

안하겠다고 데모, 농성을 반복하고 정부에서는 무자비하게 최루탄을 쏘아 대니 교수들은 최루탄 가스를 맞으며 눈물을 흘려야 했다. 이러한 심한 시위와 정부의 최루탄으로 대변되는 시위 진압은 모두 대학에서 이루어졌으니, 붙잡혀 가는 것도 학생이요, 가끔씩 희생되는 것도 학생이었다. 80년대에 교수를 한 사람들은 시대의 아픔을 고스란히 짊어져야 하는 희생자들이었던 것이다.

당시엔 신입생이 들어와 며칠 안 돼 문무대에 들어갈 땐 당연히 교수들이 인솔했고, 전방부대에 안 들어가겠다고 농성을 하면 학생들을 설득해야 했다. 실은 이런 과정을 필하면 학생들이 나중에 군에 입대했을 때 두 배의 기간을 근무에서 빼주기 때문에 학생들에게 이로운 제도였지만 강제로 시키니 무조건 반발하였고, 군부 정권이라는 것에 대해 무조건적인 저항을 하였던 것이다. 또한 외부의 재야 세력들이 모든 유인물까지 만들어주고, 논리도 제공해주어, 뒤에서 부추기기도 하여 대학은 하루도 데모를 안 하고 편안한 날이 없게 되었다. 그러나 학생이 몇 명이 들어오든지 수업은 수업대로 해야 하고, 학생들의 데모에 따른 모든 뒤처리를 해야 했다. 데모의 주동자로 잡혀 몇 달 혹은 몇 년을 살고 나올 땐 검찰이나 경찰에 가서 교수가 앞으로 지도 잘 하겠다는 각서를 쓰고, 보증도 서야 하는 등 교수들이 너무도 많이 소모되어야 했다. 뿐만 아니라 학교 당국도 엄청난 희생을 감수해야 했다.

예를 들어 문무대 들어가는 날이나 전방 부대에 들어가는 날은 학교 측에서 몇 백대의 버스를 대절하여 마당에 대기시키는데, 하루가 가고 이틀이 가도 학생들이 안 타도 그대로 며칠이고 버스를 그대로 대기시켜야 했으니 그 비용을 고스란히 학교가 물어야 했다. 당시는 교수들끼리 저 버스 대절료만 줄여도 몇 백 명에게 장학금을 줄 수 있다고 하였다. 지금 생각해보면 왜 그런 짐을 대학이 다 짊어져야 했는지 정말 이해가 잘 안 된다. 의무제로 하지 말고, 선택제로 했으면 학생들이 자기에게 이롭기 때문에 자발적으로 했을 텐데 의무제로 해 놓으니까 그토록 저항이 컸던 것이다.

그리고 교수 입장에서 당시는 교련 학점이 안 나오면 아무리 성적이 좋아도 졸업이 안 되므로 교련 학점을 F를 안 맞게 하기 위하여 학교 당국과 교수들은 그토록 혹독한 대가를 치러야 했던 것이다.

우리 국어교육과는 항상 학생 시위의 중심에 있었다. 거의 매일 데모를 했고, 그러면 경찰은 무자비하게 최루탄을 쏘아댔다. 학생들은 보도 불럭을 뜯어 경찰에게 던지고, 화염병을 던지는 등 사회 기강이 말이 아니었다. 대학 교수들이 최루탄으로 눈을 뜨지 못하고, 얼마나 많은 눈물을 흘려야 했는지 당시 교수가 아닌 사람들은 모를 것이다.

그러나 이러한 시기에도 나는 잊지 못할 추억을 가지고 있다. 데모가 매우 극심하던 1985년 10월 어느 날이었다. 강의가 끝나고 교육부 회의가 있어 학교를 나가야 하는데 정문 쪽에서 학생들과 전경들이 대치를 하고 있어 도저히 나갈 수가 없었다. 하는 수 없이 후문으로 나가려고 하는데, 이날따라 후문에서조차 치열한 공방이 벌어지고 있었다. 학생들은 돌을 던지고 전경들은 최루탄을 쏘며 방패를 들고 서있었다. 머리 위로 돌이 수없이 날아갔다. 순간 내가 여기서 돌을 맞아 죽는다면 '순직'이 될 것인가 하는 생각이 들었다. 아무튼 이대로 다시 연구실에 들어가야 하나 회의에 가야 하나 잠시 생각하다가 어차피 나가야 하니까 이 공방을 뚫어야 했다. 그래서 혹시 우리 과 학생이 없나 이리저리 살폈더니 마침 우리 과대표인 이상덕이라는 학생이 멀리서 보였다. 옳다구나 하고 '이상덕'이라고 소리를 질렀더니 내게로 달려왔다. "내가 지금 외부 중요한 회의가 있어 안 나가면 안 되겠는데, 어떻게 좀 도와줄 수 없겠나?"라고 했다. 물론 나도 믿는 바가 있었지만 정말 거절을 당했다면 내 체면이 어떻게 되었을까? 그러나 이 친구는 나의 믿음을 저버리지 않고 "예, 알겠습니다." 하더니 나팔 확성기를 들고 "여러분들 잠시만 중단해 주십시오. 지금 교수님이 나가십니다."를 서너 번 외치니 거짓말처럼 돌 던지기를 중단하고, 전경 쪽에서도 최루탄 쏘는 것을 멈췄다. 그리고 나를 부축하다시피 하여 후문을 지나 100m쯤 배웅을 해주고 돌아갔다.

정말 당시의 분위기로서는 상상하기 어려운 일이었다. 특히 이 친구는 너무 많이 데모에 가담한다고 내가 야단도 많이 쳤던 학생이니 나의 감동은 더 컸다. 고대 학생들의 진면목을 보여준 일로서 자주 나의 마음을 따뜻하게 해준다. 이 극심한 대학의 시위는 1987년 6월 10일 시민들이 합세하여 클라이맥스를 이루고, 결국 6·29선언으로 이어져 대통령에 대한 국민의 직접 선거를 이끌어내게 되면서 조금씩 진정되어 갔다. 물론 이후에도 데모는 몇 년 더 이어졌다. 정말 1980년대는 대학의 모든 역량을 소모적인데만 쓰도록 만들었으니, 대학발전에 큰 장애요인이 되었던 것이다.

그간 큰애가 중학교를 졸업하고 고등학교 입학을 앞에 둔 시간이어서 나는 성문 기초 영문법을 떼도록 지도하느라 그와 함께 밤 12시까지 함께 지냈다. 그 애가 공부하는 동안 나는 「한국어통사론」을 썼다. 영어는 당시 「성문 기초」와 「성문 종합」의 두 책을 떼는 것이 기본인데, 처음 「성문 기초」를 떼는 게 중요하다. 따분하고, 어렵지만 이걸 참고 극복하고 나면 영어 실력이 몰라보게 향상되게 된다. 문제는 꼭 부모가 가르쳐주지 않아도 자녀가 참고 이 책을 떼도록 독려하고, 확인만 해주면 된다. 이 시절에는 과외가 철저하게 금지되어 있어서 과외를 시킬 필요도 없고, 학원도 지금처럼 성행하지도 않았으려니와 우리 동네는 아예 학원 같은 것이 없는 터라 아이들이 학교를 마치면 집에 와서 공부를 했다. 수학은 [정석]으로 공부하고 영어는 [성문]으로 공부했다. 국어는 교보문고에서 새 교과서를 사다가 글 한편씩을 처음부터 끝까지 제대로 읽도록 하였다. 학교에서 선생님이 불러준 것을 새까맣게 써놓은 책을 치우고 새 책을 그냥 읽게 하였다. 그리고 읽다가 모르는 게 있으면 물으라고 했다. 수학은 또 아버지께 물으라고 했다. 이 애가 대학 들어가는 1987년에는 처음으로 논술도 생겼다. 딱 한 번 문제를 주고 논술을 쓰였는데, 내가 기대하는 이상으로 잘 썼다. 그래서 너는 논술은 됐으니 당일에 글씨나 좀 잘 쓰라고 했다.

그런데 이 애 고등학교 3년간은 (84-86) 나에겐 전혀 다른 측면에서 악몽이었다. 가족 중 누구도 알지 못하는 나만의 악몽 같았던 기억을 잠시 떠올려보기로 한다. 우리 큰 아들은 IQ도 높고, 문과, 이과, 예술적 재능까지 골고루 갖춘 아이였다. 체격도 좋고 인물도 준수한 편이며 음성은 더욱 좋다. 그러나 꼭 이것을 하겠다는 뚜렷한 한 분야가 있으면 좋겠는데, 모든 분야의 재능이 비슷비슷했다. 그러나 본인은 문과나 예술계에 갈 생각은 전혀 없고 이과를 가겠단다. 1학년 1학기 성적은 매우 좋았다. 0.5%에 드는 성적을 유지했다. 그래서 꾸준히만 하면 자기가 원하는 대학의 어느 과든지 갈 수 있다고 믿었다. 물리는 언제나 100점이었고, 영어도 거의 만점이었으며 화학, 국어도 모두 잘 했다. 그런데 1학년 2학기부터 성적이 떨어지기 시작했다. 전국모의고사 성적은 그래도 상위 1%를 넘긴 적이 없는데, 내신에서 밀렸다.

그렇지만 정작 나를 힘들게 했던 것은 성적이 아니고 전혀 다른 데 있었다. 이 아이가 토요일 저녁때가 되면 식사 후에 바로 잠을 자기 시작했는데, 그냥 자면 될 것을 꼭 나에게 언제 깨워 달라고 하고 자는 것이었다. 7시쯤부터 자면서 밤 10시에 깨워라, 11시에 깨워라 이런 식이었다. 자명종을 놔도 소용이 없으니 엄마가 깨워달라는 것이었다. 처음엔 곧이곧대로 깨워 달라는 시간에 깨웠다. 그러나 일어날 리 없었다. 그러면 두 시간쯤 있다가 다시 깨운다. 그래도 못 일어난다. 또 두어 시간을 재운 뒤에 다시 깨운다. 그래도 못 일어난다. 그렇게 몇 번을 하는 사이 날은 새고 나는 한숨도 못 잔 채로 또 가족들을 위해 밥하고 청소하고 빨래를 해야 한다. 우리 큰애는 결국 일요일 아침 9시나 10시가 되어서야 일어났다. 그 다음 주에도 또 그 다음 주에도 그런 일이 반복되었다. 나는 이제 다시는 안 속겠다고 하고, 네가 마음껏 자고 일어날 수 있을 때 일어나라고 간곡히 말할수록 오늘은 성말 안 일어나면 큰일 난다며 꼭 깨워달라고 더욱 힘주어 말한다. 그러면 또 마음이 약해져서 오늘은 진짜 일어나려나. 하여 12시에 깨우라고 해도 아예 새벽 3시나 4시쯤 되어서 깨운다.

그래도 못 일어나긴 마찬가지이다. 그 다음 주도, 또 그 다음 주도 난 속으며, 완전히 토요일 밤은 언제나 새게 되었다. 그러니 택시를 타도 졸고,

미장원에서도 졸고, 세미나에 가서도 졸고, 심지어 강의를 하면서도 존 적이 있다. 머리는 언제나 멍멍했고, 피로감은 언제나 나를 떠나지 않았다. 그 긴 밤을 그렇게 어처구니없이 새우며, 자식이 뭔지를 날마다 회의하면서, 그렇게 큰애의 고등학교 시절은 지나가고 있었다. 나는 아예 아들을 고대 조치원에 넣을 각오를 하고 그 학기에는 자청해서 조치원에 강의를 나가 교수들도 만나보고, 학생들도 만나보고 분위기를 파악했다. 서울에서 조금 먼 것이 문제일 뿐 학교 분위기나 수준은 그런대로 괜찮다고 생각하여 아예 "너 고대 조치원에 가면 되겠다."는 말까지 하고 가족들도 열심히 설득하였다. 그런데 이 애가 학력고사 두 달을 남겨 놓고는 갑자기 고시원엘 가겠다고 했다. '이제 두 달 밖에 안 남았는데 고시원은 가서 뭘하느냐?'고 핀잔을 주었더니 '두 달 남았으니까 이젠 공부해야죠.'라고 했다. 어이가 없었지만 모처럼 결심한 애한테 안 된다고 우길 수도 없어 함께 우리 동네에 있는 고시원에 가 보았더니 마침 문간에 책상 하나가 남아있어 거길 등록하고 애는 학교가 끝나면 곧바로 고시원으로 갔다. 그러니 나는 저녁을 해서 매일 자동차로 실어 날랐다. 그리고는 12시에 자는 남편을 깨워 데리러 갔다.

난 그때까지도 운전을 못 했다. 아예 운전을 안 배우겠다고 선언하고 죽으라고 운전을 안 배웠던 것이다. 이유는 두 가지였다. 첫째는 내가 일찍 엄마를 잃었기 때문에 막내딸이 크기 전까지는 운전을 안 배워야겠다고 생각했다. 난 내가 운전을 하면 반드시 대형 사고를 내어 죽을 것만 같이 느껴졌기 때문이다. 둘째 이유는 내가 안팎으로 하도 일이 많으니까 새로 배워서 한 가지라도 더 일하는 것은 하지 말아야겠다고 결심했기 때문이다. 내가 아무리 바쁘고 아무리 아파도 남편이 가정 일을 도와주는 일은 결코 없었기 때문에, 만일 내가 운전을 할 수 있게 되면 운전하는 일까지 내 차지가 될 것 같았다. 그래서 나는 1995년 우리 딸이 대학 2학년이 된 뒤에야 운전을 배우게 된다. 하여튼 이렇게 하여 큰애는 두 달 동안 제대로 공부를 했는지 학력고사 성적이 매우 높게 나왔고, 내신도 좀 만회를 하였으며, 논술도 괜찮게 하여 결국 서울공대에 합격하였다.

그리고 나는 1987년 10월 제3대 이중언어학회 회장이 되었다. 내가 학회를 인수받았을 당시 학회 재정은 마이너스 29만원이었다. 우선은 학회를 활성화하기 위해 초기의 민족운동식 학회 활동을 지양하고 학술적인 학회를 만드는 것에 주안점을 두었다. 정기적으로 학술대회를 하고, 학회지를 발간하는 일부터 시작했다. 기왕에 나온 두 권도 사실상 거의 내 노력으로 이루어진 것이지만 3호부터는 좀 더 착실하게 출간해야했다. 당시 부회장은 서울대 심재기 교수였고, 총무는 정신문화연구원(지금의 한국학 중앙연구원)의 신창순 교수가 맡았다. 부회장은 내가 지명했지만 총무 이사는 순전히 약천 김민수 선생님의 압력(?)때문이었다. 신교수님은 나보다 5, 6년 이상 연장자이고 별로 친숙하지 않았기 때문에 부담스러웠으나 피할 수 없었다. 또한 내가 부탁한대도 들어준다는 보장도 없었다.

그래도 약천 선생님의 강력한 압력을 뿌리칠 수 없어 부탁은 해야겠는데 자신이 없었다. 그래서 곰곰이 생각을 해 보았다. 우선 신교수님이 흔쾌히 총무 이사직을 맡을 수 있도록 여건을 만들어 드려야겠다고 생각했다. 그래서 생각해 낸 것이 제1회 이중언어학회 국제학술대회 '일본에서의 한국어교육'이었다. 신창순 교수는 일본에서 박사학위를 받은 분으로 일본대회를 하기 위해서는 신교수님이 총무 이사직과 일본대회 의장을 맡으라는 조건을 제시했다. 나의 제안은 적중했다. 이야기를 듣더니 '그러면 한 번 해보지요'라고 했고, 난 그때부터 일본대회 준비를 부탁했다.

그리고 나는 국내 대회를 하면서 원고를 모아 제3호를 출간하였다. 그런데 몇 달이 지나자 신교수가 '일본대회'를 할 수 없다고 하면서 총무 이사직도 내놓겠다고 한다. 그 이유인즉 일본에서 올 학자가 없다는 것이었다. '알겠습니다'라고 한 뒤 나는 바로 성광수 교수님께 총무 이사직을 부탁하고, 이튿날 고대 일문과 이현기 교수를 만나 일본 내의 한국어학자 명단과 연락처를 얻어냈다. 그래서 5명을 초청하기로 하고 편지를 썼다. 주제가 '일본에서의 한국어교육'이라고만 했을 뿐 아무 약속도 할 수 없지만 최선의 노력을 하겠다고만 했다. 그런데 그 네 명이 아무 조건도 없이 다 와 주었다. 이때에 오신 분들은 동경 외대의 梅田博之 교수, 쓰꾸바대 荻野綱男 교수, 神田外大의 金東俊 교수, 關西大學의 熊谷明態 교수, 나고야 한국학교 金渙 교장 다섯 분이었고 국내에서는 박갑수 서울대 교수, 정광 고려대 교수, 송민 국민대 교수, 김충기 국제교육진흥원 교수, 김병원 포항공대 교수, 이영훈 전 동경한국학교 교장 등이 발표도 하고 나중에 토론에도 모두 참석해 주었다.

이 대회에 뜻밖에 전 교육부장관, 대한 체육회회장을 지낸 민관식 아세아문화연구원장이 오셨다. 알고 보니 일본에서 오신 선생님들을 만나기 위해서였다. 이것을 계기로 이분과 나중에 다시 인연이 되어 그 댁에도 가보았고, 그 분이 '재일 한국인'이라는 책을 낼 때 좀 도와달라고 하여 이중언어에 관한 설명도 해드리고 내 논문도 드리고 했더니 그 뒤 그분의 주요 가정 행사에 초청하는 등 어느 정도의 친분도 가지게 되었다.

어떻든 1988년 제1회 이중언어학회 국제대회는 고려대 과학 도서관 대회의실에서 성공적으로 개최되었고, 학회지 제4호 '일본에서의 한국어교육'이라는 주제의 논문집이 나오게 되었다. 이때 일본에서 오신 분들에게 30만원씩 드리니 이렇게 많이 주냐고 했다. 이런 대회를 준비하게 되니까 학술진흥재단에 지원도 요청할 수 있고, 학회의 홍보도 되고, 재정적으로도 결국 도움이 되어 빚을 갚고 몇 십만 원 정도는 남게 되었다. 그리하여 나는 최초의 국제대회를 통하여 국제대회에 대한 자신감이 생겼다.

60만 명의 교포가 있는 일본에 대한 세미나를 했으니 바로 이어서 이번에는 200만 명의 한국교포가 있는 것으로 알려진 중국에서 해야겠다는 생각이 들었다. 그래서 중국조선어학회 회장인 최윤갑 연변대 교수에게 '중국에서의 한국어교육'이란 주제로 중국에서 국제대회를 하고 싶다는 편지를 썼다. 그랬더니 좋다는 답장과 함께, 자세한 사항을 협의하기 위해 나보고 중국을 한 번 방문해 주면 좋겠다는 편지가 왔다. 그런데 그 다음 해인 1989년 1월에 나는 연구년을 UC Berkeley로 가게 되어 있었고, 둘째가 고3이라 가정적으로 좀 복잡했다. 그래서 약천 선생님과 성광수 교수님께 중국을 한 번 다녀오시는 게 어떻겠냐고 했다. 그리고 나는 미국 가야 하니 심재기 부회장님이 회장 대행을 하여 중국대회를 치르라고 얘기했다. 그리고 나와 남편은 동시에 미국 UC Berkeley 교환교수로 가게 되어 세 아이들을 모두 데리고 Berkeley로 떠나게 되었다.

UC Berkeley는 그 명성만큼 외국대학의 교수도 많이 와 있었고 외국유학생도 많았다. 그러나 캠퍼스는 일리노이대에 비해 훨씬 좁고 방세도 비싸 생활비가 많이 들었다. 그러나 일리노이에 비해 볼 것은 많았다. 사실 내가 1970년대 초 일리노이대학에 다닐 때만 해도 버클리가 그렇게 유명하지 않았다. '캘리포니아 버클리대도 괜찮다더라' 그런 정도였다. 그러나 캘리포니아주는 크기도 하려니와 기후가 좋고 관광명소도 많다 보니 선호도가 높아지는 한편, 너무 춥고, 덥고, 가도 가도 옥수수 밭밖에 없는 일리노이주는 미국사람들에게 점점 비인기 지역이 되어갔고, 산업으로도 일리노이주는 농업이 주산업인데, 농업 분야도 사양 산업이 되다 보니 미국에서 뉴욕 다음으로 부자주였지만 지금은 캘리포니아에 뒤져있으니, 주립대학도 그만큼 돈이 줄어 우수한 학생들과 교수들을 캘리포니아 대학에 많이 빼앗기는 형국이었다. 특히 캘리포니아 주립대학 9개 중에서도 버클리 캠퍼스가 가장 우수한 학생들을 뽑을 수 있고, 우수한 교수들을 더 확보할 수 있으니 랭킹이 올라가 지금은 미국의 10대 대학 안에 드는 학과가 많이 생겨났다.

그러나 내가 나온 Urbana-Champaign에 있는 University of Illinois는 1867년에 설립된 대학이고 일리노이 주세를 몰아 집중적으로 육성하는 대학원 중심 대학으로서 질 관리를 위해 노력하기 때문에 2, 30등 이하로 떨어지진 않는다. 특히 토목공학과는 아직도 1, 2위를 오르내리고 있고, 다른 공학 계열도 10위 이내가 많고, 문과에서는 심리학과 도서관학과, 경영학과 등은 전국 1, 2위를 차지하고 있으며, 음악 이론, 영어영문학, 언어학, 교육학, 체육학 등도 순위가 매우 높으며, 농대는 당연히 거의 최고 수준이고, 컴퓨터 과학, 물리학, 화학, 생물학 같은 기초 과학 분야도 최상위권에 든다.

미국의 Big ten 대학 중에서도 일리노이 대학은 상위 대학이었다. 특히 일리노이대학은 하버드 다음으로 도서관 장서 수가 많아 현재 1,000만 권의 도서와 수백만의 마이크로폼 및 CD를 자랑한다. 특히 내가 다니던 1970년대 초에는 미국 최상위 주립대학 중 하나라고 했었는데 지금도 주립대학으로는 UC Berkeley, UCLA, U. Michigan, U. Penn U. Texas 등과 함께 10대 주립대학 안에 든다.

주립대학보다 상위에 있는 사립대학들, 예를 들면 Harvard, MIT, Stanford, Yale, Princeton, Columbia, Chicago같은 대학들은 경쟁력 있는 분야만 운영하기 때문에 랭킹이 유지되는 데 비해 주립대학은 주에서 세웠기 때문에 경쟁력이 떨어지고, 선호도가 낮은 분야도 다 운영을 해야 하므로 대학 전체 순위에서는 불리하다. 그러나 기본적으로 미국은 각 주의 대표적인 주립대학은 일정한 수준을 유지하고 있어 그렇게 뒤떨어지지 않는다. 특히 미시간 대학이나 위스컨신 대학은 그 주에 유명한 사립대학이 없으므로 주립대학 중 최상위권을 유지할 수 있으나 일리노이대학은 시카고 대학과 노스웨스턴 같은 유명한 사립대학이 있어 불리하다. 그래도 역사와 전통이 있고 미국에서 세 번째로 부자주인 일리노이주에서 집중적으로 지원하는 대학이므로 그래도 상위권을 유지하고 있으나 학교 위치가 워낙 시골이라 정치학, 경제학, 법학 같은 분야가 상대적으로 떨어져 학교의 랭킹을 떨어뜨리고 있다.

버클리는 일리노이대학보다 1년 늦은 1868년도에 설립되었으나 기후와 환경이 좋아 우수한 교수와 학생들을 유치할 수 있어서 매우 유리하다. 특히 30분 이내 거리에 샌프란시스코 같은 환상적인 도시를 가지고 있으므로 일리노이에 비해 정치학, 경제학, 법학 등이 월등하여 대외적인 인지도가 높고, 언어학, 심리학, 교육학도 좋으며, 이공계도 매우 좋다. 하여튼 세계적인 대학이 된 버클리에서 연구실까지 얻어 1년간 있게 되었으니 행운이라 할 수 있다. 기후가 좋아 1년 내내 한국의 봄과 가을 같은 날씨를 즐길 수 있고 바다에 접해 있으니 경관도 매우 좋다. 그리고 자동차로 30분 이내에 있는 샌프란시스코는 너무도 아름답고 볼 것이 많아 버클리가 덕을 많이 보고 있다.

Berkeley에 있는 동안 나는 George Lakoff, Robin Lakoff, Fillmore같은 언어학 거장들을 만날 수 있었고, Ervin-Tripp, Gumperz같은 사회언어학자도 여러 번 만났으며, 세계적인 한국정치학자인 Scalapino 교수도 여러 번 만나고 집에 초대되어 저녁을 얻어먹기도 하였다. 버클리대 언어학과는 Lakoff와 Fillmore가 인지언어학을 발전시켜 Stanford의 Langacker와 함께 세미나도 자주 열었다. 버클리와 스탠포드는 지리적으로 매우 가깝고 수준이 비슷해서 선의의 경쟁도 하지만 공동으로 하는 것도 많다. 나는 버클리 대학에서 두세 번 특강도 하고, Lakoff와 Fillmore, 그리고 Ervin-Tripp의 강의를 청강하기도 하였다. 특히 Ervin-Tripp과 Fillmore 교수 부인인 Wong Fillmore 교수와도 교분을 쌓아 여러 번 함께 만나 밥도 먹고 환담도 하며 언어 교육 문제에 대해 많은 얘기도 했다. 이 두 사람은 모두 College of Education 소속이어서 친하고, 또 함께 project도 했다. Ervin-Tripp은 내가 일리노이에서 박사논문을 쓸 때 많이 인용한 유명한 교수여서 가까이서 만날 수 있고 친구같이 된 것이 감개무량했다. 특히 Ervin-Tripp은 버클리대의 여교수회장으로 여교수 채용에 많은 공을 들이고 있었기 때문에 한국 대학에 대해서도 많은 질문을 하였다. 고대에는 여교수가 얼마나 되냐, 다른 대학들은 어떠하냐, 한국에서는 고등학교 졸업생 중 몇 %가 대학에 가느냐, 한국에도 사회언어학이나 심리언어학이 많이 연구되고 있느냐 등 궁금한 것을 많이 물었고 나도 많은 질문을 했다.

하여튼 버클리에 있는 동안 우리 아이들 삼남매 중 한 명은 미국대학에, 한 명은 고등학교에, 또 막내는 미국 중학을 나니게 되었고, 나중에 세 아이들이 모두 미국에서 대학원을 했기 때문에 난 미국의 유치원, 초등학교, 중학교, 고등학교, 학부, 대학원 교육을 모두 맛볼 수 있는 엄마가 되었다. 우리 아이들은 미국 생활에 잘 적응하여 한국에서만큼 성적을 받아와 나를 즐겁게 해주었다.

이 해 4월에 국제 세미나에 참석하기 위해 남편이 4월에 잠시 귀국했었는데, 돌아오는 길에 나의 친정아버님을 모시고 왔다. 너무 반갑고 기뻤다. 그래서 아버님을 모시고 요세미티 국립공원, 면적이 서울보다 큰 타호 호수(Lake Taho)도 가고, 유니버설 스튜디오, 디즈니랜드, 그랜드캐년 등을 구경시켜 드리고 동부 쪽은 친척에게 부탁하여 여행팀에 넣어드려 나이라가라 폭포, 스미소니언 박물관, 백악관 등을 두루 보시게 하여 드렸다. 그러나 그 해는 우리가 경제적으로 매우 어려워 제대로 충분히 못해 드린 것이 못내 마음에 걸렸다. 그리고 언니네와 오빠네도 함께 못 부른 것이 역시 맘에 걸렸다. 정말 이럴 때는 돈도 필요한 것임을 다시 깨닫게 되었다.

나는 미국에 있으면서도 '미국에서의 한국어교육'이란 주제로 학회지를 낼 수 있도록 원고를 모아 성광수 교수님께 보내드려 1989년에 「미국에서의 한국어교육」이란 제목으로 이중언어학회 제5집이 나오게 하였다. 그러나 김민수 교수님과 성광수 교수님이 많은 고생을 하며 중국을 다녀오셨으나 결과는 매우 비관적이었다. 중국조선어학회 측에서 1만 달러를 가져와야만 대회를 치를 수 있다고 했다는 것이다. 당시로서는 만 불이 큰돈이어서 우리 학회가 감당하기 어려운 점도 있었지만, 사실상 한중 학술교류를 처음 여는 우리 학회가 나쁜 선례를 만들어 향후 중국 측과 학술교류를 할 다른 많은 학회에게 누가 되어서는 안 된다는 두 가지 이유로 학회는 아무런 활동을 못하고 다시 표류하게 되었다.

이 모든 소식을 들은 나는 방법이 없었다. 당장 89년에 하려던 국제대회는 못하게 되었지만, 1990년에는 꼭 성사시켜야겠다는 의지가 생겼다. 그리하여 1989년 9월 25일 나는 미국에서 곧바로 중국으로 가는 비행기를 탔다. 북경에 내렸더니 최희수 교수가 마중 나와 주어 최희수 교수와 일차 협상을 끝내고 다시 대련, 심양, 장춘을 거쳐 일주 일만에 연길에 도착하였다. 이때만 해도 교통이 너무 안 좋아 연길을 가려면 북경에서 심양, 심양에서 장춘, 장춘에서 다시 밤기차로 연길을 가야 했기 때문에 이렇게 시간이 걸린 것이었다. 연길에 도착하여 드디어 최윤갑 교수, 전병선 교수, 이득춘 교수, 안운 주임, 주성일 민족출판사장 등 여러 명을 만나 이중언어학회와 중국조선어학회가 공동으로 '중국에서의 한국어교육'이란 주제로 1990년 7월에 연변에서 하기로 합의를 하였고 1만 불은 2천 불로 축소되었다. 대신 한국에서는 연변대학에 전동타자기를 증정하도록 하고, 완성된 논문을 제출하는 중국학자에게 원고료조로 논문 당 30불씩 주기로 약속을 하였다.

버클리에서 귀국하기 전 12월에는 세 아이들을 데리고 한 달간 미국의 동부와 유럽 여행을 하였다. 당시에 중2학년인 딸이 회계를 맡고, 큰애는 다섯 가족 중 가장 유창한 불어를 이용하여 호텔을 찾거나 길을 묻는 등 안내자 역할을 하고, 짐을 챙기고, 슈퍼마켓에서 시장을 보고 하는 일은 둘째가 맡아 오랜만에 다섯 식구가 희로애락을 함께 하며 자기들이 알고 있는 유럽에 대한 지식을 총동원하여 가보고 싶은 곳을 샅샅이 다보고 나서 둘째만 버클리에 남기고 나머지 네 명은 1990년 1월말에 귀국하였다.

귀국한 지 얼마 안 되어 나는 바로 중국 국제대회를 준비하게 된다. 우선 국내에 홍보를 하여 중국에 가서 발표할 논문을 모집하고, 사방에 재정지원서를 내고, 한편으로는 중국여행에 필요한 절차를 밟아 나갔다. 아직 한국과 외교 관계가 없는 중국에 가기 위해서는 거쳐야 하는 절차가 복잡했다. 우선은 중앙정보부의 허락을 받아야 하는데, 여기에서 걸려버렸다. 이유는 인원이 너무 많다는 것, 둘째는 교수가 아닌 부인들이 몇 명 동행하는 것 등이었다. 그런데 생전 처음으로 미수교 국가인 중국에 가서 역사적인 대회를 하는데, 가겠다고 신청한 40여 명 학자 중 부인과 함께 신청한 분이 여섯 명 정도 있어서, 모두 46명이 가겠다고 서류를 낸 것인데 중앙정보부에 딱 걸리게 된 것이었다. 할 수 없이 난생 처음으로 이문동에 있는 중앙정보부를 찾아가 국장이라는 사람을 만났다. 현재까지 다섯 명 이상이 한꺼번에 중국에 가는 것을 허가한 일이 없다면서 반 이하로 줄이라는 것이었다. 그러나 나는 불가함을 강력하게 주장하여 겨우 허가를 받아냈다.

그러고 나니 이번에는 비자가 또 문제되게 되었다. 중국과 수교 전이니 국내에 중국대사관이 있을 리가 없고, 대사관이 없으니 비자를 받을 길이 없었다. 할 수 없이 46명의 여권을 가지고 홍콩으로 갔다. 당시는 중국으로 가기 위해서는 홍콩에 있는 중국 대사관에 가서 비자를 신청할 수 있는 방법밖에 없었기 때문이다. 그런데 홍콩에서도 난색을 표했으나 끈질기게 설득하였다.

그리하여 '처음'이라는 수식어가 많이 붙은 가운데 역사적인 중국대회를 하게 되었다. 그런데 당시에 브뤼셀에서 오는 세계적인 이중언어학자인 Baetens-Beardmore, 미국에서 오시는 김남길, 캐나다에서 오는 국응도 교수들은 일정상 연길까진 못 가겠다는 것이다. 당시 연길은 교통이 매우 불편하여 북경이나 상해에서 일주일 이상의 시간이 소요되었기 때문이다. 할 수 없이 두 번에 나누어 하기로 결정했다. 1차는 상해에서 이틀간 외국에서 오신 분들의 발표를 듣고 토론을 한 뒤, 거기서 돌아가실 분들을 보내고 다시 연길까지 갈 수 있는 한국학자들과 손호민, 손종영, 손성옥 교수 등 미국에서 오신 교포학자들은 한국학자들과 함께 거기서 다시 전세기를 타고 연길에 가서 연변 대학교에서 역사적인 한중학술 세미나를 하고 토론회, 좌담회도 하고 하면서 화기애애한 시간들을 보냈다.

연변대학에 모인 학자는 모두 125명으로서, 중국내의 조선어학자들 대부분이 참석하여 대성황을 이루었다. 한국에서는 이응백 교수 내외분, 김민수 교수님, 박병채 교수님, 박갑수 교수님, 전재호 교수님 내외분, 문효근 교수님 내외분, 심재기 교수님 내외분, 고영근 교수님, 김영만 교수님, 진태하 교수님, 정광 교수님, 이인섭 교수님 내외분, 성광수 교수님, 최창렬 교수님, 최기호 교수님, 노대규 교수 내외분, 천소영 교수님, 배윤덕 교수님, 장경희 교수님, 신경철 교수님, 이승명교수님, 배희임 교수님, 정희자 교수님, 한재영 교수님 등등 국어학자들과 김용직, 김대행, 서대석, 김진영 교수들과 같은 문학하시는 선생님들도 우리 중국팀에 합류해 주셨다. 그리고 중국 측에서는 최윤갑 교수님, 이득춘 교수님들 비롯하여 조선어학자들이 거의 다 모였다. 일본에서 오신 우메다 교수님, 이연숙 교수님들이 오셔서 자리를 빛내주었다.

이 대회에서 발표된 논문은 모두 80여 편이었는데, 내가 처음부터 완성된 논문만을 받겠다고 했기 때문에 모두 논문의 형식을 제대로 갖추어가지고 발표를 했고, 바로 제출했기 때문에 몇 편을 제외하고는 정성들여 완성한 논문들이어서 귀국하자마자 제6호와 제7호로 묶어 내었다. 그리고 그걸 들고 문교부(지금의 교육부)로 가져갔더니 300만원을 지원하고 이렇게 훌륭한 논문집을 낸 것도 처음이며, 민간 차원에서 한중 학술교류의 물꼬를 터주어 진정으로 감사하다며, 국장이 밥까지 사주며 치하를 했다. 그리고 7호를 낸 경비도 지원해 주었다. 중국대회는 이와 같이 한중 수교 이전에 중국에서 이루어진 한중 학술교류의 첫 장을 여는 역사적인 것이었고, 성공적으로 잘 끝났기 때문에 이중언어학회를 사실상 창립하고 발전시킨 나로서는 여간 보람되고 자랑스럽지 않았다. 이 대회가 이루어지기까지 어려운도 많았고, 우여곡절도 많았으며, 개인적으로는 주머닛돈도 수월찮게 들어갔지만 그만큼 남다른 기쁨과 보람도 있었다. 그리고 수고해 준 임원진과 나를 믿고 중국까지 함께 와주신 모든 교수님들께 감사하고 싶다. 또한 이런 활동을 하는 동안 불편을 참아준 남편과 아이들에게도 감사한다.

그러나 나는 여기서 만족할 수가 없었다. 내친 김에 소련대회도 해야겠다고 생각했다. 그래서 다시 약천 선생님께 소련대회를 해야겠다고 했더니 매우 반기시며 해보라고 하셨다. 마침 콘체비치 교수가 한국에 와 있으니 한 번 만나서 의논을 해 보겠다고 하셨다. 며칠 뒤 콘체비치와 의논했더니 자기 힘으로는 안 되고 알렉세이 레온체프 교수라면 가능할 것 같다는 정보를 주었다. 레온체프는 당시 모스크바 국립사범대학의 영문과 교수로서 소련 언어학회 회장이었는데, 매우 일을 좋아하고, 국제적인 명성도, 힘도 있다는 것이다. 그래서 이 분 앞으로 편지를 썼다. 그리고 한편으로는 소련에 다녀온 적이 있는 고대 영교과의 김덕기 교수와 한국외대의 강덕수 교수를 모시고 우리 학회 임원들과 함께 소련대회에 관한 간담회를 열었다. 그런데 이 두 사람 모두 실현가능성이 거의 없으니 계획을 접으라고 충고해 주었다. 긍정적으로 얘기해도 엄두내기 어려운 판에 부정적으로 얘기하니 우리 임원들도 모두 그만 두자고 하였다. 그래서 그 날은 그렇게 성과 없이 간담회가 끝났다.

그러나 나는 단념할 수가 없었다. 그래서 사방에 알아보니 마침 모스크바대학의 마주르 교수가 연대에 와 있다는 걸 알게 되었다. 당장 전화해서 그 분 연구실에서 만나기로 약속을 하였다. 내가 약속한 시간에 가니 반갑게 맞아주었다. 마주르 교수는 순수 소련인인데 모스크바 대학에서 한국어학을 전공했고, 평양에 가서도 공부를 한 바 있어 한국어를 상당히 잘 구사했다. 그래서 나의 계획과 희망을 말했더니 자기가 적극 돕겠다고 했다. 그리고 같은 대학에서 근무한 박미하일 교수(역사학자) 소개도 해주고 레온체프 교수라면 분명히 대회를 치를 수 있을 거라는 얘기도 해줬다. 만일 한참 더 기다려도 레온체프 교수한테서 답장이 없으면 자기가 다시 편지를 해주겠노라고도 했다. 나는 백만 대군을 얻은 기분이었다. 그런데 며칠 뒤에 레온체프 교수한테서 긍정적인 답장이 왔다. 그러나 역시 구체적인 협의를 위해서는 내가 소련을 방문해 주면 좋겠다고 했다.

이번에는 내가 단신으로 소련에 가기로 하고 초청장을 보내달라고 했다. 이때가 1990년 9월초로서, 한소수교(1990.9.30)가 막 이루어지려는 시기였으므로 아직은 왕래가 자유롭지 않았기 때문이다. 그리하여 나는 1990년 12월에 난생 처음 모스크바를 방문하게 된다. 모스크바 공항에 내리니 음침하고 흐릅하게 생긴 공항에 사람도 별로 없고, 눈만 태산같이 쌓여 있었는데, 반백인 레온체프 교수와 젊은 교수 한 명이 내 이름을 쓴 피켓을 들고 서 있었다. 우리는 반갑게 만나 인사를 하고 내 숙소인 모스크바 대학 기숙사로 향했다. 거기서 두 시간 가량을 얘기하는데, 찬물 한 컵도 주지 않았다. 저녁 6시쯤에 그들이 돌아가면서 저녁 식사에 관해서도 말 한마디가 없었다. 나는 그래도 설마 기숙사 식당에 가면 저녁을 사먹을 수 있으려니 기대하고 식당을 찾았으나 식당은 방학이라 닫혀 있었고, 몇 사람한테 물어 보았으나 인근에 식당 같은 건 없다는 걸 알게 되었다. 비행기에서도 점심을 못 먹고 내렸는데, 저녁조차 못 먹게 된 것이다.

만일의 경우에 대비해 초콜릿을 조금 사가지고 간 것이 있어 첫날 저녁은 초콜릿으로 최소한의 허기는 채울 수가 있었다. 내가 묵은 기숙사 방은 딱 한사람이 누울 수 있는 간이침대에 조그만 책상이 하나 놓인 것이 전부였다. 공동 세면실과 공동 화장실을 사용하며 긴장되고, 처량한 하룻밤을 자고 이튿날 아침도 초콜릿으로 때우고 10시쯤에 다시 레온체프 교수가 와서 두 시간 동안 공동합의안을 마련하였다. 우선 국제대회 시기는 1991년 7월22일~24일 동안 모스크바 사범대에서 하고, 호텔은 이 대학에서 가장 가까운 거리에 있는 곳으로 하며, 아침, 저녁은 호텔에서 먹고 점심은 모스크바 대학 구내식당에서 먹으며, 소련측 발표자에겐 full paper를 내는 사람에 한해 30불씩 주기로 하고, 한국어학을 전공하지 않았더라도 고려인 언어학자들을 최대한 많이 참석시켜줄 것 등을 합의하였다. 그리고 고려인 협회 회장이며, 모스크바 대학의 학장인 박미하일 교수와 소련의 대학들에서 한국어를 가르친 제1세대인 한득봉 교수들을 찾아 참석시켜 줄 것도 부탁하였다.

그리고 순수 소련인 학자는 첫째로 한국어학을 한 사람은 모두 참석시키고 한국어학을 전공하지 않은 교수 중 이중언어에 관한 연구를 한 학자는 참여할 수 있도록 하였다. 우리 두 사람은 영어로 합의문을 만들어 각자 사인하고 대회 성공을 빌었다. 레온체프 교수는 영어과 교수여서 영어는 매우 유창하나 발음이 매우 독특하여 알아듣기가 매우 어려웠다. 그러나 우리는 영어로 필담을 해가며 충분히 의사소통을 했다. 이러는 사이 시간은 이미 오후 두시 점심시간이 훨씬 지났으나 또 그냥 헤어졌다. 저녁때는 박미하일 교수와 콘체비치 교수, 힌 막스 교수를 만나기로 하여 모스크바 대학을 찾아가서 내년 여름에 이런 대회를 하는 것을 알려드리고 고려인 학자들이 많이 참석할 수 있도록 해달라고 부탁하였다.

그런데 놀라운 것은 한두 가지가 아니었다. 학장실인데 한국에서 볼 수 있는 소파 같은 건 아예 없고, 책 한 권도 없었다. 학장인데도 여러 명의 교수가 한방을 쓰다 보니 공부는 아예 집에서만 하고 학교에서는 전혀 안

한다는 것이었다. 그리고 여기서도 역시 두 시간 이상 이야기 하는데도 물 한 잔 주지 않는다는 것이었다. 세 번째로 여섯시만 되면 전기가 나간다면서 서둘러 나왔는데도 이미 복도에 전기가 꺼져있어 칠흑 같은 어둠 속에서 더듬거리며 간신히 건물 밖으로 나왔는데, 눈이 쌓인 겨울인데도 나오고 보니 등줄기에 땀이 촉촉이 나있었다. 그리고는 서로 잘 가라고 하고 또 그냥 헤어졌다. 숙소로 돌아와 세면실에서 겨우 컵에 물을 받아와서 초콜릿 몇 개로 저녁을 때우고 잠자리에 들었다. 나흘째 되는 아침에는 머리가 어찔어찔 하였다. 세면실에서 겨우 세수를 하고 다시 몇 개 남지 않은 초콜릿으로 최소한의 허기만 면하고 길을 나섰다.

우선 택시도 잘 다니지도 않았지만 누군가 택시는 위험하니 타지 말라고 일러주어 주로 지하철을 탔다. 그래도 지하철은 잘 되어 있어서 편리했으나 인상적인 것은 모두들 옷은 근사한 털옷을 입었는데 신발은 대부분이 운동화를 신은 것이었다. 눈길을 다니느라 꾀죄죄하게 하게 된 운동화와 너무나 멋있는 털옷과 털모자가 내 눈에는 매우 우스꽝스럽게 보였으나 추운 겨울 모스크바에서는 당연히 털옷을 입고 털모자를 써야만 하며, 많이 걸어 다녀야 하니까 신기 편한 운동화를 신는 것이므로 매우 실용적인 차림인데, 내 눈에는 너무 부자연스럽게 보였던 것이다. 아무튼 나는 모스크바 대학의 마주르 교수와 동방학연구소의 니콜스키 교수, 그리고 국제관계대학의 드미뜨리에바 교수를 차례로 방문하여 내년 대회의 협조를 부탁하였다. 그리고 동방학연구소를 돌아보고 한국에 관한 도서는 어떤 것이 있는지도 살펴보았다.

그리고 거기서 고려인 여성 한명을 만나게 되는데, 나중에 알고 보니 재소고려인협회 여성분과 위원장이었다, 이 분의 도움으로 소련 최고의 도서관이라는 인문사회과학도서관을 방문하게 된 것은 나의 소련 여행 중 덤으로 얻은 큰 수확이었다. 내가 이렇게 소련을 방문하고 있는 때는 소련이 해체되기 8개월 전으로서, 식당에서 밥을 사먹을 수도, 음료수 한 병도 사먹기 어려운 상황이었다. 직장인들도 대부분 점심을 거르는 게 보통이고 외식 같은 것은 꿈도 못 꾸었으며, 음료수 같은 것도 너무 비싸니까 아예 대학가 주변에서는 팔지도 않는 그런 때였다. 집에 가서 보리빵과 멀건 야채 죽으로 겨우 견디는 때였으니 나에게 음료수 한 병, 밥 한 번 사줄 수 없는 것이 이 무렵 소련 교수들의 처지였던 것이다.

소련 인문사회과학 도서관은 1,500만 권의 장서를 자랑하며, 최첨단 시설에 2,500명이 근무한다고 하고 내가 잠시 돌아보겠다고 하자 허락하여 한국 책은 어떤 것이 있나 찾아보았더니 고려대 민족문화연구원에서 나온 책은 거의 다 있었고, 내가 쓴 한국어 통사론도 있어 감격하였다. 그리고 어느 방에는 갔더니 최신 PC들이 100대도 넘게 있고, 또 한 방에는 전 세계에서 발간되는 인문사회과학 저널 논문들을 요약해서 매달 발간하는 작업을 하고 있었다. 박미하일 교수는 3년 전에 삼국사기를 러시아어로 번역을 해놓았는데도 출간을 안 해 준다고 한탄하고 있었고, 동방학연구소에서는 원고를 마친 뒤 1년이 지나도 출간을 안 해준다고 불만들을 하고 있었으나 이 도서관에서는 전 세계의 최신 인문사회과학 논문들이 다 있음은 물론이고, 이 논문들을 읽고 바로 러시아어로 요약하여 매달 출간하고 있으니 같은 소련 안에서도 이렇게 차등이 있다는 걸 알게 되었다. 이런 것이 바로 사회주의국가들만이 할 수 있는 제도인 것이다.

이미 소련은 망해가고 있어 국민도 학자도 노동자도 허기진 배를 안고 살고 있는 때였지만 국가 차원에서 적어도 어느 한 곳에서는 세계를 한눈에 보는 장치가 되어있었던 것이다. 그러면 도서관을 이용하는 사람은 누구냐고 물었더니 특별 허가를 받은 박사급 이상이라고 하였다. 하여튼 나는 허기진 배를 안고, 머리도 어찔어찔 했지만 내년 대회를 위한 기초는 이렇게 단단히 닦아놓고 소련의 진면목도 보고나서 일주 일만에 귀국하였는데 한국이 그렇게 좋을 수가 없었고 가족들이 그렇게 반가울 수가 없었다. 평생 한 끼 이상을 굶어 본 적이 없는 내가 소련에 가서 그렇게 굶게 될 줄이야! 만일 내가 영양실조로 쓰러지거나 거기서 죽었다면 얼마나 억울했을까 생각하니 새삼스럽게 살아 돌아온 게 너무나 감사했다. 그리고 초콜릿을 준비해 가라고 누군가 가르쳐주지 않았다면 나는 훨씬 더 힘들고 위험했을 것 같다. 지하철을 타고 다니긴 했지만 눈길을 너무도 많이 걸어야 했고, 하루 종일 물 한 컵 얻어먹을 수 없는 상황에서 초콜릿이라도 안 가지고 갔다면 어쨌을까 싶었다.

그리고 돌아와서 임원 소집을 하여 소련에 다녀온 이야기며, 합의문을 보여주고 대회 준비에 들어갔다. 우리가 러시아어를 너무 모르는 관계로 러시아어를 하시는 분의 도움이 필요할 것 같아 외대 노어과의 강덕수 교수를 찾아가 이 대회 개최를 알려드리고 도와달라고 했다. 쾌히 승낙해서 임원으로 모셨다. 그리고 재정적인 문제를 위하여 이번에도 역시 문교부에 지원을 요청하였다. 문교부는 지난번 중국대회 결과를 보았기 때문에 이번엔 더욱 쉽게 500만원 지원 약속을 받았다. 그 다음은 산학협동재단을 찾아가서 도와달라고 했다. 소련에 우리 같은 학자들이 들어가서 미리 친해 놓아야 나중에 한소경제교류나 학술교류, 그리고 정부 측에서도 소련에 관한 정보를 하나라도 더 알아야 할 것 아니냐고 설득하였다. 그랬더니 500만원 지원을 약속했고, 대신 재단 이사장과 담당 과장이 우리 대회에 함께 참석하겠단다. 나는 즉석에서 좋다고 하고 소련대회에 초청할 사람들을 물색하였다.

스톡홀름 대학의 조승복 교수님, 미국에서는 한국어-영어 이중언어학자인 Harold Chu 조지 메이슨대 교수님, 하와이 대학의 손호민 교수님, DLI의 손종영 교수님, 호주의 최양희 교수님, 그리고 소련의 한국어 연구에 조예가 깊은 런던 대학의 Ross King교수와 일본의 간노(管野 裕臣) 교수를 초청하는 글을 보내니 간노 교수 외에는 모두 오시겠다고 하였다. 특히 King 교수는 하버드 대학에서 함경도 육진 방언으로 박사학위를 받고 런던 대학에 교수로 가 있는 젊은 교수인데, 그 육진 방언을 수집하기 위해 구소련에서 살고 있는 옛 육진방언 보유자들을 찾아 수십 번 소련을 다녀온 사람으로 한국어, 중국어, 불어. 독어는 물론 러시아어도 상당히 잘하는 만능 어학자였기 때문에 King 교수의 수락은 나에게 큰 힘이 되었다. 노어를 구사할 수 있는 학자로 강덕수, King 교수, 그리고 Mazur 교수를 확보하고 나니 매우 안심이 되었다. 이 세 분은 소련대회에 더 없이 소중한 역할들을 해주었다. King 교수와의 인연은 이렇게 시작되었다. 물론 그 전에 두어 번 고대와 학회에서 만난 일은 있었지만 이렇게 가까이에서 지내보기는 처음이었는데, 소련대회 때 너무 큰 역할을 해주게 되었던 것이다.

그리고 이맘때 나의 제자 중 첫 박사를 배출하게 된다. [홍무정운 역훈의 음운론적 연구]로 논문을 낸 김무림 교수가 바로 그 주인공이다. 김박사는 어려운 환경에서 그것도 지도교수의 도움도 전혀 없이 혼자서 공부하여 어려운 문헌을 연구하여 우수한 논문을 썼던 것이다. 본인도 감격스러웠겠지만 내가 고려대에 온 이후, 아니 내가 교수를 시작 한 이후 첫 번째 배출하는 박사로서 자랑스럽기 그지없는 학자인 것이다. 이 친구는 고고한 선비로, 실력 있는 학자로 국어사 분야에 우뚝 서 있다. 어쩌면 고대가 배출한 국어사 분야의 최고의 학자라 해도 틀리지 않을 것이다. 인격적으로 워낙 반듯해서 제자지만 내가 배워야 할 것이 많은 자랑스러운 학자이다. 이치로 보아서는 당연히 우리 과 교수로 이미 10년 전쯤은 와야 했지만 세상사라는 것이 어디 이치대로만 되는 것이랴!!

나는 소련대회 준비를 해놓고 1991년 1월 9~12일까지 미국 제20회 이중언어학회에 참석하였다. 워싱튼 힐튼 호텔에서 열린 이 대회에는 무려 2,500여 명의 학자들이 참석을 하였고, 당시의 대통령인 부시 대통령의 부인 바바라 부시 여사도 참석하여 연설을 하였다. 2500명이 보는 단상에 10여 명이 앉았는데 미국 이중언어학회 회장과 부회장, 미국의 교육부 차관, NSF의 고위직 공무원, 그리고 바바라 부시 대통령 부인들이 앉았는데, 나도 그 단상의 두 번째 줄에 앉게 되었고, 2,500여 명에게 한국에서 유일하게 참석한 한국 이중언어학회 회장 고려대학교 박영순 교수라고 소개받고 우뢰와 같은 박수까지 받고나니 감개가 무량하였다. 바바라 부시 여사는 특별 연설을 하였는데, 내용의 핵심은 이제는 미국 본토 학생들도 국제경쟁력을 위해 영어 외의 다른 외국어를 잘 배워야 한다는 요지였다. 옆 사람에게 바바라 부시 여사가 왜 이런 학회에 와서 연설을 하느냐고 물었더니 대통령 부인이 되기 15년 전부터 문맹 퇴치 운동을 많이 벌여왔고, 소수 민족들의 교육 문제에 지대한 관심을 가지고 있기 때문이라고 하였다.

우리는 아직 이런 식의 사회 활동을 한 대통령 부인을 보지 못한 터라 신선한 충격이었다. 대통령 부인이 왔다고 특별히 어수선한 경호도 하지 않고, 그렇다고 너무 무례하지고 않고, 적절하게 존중해 주며, 이 분야의 활동가로서 수준 높은 연설을 하는 바바라 부시 여사가 매우 인상적이었다. 나는 이 대회에서 너무도 많은 걸 배웠다. 우선 미국과 선진국들의 이중언어교육의 흐름을 알 수 있었고, 이중언어교육이 이젠 세계화 시대의 대세라는 것을 확실하게 알았으며, 미국과 캐나다 같은 나라에서는 이중/다중언어교육에 대한 연구가 얼마나 심화 확대되었다는 것도 알게 되었다. 그리고 연방정부에서 많은 예산을 투입하여 이중언어교육에 대한 연구를 지원하고 있는 것도 알게 되었다.

소련대회에는 스톡홀름 대학의 조승복 교수도 오셨고, 일본의 이연숙 교수도 함께 갔고, 국내에서는 외대의 강덕수 노어과 교수님도 함께 갔고 급할 땐 통역을 담당해 주었다. 우리 학회 임원진과, 이응백 교수님 내외분, 박병채 교수님 내외분, 박갑수 교수님, 박순함 교수님, 문효근 교수님 내외분, 백봉자 교수님, 성광수 교수님, 진태하 교수님, 배윤덕 교수님 내외분이 가셨고, 문학에는 김진영 교수와 이남호 교수가 동행하였다. 그리고 소련측에서는 Leonchev, Mazur, Nikolski, Koncevich, Kasanova, Djarylgasinova, Dmitrii를 비롯해 27명이 발표를 하였고 국내 교수로는 약 25명이 발표를 했다. 사실 국내 30여명의 교수들을 인솔하여 모스크바행 비행기를 탈 때만 해도 과연 이 대회가 제대로 열릴 것인지, 또 지난번처럼 음식을 제대로 먹지 못하는 것은 아닌지 걱정되는 것이 한두 가지가 아니었다. 특히 연로한 교수님들의 건강도 걱정되었다. 그리고 소련 측에서 과연 얼마나 모일지, 모스크바 대회 이후 타시켄트, 알마타 등 우리 교포들이 많은 곳도 방문을 하기로 되어있는데, 이 모든 일정들이 제대로 지켜질지 모두가 불안했다.

그러나 이 모든 것은 기우였다. 모두 116명이 모인 것은 물론, 내가 참석하길 원했던 모든 학자들이 나와 있었다. 작년의 중국대회는 성황리에 잘 끝났지만 여행사를 잘못 만나 마음 고생한 것도 많았는데, 이번 소련대회는 여행사를 제대로 만나 정말 다행이었다. 호텔도 일류호텔을 잡아놓아 음식 같은 것도 제대로 먹을 수 있었다. 물론 스테이크가 나와도 소금뿐이고 소스라고는 없어 정말 맛없이 먹긴 했지만, 나 혼자 와서 굶었을 때와는 판이하게 달랐다. 그리고 분위기도 매우 좋았다.

우선 원로 교수님들이 그 빡빡한 일정에도 너무나 잘 협조해 주셨고, 덕담을 많이 해주셨을 뿐 아니라 처음 보는 동포학자들이나 소련학자들도 모두 순박하고 겸손하여 정말 너무 편안한 마음으로 대회를 마칠 수 있었으며, 가는 곳마다 환대를 해주었다. 무엇보다도 팔순이 넘으신 한득봉 교수님, 박미하일 교수님, 마주르 교수님, 니콜스키 교수님, 드미뜨리 교수님 등 모두 다 참석해 주시고 논문 발표, 토론 등에도 참석해 주신 것이 감사했다. 대회 중에는 고려인 교수가 노어로 발표하는 내용을 소련인 마주르 교수와 미국인 킹교수가 통역을 하는 등 아이러니컬한 장면이 연출되는 등 웃지 못 할 일들도 있었지만, 반대로 타시켄트와 알마티에서는 한국말을 전혀 못하면서도 아리랑은 부를 수 있는 고려인 학자들과 함께 어깨동무하며 노래 부르는 감격적인 순간도 있었다.

당시 소련의 물가는 엄청나게 싸서 6,70명이 배부르게 먹고 마시고 노래하고 약간의 춤도 추었는데, 계산을 하려니까 노래 부르고 춤춘 값을 내야 한다고 하여 긴장하였으나 최종적으로 다 결산하니 한국 돈으로 5만원도 안 되었다. 그리고 예를 들어 수를 놓은 앞치마도 한국 돈으로 500원밖에 안 되는 등 물가가 너무 싸서 교수들마다 선물을 많이 사왔다. 소련대회 역시 full paper를 직접 받아들고 왔기 때문에 오자마자 바로 학회지에 실을 수 있었다.

이 모든 작업도 거의 나 혼자 하다시피 하였다. 내 임기 4년(1번 연임)중 내리 3년을 국제대회를 했고, 그것도 중국과 소련같이 남이 상상도 못하던 시절에 온갖 어려움을 겪고 해 낸 것이다. 남이 알아주든, 안 알아주든 난 이 세 번의 역사적인 국제대회를 성공적으로 개최한 것을 매우 자랑스럽게 생각한다. 그리고 젊은 날의 그 용기와 상황 판단력 및 추진력에 나 스스로 자부심을 느낀다. 아니 사실은 하느님께 감사하고, 또한 무모하게 보일 수도 있는 이 대회에 기꺼이 협조해 준 당시의 임원들께 감사함이 마땅할 것이다. 특히 성광수 교수님과 백봉자 교수님의 노고가 컸다. 또한 나 하나만 믿고 자비를 써가며 소련대회에 참석해 주신 모든 분들께 감사해야 할 것이다. 특히 멀리 해외에서 오셔서, 주제발표, 발표 및 토론에 참석해 주셨던 여러 선생님들이 한 없이 고맙다.

또한 내가 마음 놓고 이런 활동을 하는 동안 불편도 참아주고, 협조해 준 남편과 아이들에게도 정말로 고맙게 생각한다. 우리의 소련대회가 끝나고 한 달도 안 돼 소련이 해체되기 시작했으니 우린 절대절명의 시기에 너무도 운 좋게 대회를 하고 소련 전역을 하나의 비자로 여행할 수 있었고, 물가도 가장 쌀 때 했으므로 이래저래 행운이었던 것 같다.

소련대회가 끝나고, 나는 곧바로 700쪽 짜리 대형 논문집 「소련에서의 한국어학과 한국어교육」이란 주제의 이중언어학회지 8호를 냈다. 여기엔 50편의 논문과, 두 번의 토론회, 3번의 좌담회 내용도 모두 정리하여 싣고, 마지막으로 이응백 선생님이 쓰신 시 「소련에서의 이중언어학회 국제대회」도 실었다. 그리고 다시 10월에 우리나라에서 처음으로 대조언어학을 주제로 한 학술대회를 마치고 9호에 실을 원고와, 560만원이 든 통장과 일본 오사카에서 국제대회를 할 수 있는 기초를 마련해 놓고 1991년 10월에 회장직을 부회장인 서울대 심재기 교수에게 넘겼다.

그리고 나는 실로 오랜만에 집필에 전념할 수 있게 되었다. 그런데 이게 또 무슨 일인가. 이번에는 아들이 운전한 차가 앞의 차를 들이받아 매우 가벼운 접촉사고가 났는데, 뒤에 앉았던 나는 그만 오른팔 골절상을 입게 되었다.

1992년 7월 어느 날 우리 국어교육과 학술답사를 안동으로 간다고 해서 예천 우리집에서 교수들과 학생들 저녁 한 끼를 대접하기 위해 불고기거리와 안주감을 잔뜩 사가지고 가던 길이었다. 원래는 더 일찍 학생들과 함께 떠났어야 했지만 그 날 남편의 친한 친구 딸 결혼식을 대전에 있는 남편 대신 내가 가지 않으면 안 될 상황이어서 나는 결혼식에 참석했다가 오후에 예천에 도착하여 저녁을 준비하는 사이 교수들과 학생들은 안동 답사를 끝내고 저녁 때 예천으로 오도록 약속을 하고 아무래도 차를 가지고 가야 짐을 가져가기도 좋고 편리할 것 같은데, 아직 이때까지도 난 운전을 못했으므로 큰 아들보고 엄마를 태워서 예천엘 가자고 하였다. 마침 방학이라 그렇게 하겠단다. 마침 당시 경희한의대 인턴이었던 나의 친정 조카가 우리 큰애와 같은 학년이어서 친했기 때문에 예천 할아버지 할머니도 뵐 겸 함께 가자고 하여 셋이서 결혼식에 갔다가 예천으로 가고 있었다.

둘은 앞에 타고, 나는 뒤에 탔는데 충북 괴산의 2차선 도로 내리막길에서 앞차가 느닷없이 급정거를 하는 바람에 우리 차가 앞차를 살짝 들이받게 되었다. 차가 잠시 충격을 받았지만 그렇게 큰 충격은 아니었으므로 앞에 탄 사람은 아무도 다친 사람이 없었고, 우리 차의 앞자리에 탔던 아들과 조카도 아무런 이상이 없었으며, 앞차의 뒤쪽 범퍼와 우리 차의 앞 범퍼만 손상을 입어 사고 자체는 쉽게 처리가 될 것 같았으나 문제는 뒤에 앉았던 내가 다친 것이었다. 오른쪽 팔이 매우 아파서 보았더니 아래로 축 처져 있었다. 할 수 없이 사고 수습을 위해 큰애는 현장에 남고 나와 조카는 택시를 타고 인근 병원에 갔더니 골절이라며 팔걸이만 해주고는 큰 병원엘 가라고 했다. 할 수 없이 대전에 연락을 했더니 남편이 KAIST 토목과 교수 두 명과 함께 왔다. 그 길로 서울 고대병원까지 오는 데 시간이 많이 걸렸다.

밤에 응급실에 입원을 하여 x-ray를 찍었더니 오른쪽 팔꿈치 위쪽이 비스듬히 부러졌고, 조각이 난 것도 있어 수술을 해야 한다고 했다. 그런데 서울까지 오는 동안 피를 너무 많이 흘려서 팔이 많이 부어있는 상태라 부기가 가라앉아야만 수술을 할 수 있단다. 그래서 팔을 공중에 매단 지 닷새 쯤 지난 다음 수술을 했는데 난 그때까지도 수술이 무엇인지를 잘 몰랐다. 마취를 하고 수술을 한 뒤 깨어나서 보니 온몸이 숨도 못 쉴 만큼 아팠다. 정말 눈을 뜬 게 후회스러울 만큼 아픔이 엄청났다. 이게 무슨 이런 일이 다 있는가? 왜 이토록 몸서리칠 정도로 아픈지 영문을 몰랐다. 그냥 그대로 눈을 감고 싶었다. 이 아픔을 견뎌낼 자신이 갑자기 없어진 것이었다. 간호원이 오더니 아프냐고 하면서 진통제 주사를 놓고 갔으나 소름끼치는 아픔이 별로 덜해지는 것 같지 않았다. 그리고 어떻게 된 건지 몸을 꼼짝할 수도 없고 가족들한테 내가 왜 이런지 물어볼 기운도 없었다. 그리고 다시 깊은 잠속으로 빠져들었던 것 같다.

두 번째 눈을 떴을 때도 그 아픔은 산통보다도 더 숨 막혔다. 그리고 다시 진통제를 맞고 또 잔 것 같다. 그리고 세 번째 눈을 떴을 때는 아픔은 전혀 줄어들지 않았으나 혼미하던 정신은 조금 든 것 같았다. 그래서 둘러보니 가족들이 근심스런 얼굴로 보고 있었다. 그때서야 내가 왜 이토록 아픈 거냐고 물었더니 사연은 이랬다. 골절을 당할 때 비스듬히 부러지면서 뾰족한 부분의 뼈 조각이 생겨 그냥 기브스만 해서 붙을 것 같지 않았단다. 이미 수술할 때까지 며칠간의 시간이 흘러버려 작은 뼛조각은 붙기가 어려울 뿐만 아니라 설사 붙는다고 해도 여차하면 다시 떨어질 확률이 높기 때문에 살아있는 옆구리의 뼈를 깎아다가 붙이고 양쪽에 쇠기둥을 붙여놓았기 때문에 이렇게 아픈 것이라는 것이다.

우리가 보통 '뼈를 깎는 아픔'이란 말은 쉽게 하지만 정말 나는 뼈를 깎는 아픔이 어떤 것인지를 체험하고 있는 것이었다. 정말 뼈를 떼어 낸 쪽의 옆구리 뼈는 1, 2년이 지나도 많이 아팠고, 15년이 지난 지금에도 기분이 안 좋을 정도로 아직도 아픔이 조금 남아 있다. 내 오른팔에는 길이 20cm정도의 흉터가 남아있고, 아직도 무거운 걸 잘 못 들며, 늘 팔이랑 옆구리가 무겁고 시리다. 쇠를 박은 것은 뼈를 고정시키기 위해 보조적으로 댄 것인데 보통 2년쯤 지나면 빼내야 하지만 난 6년이 지나서야 빼냈다. 몸서리치게 아팠던 기억이 잊히지 않아 다시 수술할 엄두가 안 났기 때문이다. 그래서 고속도로를 갈 때는 뒤에 앉은 사람도 벨트를 매는 것이 안전하다. 그리고 '뼈를 깎는 고통'이란 말도 너무 쉽게 써서는 안 된다. 정말 체험해 보지 않고는 그 말의 진정한 의미를 알 수 없기 때문이다. 나도 뜻하지 않은 사고로 뜻하지 않게 뼈를 깎아 보게 된 셈인데, 하느님은 날 더 단단하게 하시기 위해 정말 인간이 겪을 수 있는 모든 고통을 다 맛보게 해주신 것 같다.

그러나 나는 팔이야 아프거나 말거나 다시 집필에 매진하여 1993년에 「현대한국어 통사론」을, 그리고 1994년에는 「한국어 의미론」을 잇달아 출간하였다. 그 사이 큰애는 서울대를 졸업한 후 대학원에 진학하여 환경공학에서 석사학위를 받고 군대를 갔고, 둘째 아들은 버클리에서 경제학을 공부하고 있고, 막내딸은 서울대 서어서문학과에 입학하였다. 막내딸은 어릴 때부터 특히 공부를 잘하고, 어학에도 상당한 재능을 보여 난 영문과를 갔으면 했지만, 본인은 외교학과를 희망하고 있었다. 그런데 서어서문학과를 간 것은 순전히 나 때문이었다.

1992년 그렇게 팔을 다친 후 기브스를 풀고 팔을 쓸 수 있게 되자 겨울에 나는 남편과 함께 스페인을 한 달간 여행하게 되었는데, 스페인을 그만 너무나 좋아하게 돼 버렸다. 파리에서 마드리드로 가서 2, 3일만 스페인을 보려고 갔는데, 너무 좋아 결국 스페인의 동서남북을 다 보느라 거의 한 달이 걸려 버린 것이었다. 나는 스페인의 높은 문화 수준에 압도되었고, 사람들의 여유로움에 반했으며, 세계적인 건축가 안토니 가우디의 건축 작품에 완전히 빠져버렸다. 우리에게 널리 알려진 SAGRADA FAMALIA나 구엘 공원(Guell Park)은 평생 잊지 못할 감동이었다. 지금까지 건축물이 이토록 완벽한 예술품이라고 생각한 것은 웨스트민스터 사원, 로마의 성마티칸 교회, 노틀담 성당 정도로 생각했는데, 우리의 상상을 완전히 뛰어넘는 그 천재적 독창성은 나를 압도하기에 충분했다. 그러면서 스페인어를 모르는 것이 너무 답답했다. 그리고 스페인어는 국제적으로 4, 5위의 위상을 가진 언어로 중남미의 22개국의 공용어이고, 미국의 제1외국어임을 생각하면 앞으로 우리 딸이 스페인어를 전공하면 할 일이 많이 있을 것 같았다.

영어는 어차피 마스터해야 하는 언어고, 대원외고에서 불어를 전공했으니 스페인어를 전공하면 두각을 나타낼 수 있을 거라고 생각했다. 외교학과보다 더 외교적인 일을 할 수 있겠다고 계산했다. 전국 1등도 하는 등 매우 우수한 인재인 우리 딸이 스페인어를 전공하면 많은 기회가 있을 것으로 생각되어, 귀국하자마자 스페인어를 전공할 것을 강력하게 권하였다. 그리하여 우리 딸은 그전에 한 번도 고려해 보지 않았던 서울대 서어서문학과에 입학하게 되었다. 본인은 썩 내키지 않아 하면서도 엄마에게 결국 설득당한 것이었다.

그러나 이것이 그토록 우리 딸에게 잘못된 선택이었을 줄은 꿈에도 몰랐다. 우선 학과 분위기와, 학과의 위상이 서울대에서 상대적으로 낮다 보니 교수나 학생들이 자기 학과에 대한 자부심과 사명감이 전혀 없다는 걸 알게 되었고, 이러한 분위기는 우리 딸로 하여금 자존심에 큰 상처가 되어 매우 불행한 대학생활을 하게 만든 요인이 되었던 것이다. 물론 복수전공도, 이중전공도 하는 등 능동적으로 대처했더라면 하는 아쉬움이 있었지만, 이미 깊은 상처로 의욕을 잃어버린 딸을 나무라기에는 나의 잘못이 너무나 컸다. 엄마를 아무리 원망해도 변명의 여지가 없었다. 수능에서도 전국 몇 십 등 안에 들 정도로 우수한 성적이었는데 내가 그만 망쳐놓은 격이었다. 내 인생의 최대의 실수이자 실패였다. 그 뒤 우리 딸은 졸업 후 미국 시카고 대학에서 국제경제로 석사학위를 받고 박사과정 중 결혼하게 되어 공부를 못 마친 상태로 있으나 좋은 사람과 결혼하여 나름대로 행복하게 살고 있으니 그나마 다행이다.

1994년 겨울에는 서울교대 원진숙 교수와 동서울대학 정주리 교수의 박사학위 논문이 통과되어 난 세 명 째 박사 제자를 두게 되었고, 이들 모두 각 분야에서 두각을 나타내는 훌륭한 교수가 되어 있으니 나에게 큰 보람을 안겨 주고 있다. 이 두 명의 박사는 국어교육과 창과 이래 첫 여자 박사들로서 학부 1학년부터 부모 자식처럼 가까이 지내는 제자들이었는데, 내

기대를 저버리지 않고 끝까지 잘해주니 그저 고맙고 자랑스러울 따름이다.

1995년에는 우리 큰 애가 제대하고 곧바로 버클리로 유학을 떠나고 둘째는 존스홉킨스대학 대학원에서 국제경제를 공부하게 되었다. 그 해 나는 정말로 또 다른 경험을 하게 되었다. 교육부 정준섭 편수관이 하루는 전화를 하여 장애자들을 위한 국어교과서를 개발했는데 박선생님이 심사를 좀 맡아 주면 감사하겠다고 전화를 했다. 나는 교육과정 4차부터 6차까지 깊숙이 참여했고, 교과서 심사도 십 수 년을 했고, 집필을 하기도 했으며, 중2교과서에 내 글이 실리기도 하는 등 국어교육 관련 일도 많이 했다. 고대 내에 국어교육 전공 교수가 없기 때문에 사실상 내가 고려대를 대표하여 국어교육 관련 일에 동원되었다고 할 수 있는 터라 교육부에서 부탁하면 거절을 할 수가 없었다. 나는 한두 권이려니 하고 수락한 것인데 심사에 가보았더니 심사위원만 8명 정도 되는데 내가 심사위원장을 맡게 되어 있었고, 심사를 해야 하는 책이 한 두 권도 아니요, 일이십 권도 아니요, 무려 90여권의 교과서를 심사해야 했다. 정말 아찔했지만 이미 물러나기에 너무 늦었다. 정말 기가 막혔지만 어쩔 수 없었고, 또한 도의적으로도 물러날 수가 없었으며, 나 자신 세상을 너무 모르고 양지만 보고 살았다는 자책감도 들었다.

교과서 종류가 그토록 많았던 것은 우선 초등 1학년부터 고3까지 12년에, 1, 2학기 책이 다르고, 장애의 종류에 따라 달랐기 때문이다. 시각장애, 청각장애, 지체부자유, 정신 지체 등 장애별로 교과서를 다 따로 만들어 쓴 것을 이때야 비로소 알게 되었으며, 당시에 장애자 학교만 100개나 넘는다는 것도, 우리나라에 장애자가 100만 명이 넘는다는 것도 모두 이때에야 알게 된 것이었다. 심사를 대부분 이들 장애자 학교에서 하게 되어 장애어린이도 많이 보게 되고, 장애어린이들을 가르치는 선생님들이 집필에도 참여했기 때문에 심사 때도 나왔는데, 이들 선생님들로부터 많은 것을 배우기도 하였다.

처음에는 이렇게 많은 종류의 책을 내가 무슨 수로 다 심사를 하냐고 당황해 하고, 나를 부른 교육부 편수관을 원망도 했지만 차츰 장애인들에 대해 많은 것을 알게 되고 직접 만나면서부터는 오히려 나 자신이 너무 부끄러웠다. 이들을 위해 난 그 동안 아무 것도 해준 일도 없고, 관심도 안 가졌었다는 죄의식도 생겼고, 우리 가족이 장애자가 아닌 것이 얼마나 축복받은 일인지도 알게 되었다. 그리고 앞으로 기회가 있다면 장애자들에 대한 조그만 봉사라도 해야겠다는 결심도 하게 되었다. 이렇게 하여 1995년은 내가 그동안 장애자들을 위해 아무런 봉사를 한 일이 없으니 이렇게라도 봉사하라는 것이 하늘의 뜻으로 알고 순순히 받아들였지만 이들 교과서 심사로 참으로 많은 시간을 썼다.

그리고 나는 1996년에는 학술진흥재단의 연구비를 받고 하버드 대학의 객원교수로 가게 된다. 마침 딸이 기어코 엄마 따라 가겠다고 해서 교환학생 자격으로 하버드 대학 학생이 되었다. 둘이가 1년을 있어야 하니 짐도 많고, 마침 방학 때라 남편과 함께 세 식구가 함께 하버드 대학에 가서 당시 언어학과 대학원생이었던 중앙대 장영준 교수가 얻어 놓은 집에서 여장을 풀었다. 하버드는 교통이 나빠 뉴욕에 내려서 다시 국내선으로 보스턴으로 가서, 거기서 다시 사십 분 정도 드라이브를 해야 한다. 또한 워낙 주택난이 심하여 임대료가 여간 비싸지 않았다. 월 1200불을 주는데도, 겨우 방 두 개 화장실 하나 있는 집을 구한 것이었는데, 막상 도착해 보니 겉으로 보기엔 멀쩡했으나 근본적으로 집이 너무 추웠다. 화장실에서도 미지근한 물밖에 안 나왔다.

미국 동부의 눈은 참으로 악명이 높을 정도로 많이 와서 날마다 눈을 쳐야 했다. 그러면 집안이라도 따뜻해야 몸을 녹이는데, 계속 떨면서 살아야하니 견딜 수가 없었다. 할 수 없이 일주일 만에 조금 멀더라도 여건이 좀 나은 집으로 이사를 가기로 하였다. 마침 방학이라 둘째 아들이 와 있어서 그 애와 함께 넷이서 이사를 하였다. 한국처럼 포장이사는 우리처럼 짐이 많지 않는 사람은 미국에서는 할 수도 없으려니와, 만일 된다고 해도 가격은 얼마나 많을지 몰랐다. 그러니 우리 식구끼리 우리 자동차로 서너 번만 나르면 되겠다고 생각하고 이사를 하는데, 난 오른팔을 골절한 뒤로 무거운 것을 못 드니까 세 사람이 날랐다.

그런데 남편이 한 번을 나르고는 도저히 힘이 없어 못하겠다고 한다. 보니 안색이 안 좋았다. 그러니 아이들 둘이서 한 번을 더 나르고 남편은 잠시 쉬더니 마지막으로 한 번만 더 하자며 나섰다. 짐이 다 들어와 한숨을 돌리며 난 가족들 먹을 것을 준비하고 있다가 아까 남편이 안색이 안 좋던 것이 생각나서 괜찮냐며 찾는데 방에 없었다. 그래서 화장실을 열어봤더니 거기에 머리를 박고 쓰러져 있는 게 아닌가? 나는 혼비백산하여 둘째 애를 소리쳐 불렀더니 달려와 보고는 911로 전화를 했다. 한 5분쯤 지났을까 구급차가 달려와 응급조치를 하면서 병원에 입원시켰고, 병원에 도착하니 의사와 간호원이 부산하게 움직이면서 필요한 조치를 취하고는 오늘밤이 고비라고 하였다. 심장마비가 온 것이었다. 워낙 빨리 발견하고 신속하게 병원에 오게 되어 그나마 희망이 생긴 터였다.

정말 난 정신을 차릴 수가 없었다. 만일 잘못되기라도 한다면 나도 살 수 없을 것 같았다. 아직 한 명도 결혼도 못시킨 세 아이를 나 혼자 감당할 수도 없고 시신을 싣고 한국에 가는 동안 내가 까무러질 것 같았다. 난 밤을 새워 하느님께 울면서 기도하였다. 그 동안 성당에 많이 빠진 벌인가 싶기도 하고, 내가 남편에게 마음속으로 인정 없다고 불평을 많이 한 벌인가 싶기도 하였다. 이렇게 앓고 있었는데도 아내로서 몰랐다는 것도 도저히 용서가 안 되고, 이렇게 아프면서도 얘기를 안 해준 남편이 야속하기도 하고, 학교니 학회니 하면서 많이 싸돌아다닌 것이 후회스럽기도 하고 아무튼 나는 일생일대의 죄책감과 좌절과 위기에 처하게 되었다.

무뚝뚝하거나 밀거나 그래도 나에게 더 이상 없이 든든하던 남편이고 너무도 자랑스러운 소중한 남편인데, 마누라 이삿짐 날라주다 저 세상으로 보내면 나는 그 죄를 씻을 길이 없을 것 같았다. 또한 막상 이렇게 되니 전에 없이 남편이 소중하고 아까운 생각이 들었으며, 아무튼 이렇게 허망하게 보낼 수는 절대로 없을 것 같았다. 나는 주님께 무조건 사죄하고 남편을 살려달라고 간절히 기도했다. 이번 한 번만 주님의 사랑으로 애기 아버지를 살려주시면 다시는 죄를 짓지 않고 주님 계명대로 살겠노라고 맹세하고 또 맹세했다. 남편은 계속 깊은 잠에 빠져 있었다. 정말 지금까지 살아오면서 이때만큼 가슴 졸여 본 적은 없었다. 그리고 하룻밤이 그렇게 긴 줄도 처음 알았다.

새벽 6시쯤이 되자 남편은 눈을 떴다. 여기가 어디인지 알겠느냐니까 고개를 끄덕인다. 내가 누군지 아느냐니까 역시 고개를 끄덕인다. 오! 하느님! 감사합니다. 감사합니다. 남편이 눈을 떴다고 간호원실에 알리니 달려와서 보고는 미소를 짓는다. 의사선생님은 9시가 되어야 온다며, 이제 한 고비 넘겼으니까 너무 걱정하지 말란다. 그리고 두어 시간 뒤 의사가 와서 이것저것 남편에게 물어보니 또박또박 대답을 했다. 의사는 'Your English is charming'이라고 하며 갓 깨어난 사람의 영어 실력을 칭찬까지 하며 'You were lucky'라고도 했다. 'You have heart attacked'라고 하며 설명을 해주는데, 한국어로는 심근경색으로서, 며칠간 춥고, 이사하느라 무리한 탓에 동맥이 막혀 그대로 두면 저 세상으로 갈 뻔 한 아찔한 상황이었던 것이다. 동맥을 뚫어주는 약을 넣었는데 잘 됐다며, 이제부터는 구체적으로 어느 정도 막혔는지, 이번에 어느 정도의 damage가 왔는지 검사를 하겠단다. 우리는 'Thank you'를 수도 없이 하며 그 다음 단계의 조치를 기다렸다. 아직 음식은 안 되고 이것만 마시라며 커다란 병에 담긴 말간 사과주스를 주었다. 이제 말도 하고, 이런 주스도 마실 수 있게 되었으니 우리는 감격하고 또 감격했다. 정신도 또렷하고 기분도 좋단다. 약간 어지럽기만 할뿐, 어디 아픈 데도 없고, 기분도 괜찮다니 정말 살았다 싶었다.

역시 우리 하느님은 언제나 나의 기도를 들어주신다. 그저 감사할 뿐이다. 이런 심근경색은 하루아침에 생기는 것은 아니고, 여러 가지 원인으로 서서히 몇 십 년에 걸쳐 동맥벽에 찌꺼기 같은 것이 쌓여 동맥의 통로가 좁아진 것으로, 과로, 지방질 과다섭취, 운동 부족, 스트레스, 유전 인자 등 복합적인 원인에 의해 이렇게 된다고 한다. 그리고 이번에 이렇게 된 것은 날씨가 너무 추웠고, 집안도 너무 추웠으며, 과로가 겹쳐 일시적으로 동맥이 막힐 뻔한 것인데, 병원에 빨리 가기만 하면 약을 넣어 통로를 열어준다. 정말 그래도 빨리 응급처치를 받게 되어 살게 된 것으로, 앞으로 조심만 하면 수명대로 살 수 있다니 여간 다행이 아니다.

이번에 마침 둘째 애가 옆에 있어서 얼마나 도움이 되었는지 모른다. 원래도 착하고 똑똑하고 몸도 날렵한 아이이고, 거의 미국 사람처럼 영어와 미국 문화에 익숙한 터라 이리저리 뛰어다니며 아들 노릇을 톡톡히 해냈다. 구급차를 부르는 것부터 입원 수속이며, 의사와 충분한 대화를 하고, 간호원들하고도 아주 잘 지내며, 필요한 모든 정보를 얻어내고, 필요한 일은 아무튼 혼자서 다 알아서 해내며, 나를 많이 위로하고 격려까지 해주니 대견하다.

그렇게 남편은 까닥했으면 영영 돌아오지 못할 길을 떠났을지도 모르는 절대 절명의 위기를 벗어나 새로운 기분으로 살 수 있게 되었다. 그 때부터 남편은 그렇게도 좋아하던 고기를 거의 안 먹고 그렇게도 싫어하던 채소를 많이 먹으며, 기름기 있는 음식은 최대한 자제하며, 되도록 싱겁게 먹고, 몸조리를 하였다. 남편이 평소에 잔병이 별로 없어 정말 건강 걱정을 거의 안 했는데, 이때부터는 전혀 다른 삶을 살게 되었다. 그 이후 얼마동안은 운동도 착실히 하기 시작하였다.

그러나 두세 달 함께 보내며 몸이 완전히 회복되고 나니까 기어코 자기는 한국에 가겠다고 한다. 그리하여 4월에 남편은 먼저 한국에 가고, 딸은 학교 기숙사에 넣고 나는 훨씬 값이 싼 방으로 옮겨 그때부터 「이중/다중언어교육론」 책을 쓰기 시작하였다. 그리고 하버드대학 언어학과 Susumu 교수, 당시 Harvard에 와 있던 Epstein 교수들과 만나 얘기도 하고 함께 세미나도 하였으며, 특히 Kuno 교수는 집에 초대해 주어 두어 번 저녁을 얻어먹기도 하였다. 그리고 이 당시 박사과정에 있던 장영준 교수, 국민대의 윤종렬 교수, 단국대의 김성헌 교수 등과도 교분을 쌓았다. 바로 이웃 동네인 MIT에 가서 Chomsky 교수의 강의도 듣고, 연구실로 찾아가 30분 정도 환담도 하고, 가까운 장래에 한국에 한 번 오기로 약속도 하고 사진도 함께 찍었다. 일리노이와 버클리에서 사진을 안 찍어 나중에 후회한 경험을 거울삼아 이번엔 사진도 찍었다. 그리고 Illinois 선배이기도 하고, 한 과목 배운 적도 있는 Kenstovich 교수가 마침 MIT로 옮겨 와 있어서 반갑게 만나기도 하였다.

세계에서 인문사회과학 도서가 제일 많다는 하버드대학의 와이드너 도서관(Weidner Library)에서 자료를 찾았다. 전세계의 이중/다중언어교육 현황을 파악하기 위해서였다. 원래 학진에 연구비 신청할 때는 미국에서의 이중언어 교육 현황을 이론과 실제 면에서 조사 연구하는 거였는데, 그건 한 달이면 끝나니까 이 좋은 도서관을 이용할 수 있을 때 다른 나라도 조사해야 할 것 같았다. 그래서 총 75개국의 자료를 모아 요약정리를 하는데, 또 다른 난관이 있었다. 남편이 주고 간 노트북컴퓨터가 며칠도 안 돼 완전히 고장이 나버린 것이다. 전기도 들어오고 자판기에서 글씨도 쳐지기는 하는데 모니터가 깜깜한 것이었다. 전자제품 파는 데 가지고 가 보았으나 돈을 많이 주고 시간을 많이 주어도 고칠 수 없다고 하였다. 그렇다고 새로 하나 살 돈은 없고, 방법이 없었다.

일단 깜깜한 채라도 쳐 넣어가서 용산 전자상가에 가지고 가보자고 생각하며, 끝도 없이 쳐 넣었다. 나중에 해독이 안 되더라도 우선은 여기서밖에 구할 수 없는 자료를 우리말로 바꾸고 요약하여 무조건 쳐 넣었다. 정말 깜깜한 밤중을 걸어 다니던 나의 어린 시절이 없었다면 도저히 못 할 일이었다. '깜깜한 모니터에 대고 글을 써 넣는다는 것은 누구나 할 수 있는 일이랴. 내가 누구냐, 박영순이 아니냐. 무조건 한 번 해 보는 거다.' 이렇게 최면을 걸고 하루 10시간 내지 열두 시간씩 작업을 했다. 넉 달 동안 꼬박 작업을 하고 나서 나는 8월에 조기 귀국하였다. 아픈 남편을 먼저 보내놓고 마음이 편할 수가 없었기 때문이다. 귀국하여 학진에 4개월분 돈을 반환하고, 대전에서 6개월을 함께 살고 개학이 되어 다시 서울로 올라왔다.

그렇게 나의 황금 같은 연구년은 망가졌으나 미국에서 써온 엉망인 글을 다시 살려내고 다듬어 다음해인 1997년 「이중/다중언어교육론」이라는 이름으로 한신문화사에서 펴내고, 그 다음은 '의미론학회'를 창설하였다. 국어학자, 언어학자들도 많고, 여러 학회가 활발하게 운영되고 있지만 2, 3일 학회에 참석해도 의미론 논문은 두세 편정도 밖에 못 들으니까, 의미론 연구가 활성화되기 어렵다고 생각하였기 때문이다. 우선 문과대 의미론 전공학자인 최호철 교수와 의논하였다. "제가 10년 뒤쯤 만들어야겠다고 생각했는데, 선생님이 하신다면 좋지요."라고 했던 것 같다. 그래서 인하대 김문창 교수님, 고려대 최호철 교수님, 경북대 임지룡 교수님, 서울대 김광해 교수님, 한양대 장경희 교수님, 상명대 신현숙 교수님과 함께 회칙을 만들고 창립기념 학술대회 개최에 대하여 논의하였다. 일은 일사천리로 진행되어 드디어 1997년 6월 20일 고려대학교 인촌기념관에서 창립기념 학술대회를 열고 창립총회를 하였다.

처음에는 이 학술대회에 참석할 인원을 50명 정도로 예상했으나 좀 넉넉히 만든다고 Proceeding을 70부 만들었다. 그런데 뜻밖에도 최종 225명이 참석한 것으로 집계되었다. 그리하여 세 번씩이나 발표집을 더 복사해야 하는 초유의 사태가 벌어졌다. 서울은 물론이고, 전국에서, 심지어 제주도에서까지 의미론 하신다는 분이 다 모인 것이었다. 원로 교수님들도 너무 좋아서 격려하러 왔다며 다들 와 주셨다. 당일 입회원서를 내고 간 사람만도 125명이나 되었다. 발표는 제1부 주제 발표로 심재기 교수의 '의미 연구의 발전 과정'이 발표되었고 제2부는 기획 주제로 「21세기 국어 의미 연구의 방향」으로 잡고 임지룡 교수가 '어휘의미 연구의 방향', 내가 '문장 의미 연구의 방향' 그리고 신현숙 교수가 '담화 의미 연구의 방향'을 발표하였다. 그리고 제3부에서는 8명의 개인 연구 발표가 있었다.

학술대회가 끝나고는 총회를 하여 회칙을 통과하고, 회장과 감사를 선출하였다. 내가 창립회장에 당선되고 김태자 교수와 전수태 박사는 감사로 선임되고, 부회장 이하 임원은 회장에게 일임을 해 주었다. 그리하여 부회장 김문창, 총무 최호철, 재무 신현숙, 연구 임지룡, 편집 장경희, 섭외 김광해, 출판 민현식 교수로 조각이 되었다. 그리고 원로 교수들을 고문으로 모시기로 하였다. 김민수, 김종택, 박지홍, 심재기, 천시권, 최창렬 교수님을 고문에 추대하였다. 또한 부회장은 편집위원회 위원장을 맡으며, 차기 회장이 되도록 내규도 정했다. 그래야 모든 일이 일사불란하게 되고 부회장이 적극적으로 학회 운영에 참여하며, 회장의 유고시에 대행할 수 있는 체제가 구축될 것이기 때문이었다.

그런데 이 무렵 나는 치명적인 불행을 또 겪고 있었다. 내가 약혼한 직후부터 시작하여 연 60%의 이자까지 물어가며 대학을 졸업시켰으며, 산모의 몸으로 식당에서 일한 돈으로 결혼 자금을 대 주었고, 강남의 49평짜리 아파트 판돈도 빌려주고도 이자 한 푼도 안 받고, 빚보증까지 서 준 시누이 남편의 회사가 부도를 내어 내가 빌려준 돈을 돌려받지 못하게 되어 은행으로부터 엄청난 시달림을 당하게 된 것이었다. 그땐 은행이자가 연 18%씩이나 되고, 연체를 하면 25%나 되어 빨리 갚지 않으면 안 될 상황이 된 것이었다. 30년간을 정말 자식 못지않게 사랑과 정성을 쏟은 시누이한테서 돌아온 참담한 결과였다.

남편은 처음부터 나의 이런 행동에 고마워하기는커녕 못마땅해 온 터여서 남편으로부터 위로는 아예 받을 수 없는 상황이었고, 어느 누구한테도 하소연 할 수도 없는 일이었다. 정말 내 인생에 있어서 최대의 실수와 실패를 맛보는 허탈감과 상실감은 너무도 컸다. 결국 남편이 퇴직금을 중간 정산해 주어 일부 갚고, 적금 등 있는 대로 다 털어 일부 갚고 나머지는 내가 거래하는 은행으로 옮겨 이자를 조금 낮추어 몇 년간 갚아 나갔다.

이런 와중에 1997년 6월 27일에 큰애 결혼식을 하였다. 며느리 되는 아이는 외대 영어과 출신으로 당시 영어학으로 박사과정을 하고 있는 키 168cm의 훤칠한 아이로서, 바깥사돈 되시는 분은 모지방 국립대학의 건축과 교수인 경주 김씨 집안의 1남1녀 중 맏딸이었다. 많은 하객들 앞에서 당시 박신언 신부님의 미사 집례로 명동성당에서 결혼식을 하고 신랑신부는 바로 이튿날 미국으로 떠났다. 아들이 결혼하게 되니 한편은 홀가분하고, 또

한편은 아들을 결국 며느리에게 바치는 것 같은 섭섭한 감정도 어쩔 수 없었다. 엄마에게 매우 따뜻한 아이도 아니었고, 집에 있는 시간도 많지 않았으며, 아주 어릴 때는 몇 년간 떨어져 있기도 한 아들이지만, 막상 결혼을 시키니 아들이 너무 아까운 생각이 들고, 이젠 정말로 부모를 떠나는 것 같아 기분이 묘했다. 그러나 한 가지 책임을 덜었다는 홀가분한 기분과, 새로운 딸을 얻었다는 기분은 나쁘지 않았다. 그리고 이 애들은 현재 슬하에 1남 1녀를 두고 행복하게 살고 있으니 다행이다.

집안일은 집안일이고, 고대 교수로서, 학자로서 내가 할 일은 해야 했다. 우선 의미학회 이사회를 소집하여 우선 1년에 두 번씩 학술대회를 할 것과, 두 권의 학술지를 발간하기로 뜻을 모았다. 이렇게 시작된 의미학회는 이미 10주년을 지났고, 학회지는 23권이 나왔으며 회원은 400명에 이른다. 그리고 틈틈이 써왔던 「한국어문법교육론」도 1998년에 출간하였다. 단독 저서로는 네 번째 저서였다. 그리고 이해 6월에는 첫 손녀를 얻게 된다. 손녀가 주는 기쁨과 신비로움은 정말 컸다. 그저 우리 손녀가 세상에서 세일 예쁜 것 같고, 제일 똑똑해 보이니 나도 별 수 없는 평범한 할머니일 뿐이다.

1998년 겨울에는 전은주 현 부산대 교수가 「말하기 듣기의 본질적 개념과 교육과정 구성 방안 연구」로 박사학위 논문을 내고 통과하였고 바로 이듬해 부산대 교수로 부임하여 나를 무한히 기쁘게 해주었다. 나의 네 번째 제자박사가 나온 셈이었다. 전교수는 얼굴도 마음씨도 음성도 너무 예쁜데 공부도 착실히 해주어 국내 국어교육학계에서 신망 받는 교수가 되어 있으니 자랑스럽기 그지없다. 전교수는 정말 내가 해 준 게 아무것도 없고, 오히려 빚이 많은 제자다.

나는 국어의미학회 회장 임기 2년을 마치고 1999년 6월에 김문창 부회장에게 회장직을 인계하고 물러났다. 이어서 1999년에는 둘째 며느리를 보았다. 둘째며느리는 나와 같은 밀양 박씨이고 서울대 음대 출신으로 바이올린을 전공한 사람이지만 Northwestern University에서 MBA를 하고 미국 금융

회사에 다니고 있다. 이 아이들의 행복을 빌 뿐이다. 미국에 사니 자주 만나지 못하는 것이 아쉽지만 두 아들을 낳아 행복하게 살고 있으니 대견하다.

이후 나는 1999년에서 2001년까지 제5대 사회언어학회 회장을 맡아 2000년에 창립 10주년 기념 국제학술대회를 개최하게 된다. 사회언어학회는 일반 언어학회보다 훨씬 가족적이고 인간적이어서 항상 즐거운 학회이다. 회원이 급속도로 불어나진 않지만 꾸준히 증가하고 있고, 임원들도 매우 열심히 일을 한다. 나는 이 학회 회장을 하면서 한편으로는 은유 연구에 시간과 힘을 쏟았다. 의미론의 마지막은 결국 은유의 의미를 밝히는 일이라고 믿은 나는 부지런히 참고문헌을 찾았으나, 외국에서는 은유가 매우 많이 연구되었으나 아직 국어에서는 단 한 권의 책도 나온 일이 없고, 박사학위 논문도 없다는 걸 알게 되었다. 그러나 영어학 쪽에서는 국내에서도 이미 5, 6편의 박사학위논문이 나온 것이 있고 외국의 은유에 관한 책을 번역한 것도 있었다.

그러나 국어 쪽에서는 현대시론 책조차도 은유라는 제목의 저서는 단 한 권도 없다는 걸 알게 되어 힘은 들겠지만 꼭 써야겠다는 생각이 점점 더 굳어졌다. 그리하여 드디어 2000년에 「한국어 은유 연구」라는 책을 고려대 출판부에서 출간하였다. 그리고 그 해 문화부 우수학술도서로 선정되었다. 이것은 2000년도 고대 출판부에서 나온 유일한 수상서였다. 이 책을 쓰기 위해 나는 몇 년 치 신문을 다 뒤졌고, 3,500수의 시를 다 보았으며, 단 한 줄이라도 은유에 관해서 쓴 시론은 모조리 다 보았다. 그리고 2001년에는 두 권의 책을 더 냈다. 「한국어 문장의미론」과 「외국어로서의 한국어 교육론」이 그것이다. 이 중 「한국어 문장의미론」은 학술원의 우수학술도서로 선정되었다. 또한 2001년 7월에는 김유범 박사가 「15세기 국어 문법형태소의 형태론과 음운론」이라는 제목으로 박사 논문을 제출하고 통과되어 나의 다섯 번째 제자 박사가 되었고 한 학기 뒤에 부산의 동의대 교수가 되니 기쁘고 자랑스러웠다. 언제나 모범생인 김박사는 매우 학구적이면서도 남을 배려하는 마음이 극진하고, 인간적으로 매우 착하고 따뜻하여 많은 선후배로부터 칭송이 자자하다. 특히 첫 번째로 주례를 서게 한 제자로 남매를 낳아 잘 자라고 있으니 고마울 뿐이다.

그리고 2001년 여름에는 한국어학회장이 되었다. 되자말자 난 국제학술대회를 준비하였다. 맨 먼저 촘스키 교수에게 편지를 썼다. 다른 스케줄이 있어서 못 오겠다는 답장이 왔다. 나는 한 번 더 편지를 썼다. 그래도 나는 '한국에는 언어학자들이 많이 있고, 어학 관련 대학원생도 많으며 당신을 기다리는 많은 사람들이 있는데 아직 한국에는 한 번도 안 왔으니 이번에 꼭 좀 와주면 좋겠다.'고 간곡한 편지를 썼다. 다시 미안하다는 편지가 왔다. 나는 다시 한 번 편지를 쓰면서 날짜는 당신한테 맞출 테니 제발 꼭 와 달라. 1996년에 나와 약속하지 않았느냐고 했더니 이번에는 자기는 3년 후의 스케줄까지 꽉 잡혀있다. 나 자신도 내 스케줄을 마음대로 조정하지 못한다. 하루에도 이러한 거절 편지를 몇 장이나 써야 되는 줄 아느냐, 제발 이해해 좀 해주면 좋겠다는 더 간곡한 편지가 왔다.

이렇게 하여 촘스키 초청은 포기하고 이번에는 George Lakoff 교수한테 편지를 썼다. 그런데 래이코프 교수한테서는 답장이 없었다. 두 번 세 번 편지를 보내도 회신이 안 왔다. 할 수없이 래이코프의 직계 제자인 한국외대의 박정운 교수한테 편지를 써 보내게 했으나 역시 답이 없으며, 이유는 자기도 모르겠다는 것이다. 이렇게 래이코프 교수까지 실패를 하고 난 그때부터 다음 학자들에게 편지를 썼다. Ronald Langacker, William Labov, Howard Lasnick, John A. Goldsmith, Anna Bierzwicka, Leonard Talmy, 그리고 Kim-Reneau, 梅田博之, 중국의 崔允甲 교수 이렇게 열 명에게 편지를 썼다. 모두 다 오겠다는 답장이 왔다. 나는 이들에게 비행기표와 체재비는 약속을 하고 사례비(honorarium)는 최선을 다하겠다고만 약속을 하고 그 때부터 서울대 호암관을 예약하려고 하니 우리가 대회를 열려는 날짜에는 다른 예약이 이미 된 게 있어 안 된다고 했다. 할 수 없이 일주일 미루면서 초청 학자들에게 미안하다고 하고 날짜가 일주일 변경되었음을 알렸다. 그랬더니 이번엔 Goldsmith교수가 일주일 날짜를 변경하면 자기는 올 수 없다는 편지가 왔다. 자기 결혼 30주년 기념 가족 여행이 예정되어 있어 도저히 변경이 불가능하단다. 너무나 안타까웠지만 포기를 하고 대신 음운론에서는 소장학자지만 세계적인 명성이 있는 Harry Hulst 교수를 초청했고 기꺼이 와주겠다고 하여 결국, 음운론, 통사론, 의미론, 인지언어학, 사회언어학에서 한두째로 꼽히는 학자들을 한자리에 모시게 되었다.

이렇게 국제학술대회 등으로 몹시 바쁜 일정을 소화하던 나는 2002년 1월에 교육부 박삼서 편수관으로부터 한 통의 전화를 받게 되었다. 그전에도 한두 번 만난 적이 있는 매우 외유내강해 보이는 유능한 공무원이라는 인상을 받았던 분인데, 고등학교 작문 교과서 검정을 좀 해달라는 것이었다. 나의 최대 약점인 거절을 잘 못하는 성격 탓에 속으로는 이 나이에 아직도 그런 일을 해야 하나 하는 생각을 하면서도 단호하게 거절을 못하고 더듬거렸다. 그랬더니 매우 더 간곡하게 부탁을 하였다. 그러면 검정팀에 누구누구가 포함되어 있느냐니까 불러주는 이름 중에 너무나 반가운 두 사람의 이름이 나왔다. 한 명은 나의 사랑하는 제자 원진숙 교수고 또 한 사람은 나와는 친분이 두터운 경북대의 임지룡 교수였다. 임교수는 학덕이 높아 내가 늘 존경하는 교수다. 그 두 명의 이름을 듣고는 그만 OK를 해버렸다. 그래서 하루 이틀로 알고 검정 장소인 양평 한화콘도로 가서 보니 수백 명의 검정위원들이 와 있었고, 우리 작문팀에는 모두 열 명이 배치되어 있었다. 모두 처음 보는 8명의 선생님들과 수인사를 하고 보니 여자가 4명, 남자가 6명이었다. 그중에 또 한 명의 반가운 얼굴이 있었다. 교원대의 박형우 교수였다. 내 방 제자 박선우 박사의 형님이기도 하고, 학회에서도 여러 번 본 얼굴이라 무척 반가웠다.

그런데 심사에 들어가기 전에 위원장 선출을 해야 한다는 것이었다. 결국 가장 연장자인 내가 위원장이 되어 버렸다. 그러나 문제는 하루 이틀에 끝나는 것이 아닐 뿐 아니라 앞으로도 여러 번 더 합숙하여 심사를 해야 한다는 것을 듣고는 여간 당황스럽지 않았다. 그래서 이왕 왔으니 첫 번째 심사는 하고 두 번째부터는 안 와야겠다고 마음을 먹었다. 그야말로 나 하나쯤 빠져서 안 될 일이 전혀 없을 것 같았기 때문이다. 더구나 나와 한 살 차이인 부산대의 김정자 교수도 있고, 임지룡 교수도 있으니 나는 빠지는 게 오히려 심사에 도움이 될 것 같았다.

그래서 꾹 참고 이번에는 열심히 하자고 하고 선생님들 면면을 보니 다들 내로라하는 선생님들이었다. 더구나 김정자 선생님의 분위기 maker 능력은 탁월하셨다. 이 아름답고 매력적인 김선생님에게 난 처음부터 매료되어 버렸다. 그리고 김민정 선생님도 너무 사랑스러운 젊은 선생님이고 다른 남자 선생님들도 모두 학덕을 겸비한 선생님들이었다. 그리하여 그 따분하고 답답한 며칠간의 검정일이 너무도 화기애애한 가운데 끝이 났고, 우리는 스스로 드림팀을 자처하며 다른 방보다 일찍 끝나 파티도 할 수 있었다. 두 번째 검정 때는 내가 계획한 대로 안 가버렸다. 그러면 김정자 선생님을 위원장으로 뽑아 하면 된다고 생각했다. 그런데 두 번째 검정에 다녀온 원 선생이 내가 안 나오는 것에 대해 김정자 선생님이 매우 언짢아하셨다고 하며 다음번엔 안 나가시면 너무 큰 욕을 먹을 분위기고, 그럼 다른 선생님들도 모두 그만 두고 싶어 하는 분위기더라고 전해주었다.

그래서 할 수 없이 세 번째부터는 다시 나가게 되었고, 그때부터는 심사에도 가속도가 붙고, 선생님들 간에도 더욱 화기가 넘쳐 심사하는 일이 즐거워지기 시작하였다. 특히 최용기 선생님과 박형우 선생님은 행정에 밝고, 특히 박형우 선생님은 굉장한 일꾼이었다. 우리가 대충 심사를 끝내면 합산, 평균, 심사요지 쓰는 것 등 마무리는 박형우 선생님이 다 해주고 심사과정에는 임지룡 선생님이 나 대신 진행을 맡아 회의를 너무도 효율적으로 잘 해 주었다. 한 분, 한 분이 어쩌면 그렇게도 올곧은 선생님들인지 정말 감탄을 하며, 미모와 함께 가수를 능가하는 청아하고 깊은 목소리로 노래를 불러주고, 분위기를 만들어주는 김정자 선생님이 이끌어 주시는 대로 따라가다 보니 우린 어느새 모두가 오랜 친구가 되어 있는 것이었다.

하여튼 그렇게 몇 번을 만나 드디어 검정이 끝날 무렵 김정자 선생님의 제안으로 우리는 '양문회'라는 친목 모임을 만들어 그 이후 매년 한 번씩 만나고 있다. 모두들 너무도 바쁜 일상 속에서도 그 모임엔 무조건 다 모인다. 난 나이 많은 이유 하나로 회장이 되어 회장님 소리 들어가며 그 산소 같은 친구들로부터 많은 위안과 즐거움을 얻는다. 나이도 성별도, 거주 지역도 모두 다르지만 정말 이렇게 '한마음'이 될 수 있으니 신기하기만 하다. 안상근 선생님, 박우현 선생님, 이훈 선생님, 김민정 선생님!! 모두 감사합니다. 특히 자주 자주 나의 영혼을 맑게 해주는 시를 보내주시는 김민정 선생님, 그대가 있어 너무 행복해요.

2002년 8월 1일~3일까지 서울대 호암관에서 열린 2002 한국어학회 국제 학술 대회에는 10명의 기조 발표와 74편의 논문이 발표되었다. 자비로 외국에서 참가해 준 학자까지 연인원 400명 이상이 참여하는 성대한 국어학 및 언어학 잔치를 하게 되었다. 이 국제대회를 계기로 한국어학회는 일약 최고의 국어학회로 우뚝 서게 되어 기관지 「한국어학」이 국어학분야 최초로 학술진흥재단 등재지가 되었다. 창립 50주년이 된 국어학회보다도 창립 18년밖에 안 된 한국어학회가 먼저 등재지가 되어 나는 큰 보람을 느낀다.

그리고 2002년은 나에게 여러 면에서 뜻 깊은 해가 되었다. 우선 이와 같은 한국어학회 국제학술대회가 성공적으로 끝났고, 나의 「한국문화론」이 출간되고 곧이어 문화부 우수학술서로 선정되었으며, 내가 편저한 「21세기 국어학의 현황과 과망」, 「21세기 국어교육학의 현황과 과제」, 「21세기 한국어교육학의 현황과 과제」 3권이 내 제자들의 노력으로 출간되어 출판 기념회를 내 회갑기념으로 하게 되었기 때문이다. 사실 이런 기념회는 나로서는 너무 부끄럽고 쑥스럽고 민망한 일이지만 제자들 입장에서는 이렇게 해야 자기들의 체면이 선다고 생각하니 더 이상 고집부리지 않고 대회 이름은 출판기념회로 하였다.

사실 나도 이 세 분야를 한자리에서 아우르는 계기를 만들고 싶은 욕심도 있어 기획했던 것인데, 이 분야 최고의 필진이 정성스럽게 논문들을 써 준 집필진에게 너무 감사하며, 학계에 조금이나마 기여할 수 있게 되어 기쁘기도 하였다. 이 세 권의 책 출간을 위해 필자를 섭외하고, 기획하느라

애써 준, 김무림, 김정숙, 원진숙 교수에게 특별히 감사하고 싶다. 그리고 특히 김정숙 교수는 내 직계 제자는 아니지만 나와는 늘 가깝게 지내왔다. 한국어교육학계의 선구자로서 참으로 많은 일을 해온 분이다. 그리고 내방 조교인 오현진 선생도 2002년부터 내가 정년하는 2008년 2월까지 책 교정부터 나의 약을 챙겨주는 일까지 완벽하게 나를 보좌해주어 고맙기 그지없다. 똑똑하면서도 성품이 반듯하여 어딜 가나 신망 받는 학자가 될 것 같다.

그 날은 한국어학회 가을대회를 마치고 바로 이어졌기 때문에 한국어학회 회원들이 많이 참석하여 주었고, 그 밖의 동료 제자, 친지들이 많이 참석해 주어 한편은 고맙고 한편은 미안했다. 사회는 국어학계의 신사 부산외대 송향근 교수가 맡아주었고, 축사는 서울대 박갑수 교수님, 고려대 성광수 교수님, 연세대 백봉자 교수님이 해주셨다. 그리고 축가로 조경임, 박봉곤이 듀엣을 불러주었고, 조경임 선생 남편이 피아노 반주를 해주었다. 그러나 나의 삼남매 중 한명도 참석을 못하니 내 마음 한 구석은 많이 허전했다. 아무튼 2002년은 그렇게 정신없이 지나갔다. 12월에는 김기석 선생이 「멀티미디어를 통한 국어교육」으로 박사 학위를 받아 여섯 번째의 박사 제자가 되었다.

그리고 2003년 봄에는 남편이 KAIST에서 정년퇴임을 하였다. 그동안 제1회 한국공학상 수상, 과학부에서 주는 국민훈장모란장을 비롯해 세 개의 훈장, 한국공학한림원 종신회원, SCI에 등재된 국제 저널을 다섯 개나 출간하고, 박사 30명을 길러냈으며, SCI 논문만도 100편 이상, 국제학술지 논문 100편 이상, 국내 학술지 논문 300편 이상을 쓰고 국제학술 대회 주최만 수십 번 여는 등 구조역학 분야에서 국내 최고의 학자요, 국제적인 명성을 가진 토목공학의 구조역학 분야에서 선구적인 학술 활동을 해왔으며, KAIST에서도 공학에서 단 두 명뿐인 석좌교수이다.

정년을 기념하는 행사를 인터컨티넨탈 호텔에서 성대하게 했는데, 영상 사진과 제자들의 설명이 있었고, 축사는 토목공학회 회장과 KAIST의 세계적인 석학인 조장희 교수가 하였다. 그리고 남편이 답사를 하는데, 도중에 갑자기 내가 앉아 있는 테이블로 오더니 나의 손목을 끌고 단상 앞에까지 가서는 자기가 받는 이 훈장은 나의 아내에게 바친다면서 나의 목에 걸어주니 사람들은 우뢰와 같은 박수를 쳤으나 나는 부끄러워 어찌할 바를 몰랐다. 어쨌든 남편은 이런 사람이다. KAIST는 다른 대학과는 달리 정년이 지나고 명예교수가 되어도 5년간은 그대로 연구실을 쓸 수 있어 정년 전과 다름없이 하던 일을 계속하고 있으니 다행이라면 다행이다. 나도 2003년에도 계속해서 책을 썼다. 그리하여 2004년에는 「한국어 담화 텍스트론」을 출간하였고, 「한국어교육론」 개고판도 냈다. 또한 「한국어 의미론」, 「한국어의 사회언어학」 등도 모두 개정판을 내게 되었다.

한국어세계화재단 이사장을 맡다

그런데 2004년 봄에는 나에게 또 한 번의 큰 변화가 왔다. 2004년 2월 16일 나는 한국어세계화재단으로부터 한 통의 전화를 받았다. 우리 재단 이사로 선임되셨으니 17일 11시까지 재단으로 나와 달라는 것이다. 이런 재단이 만들어진 것은 물론 알고 있었고, 한국어 세계화 추진위원회가 해오던 일을 맡아 관리하고 있는 것까지는 알고 있었으며, 연구결과물이 나오면 심사를 해달라고 하여 두어 번 해준 적은 있지만 더 이상 전혀 관심을 두지 않고 있던 기관이다. 사실 한국어세계화 추진 사업 계획서도 문화부의 요청으로 내가 만들어 주었고, 그 뒤 위원장을 맡아 달라는 요청이 있었으나 난 고사를 하였었다. 누가 하든 그런 일들이 추진되기만 하면 된다고 생각했고, 국가 예산을 운영하는 것은 부담스러웠기 때문이다. 그런데 이번 이사회에 꼭 나와야 한다고 해서 나가 보았다. 그랬더니 바로 회칙 개정과 함께 이사장을 선출하는 자리였다. 서울대 교수인 이익섭 초대 이사장님이 임기가 만료되어 새로이 이사장을 선출하는 자리였다. 모두 15명의 이사 중 14명이 참석했는데, 이사진은 다음과 같았다. 이익섭 서울대 명예교수, 박갑수 서울대 명예 교수님, 남기심 국립국어원장(당연직), 이상섭 연세대 교수, 홍윤표 연세대 교수, 김하수 연세대 교수, 박창원 이화여대 교수, 신현숙 상명대 부총장, 백봉자 경희대 교수, 김중섭 경희대 교수, 김흥규 고려대 교수, 민현식 서울대 교수, 이성원 문화정책국장 (당연직) 등이었다. 여기서 모두 4명이 추천되어 투표에 들어갔다. 1차에서 과반수를 얻는 사람이 나오기 어려울 거라고 모두 얘기들을 하며 1차 투표에 들어갔다. 그러나 결과는 내가 9표를 얻어 졸지에 이사장이 되었다. 당시 국립국어원장은 남기심 연세대 교수였는데, 나와는 매우 친숙한 사이이고, 매사에 협조적이어서 매우 안심이 되었다.

내가 이사장이 되는 날 이화여대 박창원 교수도 재단의 운영이사가 되었다. 그리고 곧바로 문화부에서 부이사관을 지낸 채규갑 사무국장도 새롭게 왔다. 우리 셋은 어려운 여건에서도 잘해 보자고 결의를 다졌다. 연구실장은 현재 세명대 교수로 있는 우창현 실장이 맡고 있었다. 사실상 재단의 실무 책임자로서 매우 겸손하고 착하면서도 상황 판단이 빠르고, 일의 속도도 빨랐다. 처음엔 재단 식구라야 나, 박창원 교수, 채규갑 국장, 우창현 실장 외에 오광근 박사, 김명광 박사, 김진형 박사, 박준석 박사, 이경신 재무 팀장 등 모두 8명이었다. 그러나 내가 나오기 직전까지는 20여명 정도가 되었고, 공간도 두 배로 불어났다.

처음에 취임하여 재단 내부를 들여다보니 한숨 밖에 안 나왔다. 우선 재무 구조가 너무 열악하다는 것과, 재단의 인지도가 너무 낮다는 것, 그리고 이름에 걸맞는 일들을 좀 더 적극적으로 해야겠다는 세 가지로 일단 파악하고, 재단의 존재를 알리고 다른 프로젝트 하청이라도 맡을 수 있는 길을 모색하기 위해 관련기관장들을 찾아다녔다. KOICA 총재, 교육과정평가원장, 국제교류재단이사장, 재외동포재단 이사장 등을 만났다.

그러나 내가 기대했던 일들은 일어나지 않았다. 다만 정강정 교육과정평가원장과의 면담에서 한국어능력시험을 한국어세계화재단이 가져가도록 해달라는 부탁에 긍정적인 답변을 들은 것과 노동부를 방문하여 해외인력 국장과 과장을 만났다가 예기치 않았던 성과가 있었다는 것이다. 즉 2005년부터 실시되는 고용허가제에 따라 한국 노동 시장에 들어올 사람들에 대한 한국어능력시험이 있다는 것과 우리 재단이 이 사업에 참여할 수 있는 가능성을 갖게 되었다는 것이다. 아무튼 우리 재단이 단독으로 시험을 치를 가능성이 많았으나 공모를 하는 바람에 우리 재단과 한글학회가 선정되어 향후 3년간 이 시험을 주관하게 되었다. 우리 재단이 시험을 보게 된 나라는 필리핀, 태국, 스리랑카로서, 많은 어려움 속에서도 연구원들이 국제 감각을 키울 수 있었고, 재정적으로 좀 여유가 생겼으며, 이 시험 덕분에 국내외적으로 재단의 이름이 많이 홍보되었다는 큰 성과를 얻었다. 이 시험을 위해 오피스텔도 얻고 책임 연구원 외에 보조 연구원들도 두세 명 채용하였으며 관련 학회에 조금이나마 지원할 수 있게 된 것도 보람이 있었다. 또한 이 사업 덕분에 국립인도네시아대학에 한국학과를 만드는 데도 결정적인 역할을 했다는 것이다. 우선 인문대 학장과 국제교류부장을 만나 설득하고 커리큘럼을 짜주고 교수 파견하고 입학생 6명에게 장학금도 주었다. 문화부에서 주는 예산만으로는 할 수 없는 이런 일들을 할 수 있어서 보람을 느꼈다.

중간에 연구실장이 오광근 실장으로 바뀌고, 연구원들도 두세 명 바뀌기도 하고, 불어나기도 하였다. 우창현 실장, 박준석 연구원이 나가고 이혁화 박사, 김준범 박사, 김유정 박사, 김대은 박사, 조선경 박사, 진대연 박사 등이 들어왔다. 그리고 여러 명의 보조 연구원들이 들어오기도 했다. 하나같이 착하고, 유능한 인재들이었다. 한두 명의 연구원이 조금 문제가 있었으나 일단 나에게 도전하는 연구원은 없었고, 그렇게 많은 일을 시켜도 잘 따라 주었다. 정말 이들 연구원들이 너무도 고맙고 자랑스럽다. 채규갑 사무국장님이나 이경신 경리 담당관도 모두 일이 두 배, 세 배로 불어나는데도 불평없이 잘 해 주었다. 지금 생각해보면 정말 내가 인복이 많은 것 같다.

사실 노동부 시험은 언어와 문화가 다르고 모든 사회 제도와 구조가 다른 나라에 가서 한치의 오차도 없이 1년에 몇 만 명의 노동자들에게 시험을 보이는 것은 간단한 일이 아니다. 유능하고 성실한 재단 연구원들이 그 엄청난 일을 해 내는 것을 보고 참으로 경탄하였다.

2005년 말에는 김영만 원장이 「신문사설을 이용한 논술교육」으로 박사학위를 받고 학원가에서 영향력있는 교육자로 활발한 활동을 하고 있고, 박선우 선생은 「국어의 유추적 음운현상에 대한 연구」로 박사논문을 내니 각각 일곱 번째와 여덟 번째의 박사제자가 되었다. 이후 김영만 박사는 논술학원을 더욱 활발하게 운영하고 있고, 인터넷 강의로도 크게 활약하고 있다. 박선우 박사는 포항공대의 교양국어 전임교수로 가게 되어 나를 기쁘게 하였다. 내방 제자들은 모두 공부도 잘하고 인간성들이 좋아 나는 늘 행복할 따름이다. 특히 박선우 박사는 내가 주례를 섰던 친구로 첫 아들까지 두어 나를 행복하게 해 주었다.

한편 재단일로는 정강정 교육과정평가원장이 한국어능력시험(TOPIK)을 재단으로 가져가라고 했고, 약속까지 했는데 여러 가지가 꼬이는 바람에 못 가져온 일은 두고두고 아쉬운 일이다. 2004년 7월 부터는 외국인 노동자에 대한 한국어교육도 하고, 국제이주여성 및 다문화가정 자녀들에 대한 한국어교육 문제를 우리 재단이 이슈화하고, 실제로 교육하고, 교육도우미를 선발하여 교사연수를 시켜 현장에 투입하는 등의 일도 하였다. 또한 재미 한국어교사들을 초청하여 교사 연수를 해준다든가 미국고등학교 교장들을 한국에 초청해 와서 한국 관광 및 한글의 우수성을 알리는 등 한국을 홍보하고 한국 문화 연수를 하여 보내는 등의 일도 하였다. 한글 디지털 박물관 설립, 100대 한글 문화 유산 정비사업, 한국어 교재 발간, 한국어교육 총서, 학습자 사전 발간 등의 일도 하였고, 한국어교사 자격증을 주는 한국어교육능력검정시험을 주관하였다.

2005년부터는 국립국어원의 「가나다」 전화가 우리 재단으로 넘어왔다. 그러니 식구가 네 명이나 더 늘게 되었다. 이 중 인터넷으로 답변하는 상담원으로 나의 제자 김진아가 오게 되어 반가웠다. 2006년에는 한국어 학습 수기 공모, 한국어 홍보대사 임명 등 매우 보람 있는 일도 하였다. 정말 예산이 조금만 더 있든가, 재단설립을 한 문화관광부나 국립국어원에서 아주 조금만 더 재량권을 주고, 지원금을 조금만 더 주었어도 하고 싶은 일, 해야 할 일들은 정말 많았다. 안타까운 일들이 너무 많았지만 여기서 다 쓸 수 없다. 아주 조금이나마 공무원들의 세계나, 권력의 속성을 조금 엿보게 되었다고나 할까, 그리고 재단의 일들을 대부분 교수들에게 맡기게 되는데, 매우 책임감 있게 약속한 날에 원고를 내주는 교수가 있는가 하면 3, 4년이 지나도 끝내지 않아 문화부로부터 질책도 받고 예산을 돌려주어야 하는 매우 무책임한 교수도 있다는 것을 알게 되었다.

2005년 11월 26일에는 드디어 막내딸이 결혼함으로써 나는 비로소 그렇게도 부러웠던 필혼(畢婚)을 한 어머니가 되었다. 사위는 서울법대 출신의 법조인으로, 유능하면서도 착하고 순하여 마음이 놓인다. 딸은 full scholarship을 받고 공부하던 박사과정 공부를 접고 결혼을 선택해 주었다. 남편은 몹시 아까와 했지만 나는 그래도 결혼시키니 좋았다. 어쩌면 내 책임을 벗었다는 것에 더 무게를 두었는지 모르겠다. 공부는 결혼 이후에도 본인이 의지만 있으면 할 수 있지만 결혼은 때를 놓치면 더 어려워지고, 무엇보다도 박사를 딴 뒤엔 결혼이 더 어려워질 수 있다고 생각했기 때문이다. 어쨌든 완전히 국제화된 우리 딸과 완전히 국내파인 우리 사위가 서로를 좋아하게 된 것이 신기하기만 하고 둘이 알콩달콩 사는 게 예쁘기만 하다.

한국어 세계화재단 이사장 재임 3년간 나는 기관지 확장증이라는 병도 얻게 되어 많이 슬펐다. 이 병은 수십 년간 진행되어 오다가 과로와 스트레스가 심하게 되자 급격하게 악화된 것이었다. 이무렵 나는 학과의 인사문제로 무척 슬픈 일이 있었는데, 아마 이것도 몸에 반영된 모양이었다. 40일간 각혈을 할 정도였으니 정신적으로 많이 위축되고, 당장 몸에 에너지가 생기지 않으니 생활이 매우 어려워졌다. 우선은 말하는 게 어렵고, 에너지가 없으니까 일을 하는 것도 어려워졌으며 자꾸만 비관이 되었다. 그리고 지금까지 나를 힘들게 했던 사람들에 대해 원망하는 마음도 새삼스럽게 생겨났다. 이 병은 불치병으로서 최대한 악화되지 않게 다스리는 길 밖에 없다. 그래서 학교도 그만두고 재단일도 당장 그만두고 싶었다. 심각하게 그만 둘 것을 진지하게 고민했다.

그러나 학교는 당시 우리 과에 성광수 교수님이 정년퇴임하시고 어학에는 나 혼자인데 그만두는 것은 너무 무책임한 것 같았고, 더욱 나를 그만두게 하지 못하게 한 것은 아직 박사 과정에 있는 내 방 제자가 열 명도 더 된다는 것이었다. 이들에게 못할 짓을 할 수는 없었다. 그래서 결국 학교는 그만 두지 못했고, 재단 일을 그만 두려고 했으나, 이번에는 연구원들이 제발 그만두지는 말아달라며, 한 달에 한 번도 나와도 좋고, 결제 받으러 고려대로 갈 테니 제발 그만 두지는 말아달라고 간곡히 부탁하는 바람에 맘이 약해 결국 두 군데 다 그만 두지 못하고, 완주하게 되었다. 재단에 나오는 동안 건강도 나빠지고 공부할 시간도 많이 잃었지만 여러 훌륭한 젊은 연구원들을 만나고, 그래도 무에서 유를 창조한 몇 가지는 보람 있다 할 것이다. 그리고 아주 조금이지만 CEO가 어떠해야 한다는 것도 조금 알게 되었다.

그래도 2006년 6월에는 오새내 선생이 「현대 국어의 형태음운론적 변이 현상에 대한 사회언어학적 연구」로, 그리고 이현희 선생이 「국어접사 범주에 관한 연구」로 박사논문이 통과되어 나의 아홉 번째, 열 번째의 박사 제자가 되어 나를 기쁘게 해주었다. 착하고 성실한 제자들이다. 오박사는 활달하여 좋고 이현희 박사는 외유내강하고 심성이 좋다. 이들도 모두 훌륭한 교수들이 될거라고 믿는다. 또한 2006년 말에는 김대희 선생이 「국어교육에서의 미디어 수용방안 연구」로 박사 학위를 받게 되어 열한 번째의 제자 박사가 되어 큰 위로가 되었다. 김박사는 학술진흥재단의 지원을 받아 호주에 가서 1년간 post doc.을 하게 되어 나를 더욱 기쁘게 하였다. 워낙 부지런하고 재주가 많은 친구라 어디에 가더라도 인정을 받을 것이다.

재단 이사장 임기가 끝나기 한 달 전에 새 이사진을 구성하여 신임이사장을 선출해 놓고 퇴임을 해야 하는데, 여러 가지 이유로 5월에야 이사회가 겨우 열려 새로운 이사진이 구성되고 배재대 정순훈 총장이 신임이사장으로 선임되고 부산외대의 송향근 교수가 운영이사로 오게 되어 난 비로소 물러날 수 있게 되었다. 이로써 지난 3년간 힘들었지만 사심 없이 일했던 재단이 앞으로 좀더 발전되길 빌면서 연구원들의 따뜻한 배웅을 받으며 물러나 학교 일에만 전념하게 되었다.

교수 생활의 마무리

우선 지난 3년간 끌어온 「한국어 화용론」을 끝내서 2007년 3월에 출간하고, 곧 이어서 「다문화사회의 한국어문화 교육론」도 끝내고 2007년 8월에 출간하였다. 이중 「한국어화용론」은 문화부 우수학술도서로 선정되어 나의 다섯 번째의 우수학술 도서가 되었다. 2007년은 「한국어 담화·텍스트론」과 「한국어은유 연구」 재판도 나왔다. 2007년 말에는 윤경애 선생이 「중국 대학생들을 위한 한국어 연결어미 연구」로, 고경태 선생이 「한국어 동사교육연구」로, 이형순 선생이 「은유를 통한 시교육 방안」으로, 고은숙 선생이 「의문법 어미의 국어사적 연구」로 모두 박사학위 논문을 내어 통과하니 총 15명의 박사를 배출하게 되어 난 매우 기뻤다. 2008년 5월과 10월에 조경임, 신미경, 황재웅, 정다운, 심지연, 오현진, 최은지, 박봉곤, 임마누엘 선생들이 논문을 낼 준비가 되어 있으니 내가 배출한 박사는 총 24명이 될 예정이다. 지금까지 지도한 석사 논문은 교육대학원을 포함하여 47명에 이른다.

물론 나한테서 한 과목이라도 수강하고 졸업한 학부생은 수천 명에 달한다. 그 중에는 교수, 교사, 언론인, 공무원, 문인, 회사원, CEO 등 다양한 직업과 직책을 성공적으로 수행하고 있으니 큰 보람이라 아니 할 수 없다.

또한 대학원에서 내가 강의한 과목을 한 과목이라도 듣고 박사가 되고 교수가 된 사람도 백 명은 넘을 것이니 나보다 더 행복한 사람은 없을 것 같다. 나의 저서는 단독이 22권, 공저가 2권, 편저가 3권으로 도합 27권이고, 논문이 135여 편, 다섯 학회의 회장, 다섯 번의 국제대회 개최, 45회의 국내외 학회의 기조강연, 이것이 나의 교수생활 30년간의 결산이다. 아직은 비교적 건강한 KAIST 석좌교수인 남편, 2남1녀의 자식과 그 배우자, 손주 3명, 손녀 1명 등 4명의 손주가 결혼 생활 40년간의 결산이다.

성공과 실패, 행운과 불운, 건강과 불건강, 희망과 좌절, 보람과 아쉬움 등으로 점철되어온 지난 65년간의 나의 삶은 평범한 것 같기도 하고, 조금은 성취한 것 같기도 하고, 평탄한 것 같기도 하고, 굴곡이 있었던 것 같기도 하며, 특별히 나쁜 인간관계도 없었지만 그렇다고 폭넓은 교류도 못 한 것 같기도 하다. 제일 아쉬운 것은 고려대 교수들과 개인적인 친분을 많이 못 쌓은 점이다. 교수가 어울릴 수 있는 유일한 시간이 점심시간인데, 삼남매를 키우며 교수 생활을 하다 보니 절대 시간이 부족하여 난 늘 집에서 도시락을 싸가지고 와서 점심을 해결하는 습관이 생겨 지금도 그렇게 하고 있기 때문에 교수들과 사적으로 어울리지 못한 것이 제일 아쉽다. 물론 점심때에 함께 있는 사람이 있으면 교수건 학생이건 손님이건 무조건 점심을 사주는데, 이때도 중국집에 시켜서 먹거나 제일 가까운 학교 음식점에서 후딱 먹고만 나오게 되니 점심을 제대로 함께 하며 친교하는 시간을 거의 못 가진 것이다.

또한 학부 학생 한 명 한 명에게 좀 더 따뜻한 관심을 가져주지 못 한 것 같다. 86학번까지는 그 많은 학생 이름(제일 많은 때는 520명)까지 빠짐없이 다 외우기도 했지만, 지금은 한 학번에 열 명도 못 외운다. 교수로서 많이 미안한 점이다. 늙어서 건망증이 심해서가 제일 큰 이유겠지만, 대학원 제자를 많이 갖게 되면서 상대적으로 학부엔 소홀하게 된 점도 있고, 학회 활동이 많아지면서 학부생에 대한 관심이 줄었던 것 같다. 이점 제자들에게 정말 미안하게 생각한다. 그렇다고 대학원 제자들에게 잘 해 준 것도 별로 없다. 가끔씩 야단친 것 외엔 한 일이 별로 없는 것 같다. 그러나 지도교수의 모든 허물을 감싸주고 그래도 따라 주는 것이 그저 고마울 뿐이다. 어느 방 제자들이 스승의 날과 지도교수의 생일을 한 번도 거르지 않고 일 년에 두 번씩 빠짐없이 모여 날 즐겁게 해주고 연구실에 없는 것 없이 다 사다 놓겠는가? 서울에서도 어려운데 강릉에서, 부산에서도 다 와주니 고마움을 넘어 너무 미안하고 민망할 때가 많다. 아무리 못하게 야단쳐도 막무가내다. 정말 이 제자들을 위해 내가 해줄 수 있는 게 너무 없다는 게 안타깝다.

그리고 우리 아이들한테도 좀 더 따뜻하고, 좀 더 자상한 엄마가 되어주지 못한 것 같다. 남편한테도 좀 더 좋은 아내가 못 되어 준 것 같다. 이제 다시 돌이킬 수도 없는 날들이지만 아쉬움과 회한이 밀려옴은 어쩔 수가 없다.

그동안 나에게 호의를 베풀어준 많은 분들에게 무한한 감사를 드리고 싶다. 학계의 그 많은 동료들, 제자들, 가족과 친지들 모두에게 감사드린다. 정말 내가 받은 축복이 이만저만이 아닌 것 같다. 따지고 보면 내 인생 65년 중 58년을 배우거나 가르치는 학교생활만을 해 온 셈이다. 이젠 학교 밖의 세상에서 살아보고 싶다. 그리고 그간 못했던 일을 하고 싶다. 교수가 아닌 자연인으로 돌아가 좀 더 나은 아내 노릇, 엄마 노릇, 할머니 노릇, 동생 노릇, 친구 노릇, 이웃 노릇도 해보고 싶다. 그리고 제자들에게도 좀 더 칭찬을 많이 해주는 너그럽고 따뜻한 스승도 되어 보고 싶다.

가톨릭 신자로서도 너무나 태만했고, 냉담했던 것을 반성하고 참된 신자도 되어보고 싶다. 급할 때만 하느님을 찾은 것도 사죄하고, 미리 받은 축복의 빚도 갚고 싶다. 순수한 시민으로 돌아가 어려운 시민들과 조금이나마 아픔과 고통을 나누고 싶다. 그리고 계절의 변화가 주는 아름다움도 만끽해 보고 싶고 한국의 구석구석을 누비며 우리의 자연과 문화를 새롭게 음미해 보고 싶다. 작은 풀 한 포기에도, 스쳐지나가는 바람에도 의미를 부여해보고 싶다. 혹시라도 시적 영감이 떠오르면 시도 몇 수 써보고 싶다. 어린 시절 그렇게도 좋아하던 문학소녀가 되어 세상의 이치를 함축적인 은유로 표현해 보고 싶다. 아무도 안 읽어주더라도 그냥 나의 삶의 이야기를, 나의 인생소회를 시로 표현해 보고 싶다. 시를 써서 한 잎의 낙엽에라도 날려 보내고 싶다.

惠堂朴榮順의 약력 및 연구업적

학력

1654. 3.	예천서부초등학교 졸업
1657. 2.	예천여자중학교 졸업
1960. 2.	예천여자고등학교 졸업
1965. 2. 25.	숙명여자대학교 국어국문학과 졸업 (문학사)
1968. 2. 25.	동대학교 대학원 졸업 (문학석사)
1973. 10. 15.	University of Illinois (언어학 석사, M.A.)
1978. 1. 15	University of Illinois (언어학 박사, Ph.D.)

경력

1965. 3. ~ 1970. 2.	한양대학교 부속 여자고등학교 교사
1975. 3. ~ 1977. 2.	숙명여자대학교 문리대 강사 역임
1978. 3. ~ 1981. 2.	경희대학교 문리대 조교수 역임
1981. 3. ~ 2008. 2. 28.	고려대학교 사범대학 국어교육과 교수
1982. 3. ~ 1998. 2.	교육부 중등학교 교육과정 국어과 심의위원
1982. 3. ~ 1998. 2.	국어 1종 교과서 심의위원
1983. 1. ~ 1993. 12.	평화통일자문위원
1984. 3. ~ 2008. 2.	해외교포문제연구소 이사
1989. 3. ~ 1990. 2.	UC Berkeley 객원교수
1995. 3. ~ 1997. 2.	고등학교 국어교과서 편찬 연구위원
1996. 1. ~ 1997. 1.	Harvard 대학교 객원교수
1996. 8. ~ 1998. 7.	문화체육부 어문분과 자문위원
1999. 5. ~ 2001. 4.	서울시 문화상 심사위원

2000. 1. ~ 2002. 1.	국립국어원 원장 선임위원
2004. 1. ~ 2006. 1.	문화관광부 자문위원
2006. 1. ~ 2006. 12.	EBS 자문위원
2004. 2. ~ 2007. 4.	한국어세계화재단 이사장

학회활동

1981. 9. ~ 1983. 8.	이중언어학회 총무이사
1987. 10. ~ 1991. 10.	이중언어학회 회장
1988. 7.	제1회 이중언어학회 국제 학술대회 주관
1990. 8. ~ 1992.	국제한국어교육학회(IAKLE) 한국지역 대표
1990. 7.	제2회 이중언어학회 국제학술대회 주관
1991. 7.	제3회 이중언어학회 국제학술대회 주관
2000. 7.	사회언어학회 국제학술대회 주관
2002. 8.	한국어학회 국제학술대회 주관
1993. 11. ~ 1995. 11.	사회언어학회 부회장
1994. 1. ~ 1996. 1.	민족어문학회 회장
1999. 8. ~ 2003. 8.	한국언어학회 이사
1997. 2. ~ 1999. 2.	국어의미론학회 회장
1998. 11. ~ 2000. 11.	사회언어학회 회장
2001. 8. ~ 2003. 8.	한국어학회 회장
2003. 5. ~ 2005. 5.	국어국문학회 연구이사 및 편집위원장
2004. 8. ~ 2008. 7.	국제언어학회(Intertnational Congress of Linguistics) 제18차 국제대회 조직위원.

연구업적

저서

1. Aspects in the Development of Communicative Competence. 서울: 탑출판사. 1978.
2. 한국어통사론. 집문당. 1985.
3. 연변 조선족 자치주 연구 (공저). 고려대 아세아문제연구소. 1988.
4. 한국어(재외국민용, 영어권). 서울대 재외국민교육원. 1988.
5. 한국어 (재일중학교용). 서울대재외국민교육원. 1990.
6. International Handbook of Reading Education.(공저). London: Greenwood Press. 1992.
7. 현대 한국어통사론. 집문당. 1983.
8. 한국어의미론. 고려대학교 출판사. 1994.
9. 개고판 현대 한국어통사론. 집문당. 1997.
10. 이중/다중언어교육론. 한신문화사. 1997.
11. 한국어문법교육론. 박이정. 1998.
12. 한국어 은유 연구. 고려대출판부. 2000. (문화관광부 우수학술도서)
13. 외국어로서의 한국어교육론. 월인. 2001.
14. 한국어 문장의미론. 박이정. 2001. (학술원 우수학술도서)
15. 한국어의 사회언어학. 한국문화사. 2001.
16. 수정판 외국어로서의 한국어교육론. 월인. 2002.
17. 한국어교육을 위한 한국문화론. 한국문화사. 2002. (문화관광부 우수학술도서)
18. 국어문법교육론. 박이정. 2004.
19. 한국어 담화・텍스트론. 한국문화사. 2004.
20. 국어문법교육론. 박이정. 2005. (문화관광부 우수학술도서)
21. 한국문화론. 한림출판사. 2006.
22. 한국어 화용론. 박이정. 2007. (문화관광부 우수학술도서)
23. 다문화사회의 언어문화교육론. 한국문화사. 2007.
24. 우리가 정말 알아야 할 한국문화. 현암사. 2008.

편저

1. 21세기 국어학의 현황과 과제. 편저. 한국문화사. 2002.
2. 21세기 국어교육학의 현황과 과제. 편저. 한국문화사. 2002.
3. 21세기 한국어교육학의 현황과 과제. 편저. 한국문화사. 2002.
4. 한국어와 한국어 교육, 한국문화사, 2008.

수필집

「하나의 위대함 여럿의 아름다움」, 한국문화사, 2008.

논문

1. 국어 어휘 면에 나타난 언어경제성고, 숙명여자대학교 석사학위논문, 1968.
2. 사회언어학과 언어교육, 「청파문학」, 12집, 1976.
3. 국어경어법의 사회언어학적 연구, 「국어국문학」, 72권 3호, 1976.
4. A Study of Korean Female Speech, Univ. of Illinois, M.A. thesis, 1973.
5. Age Variables in Sociolinguistics, 「언어」, 3권 2호, 1978.
6. 언어능력과 언어교육, 「영어교육」, 17호, 1979.
7. 한국대학생들의 국어실력에 대한 조사연구, 「국어국문학」, 83호, 1980.
8. 국어와 영어에 있어서의 Relative Clause의 대조연구, 「청파문학」, 13집, 1980.
9. 한국어와 영어에 있어서의 언어예절에 대한 비교연구, 「비교문학」, 제5집, 1980.
10. 존대말에 대하여, 한국일보, 1980.4.3.
11. 한국어와 영어에 있어서의 의문문에 대한 대조연구, 「경희문선」, 제3집, 1980.
12. 이중언어교육에 대하여, 「고려대사대논집」, 6집, 1981.
13. 고교 국어교육의 방법, 「고려대 교육신보」, 1982.1.17.
14. 문법교육으로서의 국어경어법에 대하여, 「이응백교수 회갑기념 논문집」, 서울: 보진재, 1982.
15. 현대 학문의 새 경향, 고려대 신문, 1983.9.19.
16. 이중언어교육과 해외한국자녀문제, 「이중언어학」, 1호, 1983.
17. 한국어자음규칙에 대한 재고찰, 「말」, 연세대 한국어학당, 1983.

18. 현대학문의 새경향: 언어학의 흐름, 고려대 신문, 1983.9.19.
19. 화법에 대하여, 중 2-2 국어교과서 (국정), 1983.
20. 의도와 의미, 「청파문학」, 14집, 1984.
21. 사회언어학이란 무엇인가?, 「문법연구」, 제5집, 1984.
22. 문법교과서 검토본, 새한신문, 1984.
23. 한국어복자음에 대한 사회언어학적 연구, 박병채교수 회갑기념 논문집, 1984.
24. 해외교포자녀에 대한 모국어교육 방안, 「이중언어학」, 2집, 1985.
25. The Korean Bilingualism in China and U.S.S.R., Literacy and Languages. No.2. 1985.
26. 고등학교 문법교육의 문제점, 고려대사대논집, 10집, 1985.
27. 관용어에 대하여, 「국어교육」, 53권 4호. 이을환교수 회갑기념특집, 1985.
28. 서평: 북한의 국어교육 (김민수 저). 「아세아 연구」, Vol. 26, No.1, 1986.
29. 고교문법에서의 보문처리 문제, 「국어학 신연구」, 탑출판사, 1987.
30. 문법교육에서의 의미론, 「한국어문교육」, 제1호, 고려대 사대 국어교육학회, 1986.
31. 인문과학에서의 교양교육, 대학교육, 7월호, 1986.
32. 재중공교포들의 문학활동과 한국어 이질화 현상에 대하여, 「이중언어학」, 3호, 1987.
33. 재중공한인들의 문학작품에 나타난 한국어 이질현상에 대하여, 「한글」, 197호, 1988.
34. 고교생들에 작문에 나타난 비문 연구, 「한국어문교육」, 제2호, 고려대 사대 국어교육학회, 1987.
35. 국어교육학의 본질, 고려대 교육신보, 1987.6.25.
36. 바람직한 국어교육, 「국어생활」, 15, 1988.
37. 언어의 질서와 인간의 질서, 고려대 신문, 1027호, 1988.3.28.
38. 재외국민교육원 (재미교포용), 한국어 2, 1988.
39. 재중고한인들의 한국어연구현황과 언어이질화, 「아세아 연구」, 1988.
40. 국어동의문 연구, 난대 이응백 교수 정년퇴임 기념논문집, 1988.
41. 사회변화와 언어, 「한국학 연구」, 한국학 연구소, 고려대학교, 1988.
42. 중 2-2 국어 말하기/듣기 단원, 1989.

43. 서평 김민수 저, 「국어정책론」, 주시경학보, 제2집, 1989.
44. 남북한 언어 정책 비교, 「현대 시학」, Vol. 21, 1989.
45. 제2언어로서의 문화교육, 이중언어학회지, 제5호. 1989.
46. 한국어교육의 유형과 방법론, 「한얼」, 제8권 제1호, 한국학교 연합회, LA, 1989.
47. 국제화시대의 한국어교육, 고려대 교육신보, 1990.
48. 이중언어이론과 중국에서의 한국어교육, 「이중언어학」, 제6호, 1990.
49. A Sociolinguistic Approach to the Consonant Rules in the Korean Phonology, The Sociology of Language, 1990
50. 남북한 맞춤법 검토: 논평, 「국어정서법의 종합적 검토」, 한국정신문화원, 1990년도 제5회 학술세미나.
51. 국어문법 교육, 전교학 신문, 1990.5.2.
52. 오사카 조선학 국제대회의 의의와 앞으로의 과제, 고려대 신문, 1990.9.3.
53. 영어강의와 고대의 국제화, 고려대 신문 사설, 1990.11.19.
54. Language Policy and Language Education in North Korea, Korea Journal, 31권 1호, 유네스코 한국위원회, 1991.
55. 남북한 언어동질성 회복 방안, 「한국발전」, 1991년 가을호.
56. 재외국민교육의 의의와 그 극대화 방안, 재외국민교육, 1991.
57. 소련의 한국어학, 한국어교육, 그리고 언어 이질성에 대하여, 「이중언어학」, 제8호, 1991.
58. 국어의문문의 의미에 대하여, 김석득교수 회갑기념논문집, 1991.
59. 국어교육론 100년사, 김민수교수 정년퇴임논문집, 1992.
60. 국어요청문의 의미에 대하여, 「언어」, 17-1, 1992.
61. 연변의 한국어교육, 이응백교수 고희기념논문집, 1992.
62. 문체론의 위상과 체계에 대하여, 「어문론집」, 제3집, 숙명여대, 1992.
63. 문체론의 성격과 문체 유형에 대하여, 「한국어문교육」, 제6집, 고려대 사대 국어교육학회, 1992.
64. 국어교육 및 정책, 고영근·성광수·심재기·홍종선 편 「국어학연구 백년사」, 일조각, 1992.
65. 재외 한국어교육-연변편, 「광복 후의 국어교육」, 한샘, 1993.

66. 교육과 언어도 통일돼야 한다,「한국발전」, 1993년 겨울호.
67. '가다, 대다, 서다, 보다, 버리다'의 의미 연구: 새로운 사전주석을 위한 시안,「한국어학」, 창간호, 1994.3.
68. 문체론의 본질,「국어문체론」, 박갑수 편저, 1994.10.
69. 남북언어의 이질화 현상과 그 극복 방안,「김일성 사후의 북한」, 고려대 아세아문제연구소, 1994.12.
70. 접속문의 성립과 접속성의 정도에 대하여,「언어」, 19-2, 한국언어학회, 1994.12.
71. 청유문의 구조와 의미, 이익섭교수 회갑기념논문집, 1995.2.
72. 은유에 대하여,「한남어문학」, 제21집, 1995.2.
73. 상대높임법의 사회언어학,「어문논집」, 34집, 고려대학교 국어국문학연구회, 국학자료원. 1995.10.
74. 해방 이후의 국어 교육과 국어정책 분야의 현황과 과제,「사회언어학」, 1995.
75. 이중언어 사용과 인지기능,「이중언어학회지」, 제12집, 1995.12.
76. 한국어국제화방안,「한국어국제화를 위한 학술대회」, 한국어국제화추진협의회, 1995.12.
77. 교포자녀에 대한 민족어교육과 한국어의 세계화. 고려대 민족문화연구소, 1995.12.
78. On the Cultural Elements in Korean Language Education, Symposium on Korean Studies, Sydney University, 1995.12.
79. 한국어능력평가 방안 연구 (공저), 학술진흥재단 보고서. 1996.
80. 미국의 이중언어 교육 이론 및 현황 조사 연구,「이중언어학」, 제13호,「한국어세계화의 제문제」, 1996.
81. 이중/다중 언어교육에 대한 이론적 고찰,「語文學論叢」, 양문각, 1997.
82. 국어교육과 한국어교육,「한국어학」, 6, 한국어학회, 1997.8.
83. 평서문의 의미에 대하여,「국어학 논총」, 1998.2.16.
84. 21세기 국어의미론 연구의 방향,「한국어의미학」, 창간호, 한국어의미학회. 1997.12.
85. 중의문의 의미에 대하여,「추상과 의미의 실재」, 박이정, 1998.1.
86. 고교문법에서의 담화텍스트 교육의 내용과 방법,「새로운 국어교육을 위

하여」, 고려대 사대 국어교육과 창설 20주년 기념 논문집, 1998.10.
87. 은유의 사회적 의미, 「사회언어학」, 5-2, 1997.12.
88. 한국의 언어계획과 언어정책에 대하여, 「사회언어학」, 6-2. 1998.12.
90. 조사의 인지의미론적 고찰: '는'을 중심으로, 「국어의 격과 조사」, 한국어학회, 1999.
91. 언어교육으로서의 문화교육, 「사회언어학」, 제7권 2호, 1999.
92. 漢字교육의 필요성, 「한글 + 漢字문화」, 1999.12.
93. Cultural Elements for the Korean Language Education Contents, ICKL, 2000.7.
94. 응용국어학의 현황과 과제, 「21세기 국어학의 현황과 과제」, 한국문화사, 2002.
95. 국어교육으로서의 문화 교육에 대하여, 「21세기 국어교육학의 현황과 과제」, 한국문화사, 2002.
96. 한국어교육학 연구의 현황과 과제, 「21세기 한국어교육학의 현황과 과제」, 한국문화사, 2002
97. '말' 등에 나타난 인지적 개념화와 은유 생성에 대하여, Pathways into Korean Language and Culture, Edited by Sang-Oak Lee et al., 박이정, 2002.
98. '말'의 은유화 양상에 대한 고찰, 「국어학의 새로운 조명」, 역락, 2003.
99. 한국어교육으로서의 문화 교육에 대하여, 「이중언어학」, 제23호, 2003.
100. 한국어 교재의 개발 현황과 발전 방향, 「한국어교육」, 제14권 3호, 국제한국어교육학회. 2003.
101. 21세기 국어의미론 연구의 현황과 과제, 「언어과학」, 28집, 2004.6.
102. 사회언어학연구의 현황과 과제, 「사회언어학」, 제12권 1호, 2004.6.
103. 동남아시아에서의 이중언어교육과 한국어의 세계화, 이중언어학회 발표 논문. 2004.11.
104. 한국어교육의 현황과 과제, 「국어교과교육연구」, 제7호, 부산대 국교과교육학회, 2004.
105. 한국어교사의 역할과 의무, 국립국어원 국제한국어교사 교육 주제 특강, 2004.8.
106. 이중언어교육의 최근동향과 재중동포의 한국어교육문제, 「이중언어학」, 28, 2005.6.

107. 담화와 텍스트의 의미분석을 위한 기준에 대하여, 이원직 교수 정년퇴임 논문집, 2005.

108. 이중언어이론 연구를 위한 사회언어학, 국립국어원 주제 특강, 2005.

109. 화용론의 본질과 성격, 「한국어학」, 27호, 한국어학회, 2005.

110. 한국어교사의 역할과 의무, 국립국어원 주제 특강, 2005.

111. 한국어문법교육의 방향, 「선청어문」, 28, 서울대 국어교육연구소. 2005.10.

112. 이중언어교육의 최근 동향과 재외동포의 한국어교육 문제, 「이중언어학」, 제28호, 2005.6.

113. 이중언어교육의 본질과 한국어교육의 과제, 「이중언어학」, 제29호, 2005.11.

114. 한국어 교육과 한류, 중앙대학교 한류아카데미 논문집 1, 2005.6.

115. 한국어 교육의 현황과 과제, 영남대학교 제15회 국어교육과 학술논문집, 2005.11.

116. 한국어 문법 교육의 방향, 「국어교육연구」, 제16집 107-123, 서울대학교 국어교육연구소, 2005.12.

117. 외국어교육의 최신 이론과 재미한인 자녀 교육문제, 재미한인학교협의회 국제학술대회 발표논문, 2005.

118. 한국어교육 수요가 큰 국가들에 대한 보급 지원 확대 방안, 「한국어교육연구」, 제1호, 배재대, 2006.1.

119. 한국어의 세계화 문제, 「새국어 생활」, 16권 1호 봄, 2006.

120. 한국어에 대한 관심과 한국어교육, 「새국어생활」, 제16권 2호 여름, 2006.7.

121. 은유연구의 성과와 방법론, 「한국어의미학」 제20호, 한국어 의미학회, 2006.

122. 한국어교육의 질적 향상 방안 연구, 중국 국제학술대회 발표 논문, 중국국제 한국어교육학회. 2006.7.

123. 재미한인자녀들의 한국어 교육과 교사의 자질, 미국 한국어 진흥재단 국제학술대회, 2006.8.14.

124. 한국어 세계화의 개념과 한국어의 위상, 중등 1급 정교사 자격연수, 고려대학교 중등교원연수원 강의집, 2006.7.

125. 담화텍스트론, 중등 1급 정교사 자격연수, 고려대학교 중등교원연수원 강의집, 2006.7.

126. 최신 언어 교육 이론과 한국어교육, Conference of American School Korean Language teachers, 2006.8.

125. 한국어 교사의 자질과 태도, 국제교육진흥원 특강 원고, 2006.8.

126. 한국어교육으로서의 문화교육에 대하여, 이화여대 한국어문화연구소 논문집, 2006.9.

127. 이주여성과 2세 자녀들의 한국어 교육, 한국어세계화재단 "이주민을 위한 한국어교육 정책 수립"을 위한 심포지엄 주제 발표, 2006.9.

128. 한국어 교육의 현황과 전망, 「재외동포를 위한 한국어 교육」, 동국대, 2006.10.

129. 한글의 세계화, 조선대학교 한국어교사 연수 특강 원고, 2007.7.

130. 한국사회의 소수집단과 한국어교육, 사회언어학회 기조발표논문, 2007.11.24.

131. 다문화시대의 언어 교육, 한국교원대학교 학술 세미나 기조강연 논문, 2007.11.27.

132. 세계화시대 외국인을 위한 한국어교육, 한국언어문학회 국제학술대회 주제발표 논문, 2007.10.30.

133. 다문화시대의 언어 교육정책, 서울교대 국어교육연구소 주최 심포지엄 주제 발표 논문, 2007.12.8.

134. 세계화시대 한국어의 위상, 국어교육학연구 30호, 국어교육학회, 2007.12.

135. 신문칼럼텍스트의 화용의미론적 분석, 한국어의미학회, 2008.2.

…당 박영순은...

1 혜당회 제자들과 함께
2 신라 왕릉 향사 때 초헌관이셨던 아버님(맨 왼
3 생후 6개월, 가족 사진
4 고등학교 때 친구 4총사
5 대학 졸업 여행 중 만난 박정희 대통령 내외
6 최근 가족 사진

1 버클리대 객원교수 시절, 얼빈트립 교수와 함께
2 하버드대 객원교수 시절, 촘스키 교수와 함께
3 2002년 출판 기념회
4 양문회 선생님들과
5 일리노이 대학교 유학시절
6 결혼(1967, 후암동 성당)
7 자택 정원에서 손녀와 함께

1 경희대 교수시절, 사은회

2 경희대 교수시절, 학술답사

3 고려대 교수 시절, 사범대 교수들과 대만여행

4 고려대 교수시절, 사은회

5 고려대 교수 시절, 졸업식때 학생들과 함께

6 고려대 교수 시절, 학술답사

7 스승의 날 제자들과 함께

1 고려대 국어교육과 교수님들과 회의

2 고려대 국어교육과 교수님들과 사범대학 건물 앞에서

3 고려대 국어학 교수님들과 함께

4 1981 이중언어학회 창립대회를 마치고

5 1990 미국 이중언어학회 특별초대 (단상의 둘째줄, 바로 앞이 바바라 부시여사)

1 1990 이중언어학회 제2회 국제대회 (중국)
2 1988 이중언어학회 제1회 국제대회 (일본)
3 1991 이중언어학회 제3회 국제대회 (소련)
4 1997 국어의미론학회 창립대회
5 버클리에서 딸과 함께
6 눈 덮힌 요세미티 공원에서

1 2000 사회언어학회 국제대회
2 2002 한국어학회 국제대회
3 혜당의 저서들
4 혜당이 창간한 학술지
5 혜당의 학술상 수상 저서들

2

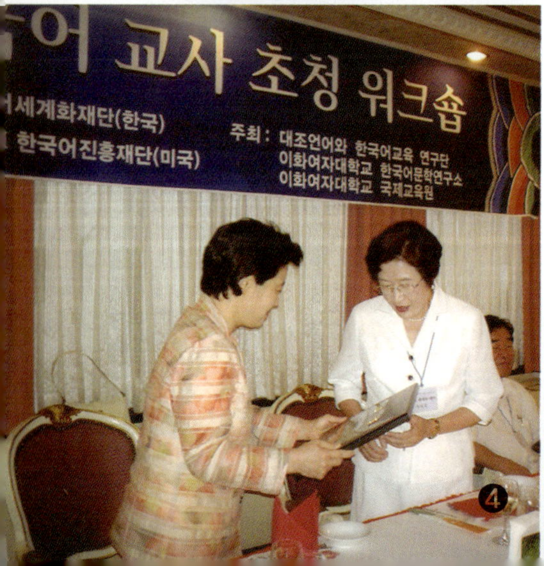

4

1 한국어 학습 수기 공모 시상식

2 국내 이주민 대상 한국어교육 정책 수립을 위한 심포

3 한국어 홍보대사 임명식

4 미국 한국어 교사 초청 워크숍

5 연구실에서